沈从文（1902～1988）

沈从文

集

龙凤艺术

北京出版集团公司
北京十月文艺出版社

图书在版编目(CIP)数据

龙凤艺术 / 沈从文著. —2版. —北京：北京十月文艺出版社，2013.9

（沈从文集）

ISBN 978-7-5302-1311-7

Ⅰ. ①龙… Ⅱ. ①沈… Ⅲ. ①文物—中国—文集 Ⅳ. ①K870.4-53

中国版本图书馆CIP数据核字（2013）第080190号

龙凤艺术

LONG FENG YISHU

沈从文 著

*

北京出版集团公司 北京十月文艺出版社 出版

（北京北三环中路6号）

邮政编码：100120

网 址：www.bph.com.cn

新经典文化有限公司发行

新华书店经销

北京国彩印刷有限公司印刷

*

880毫米×1230毫米 32开本 13.5印张 376千字

2013年9月第2版 2013年9月第1次印刷

ISBN 978-7-5302-1311-7

定价：49.80元

质量监督电话：010-58572393

目 录

1 文史研究必需结合文物
13 从《不怕鬼的故事》注谈到文献与文物相结合问题
23 从文物来谈谈古人的胡子问题
35 《中国古代服饰研究》引言

47 龙凤艺术
——龙凤图案的应用和发展
58 鱼的艺术
——鱼的图案在人民生活中的应用及发展
67 湘西苗族的艺术
72 谈金花笺
79 塔户剪纸花样
84 过节和观灯

95 织金锦
115 明织金锦问题
128 《明锦》题记
136 清代花锦
140 蜀中锦
145 江陵楚墓出土的丝织品

149　谈刺绣
173　谈染缬
——蓝底白印花布的历史发展
182　谈挑花
185　谈皮球花
191　花边
195　谈广绣

199　《红楼梦》衣物及当时种种
240　古代人的穿衣打扮
251　宋元时装
259　《中国古代服饰研究》选
272　关于天王府绣花帐子的时代及其产生的原因的一点意见
277　关于赖文光马褂问题的一点意见

279　古代镜子的艺术
288　玻璃工艺的历史探讨
296　中国古代陶瓷
303　谈瓷器艺术

309　从一个马镫图案谈谈中国马具的发展及对于金铜漆镶嵌工艺的影响关系
335　“狨腮罜”和“点犀盉”
344　“杏犀盉”质疑
346　试释“长檐车、高齿屐、斑丝隐囊、棋子方褥”

354　读展子虔《游春图》
369　谈谈《文姬归汉图》
377　维摩诘故事画问题

384　《历代古人像赞》试探
390　赚兰亭图问题

393　谈写字（一）
399　谈写字（二）
411　叙章草进展
附　新出土有关书法衍进资料

414　本书插图及说明参照书目
416　附：中国朝代年表

419　编后记

文史研究必需结合文物

西汉，长信宫鎏金铜灯，俗称“长信宫灯”，通高48厘米，宫女高44.5厘米，河北满城中山靖王刘胜墓出土，河北省博物馆藏

七月十八日《文学遗产》，刊载了一篇宋毓珂先生评余冠英先生编《汉魏乐府选注》文章，提出了许多注释得失问题。余先生原注书还未读到，我无意见。惟从宋先生文章中，却可看出用“集释法”注书，或研究问题，评注引申有简繁，个人理解有深浅，都同样会碰到困难。因为事事物物都在不断发展和变化，文学、历史、或艺术，照过去以书注书方法研究，不和实物联系，总不容易透彻。不可避免会如纸上谈兵，和历史发展真实有一个距离。这里涉及的是一个“方法”问题。古代宏儒如郑玄，近代博学如章太炎先生假如生于现代而治学方法不改变，都会遭遇到同样困难；且有可能越会贯串注疏，越会引人走入僻径，和这个时时在变化的历史本来面目不符合。因为社会制度

1973年，中国邮政发行的“长信宫灯”邮票

和事物，都在不断发展变更，不同事物相互间又常有联系，用旧方法搞问题，是少注意到的。例如一面小小铜镜子，从春秋战国以来使用起始，到清代中叶，这两千多年就有了许多种变化。装镜子的盒子、套子，搁镜子的台子、架子，也不断在变。人使用镜子的意义又跟随在变。同时它上面的文字和花纹，又和当时的诗歌与宗教信仰发生过密切联系。如像有一种“西王母”镜子，出土仅限于长江下游和山东南部，时间多在东汉末年，我们因此除了知道它和越巫或天师教有联系，还可用它来校定几个相传是汉人作的小说年代。西汉镜子上面附有年款的七言铭文，并且是由楚辞西汉辞赋到曹丕七言诗两者间唯一的桥梁（记得冠英先生还曾有一篇文章谈起过，只是不明白镜子上反映的七言韵文，有的是西汉有的是三国，因此谈不透彻）。这就启示了我们的研究，必需从实际出发，并注意它的全面性和整体性。明白生产工具在变，生产关系在变，生产方法也在变，一切生产品质式样在变，随同这种种形成的社会也在变。这就是它的发展性。又如装饰花纹，一个时代有一个时代的风格；反映到漆器上是这个花纹，反映到陶器、铜器、丝绸，都相差不多。虽或多或少受材料和技术上的限制，小有不同，但基本上是彼此相似的。这就是事物彼此的相关性。单从文献看问题，有时看不出，一用实物结合文献来作分析解释，情形就明白了。这种做学问弄问题的方法，过去只像是考古学的事情，和别的治文史的全不相干。考古学本身一孤立，联系文献不全面，就常有顾此失彼处，发展也异常缓慢。至于一个文学教授，甚至一个史学教授，照近五十年过去习惯，

就并不觉得必需注意文字以外从地下挖出的，或纸上、绢上、墙壁上，画的、刻的、印的，以及在目下还有人手中使用着的东东西西，尽管讨论研究的恰好就是那些东东西西。最常见的是弄古代文学的，不习惯深入史部学和古器物学范围，治中古史学的，不习惯从诗文和美术方面重要材料也用点心。讲美术史的，且有人除永远对“字画同源”发生浓厚兴味，津津于绘画中的笔墨而外，其余都少注意。谈写生花鸟画只限于边鸾、黄筌，不明白唐代起始在工艺上的普遍反映。谈山水画只限于王、李、荆、关、董、巨，不明白汉代起始在金银错器物上、漆器上、丝绸上、砖瓦陶瓷上，和在各处墙壁上，还留下一大堆玩意儿，都直接影响到后来发展。谈六法中气韵生动，非引用这些材料就说不透。谈水墨画的，更不明白和五代以来造纸制墨材料技术上的关系密切，而晕染技法间接和唐代印染织物又相关。更加疏忽处是除字画外，别的真正出于万千劳动人民集体创造的工艺美术伟大成就，不是不知如何提起，就是浮光掠影地一笔带过。只近于到不得已时应景似的找几个插图。这样把自己束缚在一种狭小孤立范围中进行研究，缺少眼光四注的热情，和全面整体的观念，论断的基础就不稳固。企图用这种方法来发现真理，自然不免等于是用手掌大的网子从海中捞鱼，纵偶然碰中了鱼群，还是捞不起来的。

王静安先生对于古史问题的探索，所得到的较大成就，给我们树立了一个新的工作指标。证明对于古代文献历史叙述的肯定或否定，都必需把眼光放开，用文物知识和文献相印证，作新史学和文化各部门深入一层认识，才会有新发现。我们所处的时代，比静安先生时代工作条件便利了百倍，拥有万千种丰富材料，但一般朋友作学问的方法，似乎依然还具保守性，停顿在旧有基础上。社会既在突飞猛进中变化，研究方面不免有越来越落后于现实要求情形。有些具总结性的论文，虽在篇章中加入了新理论，却缺少真正新内容。原因是应当明确提起的问题，恰是还不曾认真用心调查研究分析理解的问题。这么搞研究，好些问题自然得不到真正解决。这是一个“认识”问题，也是一个“思想”问题，值得全国治文史的专家学人，正视这一件事情。

商，叶脉纹镜，直径12.5厘米，厚0.4厘米，钮高1厘米，河南安阳殷墟妇好墓出土，中国国家博物馆藏

战国，六山纹镜，直径23.2厘米，边厚0.6厘米，中国国家博物馆藏

西汉，见日之光透光镜，直径7.4厘米，上海博物馆藏

东汉，神人车马画像镜，直径21厘米，传浙江绍兴出土

如果领导大学教育的高等教育部，和直接领导大学业务的文史系主任，都具有了个崭新认识，承认唯物史观应用到治学和教学实践上，是新中国文化史各部门研究工作一种新趋势和要求，想得到深入和全面的结果，除文献外，就不能不注意到万千种搁在面前的新材料。为推进研究或教学工作，更必需把这些实物和图书看得同等重要，能这么办，情形就会不同许多了。因为只要我们稍稍肯注意一下近五十年出土的材料，结合文献来考虑，有许多过去难于理解的问题，是可望逐渐把它弄清楚的。如对于这些材料重要性缺少认识，又不善于充分利用，不拘写什么，注什么，都必然会常常觉得难于自圆其说，而给人以隔靴搔痒之感。特别是一面尽说社会是在发展中影响到各方面的，涉及生活中的衣食住行和器物花纹形式制度，如不和实物广泛接触，说发展，要证据时实在不可能说得深入而具体。照旧这么继续下去，个人研究走弯路，还是小事。如果这一位同志，他的学术研究工作又具有全国性，本人又地位高，影响大，那么走弯路的结果，情形自然不大妙。近年来，时常听人谈起艺术中的民族形式问题，始终像是在绕圈子，碰不到实际。原因就是谈它的人并没有肯老实具体下点工夫，在艺术各部门好好的摸一个底。于是社会上才到处发现用唐代黑脸飞天作装饰图案，好像除此以外就没有民族图案可用似的。不知那个飞天本来就并非黑脸。还有孤立的把商周铜器上一些夔龙纹搬到年轻女孩子衣裙上和舞台幕布上去的。这种民族形式艺术新设计，自然也不会得到应有成功。最突出不好看的，无过于北京交道口一个新电影院，竟把汉石刻几辆马车硬生生搬到建筑屋顶上部去作为主要装饰。这些现象怪不得作设计的年轻朋友，却反映另外一种现实，即教这一行的先生们，涉及装饰设计民族形式时，究竟用的是什么教育学生！追根究底，是人之师不曾踏实虚心好好向遗产学习，具体提出教材的结果。“乱搬”的恶果，并不是热心工作年轻同志的过失，应当由那些草率出书，马虎教学的人负更多责任的。不把这一点弄清楚，纠正和补救也无从作起。正如谈古典戏的演出，前些时还有人在报纸上写文章提起，认为“屈原”一戏演出时，艺术设计求忠于历史，作

唐，敦煌莫高窟第320窟南壁《阿弥陀经变》中的双飞天壁画

的三足爵模型和真的一模一样。事实上屈原时代一般人喝酒，根本是不用爵的。楚墓和其他地方战国墓中，就从无战国三足爵出土，出的全是羽觞。戏文中屈原使用三足爵喝酒，实违反历史的真实，给观众一种错误印象，不是应当称赞的！反回来看看，人面杯式的羽觞的出土年代，多在战国和汉代，我们却可以用它来修正晋代束皙所谓羽觞是周公经营洛邑成功而创始的解释。

如上所说看来，就可知我们的研究工作，或教学工作，都必需和新的学习态度相结合，才可望工作有真正的新的展开。如果依旧停顿在以书注书阶段，注《诗经》、《楚辞》，固然要碰到一大堆玩意儿，无法交代清楚具体。即注《红楼梦》，也会碰到日常许多吃用玩物，不从文物知识出发，重新学习，作注解就会感觉困难或发生错误。目下印行的本子，许多应当加注地方不加注解，并不是读者已经懂得，事实上倒是注者并不懂透，所以避开不提。注者不注，读者只好马马虎虎过去。这对于真的研究学习来说，影响是不很好的。补救方法就是学习，永远虚心的学习。必需先作个好学生，才有可能作个好先生。

我们说学习思想方法不是单纯从经典中寻章摘句，称引理论。主要是从实际出发，注意材料的全面性和不断发展性。若放弃实物，自然容易落空。苏联科学家伊林说，我们有了很多用文字写成的书，搁在图书馆，还有一本用石头和其他东东西西写成的大书，埋在地下，等待我们去阅读。中国这本大书内容格外丰富。去年楚文物展览和最近在文化部领导下，午门楼上那个全国出土文物展览，科学院考古所布置的河南辉县发掘展览，历史博物馆新布置的河北望都汉墓壁画展览，及另一柜曹植墓出土文物展览，就为我们新中国学术研究提供了许多无比重要的资料。大如四川“资阳人”的发现，已丰富了旧石器时代晚期中华民族的分布区域知识。全国各地新石器中的石镰出土，既可说明史前中华民族农耕的广泛性，修正了过去说的商代社会还以游猎为主要生产的意见，也可说明西周封建农奴社会的经济基础，奠定男耕女织的原因。小如四川砖刻上反映的弋鸿雁时的矰缴架子，出土实物的汉代铁钩盾，都能具体解决问题，证明文献。还有说明燕国生产力发展的铁范，说明汉代南海交通的木船，说明汉代车制上衡轭形象的四川车马俑，说明晋缥青瓷标准色釉的周处墓青瓷，说明青釉陶最原始形象的郑州出土殷商釉陶罐，一般文史千言万语说不透的，一和实物接触，就给人一种明确印象。这还只是新中国建设第一年，十五万件出土文物中极小一部分给我们的启示。另外还有许多种新旧出土十分重要的东西，实在值得专家学者给以应有的注意。近三百年的实物，容易损毁散失的，更需要有人注意分别收集保存。这工作不仅仅是科学院考古所诸专家的责任，应当是新中国综合性大学文史研

战国，错金银青铜虎噬鹿器座，通高21.9厘米，长51厘米，河北平山出土，河北省博物馆藏

西周，青铜龙爵，扳内铸有铭文“龙”字，通高18.9厘米，流尾长15.8厘米，上海博物馆藏

究者共同的目标；也是一切美术学校教美术史和实用美术形态和花纹设计重要学习的对象。因此个人认为高教部和文化部目下就应当考虑到全国每一大学或师范学院，有成立一个文物馆或资料室的准备。用它和图书馆相辅助，才能解决明天研究和教学上种种问题。新的文化研究工作，能否有一种崭新的气象，起始就决定于对研究工作新的认识上和态度上，也就是学习的新方法上。即以关于余、宋二先生注解而论(就宋引例言)，有始终不能明白地方，如果从实物注意，就可能比较简单，试提出以下数事，借作参考：

第一条“帩头”，引证虽多，但仍似不能解决。特别是用郑玄注礼，碰不到实际问题。因头上戴的裹的常在变，周冠和汉冠已不相同，北朝漆纱笼冠和唐代四脚幞头又不同。宋先生用“以书注书”方法是说不清楚的。若从实物出发，倒比较省事。“少年”极明显指的是普通人，就和官服不相干，应在普通人头上注意。西蜀、洛阳、河北各地出土的汉瓦俑，河北望都汉画，山东沂南石刻，和过去发现的辽阳汉画，山东汉石刻，和时代较后的十七孝子棺石刻，及画本中的《北齐校书图》、《斲琴图》、《洛神赋图》，及敦煌壁画上面都有少年头上的冠巾梳裹可以印证。

第二条关于跪拜问题，从文字找证据作注解，也怕不能明白清楚。因为汉人跪拜有种种形式；例如沂南石刻和辽宁辽阳营城子画，有全身伏地的，山东武梁石刻有半伏而拜的。另外也有拱手示敬的，还有如曹植诗作“磬折”式样的。余注系因敦煌唐画供养人得到印象汉石刻有这一式。宋文周折多，并不能说明问题。因诗文中如用“长跪问故夫”的意思，就自然和敬神行礼不是一样！接近这一时期的石刻却有不少长跪形象！

战国（楚），彩漆目纹耳杯（羽觞），木胎，高7.2厘米，口径11－18.7厘米，湖北江陵望山出土，湖北省博物馆藏

第三条余注不对，宋注也和实际不合。试译成白话，可能应作“不同的酒浆装在不同的壶樽中，酒来时端正彩漆爬勺、为客酌酒”。酌的还大致是羽觞式杯中，不是圆杯，也不是商周的爵。长沙有彩绘漆爬勺出土，另外全国各地都出过朱绘陶明器勺。汉人一般饮宴通用“羽觞”，极少发现三足爵。曹植《箜篌引》中的“乐饮过三爵”，诗意反映到通沟墓画上，也用的是羽觞。在他本人的墓中，也只挖出羽觞，并无三足爵。如仅从文字引申，自然难得是处。

第五条“媒人下床去”，汉人说床和晋人的床不大相同。床有各式各样，也要从实物中找答案，不然学生问道：“媒人怎么能随便上床？”教员就回答不出。若随意解释是“炕头”，那就和二十年前学人讨论“举案齐眉”的“案”，勉强附会认为是“椀”，才举得起，不免以今例古，空打笔墨官司。事实上从汉代实物注意，一般小案既举得起，案中且居多是几只羽觞耳杯，圆杯子也不多！《孔雀东南飞》说的床，大致应和《北齐校书图》的四人同坐的榻一样。不是《女史箴图》上那个“同床以疑”的床。那种床是只夫妇可同用的。

第八条“柱促使弦哀”，明白从古诗中“弦急知柱促”而来。余说固误，宋注也不得体。宋纠正谓琴、瑟、筝、琶都有柱，而可以移动定声，和事实就不合。琵琶固定在颈肩上的一道一道名叫“品”，不能移。七弦琴用金、玉、蚌和绿松石作徽点，平嵌漆中，

秦，彩漆鸟云纹耳杯，木胎，挖制，长24.5厘米，高7厘米，宽19.6厘米，湖北云梦睡虎地出土，云梦县博物馆藏

也不能移。“胶柱鼓瑟”的“柱”，去年楚文物展战国时的二十三弦琴，虽没有柱，我们却知道它一定有：一从文献上知道，二从击弦方法上知道，三从后来的瑟上知道。柱是个八字形小小桥梁般东西，现在的筝瑟还用到！唐人诗中说的雁行十三就指的是筝上那种小小八字桥形柱（新出土河南信阳锦瑟已发现同式柱）。

第九条“方相”问题，若从文献上看，由周到唐似无什么不同。从实物出发看看，各代方相形貌衣着却不大相同，正如在墓中的甲士俑各时代都不相同一样。那首诗如译成现代语言，或应作“毁了的桥向出丧游行的方相说：你告诉我不胡行乱走，事实上可常常大街小巷都逛到。你欺我，你那能过河？”“欺”作“弃”谐音，还相近。意思即“想骗我也骗不了我！”后来说的“不用装相”，意即如方相那么木头木脑，还是一脉传来，可作附注。大出丧的游行方相是纸扎的，后人称逛客叫“空老官”，也是一脉相传。这些知识一般人都不知，大学专家大致也少注意到了。如照宋说“相呀，我那能度你？”倒不如原来余注简要，事实上两人对它都懂不透。

第十二条关于草履纠正也不大妥。宋说“草履左右二只，以线结之，以免参池”，引例似不合。南方草履多重叠成一双。原诗说的则明明是黄桑柘木作的屐和蒲草编的履，着脚部分都是中央有系两边固定，意即“两边牵挂拿不定主意”，兴而比是用屐系和履系比自己，底边两旁或大小足趾比家庭父母和爱人，一边是家庭，一边是爱人，因此对婚姻拿不定主意。既不是“婚姻和经济作一处考虑”，也不是“女大不中留”。这也是要从西南四川出土俑着的履和西北出土的汉代麻履可以解决，单从文字推想是易失本意的。

第十三条“跐跋黄尘下”，译成如今语言，应当是“在辟里喇叭尘土飞扬中”。宋注引申过多，并不能清楚。一定要说在黄尘下面，不大妥。原意当出于《羽猎赋》和枚乘《七发》叙游猎，较近影响则和曹植兄弟诗文中叙游猎之乐有关，形象表达较早的，有汉石刻和空心大砖，稍晚的有通沟图，再晚的有敦煌西魏时的洞窟狩猎壁画和唐代镜子图案反映，都十分具体，表现在射猎中比赛本领的形象！

西汉，黑漆朱绘雷凤纹耳杯，麻胎，高3.8厘米，口径长16.6厘米，口径宽11厘米，贵州玡珑坝汉墓出土，贵州省博物馆藏

从这些小小例子中，我们也可以看出，新的文史研究，如不更广泛一些和有关问题联系，只孤立用文字证文字，正等于把一桶水倒来倒去，得不出新东西，是路走不通的。几首古诗的注，还牵涉许多现实问题，何况写文学史，写文化史？朋友传说北京图书馆的藏书，建国后已超过五百万卷，这是我们可以自豪的一面。可是试从图书中看看，搞中古雕刻美术问题的著作，他国人越俎代庖的，云冈部分就已出书到二十大本，我们自己却并几个像样的小册子也还没有，这实在格外值得我们那些自以为是这一行专家学者深深警惕！这五百万卷书若没有人善于用它和地下挖出来的，或始终在地面保存的百十万种不同的东西结合起来，真的历史科学是建立不起来的！个人深深盼望北京图书馆附近，不多久能有一个收藏实物、图片、模型过百万件的“历史文物馆”一类研究机构出现。这对于我们新中国不是作不到的，是应当作，必需作，等待作，或迟或早要作的一件新工作。但是否能及早作，用它来改进新中国文史研究

工作，和帮助推动其他艺术生产等等工作，却决定于我们对问题的认识上，也就是对于问题的看法上。据我个人意见，如果这种以实物和图片为主的文物资料馆能早日成立，倒是对全体文史研究工作者一种非常具体的鼓励和帮助。实在说来，新的文史专家太需要这种帮助了。

本文曾以《文史研究必需结合实物》为题，载于1954年10月3日《光明日报·文学遗产》第23期。1960年收入作家出版社《龙凤艺术》一书出版。1986年5月收入商务印书馆香港分馆《龙凤艺术》一书时改为《文史研究必需结合文物》，文字有少量删节。

现据香港商务版《龙凤艺术》文本编入。

从《不怕鬼的故事》注谈到文献与文物相结合问题

新出《不怕鬼的故事》选，结合何其芳同志的序文，当寓言读，很有意义。内中有些注解，涉及各个时代起居生活、名物制度问题，本来不大好注，注后还不大容易懂。现或由于出版匆促，注中有失去本意，易致误会的地方，随笔记下十来事，供再版时改注参考，并向专家通人请教。今后一般注书问题，如何才可望达到应有水平，也就便提出点粗浅建议。

一、“平上帻”，原注说是在发上的一种头巾，又名平头巾。似

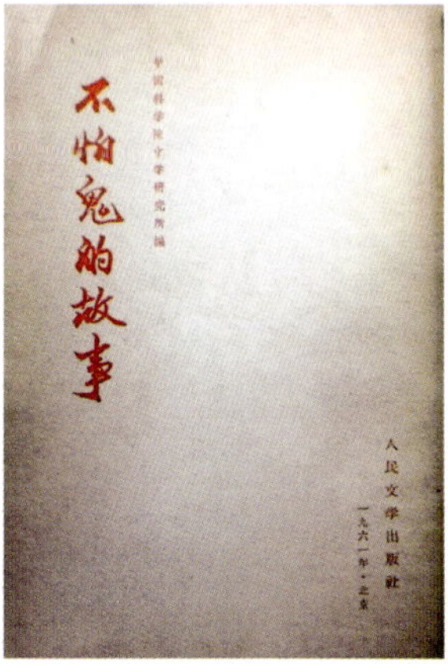

1961 年，中国科学院学部文学研究所编《不怕鬼的故事》，由人民文学出版社出版，这是初版的封面和扉页

不甚妥当，还不如说平顶帽明确具体。因为汉代普通帻式上如屋顶，应作式。《汉会要》曾提起过。如说“伍伯着赤帻”，河北望都汉墓壁画，伍伯果然着赤帻，十分清楚，文图可以互证。四川汉俑戴平上帻的实不少。至于汉代说巾子，多只束发而不裹头，也有汉画像砖可证，和宋明以来巾子含义不同。

二、“庭燎”，原注是庭院中灯火。这里似应指火炬。文中明说是武士列队夜行，更必然是火炬。元刻《全相平话五种》插图，有不少形象可以参证。

三、“樗蒲”，原注说要用骰子定输赢，也不妥。樗蒲本身即是赌具，形象如杏仁(更具体些说是腰圆梭子式)，两面刻龙凤、杂宝、牡丹花等图案，这是近年根据程大昌《演繁露》等笔记，结合明代锦缎花纹得到比较具体知识的。《唐六典》称遂州贡樗蒲绫，《齐东野语》则记载用樗蒲锦装裱梵隆寺字画，明锦中还留下十多种花式可证。至于在本文中，似乎只是借作一般赌博形容词，更不会是用骰子了。

四、“金斧木楔”，原注“金属做的斧头，口薄厚背的木片”，就字面而言，不得其解。事实上，本文说的“木楔”，当指世俗所传雷公打人于中拿的雷公楔(或称雷楔，霹雳砧，霹雳楔，雷公斧……)，多是古代石凿类。或者因为在雷雨后出土，后人不察，即以为雷神所用家伙。形象最早见于武氏祠石刻，略晚见于敦煌北魏洞窟壁画上部，唐宋见于《揭钵图》一画中上角，最晚还有明刻版画。至于唐人小说用“金斧木楔”，则分明是沿用阴阳家或道士说法，金能克木、木能生火，所以雷火由金斧木楔而生！如仅从字面体会，是得不到正确答解的。

五、“鼓声向绝”，注说是定更鼓。但唐人说的意义和宋明却不相同。因为唐代特有制度，由马周建议而定下，入暮必擂鼓示众，鼓声停后，就将关城门，断绝行人，禁止平民非公事夜行。所以到时城门前车马拥挤。《李娃传》等小说中均提及。宋代有夜市，城市生活大变，就不会因鼓声引起担心了。

汉，彩绘人物砖上戴巾子的文人，河南洛阳八里台出土

六、“球杖”，原注说“即手杖”，不合。应指打波罗球的杆杖，马上用的长些，形象有《击马球图》可证。步打用的短些，日本藏唐代花地毯上还有个样子。和现代玩哥尔夫球的工具差不多，并非手杖！唐宋人作为仪仗使用，也有个参考材料，即《西岳降灵图》金犊车前一个人手中所拿的，相当具体。

七、“胡床”，原注以为是“可以折叠起来用绳子穿成的矮床”，不易懂。因为胡床并不是床，也并不矮。它和熏笼是改变了我国男女基本坐式的两种重要家具！史传称汉末才应用。近年河南信阳长台关楚墓出土一个彩绘漆瑟，上面却有一个形象反映，证明到中国来至少也有了二千三四百年！胡床近似交椅，最初不一定有靠背。惟见于《北齐校书图》中的，还应是有了靠背的交椅。特别是宋代人在本文上说戎服使用，靠背还必然是栲栳圈式。宋人画迹中戎服将帅坐它的，有《三顾茅芦图》、《十八拍图》。又元刻《平话五种》插图中坐的就更多。实物在故宫和北大还各有一件。用镂银包镶杂件，当时在军营帐幕中使用，上面还常加虎皮，便是小说戏文中所谓“虎皮金交椅”。它并不矮，也不是床，唐人一般言“床子”，还指独坐小榻，不是真床！弄不清楚，即容易注错。

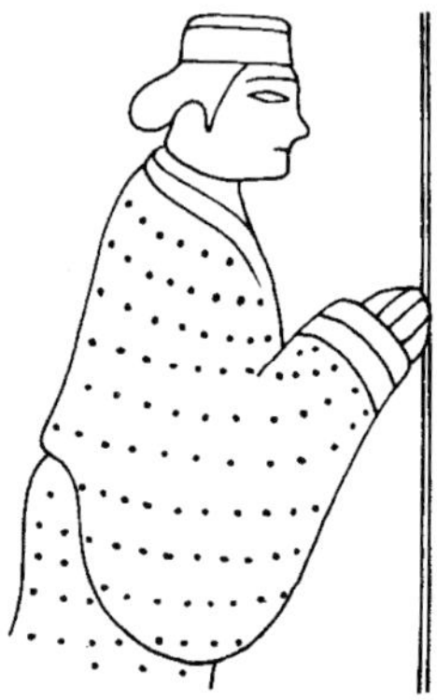

汉，画像石上戴介帻的男子，河南密县打虎亭1号墓出土

八、“双陆”，注有十二棋六博等名目，似有混淆。虽是引旧说，实以讹传讹。六博见于《楚辞·招魂》，是战国汉代博戏具，《博经》说的即难懂。玩法唐人已失传，注解当然难具体。新出土有汉代陶制彩绘博局数种，有作长方盘式及正方式的（长方式两端有横栏一道），另加有如汉规矩镜上的布置，应用尚不明白，另用几支尺来长筹箸相赌。博戏形象则有汉石刻及绍兴出土汉末车马神相镜子上浮刻反映，相当具体，作二仙人在西王母前玩戏情景，和曹植诗“仙人揽六箸，对博太山隅”叙述相合。（并可用来证《神异经》小说产生相对年代！）

双陆则由唐到明代均盛行，博具用木或象牙作成，和个三寸来长小棒捶一般（瓷器中双陆尊即效法双陆形得名）。有种种玩法，如契丹双陆、大食双陆，或在案几上或就地玩，明代版刻《双陆谱》、《三才图会》均有反映。早一些还有唐人绘《宫中玩双陆图》，博局搁在特制小几上。又有《雪衣女乱双陆图》则本于唐人小说记贵妃与玄宗玩双陆，不胜，所爱白鹦鹉因故意把双陆局式捣乱而作，尚有明人摹本留下。元刻《事林广记》又有《蒙古官玩双陆图》，博局搁在炕榻上。明人绘《金瓶梅图》，博局则搁在长案上。实物也还有明代整份象牙作的，上刻龙凤花纹。总之，和六博不相干，是两个时代两种截然不同的博具！

九、“降鸾”，注说“即扶乩”。降鸾实非扶乩。同是会道门骗人玩意，但过程却不相同。扶乩用两人扶丁字式箸画于沙盘上作诗文，另由一人录下。降鸾方式是在一空房密室中进行，室中预放纸笔，并磨新墨，随即锁门加封，到一定时候，闻房中鞭炮声响，再开门一看，则室中所有大小纸张全已写上诗句格言，上款照例题赠信士某

东汉，戴介帻的抚琴陶俑，通高36厘米，贵州兴仁出土，贵州省博物馆藏

东汉，戴帩头的击鼓说唱彩绘陶俑，通高55厘米，四川成都天迴山墓葬出土，中国国家博物馆藏

汉，六博陶俑，广西西林普驮出土

某，下款常署吕洞宾、关云长、济公等等，墨迹还湿淋淋的。事实上是另设暗门，雇请外省书手进入房中奋笔直书诗句。

十、“壶”，注有“夏朝叫尊彝”字样。至今为止，我们还不能肯定有夏朝的壶。《聊斋》上所说的，即古壶，大致也只指宋元人所习尚的投壶用的双耳长颈铜瓶式壶为合，不是夏商彝器！器物常常在变，使用那个名词用意也常常不同，得一同考虑。

十一、“闪电娘子金钹”原不注，附带提提。因为这里说的是明代道教庙宇塑的雷公和闪电娘娘手里拿的玩意儿。汉代以来风伯、雨师、雷公、电母四神传说即已成熟，在传说中电光是从电神手中拿的两面铜镜子放出光来的，形象在石刻上就有，北朝敦煌壁画则更明确。镜钮比例大，可以推想画稿必成于魏晋之际，在桓帝祠老子以后。《揭钵图》是唐代佛教有名宣传画，绘佛降伏鬼子母故事，上角绘电母，还是手拿铜镜，惟镜身缩小，已如响器中的钹或星子形状。明代塑像作成金钹，可知已不明白出处用意了。

以上十一事问题并不大，因为读故事的不一定看注文，看注文的又不会发生疑问。注文如过于琐细，或者反而会引起读者走弯路，钻牛角尖，忽略了主文目的。我之所以特别提出来，是由于感到目下注解整理古典文学，时常涉及万千种古代日常生活起居服用名物的形象制度问题，我们应该采取什么态度，才比较适当呢？是认真踏实求理解，再博闻约取，加以简而扼要的说明？还是照习惯不求甚解，随手对付？照旧引书证书，既容易以讹传讹，力求正确，就必须痛下功夫，这里矛盾显然是有待解决的。看图识字，前人已作了不少有益而重要工作。例如《尔雅图》、《博古图》、《古玉图》、《本草图》、《三礼图》、《历代职贡图》、《武经总要

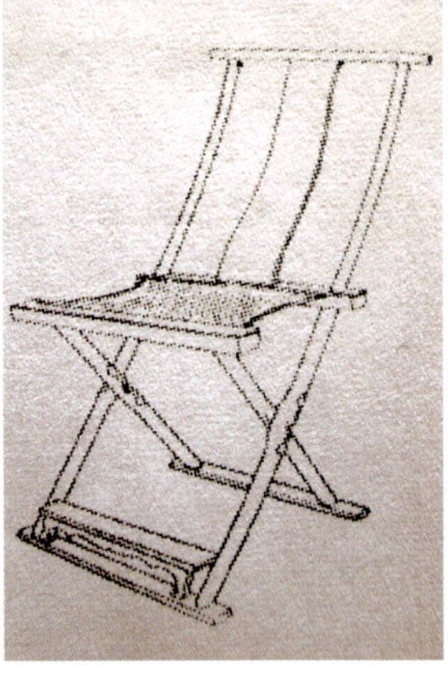

明，直靠背交椅草图，杨定见本《忠义水浒全传》第三四回醉打蒋门神插图

元至顺，《事林广记》刻本插图

图》、《饮膳正要图》、《事林广记图》、《王桢农书图》、《天工开物图》，以至于包罗万象的《三才图会》和《图书集成》书中各图……都各有一定重要性，但是也有一定局限性，必明白它才能比较正确的批判使用它。这些有助于治学研究的图录，如何用一简便方法，转到注书教书工作者手中，成为参考工具书，还待出版部门想办法。而近十年地下出土文物又有万千种，其中有许多新发现，既增加了我们的新知识，又可纠正前人图录中的错误。如何结合文献和文物来综合运用，发现问题，却是新方法。学会这个方法，还可说是个相当艰巨复杂的工作！但要利用它就得学懂它，没有别的省事办法。目下古籍整理注释工作越来越多，责任无疑也越来越重，如何看待注释问题，及更好的解决注释问题，应当是大家关心的事情！

有关这个问题，记得在七八年前，在商讨乐府诗注时，我就提起过，为求日用器物部分知识落实，我们学习方法可能要变变。主要是能把文物和文献同等看待，注意注意近年出土万千种文物，定能得到不少启发，解决许多疑困，把新的注释工作大大推进一步。大如研究物质文化史、生产发展史、工艺美术史，小如注《红楼梦》和《唐诗三百首》，都不免要接触到一个十分现实“物”的问题。而且这个“物”，无论在质和量上，在称呼上，又还不断发展改变。要谈它就必得真正懂它。虽然照习惯也尽可以不理会这个现实存在的数以十万百万计的“物”，可是它却有资格补充或否定一切专家学人在研究工作上的前提或结论及注解说明。要求国内所有治文史的前辈和少壮，在七八年前，都充满兴趣地来学文物，这种愿望当然不大现实。因为许多人不可能具有相同认识。即少数有心人乐意实践一番，也还得有关方面为他们创造些条件：或兼任博物馆研究员，或于假期可利用博物馆材料进行研究工作。如只是十天半月走马观花偶尔看看博物馆，所得恐怕就不会怎么多的。个人虽深深相信，具有眼光和充沛热情，而且善于综合运用方法的专家学人，到国内几个大博物馆工作一二年，必可得到满意的丰收。我也明白这在事实上有办不到处，因此当时还曾设想过，如北京图书馆一类收藏宏富、人力充实的文化机构，能打破习惯，针对新的需要投入部分物力人力，取得全国文物单位协作，附设一个保有百十万件文物图片的参考资料室，分门别类，编成索引卡片，供各方面参考应用，对于学术研究，也必然会起良好作用。这种想法在八年前说来，虽不太荒谬，自然还是不大现实，或为时过早。

现在再来提提，想来还不是明日黄花！

近八年来，全国文物工作者，新挖出土文物已不下三四百万件，而且分布全国，许多过去空白点都有了新的充实。谈文化发展，民族融合，海外贸易，有些旧的提法都已经不大合用了。有关文物制度，更开扩了我们眼睛不少。但国内研究文史或注书工作的朋友，肯利用、会利用它的还并不怎么多。这不免令人有些着急担心。

近闻《辞海》正在改编重印，我想凡涉及日用生活起居子目，原有图的，如能重新审查一下，旧图是否合用？没有图的，如能考虑添加万把新图，本身力量不足，即走走群众路线，组织点社会力量协作也无不可。如补版、改版太费物力人力，即把这些子目作为《辞海附录分册》或《新的三才图会》名称印行，也有必要。看图识字本是启蒙读物，这种新的看图识字，却无疑可便利专家通人治学、教学、注书，而对于新的文化学术研究展开和深入都有具体帮助。工作进行必相当麻烦，费力难见好，但凡属创始工作总不免是这样的。这就要从大处、远处以及对于多数共同提高来考虑应不应作了。并且似乎也还值得从另一方面来考虑，即文物出土虽已到数百万件，正由于国内研究文史的还不大注意到这份材料的重要性，也必然会影响到年青一辈的学习兴趣和方向。例如在学校毕业后，多乐意入科学院或大学历史系工作，较少会想到文物研究工作也是历史科学一部门。由于文物和文献还各是一路，缺少应有联系，致令文物研究至今还是个比较薄弱的环节，落后于社会现实要求甚远。即在资料整理方面，印出的报告也还不够多。坚持在文物发掘队和博物馆战线上的年青文物工作者，也同样迫切需要有这种新的工具书来帮助！还值得从第三方面考虑，即国内博学多闻、高年硕德的学者们，年长的已过八九十，最小的也到六十左右，他们可以工作的时间，究竟有一定限度。此刻如果把这万把条子目提出，分别请他们随便提提意见，也就一定可以在不甚费事情形下，丰富我们文史文物以许多重要有用知识！……从多方面看，这类新的工具书的编纂，都是值得出版部门负责方面考虑尽早来作作的！

我的这点粗浅建议，是否还有意义？盼能得到些同或不同的指教。因为在真正读书人中，我至今还只能说是个“半知识分子”；在文物工作者中，也是个一知半解的三脚猫，对什么都有学习兴趣，可并无一项能够踏实深入。惟十年在博物馆工作，接触材料比较杂，接触问题比较多，却正如文化勘探队一样，学会了报矿，至于进一步真正的发掘利用，实尚有待在国内专家学人指导下，让千百年青少壮，到大学历史系毕业后，肯充满学习热情来文物工作机构共同努力！新的社会为我们创造了新的良好条件，又有无限丰富的物质基础，等待我们去利用，去作有创造性的发现与发明。这也应当是历史科学中一种攻尖的工作！正当提倡调查研究用来促进并提高文化艺术工作的时候，我希望这点不成熟的意见，能引起国内专家学人应有的注意和关心，好让年青一代的接班人在新的学习基础上大步迈进，不再在原有的水平上停顿不前！

本文1961年6月18日发表于《光明日报·文学遗产》第368期，署名沈从文。1986年5月收入商务印书馆香港分馆《龙凤艺术》一书。现据《龙凤艺术》文本编入。

从文物来谈谈古人的胡子问题

《红旗》十七期上，有篇王力先生作的《逻辑和语言》文章，分量相当重。我不懂逻辑和语言学，这方面得失少发言权。惟在末尾有一段涉及胡子历史及古人对于胡子的美学观问题，和我们搞文物所有常识不尽符合。特提出些不同意见商讨一下，说得对时，或可供作者重写引例时参考，若说错了，也请王先生不吝指教，得到彼此切磋之益。

那段文章主要计三点，照引如下：

1. 汉族男子在古代是留胡子的，并不是谁喜欢胡子才留胡子，而是身为男子必须留胡子。

2. 古乐府《陌上桑》说："行者见罗敷，下担捋髭须。"可见当时每一个担着担子走路的男子都是有胡子的。

3. 胡子长得好算是美男子的特点之一，所以《汉书》称汉高祖"美须髯"。

王先生说的"古代"界限不明白，不知究竟指夏、商、周……哪一朝代，男子必须留胡子？有没有可靠文献和其他材料足证？

其次，只因为乐府诗那两句形容，即以为古代每一个担着担子走路的男子都是有胡子的，这种推理是不是能够成立？还是另外尚有可靠证据，才说得那么肯定？

其三，即对于"美须髯"三字的解释，照一般习惯，似乎只能作"长得好一部胡子"的赞美，和汉魏时"美男子"特点联系并不多。是

马家窑文化中期（距今4700年－4300年），半山类型彩陶人形器盖，甘肃广河出土

商，青铜人头像，通宽10.8，通高13.6厘米，四川广汉三星堆二号祭祀坑出土出土，三星堆博物馆藏

否另外还有文献和别的可作证明？

文中以下还说："到了后代，中年以后才留胡子。"照文气说，后代自然应当是晋南北朝、唐、宋、元、明、清了，是不是真的这样？还是有文献或实物可作证明？

私意第一点概括提法实无根据，第二点推想更少说服力，第三点对于文字解说也不大妥当。行文不够谨严，则易滋误会，引例不合逻辑，则似是而非，和事实更大有出入，实值商讨。

关于古人胡子问题，类书讲到不少，本文不拟作较多称引，因为单纯引书并不能解决具体问题。如今只想试从文物方面来注注意，介绍些有关材料，或许可以说明下述四事：一、古代男子并不一定必需留胡子。二、胡子在某一历史时期，由于社会风气或美学观影响，的确逐渐被重视起来了，大体是什么式样？又有什么不同发展？文献不足证处，我们还可以从别的方面取得些知识。中古某一时期又忽然不重视，也有社会原因。三、美须髯在某些时期多和英武有关，是可以肯定的，可并不一定算美男子。有较长时期且恰恰相反，某些人胡子

商，人面纹“大禾”铜方鼎，通高 38.5 厘米，口长 29.8 厘米，宽 23.7 厘米，湖南宁乡出土，湖南省博物馆藏

多身份地位反而比较低下。可是挑担子的却又决不是每人都留胡子。四、晋唐以来胡子式样有了新的变化，不过中年人或老年人，即或是名臣大官，也并不一定留它。这风气直继续到晚清。

首先可从商代遗留下的一些文物加以分析。故宫有几件雕玉人头，湖南新出土一个铜鼎上有几个人头，另外传世还有几件铜刀、铜戈、铜钺上均有人的头形反映，又有几个陶制奴隶俑，在河南安阳被发掘出来，就告诉我们殷商时期关于胡子情况，似乎还无什么一定必需规矩。同是统治者，有下巴光光的，也有嘴边留下大把胡子的。而且还可以用两个材料证明胡子和个人身份地位关系不大，因为安阳出土一个白石雕刻着花衣戴花帽的贵族，和另外一个手带梏桎的陶制奴隶，同样下巴都是光光的。（如果材料时代无可怀疑，我们倒可用作一种假说，这时期人留胡子倒还不甚多。）

春秋战国形象材料新出土更多了些。较重要的有：一、山西侯马发现那两个人形陶范，就衣着看，显明是有一定身份的男子，还并不见留胡子的痕迹。二、河南信阳长台关楚墓出土一个彩绘漆瑟，上面绘有些乐舞、狩猎和贵族人物形象，也不见有胡须模样。三、近二十年湖南长沙大量出土战国楚墓彩绘木俑，男性中不论文武打扮，却多

春秋，有胡子的玉人头，河南光山黄君墓出土

战国，彩绘俑，湖南长沙楚墓出土

数都留有一点儿胡须，上边作两撇小小“仁丹胡子”式，或者说“威廉”式，尖端微微上翘，下巴有的则留一小撮，有的却没有保留什么。同一形象不下百十种，可知和当时某一地区社会爱好流行风气，必有一定关系，并不是偶然事情（如艺术家用来作屈原塑像参考，就不会犯历史性错误）。但其中也还有好些年纪大但并不留胡子的。另外故宫又还有个传世补充材料足资参考，即根据列女传而作的《列女仁智图》卷上有一系列春秋时历史著名人物形象，其中好几位都留着同样仁丹式八字胡须，亦有年逾不惑并不留胡子的。这画卷传为东晋顾恺之稿。若从胡子式样联系衣冠制度分析，原稿或可早到西汉，即根据当时的四堵屏风画稿本而来（也许还更早些，因为胡子式样不尽同汉代）。另外又还有一个河南洛阳新出西汉壁画，绘的也是春秋故事，作二桃杀三士场面，这应当算是目下出土最古的壁画。由此得知当时表现历史人物形象的一点规律，如绘古代武士田开疆、古冶子时，多作须髯怒张形象，用以表示英武。武梁祠石刻也沿此例。此外反映到东汉末绍兴神像镜上的英雄伍子胥，和山东沂南汉墓石刻上的勇士孟贲，以及较后人作的《七十二贤图》中的子路，情形大都相同。

如作其他文臣名士，则一般只留两撇小胡子，或分张，或下垂，总之是有保留有选择的留那么一点儿。其余不问是反映到长沙车马人物漆奁上，还是辽宁辽阳营城子汉墓壁画上，和朝鲜出土那个彩绘漆竹筐边缘孝子传故事上，都相差不太远。同时也依旧有丝毫不留的。即此可知，关于古代由商到汉，胡子去留实大有伸缩余地，有些自觉自愿意味，并不受法律或一定社会习惯限制。实在看不出王先生所说男子必须留胡子情形。

至于汉魏之际时代风气，则有更丰富的石刻、壁画、漆画、泥塑及小铜铸像可供参考。很具体反映出许多劳动人民形象，如打猎、捕鱼、耕地、熬盐、舂碓、取水、奏乐以及好些在厨房执行切鱼烧肉的大司务，极少见有留胡子的。除非挑担子的是另一种特定人物，很难说当时每个挑担子的却人人必留胡子！那时的确也有些留胡子的，例如：守门的卫士、侍仆以及荷戈前驱的伍伯，即多的是一大把胡子，而统治者上中层本人，倒少有这种现象。即有也较多作乐府诗另外两句有名叙述："为人洁白皙，鬑鬑颇有须"，不多不少那么一撮儿样子。可证王先生的第三点也不能成立，因为根据这些材料，即从常识判断，也可知当时封建统治者绝不会自己甘居中下游，反而让他的看门人和马前卒上风独占作美男子！

其实还有个社会风气形成的相反趋势继续发展颇值得注意，即魏晋以来有一段长长时期，胡子殊不受重视。原因多端，详细分析引申不是本文目的。大致可说的是它和年轻皇族贵戚及宦官得宠专权必有一定关系。文献中如《后汉书·宦者传》、《汉书·佞幸传》、《外戚传》，和干宝《晋纪总论》，《晋书·五行志》、《抱朴子》、《世说

汉，壁画武士，河南洛阳八里台汉墓出土

东晋，顾恺之《列女仁智图》局部，原大纵24.8厘米，横470.3厘米，北京故宫博物院藏

新语》、《颜氏家训·勉学篇》，以及乐府诗歌，都为我们记载下好些重要可靠说明材料。到这时期美须髯不仅不能成为上层社会美的对象，而且相反已经成为歌舞喜剧中的笑料了。《文康舞》的主要角色，就是一个醉意朦胧大胡子。此外还有个弄狮子的醉拂菻，并且还是个大胡子洋人！我们能说这是美男子特征吗？不能说的。

其实即在汉初，张良的貌如妇人，和陈平的美如冠玉，在史传记载中，虽并不见得特别称赞，也就看不出有何讥讽。到三国时，诸葛亮为缓和关羽不平，曾有意说过某某"不如髯之超群绝伦"。然而《典略》却说，黑山黄巾诸帅，自相号字，饶须者则自称"羝根"。史传记载曹操见匈奴使者，自愧形质平凡，不足以服远人，特请崔琰代充，本人即在一旁捉刀侍卫。当时用意固然以为是崔琰长得魁伟，且有一部好胡子，具有气派，必可博得匈奴使者尊敬。但是结果却并不成功。因为即使脸颊本来多毛的匈奴使者被曹操派人探问进见印象时，便依旧是称赞身旁捉刀人为英挺不凡，并不承认崔琰品貌如何出众！魏晋以来胡子有人特别爱重是有记录的，如《晋书》称张华多姿，制好帛绳缠须；又《南史》说崔文仲尝献齐高帝缠须绳一枚给；都可证明当时对于胡子有种种保护措施，但和美男子关系还是不多。事实正相反，魏晋之际社会日趋病态，所以"何郎敷粉，荀令熏香"，以男子而具妇女柔媚姿态竟为一时美的标准。史传叙述到这一点时，尽管具有深刻讥讽，可是这种对于男性的病态审美观，在社会中却继续发

北齐，壁画出行图局部，山西太原王郭村娄睿墓出土，山西省考古研究所藏

生显明影响，直到南北朝末期。这从《世说》记载潘安上街，妇女掷果满车，左思入市，群妪大掷石头故事及其他叙述可知。总之，这个时代实在不大利于胡子多的人！南朝诗人谢灵运，生前有一部好胡子，死后捐施于南海祇洹寺，装到维摩诘塑像上，和尚虽加以爱护，到唐代却为安乐公主斗百草剪去作玩物，还可说是人已死去，只好废物利用，不算招难。然而五胡十六国方面，北方诸胡族矛盾斗争激烈时，历史上不是明明记载过某一时期，见鼻梁高胡子多的人，即不问情由，咔喳一刀！

到北魏拓跋氏统一北方后，照理胡子应受特别重视了，然而不然。试看看反映到大量石刻、泥塑和壁画上的人物形象，就大多数嘴边总是光光的，可知身属北方胡族，即到中年，也居多并不曾留胡子。传世《北齐校书图》作魏收等人画像，也有好几位没有胡子，画中胡子最多还是那位马夫。

至于上髭由分张翘举而顺势下垂，奠定了后来三五绺须基础，同时也还有到老不留胡子的，文献不足征处，文物还是可以帮忙，有材料可印证。除汉洛阳画像砖部分反映，新出土有用重要材料应数近年河南邓县南朝齐梁时画像砖墓墓门那两位手拥仪剑，身着两当铠，外罩大袍的高级武官形象。其次即敦煌二二〇窟唐贞观时壁画维摩变下部那个听法群众帝王行从图一群大臣形象。这个壁画十分写实，有可能还是根据阎立本兄弟手笔所绘太宗与宏文馆十八学士等形象而来，最重要即其中有几位大臣，人已早过中年，却并不留胡子。有几位即或相貌英挺，胡子却也老老实实向下而垂。总之，除太宗天生虬髯为既定事实，画尉迟敬德作毛胡子以示英武外，始终还看不出胡子多是美男子特点之一的情形。一般毛胡子倒多依旧表现到身份较低的人物身上，如韩幹《牧马图》那个马夫，《萧翼赚兰亭图》那个烹茶火头工，陕西咸阳底张湾壁画那个手执拍板的司乐长，同样在脸上都长得是好一片郁郁青青！

那么是不是到中唐以后，社会真有了些变迁，如王先生所说人到中年必留胡子？事实上还是不尽然。手边很有些历代名臣画像，因为时代可能较晚，不甚可靠，不拟引用。宋人绘的《香山九老图》，却有好些七八十岁的名贤，下巴还光光的。此外《洛阳耆英绘图》和《西园雅集图》，都是以当时人绘当时事，应当相当可靠了，还是可见有好些年过四十不留胡子的，正和后来人为顾亭林、黄黎洲、蒲留仙写真差不多。

西汉，彩绘陶仪卫俑，通高49厘米，江苏徐州出土，徐州市博物馆藏

隋开皇十五年（公元595年），瓷立俑，河南安阳张盛墓出土

唐，三彩镇墓俑，通高 83.5 厘米，北京故宫博物院藏

唐，阎立本《历代帝王图卷》局部，原大纵 51.3 厘米，横 531 厘米，美国波士顿艺术博物馆藏

唐，韩幹《牧马图》，纵 27.5 厘米，横 34.1 厘米，台北故宫博物院藏

北宋，青白釉人形瓷注子，通高23.9厘米，口径2.2厘米，安徽怀宁出土，怀宁县文物管理所藏

就这个小小问题，从实际出发，试作些常识性探索，个人觉得也很有意义。至少就可以给我们得到以下几点认识：

一、胡子问题虽平常小事，无当大道，难称学术，但是学术的专家通人，行文偶尔涉及到它的历史时，若不作点切实的调查研究，就不可能有个比较全面具体的认识。如只从想当然出发，引申时就难于中肯，而且易致错误。

二、从文物研究古代的梳装打扮、起居服用、生产劳作和车马舟舆的制度衍进，及其应用种种，实在可以帮助我们启发新知，校订古籍，得到许多有益有用的东西，值得当前有心学人给予一点应有的注意。古代事情文献不足征处太多，如能把这个综合文物和文献的研究工作方法，提到应有认识程度，来鼓励一些学习文史、有一定文献知识的年青少壮，打破惯例，面对近十年出土文物和传世文物，分别问题，大胆认真摸个十年八年，中国文化史研究方面有许多空白点或不大衔接处，一定会可望到许多新发现和充实。希望新的学术研究有新的进展，首先在研究方法上必需有点进展，且有人肯不怕困难，克服困难，来作作闯将先锋！

三、从小见大，由于中国历史太长，任何一个问题，孤立用文献求证，有很多地方都不易明白透彻。有些问题或者还完全是空白点，有些又或经后来注疏家曲解附会，造成一种似是而非印象，有待纠正澄清，特别是事事物物的发展性，我们想弄清楚它求个水落石出，势必需把视野放开扩些，搁在一个比较扎实广博的物质基础上，结合文物和文献来进行，才会有比较可靠的新的结论，要谈它，要画它，要形容说明它，才可望符合历史本来面目！

至于这种用文物和文献互相结合印证的研究方法，是不是走得通？利中是否还有弊？我想从结果或可知道。以个人言，思想水平既低，古书读得极少，文物问题也只不过是懂得一点皮毛，搞研究工作，成就自然有限。即谈谈胡子问题，总还是不免会错，有待改正。但是如国内文史专家学人，肯来破除传统研究文史方法，注意注意这以百万计文物，我个人总深深相信，一定会把中国文化研究带到一个崭新方向上去，得到不易设想的新的丰收！

附记

两月前见南方报上消息，有很多艺术专家，曾热烈讨论到作历史画是否需要较多历史背境知识，这些知识是否重要，例如具体明白服饰家伙等等制度。可惜不曾得见全部记录。我对艺术是个外行，因此不大懂得，如果一个艺术家，不比较用个实事求是的态度来学学历史题材中的应有知识，如何可以完成任务的情形。我只照搞文物的一般想法，如果鉴定一幅重要故事画，不论是壁画还是传世卷册，不从穿的，戴的，坐的，吃的，用的，打仗时手中拿的，出门时骑的、乘的……全面具体去比较求索，即不可能知道它的内容和相对年代。鉴定工作要求比较全面，还得要这些知识。至于新时代作历史画塑去教育人民，如只凭一点感兴来动手，如何能掌握得住应有历史气氛？看惯了京戏，和饱受明清版刻和近代连环画薰陶的观众，虽极容易感到满意，艺术家本人，是不是也即因此同样感到满意？我个人总是那么想，搞历史题材的画塑，以至于搞历史戏的道具设计同志，如把工作提高到应有的严肃，最好是先能从现实主义出发，比较深刻明白题材中必需明白的事事物物，在这个基础上再来点浪漫主义，加入些个人兴会想象，两结合恰到好处，成绩一定会更加出色些。到目前为止，我们一般历史画塑实在还并未过关，这和艺术家对于这个工作基本态度有关，也和我们搞文物工作的摸问题不够细致深入，提参考资料不够全面有关。因为照条件，本来可以比《七十二贤图》、《五百名贤图》、《水浒叶子》、《晚笑堂画传》等大大跃进一步，事实上还不易突破。于是画曹操还不知不觉会受郝寿臣扮相影响，作项羽却戴曲翅幞头着宋元衣甲如王灵官，不免落后于时代要求。今后让我们共同作更好些，协力合作，来过这一关吧！

1961年9月15日写于北京

刊载此文，其实应附形象廿卅种才有意义。必图文互证，才有较强说服力。

一、商玉人头；二、商奴隶俑；三、商白石雕人像；四、侯马人形陶范；五、洛阳出土西汉壁画《二桃杀三士图》；六、《列女仁智图》部分；七、长沙楚俑（文官的用蒋玄佁复原那个，武官用历博照相）；八、沂南石刻孟贲像；九、洛阳画砖；十、辽阳汉画；十一、汉墓寺门卒像；十二、望都伍伯像；十三、邓县画像砖墓文康伎和彩绘墓门前武官；十四、晋青瓷醉拂菻水注（故宫）；十五、敦煌二二O窟壁画；十六、韩幹《双马图》；十七、《萧翼赚兰亭图》火头工；十八、底张湾壁画执拍板司乐人；十九、《校书图》之马夫；廿、龙门石刻《帝王礼佛图》；廿一、景县墓俑；廿二、北齐张肃俗墓俑；廿三、《洛阳耆英绘图》；廿四、《西园雅集图》部分；廿五、……（蒋兆和和李斛二位的曹操和项羽）

——1961年10月9日题于本文《光明日报》校样旁

本文1961年10月21、24日连载发表于《光明日报》，署名沈从文。1986年5月，收入商务印书馆香港分馆《龙凤艺术》一书出版。

现据《龙凤艺术》文本编入。并附作者题写在校样上的文字。

《中国古代服饰研究》引言

中国服饰研究，文字材料多，和具体问题差距大，纯粹由文字出发而作出的说明和图解，所得知识实难全面。如宋人作《三礼图》，就是一个好例。但由于官刻影响大，此后千年却容易讹谬相承。如和近年大量出土文物铜、玉、砖、石、木、漆、刻画一加比证，就可知这部门工作研究方法，或值得重新着手。汉代以来各史虽多附有舆服志、仪卫志、郊祀志、五行志，无不有涉及舆服的记载，内容重点多限于上层统治者朝会、郊祀、燕享和一个庞大官僚集团的朝服官服，记载虽若十分详尽，其实多辗转沿袭，未必见于实用。私人著述不下百十种，如《西京杂记》、《古今注》、《拾遗记》、《酉阳杂俎》、《炙毂子》、《事物纪原》、《清异录》、《云仙散录》等，又多近小说家言，或故神其说，或以意附会，即汉人叙汉事，唐人叙唐事，亦难于落实征信。墓葬中出土陶、土、木、石、铜诸人形俑，时代虽若十分明确，其实亦不尽然，真实性也只能相对而言。因社会习惯相承，经常有从政治角度出发，把前一王朝官吏作为新王朝仆从差役事。因此新的探讨，似乎还值得多方面去求理解，才可望得到应有的新认识。

本人因在博物馆工作较久，有机会接触实物、图像、壁画、墓俑较多，杂文物经手过眼也较广泛，因此试从常识出发，排比排比材料，采用一个以图像为主结合文献进行比较探索、综合分析的方法，得到些新的认识理解，根据它提出些新的问题。但出土文物以千百万计，即和服饰有关部分，也宜以百十万计。遗物既分散国内外各地，个人见闻接触究竟有限，试探性工作中，自难免顾此失彼，得失互见，十分显明。只是应用方法较实际，由此出发，日积月累，或许还是一条比较唯物实事求是的新路。因此在本书付印之前，对于书中重点作些简要介绍，求教于海内外学者专家。

本书中商代部分，辑录了较多用不同材料反映不同衣着体型的商代人形，文字说明却较少。私意这些人形，不仅反映商王朝不同阶层，可能还包括有甲骨文中常提到的征伐所及，当时与商王朝对立各部族，如在西北的人方、鬼方，在东南的徐、淮夷，在西南的荆、楚及巴、濮各族人民形象。在铜、玉、陶、石人形中必兼而有之。特别是青铜兵器和其他器物上所反映形象，多来自异族劲敌，可能性更大。

西周和东周，材料比较贫乏，似可作两种解释。一、为立国重农而比较节俭，前期大型墓葬即较少。而铜玉器物制度，且多沿袭商代式样。礼制用玉占主要地位，赏玩玉物却不多(近年在湖南、云南和其他地区出土大量商代玉器，和史称分纣之宝玉重器于诸有功国事之大臣情形或相关。说是商代逃亡奴隶主遗物，似值得商讨)。二、用

工艺美术是测定民族文化水平的标准，工艺美术和生活是密切结合着的。古代服饰是工艺美术的主要组成部分，资料甚多，大可集中研究。于此可以考见民族文化发展的轨迹和各兄弟民族间的相互影响。历代生产方式、阶级关系、风俗习惯、文物制度等，大可一目了然，是绝好的史料。遗物大都出自无名作家之手。历代劳动人民，无分男女，他们的创造精神，他们的服饰改进，同他们改造社会的毅力，具有着强烈的生命脉搏，能隔千百年后的人直接感受，这是值得特别重视的。
一九六四年六月廿四日
郭沫若

郭沫若为沈从文《中国古代服饰研究》所作序文手迹

土木俑殉葬制犹未形成。车乘重实用而少华靡，有一定制度。车上装饰物作铜人形象亦仅见。衣作矩式曲折而下、上承商代而下及战国，十分重要。另一铜簋下座两扇门间露出一个人像，虽具体而微仍极重要。据近年江南出土东周残匜细刻纹饰反映生活情形看来，制作也还简质。在同时青铜器物纹饰中为仅见。直到春秋战国，才成为一种常用主题装饰图案。

春秋战国由于诸侯兼并，技术交流，周代往日“珠玉锦绣不鬻于市”的法规制度已被突破，珠玉锦绣已成为商品市场特别商品一部门，因之陈留襄邑彩锦，齐鲁细薄丝织品和彩绣，及金银镶嵌工艺，价值连城之珠玉，制作精美使用轻便之彩绘漆器，均逐一出现于诸侯聘问礼物中，或成为新兴市场特种商品。衣着服饰之文彩缤纷，光辉灿烂，车乘装饰之华美，经常反映于诗歌文传记载中。又由于厚葬风气盛行，保存技术也得到高度进展。因之近年大量出土文物中，一一得到证实。三门峡虢墓出土物，和新郑出土物，河南信阳楚墓出土物，安徽寿县蔡侯墓出土物，辉县琉璃阁出土物，金村韩墓出土物……及近年湖北随县曾侯墓出土物，河北中山王墓出土物，文物数量之多，制作之精美，无一不令人眼目一新，为前所未闻。特别是在这

战国，彩绘木俑，湖北江陵楚墓出土

战国，彩绘女木俑，湖南长沙仰天湖楚墓出土

西汉，彩绘男子陶俑，陕西咸阳出土

一历史阶段中，运用各种不同器材，反映出人物生活形象之具体逼真，衣着服饰之多样化，更开拓了我们的眼界不少。前人千言万语形容难以明确处，从新出土文物中，均可初步得到较正确理解。有的形象和史传诗文可以互证，居多且可充实文献所不足处。不过，图像反映虽多，材料既分散全国，有的又流传国外，这方面知识因之依然有一定局限性。丝绸绵绣，且因时间经过二十四五个世纪，残余物难于保存本来面目。但由于出土数量多，分布面积广，依旧可以证明一部中国古代物质文化史，还保存得上好于地下。今后随同生产建设，更新更多方面的发现，是完全可以肯定的。综合各部门的发现加以分别研究，所得的知识，也必然将比过去以文献为主的史部学研究方法，开拓了无限广阔的天地。“文物学”必将成为一种崭新独立科学，得到应有重视，值得投入更多人力物力进行分门别类研究，为技术发展史、美术史、美学史、文化史提供丰富无可比拟的新原料。如善于应用，得到的新成就，是可以预料得到的。因为世界任何一个国家，都没有条件保存得那么丰富完整物质文化遗产于地下！

近人喜说春秋战国是一个“百家争鸣、百花齐放”的时代。严格一点说来，目下治文史的，居多注重前面四个字，指的只是诸子百家各自著书立说而言。而对后面四个字，还缺少应有的关心，认识也就比较模糊。因为照习惯，对于百工艺业的成就，就兴趣不多。其实若不把这个时期物质文化成就各部门成就加以深入研究，并能会通运用，是不可能对于“百花齐放”真正有深刻体会的。因为就这个时代的应用工艺的任何一部门成就而言，就令人有目迷五色叹观止感！以衣着材料言，从图像方面还难得明确完整印象。但仅就近年河北出土中山王墓内青铜文物，和湖北随县曾侯墓出棺椁器物彩漆文饰，和当时诗文辞赋形容衣饰之华美，与事实必相差不多。由春秋战国到秦统一，先后近 3 个世纪。由于时间、空间、族别、习惯不同，文献材料不足征。目下实物图像材料反映虽较具体，仍只能说是点点滴滴。但基本式样，也可说已能把握得住。如衣袍宽博属于社会上层；奴隶仆从，则短衣紧袖口具一般性，又或与历来说的胡服有些联系。比较可

西汉，帛画旌幡“人间”局部墓主及侍从像，湖南长沙马王堆1号墓出土，湖南省博物馆藏

以肯定的，则花样百出不拘一格、式样突破礼制是特征。至于在采用同一形式加工于不同器物上，如金银错器反映生活文武男女有相近处。就我们目下知识，只能作如下推测：即这类器物同出于一个地区，当时系作为特种礼品或商品而分布各地，衣着反映因之近于一律，和真实情形必有一定差距。我们用它来说明，这是春秋战国时工艺品反映当时人事生活作为主题的新产品。同时也反映部分社会现实，似不会错误。若一律肯定为出土地社会生活，衣着亦即反映某地区人民衣着特征，证据还不够充分。

秦代统一中国后，虽有“天下书同文车同轨”记载，至于这一历史时代的衣着，除了秦尚黑，囚徒衣赭，此外，我们却近于极端无知。直到近年，才仅从始皇陵前发现几件大型妇女坐俑，得知衣袖紧小，梳银锭式后垂发髻，和辉县出土战国小铜人实相近，与楚帛画妇女发髻亦相差不多。最重要的发现，是衣着多绕襟盘旋而下。反映于铜器平面图像上，虽不甚具体，反映于木陶彩俑、铜玉人形等立体材料上，则十分明确。腰带边沿彩织装饰物，花纹精致处，多超过我们

唐，孙位《高逸图》局部，原大纵 45.2 厘米，横 168.7 厘米，上海博物馆藏

想象。由比较得知，这种制度，一直相沿到汉代，且具全国性。证明《方言》说的“绕衿谓之帬”的正确含义。历来从文字学角度出发，对于“衿”字解释为“衣领”固不确，即解释为“衣襟”，若不从图像上明白当时衣襟制度，亦始终难得其解。因为这种衣服，原来从大襟至胁间即向后旋绕而下。其中一式至背后即直下，另一式则仍回绕向前，和古称“衣作绣，锦为缘”有密切联系。到马王堆西汉初期古墓大量实物和彩绘木俑出土，才深一层明白如此使用材料，实用价值比艺术效果占更重要意义。从大量图像比较，又才明白这种衣着剪裁方式，实由战国到两汉，结束于晋代。《东宫旧事》和墓葬中殉葬鈆木简椟，都提到“单裙”、“复裙”。提到衣衫时，且常有某某衣及某某结缨字样。结缨即系衣时代替纽扣的带子，分段固定于襟下的。（衣裙分别存在，虽在近年北京琉璃河出一西汉雕玉舞女上，即反映分明，但直到东汉末三国时期才流行。图像则从《女史箴》临镜化妆部分进一步得到证实。）

秦代出土人形，主要为战车和骑士，数量达八千余人。人物面目既高度写实，衣甲器物亦一切如真。惟战士头髻处理繁琐到无从设想。当时如何加工，又如何能持久保持原有状态？髻偏于一侧，有无等级区别，是一个无从索解的问题，实有待更新的发现。

两汉时间长，变化大，而史部书又特列舆服部门，冠绶二物且和官爵等第密切相关，记载十分详尽。但试和大量石刻彩绘校核，都不易符合。主要原因文献记载中冠制，多朝会燕享、郊天祀地、高级统治者的礼仪上服用制度；而石刻反映，却多平时燕居生活和奴仆劳动情况。且东汉人叙西汉事已隔一层，组绶织作技术即因战乱而失传，悬重赏征求才告恢复，可知加工技术必相当复杂。近半个世纪以来，出土石刻彩绘图像虽多，有的还保存得十分完整，惟绶的制作，仍少具体知识。又如东汉石刻壁画的梁冠，照记载梁数和爵位密切相关，帝王必九梁。而石刻反映，则一般只一梁至三梁，也难和记载印证。且主要区别，西汉冠巾约发而不裹额。裹额之巾帻，东汉始出现。袍服东汉具有一定形制，西汉不甚严格统一。从近年长沙马王堆出土大量保存完整实物，更易明确问题。又帝王及其亲属，礼制中最重要的为东园秘器28种中的金银缕玉衣。照汉志记载，这种玉衣全部重叠如鱼鳞，足胫用长及尺许玉札缠裹。从近年较多出土实物看来，则全身均用长方玉片联缀而成，惟用大玉片做足底。王侯丧葬礼仪，史志正式记载，尚如此不易符合事实，其余难征信处可想而知。

唐，乐廷瓌夫人太原王氏供养像，选自敦煌130窟壁画

又汉代叔孙通虽订下车舆等级制度，由于商业发展，许多禁令制度，早即为商人所破坏，不受法律约束。正如贾谊说的帝王所衣黼绣，商人则用以被墙壁，童奴且穿丝履。

从东汉社会上层看来，袍服转入制度化，似乎比西汉较统一。武氏石刻全部虽如用图案化加以表现，交代制度即相当具体。特别是象征官爵等级的绶，制度区别严格，由色彩、长短和绪头粗细区别官品

唐，抱鸭壶三彩女俑，通高33.4厘米，山西长治出土，山西省考古研究所藏

地位。武氏石刻绶的形象及位置，反映得还是比较清楚。直到汉末梁冠去梁之平巾帻，汉末也经过统一，不分贵贱，一律使用。到三国，则因军事原因，多用巾帼代替。不仅文人使用巾子表示名士风流，主持军事将帅，如袁绍崔钧之徒，亦均以幅巾为雅。诸葛亮亦有纶巾羽扇指挥战事，故事且流传千载。当时有折角巾、菱角巾、紫纶巾、白纶巾等等名目，张角起义则着黄巾。可知形状、材料、色彩，也必各有不同。风气且影响到晋南北朝。至于巾子式样，如不联系当时或稍后图像，则知识并不落实。其实，仿古弁形制如合掌的，似应为“帢”，如波浪皱褶的，应名为“帼”。时代稍后，或出于晋人戴逵作《列女仁智图》，及近年南京西善桥出土《竹林七贤图》，齐梁时人作《斵琴图》，均有较明确反映。

至两晋衣着特征，男子在官职的，头上流行小冠子，实即平巾帻缩小，转回到“约发而不裹额”式样。一般平民侍仆，男的头上则为后部尖耸略偏一侧之“帩头”，到后转成尖顶毡帽。南北且有同一趋势。妇女则如干宝《晋纪》和《晋书·五行志》说的衣着上俭而下丰（即上短小，下宽大），髻用假发相衬，见时代特征。因发髻过大过重，不能常戴，平时必搁置架上。从墓俑反映，西晋作十字式，尚不过大。到东晋，则两鬓抱面，直到遮蔽眉额。到东晋末齐梁间改为急束其发上耸成双环，名“飞天紒”，邓县出土南朝画像砖上所见妇女有典型性，显然受佛教影响。北方石刻作梁鸿孟光举案齐眉故事，天龙山石刻供养人，头上均有这种发式出现，且作种种不同发展。但北朝男子官服定型有异于南朝，则为在晋式小冠子外加一筒子式平顶漆纱笼冠。因此得知，传世《洛神赋图》产生时代，决不会早于元魏定都洛阳以前。历来相传为顾恺之笔，由服饰看来，时代即晚。

唐，阎立本《步辇图》，纵 38.5 厘米，横 129 厘米，画的是唐太宗接见吐蕃（今西藏）使者禄东赞情形，北京故宫博物院藏

隋统一中国后，文帝一朝社会生活比较简朴。从敦煌壁画贵族进香人，到青白釉墓葬女侍俑比较，衣着式样均相差不多。特征为小袖长裙，裙上系及胸。

谈唐代服饰的，因文献详明具体，材料又特别丰富，论述亦多。因此，本书只就前人所未及处，略加引申。一为从唐初李寿墓中出土物，伎乐石刻绘画，及传世《步辇图》中宫女看来，可得如下较新知识：初唐衣着还多沿隋代旧制，变化不大。而伎乐已分坐部和立部。二、由新疆近年出土墓俑，及长安新出唐永泰公主、懿德太子诸陵壁画所见，得知唐代“胡服”似可分前后两期，前期来自西域、高昌、龟兹，间接则出于波斯影响，特征为头戴浑脱帽，身穿圆领或翻领小袖衣衫，条纹卷口裤，透空软底锦靿靴。出行骑马必着帷帽。和文献所称，盛行于开天间实早百十年。后期则如白居易新乐府所咏“时世装”形容，特征为蛮鬟椎髻，眉作八字低颦，脸敷黄粉，唇注乌膏，影响实出自吐蕃。图像反映有传世《宫乐图》、《倦绣图》均具代表性。实元和间产物。至于开元天宝间，则画迹传世甚多，和胡服关系不大。叙发展谈衍变，影响后世较大，特别值得一提的，即帷帽。历来相传出于北齐“羃䍦”，或称“羃罗”，以为原遮蔽

北宋元符三年（公元 1100 年），彩绘壁画，宗室地主夫妇和孝子或家属，河南禹州白沙赵大翁墓出土

全身，至今无图像可证。帷帽废除于开元天宝间，是事实亦不尽合事实，因为宫廷贵族虽已废除，以后还流行于民间，宋元画迹中均可发现。在社会上层，也还留下部分残余痕迹，即在额前露出一小方马尾罗，名“透额罗”。反映于图像中，只敦煌开元间《乐廷瓌夫人行香图》中进香青年眷属或侍女三人额间，尚可明白位置和式样。透额罗虽后世无闻，但转至宋代则成为渔婆勒子、帽勒，且盛行于明清。帷帽上层妇女虽不使用，代替它的是在头顶上披一薄纱，称“盖头”。宋代用紫罗，称“紫罗盖头”。反映于北宋上层妇女头上，《花竹仕女图》有代表性。反映于农村妇女，则南宋名画家李嵩《货郎图》中几个农村妇女头上，均罩有同式薄质纱罗。就一般说，既有装饰美观作用，亦有实用价值，才因此继续使用。

妇女花冠起源于唐代，盛行于宋代。名称虽同，着法式样迥异。唐代花冠如一顶帽子套在头上，直到发际。《宫乐图》、《倦绣图》反映都极具体。至于宋代花冠，则系用罗帛仿照真花做成。宋人尚高髻，向上直耸高及三尺，以至朝廷在皇佑中不得不用法律禁止。原因是当时花冠多仿拟真花。宋代尚牡丹芍药，据《洛阳花木记》记载，由于栽培得法，花朵重台有高及二尺的，称“重楼子”，在瓷州窑墨绘瓷枕上即常有反映。此外，《洛阳花木记》、《牡丹谱》、《芍药谱》称“楼子”、“冠子”的多不胜数。宋人作《花竹仕女图》中所见，应即重楼子花冠。且由此得知，至于传世《簪花仕女图》，从人形衣着言，原稿必成于开元天宝间，即在蓬松发际加一点翠金步摇钗，实纯粹当时标准式样。如再加一像生花朵，则近于“画蛇添足”、不伦不类矣。

这种插戴在唐代为稀有少见，在宋则近一般性。宋代遇喜庆大典，佳节良辰，帝王出行，公卿百官骑从卫士无不簪花。帝王本人亦不例外。花朵式样和使用材料，均有记载，区别明确。图像反映，更可相互取证。又唐代官服彩绫花纹分6种。除“地黄交枝”属植物，其余均为鸟类衔花，在铜镜和带板上，均有形象可证，惟图像和实物却少证据，是一待解决问题。

宋人衣着特别值得一提的，即除妇女高髻大梳见时代特征，还有北宋一时曾流行来自契丹，上部着宋式对襟加领抹(花边)旋袄，下身不着裙只着长统袜裤的“吊墩服”，即后来的“解马装”，影响流行于社会上层，至用严格法律禁止。但伎乐人衣着，照例不受法令限制，所以在杂剧人图画中，还经常可见到这种外来衣着形象。男子朝服大袖宽衫，官服仍流行唐式圆领服制度，和唐式截然不同处，为圆领内必加衬领。起于五代，敦煌壁画反映明确。而宋人侍仆和子侄晚辈，闲散无事时，必“叉手示敬”。在近年大量出土壁画上所见，及辽、金墓壁画上的南官及汉人部从，亦无例外，随处可以发现这种示敬形象。宋元间刻的《事林广记》中，且用图说加以解释。试从制度出发，即可发现有些传世名画的产生年代，或值得重新研究。例如传世韩滉《文苑图》，或应成于宋代画家之手，问题即在圆领服出现衬领，不可能早于五代十国。《韩熙载夜宴图》，其中叉手示敬的人且兼及一和尚，也必成于南唐降宋以后，却早于淳化二年以前。画中人多服绿。《宋大诏令集》中曾载有淳化二年诏令，提及“南唐降官一律服绿，今可照原官服朱紫”。可知《夜宴图》产生时代必在南唐政权倾覆以后，太宗淳化二年以前。尚有传为李煜与周文矩合作的《重屏会棋图》，内中一披发画童，亦不忘叉手示敬。历来鉴定画迹时代的专家，多习惯于以帝王题跋，流传有绪，名家收藏三大原则作为尺度，当然未可厚非。可最易忽略事物制度的时代特征。传世阎立本作《萧翼赚兰亭图》，人无间言，殊不知图中烧茶部分，有一荷叶形小小茶叶罐盖，只宋元银瓷器上常见，哪会出现于唐初？古人说“谈言微中，或可以排难解纷”。但从画迹本身和其他材料互证，或其他器物作旁证的研究方法，能得专家通人点头认可，或当有待于他日。

元蒙王朝统治，不足一世纪，影响世界却极大。大事情专门著作多，而本书却在统治范围内的小事，为前人所忽略，或史志不具备部分，提出些问题，试作些叙述解释。一如理发的法令歌诀，二如元代男女贵族衣上多着四合如意云肩，每年集中殿廷上万人举行"只孙宴"制作精丽只孙服上的云肩式样。三如全国大量织造纳石失织金锦，是否已完全失传。四如女人头上的罟罟冠应用情况等等进行些比较探讨。是否能够得到些新知？

至于明清二代，时间过近，材料过多，因此只能就一时一地引用部分图像材料结合部分朝野杂记，试作说明。又由于个人对丝绸锦绣略有常识，因此，每一段落必就这一历史时期的纺织品辉煌成就也略作介绍。惟实物收藏于国家博物馆的以十万计，书中举例则不过手边所有劫余点滴残物，略见一斑而已。

总的说来，这份工作和个人前半生搞的文学创作方法态度或仍有相通处，由于具体时间不及一年，只是由个人认识角度出发，据实物图像为主，试用不同方式，比较有系统进行探讨综合的第一部分工作。内容材料虽有连续性，解释说明却缺少统一性。给人印象，总的看来虽具有一个长篇小说的规模，内容却近似风格不一分章叙事的散文。并且这只是从客观材料出发工作一次开端，可能成为一种良好的开端，也可能还得改变方法另辟蹊径，才可望取得应有的进展，工作方法和结论，才能得到读者的认可。

好在国内对服装问题，正有许多专家学者从各种不同角度进行研究工作，且各有显著成就。有的专从文献着手，具有无比丰富知识，有的又专从图像出发，作的十分仔细。据个人私见，这部门工作，实值得有更多专家学者来从事，万壑争流，齐头并进，必然会取得"百花齐放"的崭新纪录突破。至于我个人进行的工作，可能达到的目标，始终不会超过一个探路打前站小卒所能完成的任务，是预料得到的。

1980 年 4 月，于北京

龙凤艺术

——龙凤图案的应用和发展

民族艺术图案中，人民最熟习的，无过于龙凤图案。但专家学人中说到它时，最难搞清楚的，也无过于龙凤图案。因为龙的形象既由传说想象而成，反映到工艺美术造形设计中，又在不断发展变化，如仅仅抄几条孤立文献来印证，是不能解决问题的。记得年前在报刊上曾看过一篇小文章，谈起龙的形象，援引宋人罗愿《尔雅翼》关于龙的形容，以为怪诞不经，非生物所应有。其实这个材料的称引，即用来解释宋代人在绘画、雕刻、陶瓷、彩绘装饰、锦绣图案中反映的龙形，也就不够具体而全面。不仅无从给读者一种明确印象，即文章作者本人，也不能得到一个比较符合当时人想象作成的各种不同龙的形象。原来龙虽然是种想象中的动物，但在历史发展中，却不断为艺术家丰富以新的形象。即以《尔雅翼》作者时代而言，龙的样子也就是多种多样的。有传世陈容的画龙，多作风云变幻中腾攫而起的姿式。有磁州窑瓶子上墨绘和剔雕的龙，件头虽不大，同样作得还雄猛有力。但是它是宋式，和唐代明代风格都大不相同。最有代表性的，是山东曲阜孔子庙大成殿那几支盘云龙石柱，天安门前石华表的云龙，即从它脱胎而出，神情可不一样。至于敦煌宋代石窟洞顶藻井画龙，也还有种种不同造型，却比《营造法式》图样生动活泼。在锦绣艺术中最著名的，是宋徽宗赵佶所绘《雪江归棹图》前边那片包首刻丝龙，

新石器时代红山文化（距今6000年–5000年），猪龙形玉佩饰，高14厘米，辽宁建平征集，辽宁省考古研究所藏

新石器时代红山文化，玉龙，高26厘米，宽29厘米，内蒙古翁牛特旗出土，翁牛特旗博物馆藏

配色鲜明，造型美丽，可说是宋代龙形中一件珍品。但是如不用它和明清龙蟒袍服比较，还是得不着它的艺术特征的。宋代龙形必然受唐代的影响，可是最显著的却只有定窑瓷盘上的龙形，还近于唐代铜镜上的反映，别的材料已各作不同发展。上面说的不过是随手可举的例子。如就这个时代龙的艺术作全面分析，那就自然更加言之话长了。

历来龙凤并提，其实凤的问题也极复杂，由于数千年来用它作艺术装饰主题更加广泛而普遍，它的形象也在各个时代不同发展变化中。

凤的形象如孤立的只从《师旷禽经》一类汉人记载去求证，也难免以为怪诞虚无，顾此失彼。要明白它必需就历史上遗留下各种活泼生动的形象材料，加以比较，才会知道凤凰即或同样是一种想象中的灵禽，在艺术创造中却表现多方，有万千种美丽活泼式样存在。如从联系发展去注意，我们对于凤的知识，就可更加丰富具体，不至于人云亦云了。

夏，双玉凤，高 9.2 厘米，厚 0.2 厘米，陕西地域

商，青玉龙形玦，天津博物馆藏

新石器时代龙山文化（距今 4350 年 - 3950 年），透雕龙形玉佩，长 9.1 厘米，宽 5.1 厘米，湖南澧县孙家岗 14 号墓出土，湖南省文物考古研究所藏

新石器时代龙山文化，透雕凤形玉佩，长 12.6 厘米，宽 6.2 厘米，湖南澧县孙家岗 14 号墓出土，湖南省文物考古研究所藏

在人民印象中，历来虽龙凤并称，从古以来，且和封建政治紧密结合，龙凤形象成为封建装饰艺术的主题，同时也近于权威象征。但事实上两者却在历史发展中似同而实异，终于分道扬镳，各有千秋。决定龙凤的地位，并影响到后来的发展，主要是两个故事：有关龙的是《史记》所记黄帝传说，鼎湖丹成乘龙升天，群臣攀龙髯也有随同升天的。关于凤的是萧史吹箫引凤，和弄玉一同跨凤上天故事。同是升天神话传说，前者和封建政治结合，后者却是个动人爱情故事，后来六朝人把“攀龙附凤”二词连用，作为一种依附事件的形容，因此故事本来不同意义也失去了，不免近于数典忘祖。其实二事应当分开的。

龙历来即代表一种权威或势力，中古以来的传说附会，更加强了它这一点。汉唐以来，由于方士和尚附会造作，龙的原始神性虽日减，新加的神性却日增。封王封侯，割据水府，称孤道寡，龙在封建社会制度上，因之占有一个特别地位。凤到这时却越来越少神性，可是另一面和诗文爱情形容相联系，因之在多数人民情感中，反而日益亲切。前者随时势推迁，封建结束，龙在历史上的尊严地位，也一下丧失无余。虽然在装饰艺术史中，龙还有个位置。现代造型艺术中，龙的图案也还在广泛使用。戏文中角色有身份的必穿龙袍，皇帝必坐龙床，国内外到北京参观，对建筑雕刻引起最大兴趣的，必然是明代遗留下来那座五彩琉璃作的九龙壁。木雕刻易留下深刻印象的，是故宫各殿中许多木刻云龙藻井。石刻中则殿前浮雕云龙升降的大陛阶，特别引人注目。春节中舞龙灯，也还是一个普遍流行热闹有趣节目。不过对于龙的迷信所形成的抽象尊严，早已经失去意义了。至于凤呢，却在人民情感中还是十分深厚而普遍。新的时代将依然在许多方面成为装饰艺术的主题，作各种不同反映。人民已不怕龙，却依旧欢喜凤。

龙凤在古代艺术上的形象，和文字中的形容，相互结合来注意，比单纯称引文献来分析有无，还可明白更早一些时候古人对于二物想象的情感基础。甲骨文字上的龙凤，还无固定形式，但是基本上却已

商，龙凤冠人形玉佩，高7厘米，宽4厘米，泰安市博物馆藏

商，玉凤，高13.6厘米，厚0.7厘米，河南安阳殷墟妇好墓出土，中国国家博物馆藏

经可以看出龙是个因时屈伸的灵虫，凤是个华美长尾的灵禽。双龙起拱即成天上雨后出现的虹，可知龙在三千年前即有能致雨的传说或假想，并象征神秘。但龙又像是可以征服豢养的，所以古有“豢龙氏”，黄帝后来还骑龙上天。在铜玉骨石古器物上图案反映作各种不同形象发展，过去统以为属于龙凤的，近来已有人怀疑。但龙凤装饰图案，在古器物中占主要地位，则事无可疑。关于龙的问题拟另作文章探讨。现在且看看凤凰这种想象灵禽身世和发展。

在一片商代透雕白玉上，作成如一灵鹫大鹏样子，爪下还攫住一个人头，这是凤，且不是偶然的创作，因为相同式样的雕刻还不少。气魄雄健，似和文字本来还相合，却缺少战国以来对于凤凰的秀美观念。但在同时一件青铜器花纹上的典型反映，却是顶有高冠，曳着长尾，尾上还有眼形花纹，样子已和后来孔雀相差不多。因此得知后来传说中的凤凰和平柔美形象，在此也有了一点基础。

古记称：“有凤来仪”、“凤凰于飞”，让我们知道，这种理想的灵禽，被人民和当时贵族统治者当成吉祥幸福的象征，和爱情的比喻，也是来源已久，早可到三千年前，至迟也有二千七八百年。它的

西周，凤纹玉刀，长13.6厘米，宽3.8厘米，厚0.3厘米，山东济阳墓葬出土，德州市文化局藏

战国，黄玉双龙双螭纹珮，天津博物馆藏

本来似属于鹫鹰和孔雀的混成物，但早在三千年前即被人加以理想化，附以种种神秘性。西周是个比较务实的时代，凤的性质因之不如龙怪诞。稍后一点的孔子，有“凤鸟不至，河不出图”之叹，可见有关凤凰神奇传说，还是早已存在的。凤是一种不世出的大鸟，一身包含了种种德性，一出现和天命时代都关系密切。凤凰既然那么稀有少见，历来人民却又如何在艺术上加以种种表现，越到后来越作得生动逼真，而且成为爱情的象征，是有个历史发展过程，并非凭空而来的。我们值得把它分成几个不同阶段(或类型)来分析一下。

一、是从甲骨文上刻有各种凤字，到易经上“有凤来仪”时代，也即是在文字上还无定形，而在佩玉上如大鹫，在铜器花纹上如孔雀时代。值得注意是这时妇人发簪上，也已经使用了凤凰。可知一面是祯祥，一面又起始和男女爱情有了一定联系。

二、是诗经上有“凤凰于飞”、孔子有“凤鸟不至”、楚词有“鸾鸟凤凰，日已远兮”、故事中有“吹箫引凤”传说成熟时期。也即是真凤凰证明已少有人见到，而在造型艺术中，却产生了金村式秀美无匹的雕玉佩饰，和长沙漆器凤纹图案，以及金银错器、青铜镜子上各种秀美活泼云凤图案时期。

汉，苍龙食鱼画像，长135厘米，宽34厘米，河南省安阳市“城西小桥”

西汉，龙形玉觿，长11.2厘米，厚0.25厘米，宽2.9厘米，江苏徐州墓葬出土，南京博物院藏

三、由传世伪托《师旷禽经》对于凤凰的描写，重新把凤凰当成国家祥瑞之一来看待，附会政治，并影响到宫廷艺术，见于帝王年代则有“天凤”、“五凤”、“凤凰”，见于造型艺术，先成为五端之一，又转化为朱雀，代表了南方，和青龙、白虎、玄武象征四方四神。在建筑上则有朱雀阙，瓦当上出现朱雀瓦。即一般大型建筑也都高据屋顶，作展翅欲飞的金雀姿式（后来的铜雀台也是由此而成），而在艺术各部门中，又都有一定地位时期。

四、在人民诗歌中，已经和鸳鸯、鸂鶒、练雀等相似地位，同为爱情象征。反映到青铜镜子艺术上更十分具体。但在封建宫廷艺术中，另一面又和龙重新结合，成为上层统治权威象征，特别是女性后

元，青花云龙纹带盖梅瓶，通高48厘米，口径3.2厘米，江西高安出土，高安县博物馆藏

妃象征。此外在博具中的双陆、樗蒲，都得到充分使用。因之“龙凤呈祥”主题图案，也成熟于这个时期。然而在一般艺术图案中，它却并不比鸳鸯、鸂鶒等水鸟更接近人民，讨人欢喜。

五、因牡丹成为花中之王，在艺术上和牡丹作新的结合，由唐代的云凤转成“凤穿牡丹”、“丹凤朝阳”，反映到工艺图案各部门，因此逐渐独占春风，象征光明、幸福、爱情和好等等，形象上也越来越作得格外秀美华丽，同时又成为人民吉祥图案中主题画时期。

我们说一切事物都在发展中不断变化，凤凰图案其实也并不例外。多数人民所熟习的凤凰，图案的形象，和它应用的范围，以至于给人情感上的影响及概念，原来也这么在不断发展变化中。

例如凤为鸟中之王说法虽古到二千年前，牡丹为花中之王的提法，却起于唐宋之际，只是千多年前事情。至于把两者结合起来，成为“凤穿牡丹”的主题画，反映到工艺美术各部门，成为人民所熟习的事情，照目下材料分析，实成熟于千年间的宋代。虽然“龙凤呈祥”的图案，也大约是从这时期起始在宫廷艺术中大大流行，还继续发展。

“凤穿牡丹”图案，却逐渐成为人民十分亲切喜爱的画面。这也还有另外一个现实原因，即“牡丹谱”、“洛阳牡丹记”等著述的流行，和实物栽培的普遍，增加了人民对于牡丹名色的知识。想象中的凤凰，

明永乐，剔红双龙牡丹山石纹漆盒，通高7.4厘米，直径44.2厘米，北京故宫博物院藏

明万历，嵌珠宝金凤冠，北京定陵出土，定陵博物馆藏

因之在人民艺术家手中，作成种种美丽动人姿式，共同反映于艺术创造中。

清，妆花缎上的龙纹图案

元明清三个朝代中，龙始终代表一种神性，又成为九五之尊的象征，因此不能随便亵渎。服装艺术上随便用龙是违法受禁止的。虽然“龙舟竞渡”的风俗习惯在长江以南凡有河流处即通行，为广大人民娱乐节目之一。而逢年过节舞龙灯的风俗，且具有全国性。但是在另外一方面，即从晋六朝以来，佛教宣传江湖河海各有龙神，天上还有天龙八部，凡是龙王均能行雨，因此到唐宋以来，特封江湖河海诸龙为王为侯，这种龙神名衔直到十九世纪还不断加封。南方各地任何小小县城，必有个龙王庙，每逢天旱，封建统治者无可奈何，就装作虔敬，去庙中祈雨行香，把应负责任推到龙王身上，并增加人民对于龙的敬畏之忱，也即增加封建神权政治。

因此龙不能随便使用。直到五十年前，迷信还深入人心。至于凤

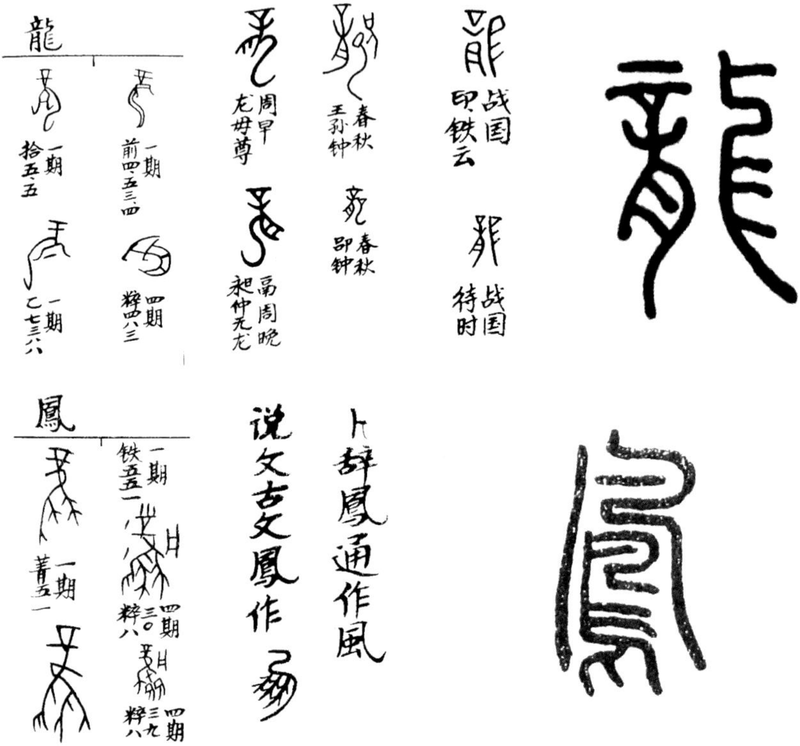

高明《古文字类编》中所录“龙”、“凤”二字

凰和牡丹结合后，却和人民情感日加深厚，尽管在封建制度上，凤凰还和王侯女性关系密切，皇后公主必戴凤冠，用凤数多少定品级等次。在宫廷艺术中，又还依旧是龙凤并用。可是有一点大不相同处，乱用龙的图案易犯罪，乡村平民女子的鞋帮或围裙上都可以凭你想象绣凤双飞或凤穿牡丹，谁也不能管。至于赠给情人的手帕和抱兜，为表示爱情幸福，绣凤穿花更加常见。至于民间俚曲唱本，并且开口离不了凤凰。“鱼水和谐”、“鸳鸯戏荷”、“彩凤双飞”同属民间刺绣主题，深入人心。凤的图案已不是宫廷所独用，早成为人民共同艺术主题了。换句现代话说，即凤接近人民，人民因之丰富了凤的形象和内

容。凤给广大人民以生活幸福的感兴和希望。从表面看，因此一来，凤的抽象地位，不免日益下降，再不能和龙并提。事实上凤和人民感情上打成一片，特别是在民间妇女刺绣中简直是赋以无限丰富的艺术生命，使之不朽，使之永生。

但是我们也得承认另外一种事实，即在近千百年来封建上层艺术成就中，丝绸锦绣袍服、瓷、漆和嵌镶工艺、金银加工等，凡百诸精细造型艺术图案，龙的图案也有其一定成就，而且占有主要地位，凤只是次要地位。不过从艺术形象言即或同用于百花穿插，龙穿花总近于勉强凑合，凤穿花却作得分外自然。论成就，还是凤穿花值得学习。最有代表性的是明代宣德以来和清代初期，在五色笺纸上用泥金银法描绘的云凤或穿花凤，创造了无数高度精美活泼的艺术品，给人以一种深刻难忘印象。和西南地区民间刺绣的万千种凤穿牡丹同放一处，可用得上两句话概括形容："异曲同工，各有千秋。"

俗说凤凰不死，死后又还会再生。这传说极有意思。凡是深深活在人民情感中的东西，它的历史虽久，当然还会从更新的时代，和千万人民艺术创造热情重新结合，得到不朽和永生。

（我这个简短分析小文，有一个弱点，即称道文献不多，而援引实物作证又感图片难得完备，说服力不强。只能说是一个概括说明。工艺图案龙凤问题多，值得专家分一点心来注意。我这里只近于抛砖引玉，如能从每一部门——建筑彩绘、石刻、陶瓷、丝绣，都有介绍这个装饰图案发展的专文写出来。国际友人问到龙凤问题时，我们的回答，也就可望肯定明确，不致于含糊笼统了。）

1958 年 6 月写于八大处长安寺

本文 1958 年 9 月曾以《龙凤图案的应用和发展》为题，发表于《装饰》第 1 期，署名沈从文。1960 年改为现用标题收入作家出版社《龙凤艺术》一书，1986 年 5 月又收入商务印书馆香港分馆《龙凤艺术》一书出版，并配入插图。

现据香港商务版文本编入。

鱼的艺术

——鱼的图案在人民生活中的应用及发展

中国海岸线长，江河湖泊多，鱼类品种格外丰富。因此人民采用鱼形作艺术装饰图案，历史也相当悠久。近年中国科学院考古所，在陕西西安半坡村，约公元前四五十世纪的村落遗址中，就发现一个陶盆，黑彩绘活泼生动鱼形。河南安阳，公元前十三世纪的商代墓葬中出土青铜盘形器物，也常用鱼形图案作主要装饰。这个时期和稍后的西周墓葬中，还大量发现过二三寸长薄片小玉鱼，雕刻得简要而生动，尾部锋利如刀，当时或作割切工具使用，佩带在贵族衣带间。公元前六世纪的春秋时代，流行编成组列的佩玉，还有一部分雕成鱼形，部分发展而成为弯曲龙形。照理说，鱼龙变化传说也应当产生于这个时期。公元前二世纪，秦汉之际青铜镜子，镜背中心部分，常有十余字铭文，作吉祥幸福话语，末后必有两个小鱼并列，因为鱼余同音，象征“富贵有余”的幸福愿望。公元前二世纪的汉代，这种风俗更加普遍，人们使用的青铜面盆，多铸造于西南朱提堂狼郡，内部主要装饰，就多作两只美丽活泼的大鱼。此外女子缝纫用的青铜熨斗，照明的灯台，喝酒用的椭圆形羽觞，上面也常使用这种图案。当时陕西河南一带贵族墓葬，正流行使用一种长约一公尺的大型空心砖堆砌墓室，砖上有种种花纹，双鱼纹也常发现。丝绸上起始用鱼形图案。私人用小印章也有作小鱼形的。可见美术上的应用，已日益普遍。主题象征意义是“有余”。中国是个广大农业地区的国家，希望生产有余正是人之常情。战国时文学家庄周，曾写过一篇抒情小品文，赞美过鱼在水中的快乐。公元后二三世纪间，又有一首南方民歌，更细致素朴描写到水池中荷花下的鱼的游戏：

江南可采莲，莲叶何田田，鱼戏莲叶东，
鱼戏莲叶西，鱼戏莲叶南，鱼戏莲叶北。

从此以后，“如鱼得水”转成了夫妇爱情和好的形容。但普遍反映于一般造型艺术上，却晚到十世纪左右才出现。

公元七世纪后的唐代，鱼形的应用，转到两个方面，十分特殊。一个是当时镀金铜锁钥，必雕铸成鱼形，叫做“鱼钥”。是当时一种普遍制度，大至王宫城门，小及首饰箱箧，无不使用。用意是鱼目日夜不闭，可以防止盗窃。其次是政府和地方官吏之间，常用一种三寸长铜质鱼形物，作为彼此联系凭证，上铸文字分成两半，一存政府，一由官吏本人收藏，调动人事时就合符为证。官吏出入宫廷门证，也作鱼形，通称“鱼符”。中等以上官吏，多腰佩“鱼袋”，这种鱼袋向例由政府赏赐，得到的算是一种荣宠，通称“紫金鱼袋”，真正东西我们还少见到。宋代尚保存这个制度。可是从宋画宋俑服饰上，还少发现使用鱼袋形象。又唐代已盛行国家考试制度，有一定文学水平的平民可望通过考试转成政府官吏。汉代以来风俗相传，黄河中部有大悬瀑，名叫“龙门”，鱼类能跳跃上去的，就可变龙。所以当时人能见得名流李膺的，以为是登龙门。唐代考试多由达官贵族

新石器时代仰韶文化（距今7000年–5000年），鱼纹彩陶盆，高17厘米，口径31.5厘米，陕西西安半坡遗址出土，中国国家博物馆藏

新石器时代仰韶文化，鹳鱼石斧图彩陶缸，高47厘米，口径32.7厘米，底径19.5厘米，河南临汝出土，河南省博物院藏

新石器时代仰韶文化早期，游鱼纹彩陶瓶，高20厘米，底径11.5厘米，甘肃秦安王家阴洼出土，甘肃省博物馆藏

新石器时代仰韶文化中期，鲵鱼纹彩陶瓶，高38.4厘米，口径7厘米，底径12厘米，甘肃甘谷西坪出土，甘肃省博物馆藏

操纵，人民获中机会并不多，因此人民也借用它来作比喻，考试及格的和鱼上升龙门一样。“鲤鱼跳龙门”于是成为一般幸运象征，和追求幸运的形容。因此成为一般艺术主题，民间刺绣也起始用它作主题。公元十世纪的宋代，考试制度有进一步发展，图案应用因此更加广泛。

这个时期，在中国浙江龙泉烧造的世界著名的翠绿色瓷器，小件盘碟类，还多沿袭汉代习惯，中心加二小鱼作装饰。江西景德镇的影青瓷，和北方的定州白瓷，和一般民间瓷，鱼的图案应用更加多了些，意义因此也略有不同。在盘碗中的，多当成纯艺术表现。若用到瓷枕上，或上面加些莲荷，实沿袭“采莲辞”本意，喻夫妇枕上爱情“如鱼得水”。又有在青铜镜子上浮雕双鱼腾跃的，用意相同。现实主义的绘画，正扩大题材范围，还出了几个画鱼名家，如刘寀等，作品表现鱼在水中悠游自得的乐趣，千年来还活泼如生，丰富了中国绘画的内容。后来八大、恽南田，直到近代白石老人，还一脉相承，以此名家。在高级丝织物部门，纺织工人又创造了鱼形图案的“鱼藻锦”，金代还作为官诰包首。宋代重视元宵灯节，过年灯节时，全国儿童照风俗都玩龙灯和彩色鱼形灯。文献中也有了人工培养观赏红鱼的记载。杭州已因养金鱼而著名。

元代有部《饮膳正要》书籍，部分记载各种可吃的鱼，还有很好的插图，没有提到金鱼，可知当时统治者虽好吃，而且有许多怪吃法，但是还不到吃金鱼程度。

公元十五世纪的明代，绸缎中的鱼锦图案有了发展。国家织造局专织一种飞鱼形衣料，做不成形龙样，有一定品级才许穿，名“飞鱼服”。到十六七世纪的明代晚期，杭州玉泉观鱼，已成西湖十景之一。北京金鱼池则已成宫廷养金鱼处。江西景德镇烧瓷工人，嘉靖万历时发明的五彩瓷，起始用红鱼作主题图案。当时宫廷需要大件瓷器中，大鱼缸种类增多，因此政府在江西特设“龙缸窑”，专烧龙纹大鱼缸。反映宫廷培养金鱼已成习惯，鱼的品种也日益增多。但是这时期的鱼缸留下虽多，造型艺术中，十分奇特美观的金鱼形象留下的可并不多。北京郊区发掘出的几具绘有五彩红鱼大罐，鱼的样子还和朱鲤差不多。另外也发现一种各种褐釉陶制上作开光花鸟浮刻大鱼缸，根据比较材料，得知烧造地或出于江南，后来人虽用来作鱼缸，出土物里面却多坐了个大和尚，是由大鱼缸转为和尚坐化所利用。这类特制大缸不同处是上面还常有个大盖。缸上也有作鳜鱼浮雕图案的。

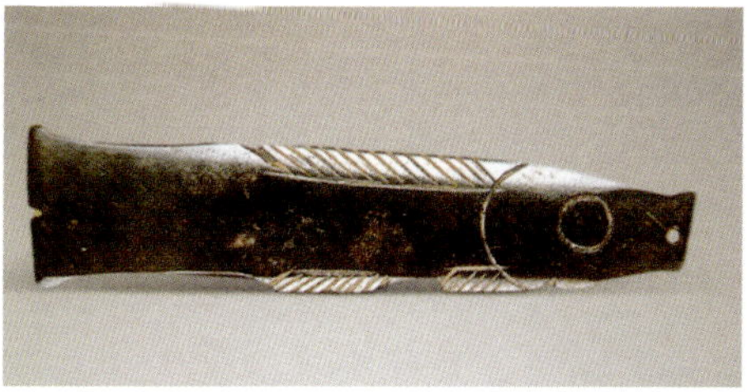

西周，鱼形棺饰，长 7.4 厘米，宽 1.7 厘米，厚 0.2 厘米，陕西长安张家坡 170 号墓出土

商周，玉鱼佩，通长 3.2 厘米，尾宽 1.5 厘米，厚 0.3 厘米，陕西陇县边家庄 21 号秦墓出土，陇县图书馆藏

春秋，玉鱼，通长7厘米，宽1.3厘米，厚0.56厘米，陕西凤翔南指挥村秦公1号墓盗洞出土，秦始皇兵马俑博物馆藏

十七世纪中清代初期，江西景德镇烧造的彩釉和白胎彩绘瓷，都达到了中国陶瓷史艺术高峰，鱼形图案应用到瓷器上，也得到了极高成就，精美无匹。用鳜鱼的较多，是取“富贵有余”意思。或用三或用五，多谐三余五余。灯笼旁流苏，也有作双鱼形的。并且产生了许多造型完美加工精致的鱼缸。在故宫陶瓷馆陈列的仿木釉纹的鱼缸，是一件有代表性的艺术品。此外已有用玻璃缸养金鱼的，代表新事物，成为当时贵族人家室内装饰品。至于鱼形应用到刺绣椅披和袍服上，多是双鱼作八字形斜置，如磬形，取“吉庆有余”意思。用链鱼形的则叫“连年有余”。也有雕成小玉佩件的。

至于玩赏性的金鱼，品种的改进与增多，应和明代南方中产阶级的兴起及一般工艺品的发展有一定关系。明文震亨的《长物志》卷四说：“朱鱼独盛吴中，以色如辰州朱砂故名。此种最宜盆蓄，有红而带黄色者，仅可点缀陂池。”记述品种变态，当时即有种种不同名称：“初尚纯红、纯白，继尚金盔、金鞍，锦被，及印头红，裹头红，连腮红，首尾红，鹤顶红，继又尚墨眼、雪眼、朱眼、紫眼、玛瑙眼、琥珀眼、金管、银管，时尚极以为贵。又有堆金砌玉，落花流水，莲台八瓣，隔断红尘，玉带围梅花，月波浪纹，七星纹种种变态，难以

秦，彩绘凤鱼纹盂，湖北云梦睡虎地11号墓出土

西汉，彩绘鱼纹漆耳杯，湖北荆州高台28号墓出土

尽述。然亦随意定名，无定式也。”“蓝鱼翠，白如雪，迫而视之肠胃俱见，即朱鱼别种，亦贵甚。”述鱼尾则有：“自二尾以至九尾，皆有之。第美钟于尾，身材未必佳。盖鱼身必宏纤合度，骨肉停匀，花色鲜明，方入格。”

西汉，彩绘陶盆，口径56.4厘米，河北满城汉墓出土

到十九世纪以来，培养金鱼的风气，已遍及各地。道光瓷器和刺绣中女人衣上的挽袖、衣边，多作龙睛扇尾金鱼。这时节出了个画金鱼的画家，名叫“虚谷”，是个和尚，画了一生金鱼。清代货币除铜钱外用金银，实物沉重，不便携带，民间银号、钱庄流行信用银票和钱票，因此盛行一种贮藏银票杂物的“褡裢”，佩在腰带上。为竞奇争异，上面多作各种不同刺绣花纹，金鱼图案因此也成为主题之一，用各种不同绣法加以表现，产生许多有趣小品，同时皇室贵族妇女衣裙边沿刺绣，和平民妇女小孩围裙鞋面，都常用金鱼作装饰图案。民间剪纸原属于刺绣底样，就产生过许多不同的美丽形象。当时在苏州织造“绮霞馆”打样的提花漳

辽，白釉人首鱼龙壶，高16厘米，内蒙古巴林左旗出土，赤峰市文物站藏

金，双鲤镜，直径43厘米，重12.4千克，黑龙江阿城南阳屯出土，阿城县文物管理所藏

绒，用金鱼图案织成的，花纹布置，格外显得华美而有生趣。

这些装饰图案的流行，反映另外一种事实，即金鱼的培养，从十九世纪以来，已逐渐成全中国习惯。由于南北气候不同，养鱼方法也不尽相同；南方气候比较热，必水多些金鱼才能过夏，因此盛行大鱼缸。这种鱼缸一般多搁在人家庭院中，缸上照规矩还得搁一座小小石假山，上面种一些特别品种花药，千年矮或虎耳草，和翠色蒙茸的霉苔，十分美观。一面可作缸中金鱼的荫蔽，一面可供赏玩。一座有值百十两银子的。缸中水里还搁个灯笼式空花“鱼过笼”，明龙泉窑烧造较多，景德镇则烧作米色哥窑式。北方地寒，瓷缸多较小，和玻璃缸常搁于客厅中窗前条案间，作为室内装饰品一部分。十八世纪著名小说《红楼梦》，就描写过这种鱼缸。室外多用扁平木桶和陶缸，冬天必收藏于温室里，免得冻坏。

养金鱼既成社会习惯，因之也影响到现代一般工艺品的题材。北京著名的景泰蓝，就有用金鱼作装饰图案的。此外玉、石、骨、牙、竹、木雕刻中，民间艺术家更创作了多种多样的美丽形象。而最值得赞美的，还是金鱼本身品种的千变万化，给人一种愉快难忘印象。公园中蓄养金鱼地区，照例是每天游人集中地方。庙会中出卖金鱼摊子，经常招引广大的妇女和小孩不忍离开。

元，青花双鱼莲纹折沿盘，高 7.9 厘米，口径 45 厘米，底径 25 厘米，湖南省博物馆藏

元，青花莲塘双鱼纹折沿圆口大盘

明，五彩鱼藻纹盖罐，通高 33.3 厘米，口径 19.5 厘米，北京故宫博物院藏

清，斗彩鱼藻纹盖罐，高 22.1 厘米，口径 6.4 厘米，底径 6 厘米，上海博物馆藏

还有北京市小街窄巷间，每天我们都有机会可以发现卖金鱼的担子，卖鱼的通常是个年过七十和气亲人的老头子，小孩一见这种担子，必围着不肯走开，卖鱼的老头子和装在小玻璃缸中游动的小金鱼，使得小朋友眼睛发光。三者又常常共同综合形成一幅动人的画稿，至于使它转成艺术，却还有待艺术家的彩笔！

本文 1958 年 11 月曾以《鱼的艺术和它在人民生活中的应用与发展》为题，发表于《装饰》第 2 期，署名沈从文。1960 年收入作家出版社《龙凤艺术》一书，1986 年 5 月收入商务印书馆香港分馆《龙凤艺术》一书出版时改为现标题。现据香港商务版文本编入。

湘西苗族的艺术

你歌没有我歌多，我歌共有三只牛毛多，
唱了三年六个月，刚刚唱完一只牛耳朵。

这是我家乡看牛孩子唱歌比赛时一首四句头山歌，健康、快乐，还有点谐趣，唱时听来真是彼此开心。原来作者是苗族还是汉人，可无从知道，因为同样的好山歌，流行在苗族自治州十县实在太多了。

凡是到过中南兄弟民族地区住过一阵的人，对于当地人民最容易保留到印象中的有两件事：即爱美和热情。

爱美表现于妇女的装束方面特别显著。使用的材料，尽管不过是一般木机深色的土布，或格子花，或墨蓝浅绿，袖口裤脚多采用几道杂彩美丽的边缘，有的是别出心裁的刺绣，有的只是用普通印花布零料剪裁拼凑，加上个别有风格的绣花围裙，一条手织花腰带，穿上身就给人一种健康、朴素、异常动人的印象。再配上些飘乡银匠打造的首饰，在色彩配合上和整体效果上，真是和谐优美。并且还让人感觉到，它反映的不仅是个人爱美的情操，还是这个民族一种深厚悠久的文化。

这个区域居住的三十多万苗族，除部分已习用汉文，本族还无文字。热情多表现于歌声中。任何一个山中地区，凡是有村落或开垦过的田土地方，有人居住或生产劳作的处所，不论早晚都可听到各种美妙有情的歌声。当地按照季节敬祖祭神必唱各种神歌，婚丧大事必唱庆贺悼慰的歌，生产劳作更分门别类，随时随事唱着各种悦耳开心的歌曲。至于青年男女恋爱，更有唱不完听不尽的万万千千好听山歌。即或是行路人，彼此漠不相识，有的问路攀谈，也是用唱歌方式进行的。许多山村农民和陌生人说话时，或由于羞涩，或由于窘迫，口中常疙疙瘩瘩，辞难达意。如果换个方法，用歌词来叙述，就即物起兴，出口成章，简直是个天生诗人。每个人似乎都有一种天赋，一开口就押韵合腔。刺绣挑花艺术限于女人，唱歌却不拘男女，本领都高明在行。

这种好歌手，通常必然还是个在本村本乡出力得用的人。不论是推磨打豆腐，或是箍桶、作簟子的木匠篾匠，手艺也必然十分出色。他们的天才，在当地所起的作用，是使得彼此情感流注，生命丰富润泽，更加鼓舞人热爱生活和工作。即或有些歌近于谐趣和讽刺，本质依然是十分健康的。这还只是指一般会唱歌的人和所唱的歌而言。

至于当地一村一乡特别著名的歌手，和多少年来被公众承认的歌师傅，那唱歌的本领，自然就更加出色惊人！

一九五六年冬天十二月里，我回到家乡，在自治州首府吉首，就过了三个离奇而且值得永远记忆的晚上。那时恰巧中央民族音乐研究所有个专家工作组共同到了自治州，做苗歌录音记谱工作，自治州龙副州长，特别为邀了四位苗族会唱歌的高手到州上来。天寒地冻，各处都结了冰，院外空气也仿佛冻结了，我们却共同在自治州新办公大

苗族彩绣鱼龙花卉衣饰绣片

苗族鱼龙蜂子衣饰绣片

楼会议室，烧了两盆大火，围在火盆边，试唱各种各样的歌，一直唱到夜深还不休息。其中两位男的，一个是年过七十的老师傅，一脑子的好歌，真像是个宝库，数量还不止三只牛毛多，即唱三年六个月，也不过刚刚唱完一只牛耳朵。一个年过五十的小学校长，除唱歌外还懂得许多苗族动人传说故事。真是“洞河的水永远流不完，歌师傅的歌永远唱不完”。两个女的年纪都极轻：一个二十岁，又会唱歌又会打鼓，一个只十七岁，喉咙脆脆的，唱时还夹杂些童音。歌声中总永远夹着笑声，微笑时却如同在轻轻唱歌。

大家围坐在两个炭火熊熊的火盆边，把各种好听的歌轮流唱下去，一面解释一面唱。副州长是个年纪刚过三十的苗族知识分子，州政协秘书长，也是个苗族知识分子，都懂歌也会唱歌，陪我们坐在火盆旁边，一面为大家剥拳头大的橘子，一面作翻译。解释到某一句时，照例必一面搔头一面笑着说：“这怎么办！简直没有办法译，意思全是双关的，又巧又妙，本事再好也译不出！”小学校长试译了一下，也说有些实在译不出。“正如同小时候看到天上雨后出虹，多好看，可说不出！古时候考状元也一定比这个还方便！”说得大家笑个不止。

虽然很多歌中的神韵味道都难译，我们从反复解释出的和那些又温柔、又激情、又愉快的歌声中，享受的已够多了。那个年纪已过七十的歌师傅，用一种低沉的，略带一点鼻音的腔调，充满了一种不可言说的深厚感情，唱着苗族举行刺牛典礼时迎神送神的歌词，随即由那个十七岁的女孩子接着用一种清朗朗的调子和歌时，真是一种稀有少见杰作。即或我们一句原词听不懂，又缺少机会眼见那个祀事庄严热闹场面，彼此生命间却仿佛为一种共通的庄严中微带抑郁的情感流注浸润。让我想象到似乎就正是二千多年前伟大诗人屈原到湘西来所听到的那个歌声。照历史记载，屈原著名的九歌，原本就是从那种古代酬神歌曲衍化出来的。本来的神曲，却依旧还保留在这地区老歌师和年青女歌手的口头传述中，各有千秋。

年纪较长的女歌手，打鼓跳舞极出色。年纪极轻的叫龙莹秀，脸白白的，眉毛又细又长，长得秀气而健康，一双手大大的，证明从不脱离生产劳动。初来时还有些害羞，老把一双手插在绣花围腰裙的里边。不拘说话或唱歌，总是天真无邪的笑着。像是一树映山红一样，在细雨阳光下开放。在她面前世界一切都是美好的，值得含笑相对，不拘唱什么，总是出口成章。偶然押韵错了字，不合规矩，给老师傅或同伴指点纠正时，她自己就快乐得大笑，声音清脆又透明，如同大小几个银铃子一齐摇着，又像是个琉璃盘装满翠玉珠子滚动不止。事实上我这种比拟形容是十分拙劣很不相称的。因为任何一种比方，都难于形容充满青春生命健康愉快的歌声和笑！只有好诗歌和好音乐有时还能勉强保留一个相似的形象，可是我却既不会写诗又不会作曲！

这时，我回想起四十多年前作小孩时，在家乡山坡间听来的几首木地山歌，那歌是：

天上起云云起花，包谷林里种豆荚，
豆荚缠坏包谷树，娇妹缠坏后生家。

娇家门前一重坡，别人走少郎走多，
铁打草鞋穿烂了，不是为你为那个？

清，湖南湘西凤凰民间挑花绣

湘西蓝印花布凤啄牡丹，民间艺术家陈仲法制作

当时我也还像个看牛娃儿，只跟着砍柴拾菌子的信口唱下去。知道是年青小伙子逗那些上山割草砍柴拾菌子的年青苗族姑娘“老妳”、“代帕”唱的，可并不懂得其中深意。可是那些胸脯高眉毛长眼睛光亮的年青女人，经过了四十多年，我却还记忆得十分清楚。现在才明白产生这种好山歌实有原因。如没有一种适当的对象和特殊环境作为土壤，这些好歌不会生长的，这些歌也不会那么素朴、真挚而美妙感人的。这些歌是苗汉杂居区汉族牧童口中唱出的，比起许多优秀苗歌来，还应当说是次等的次等。

苗族男女的歌声中反映的情感内容，在语言转译上受了一定限制，因之不容易传达过来。但是他们另外一种艺术上的天赋，反映到和生活密切关联的编织刺绣，却比较容易欣赏理解。他们的刺绣图案组织的活泼生动，而又充满了一种创造性的大胆和天真，显然和山歌一样，是共同从一个古老传统人民艺术的土壤里发育长成的。这些花样虽完成于十九世纪，却和二千多年前楚文化中反映到彩绘漆器上和青铜镜子的主题图案一脉相通。同样有青春生命的希望和欢乐情感在飞跃，在旋舞，并且充满一种明确而强烈的韵律节奏感。可见它的产生存在都不是偶然的，实源远流长而永远新鲜。是祖国人民共同文化遗产一部分，不仅在过去丰富了当地人民生活的内容，在未来，还必然会和年青生命结合，作出各种不同的有光辉的新发展。

本文1957年9月20日发表于《民族团结》第1期试刊号，署名沈从文。1960年收入作家出版社《龙凤艺术》一书，1986年5月又收入商务印书馆香港分馆《龙凤艺术》一书中。现据商务版文本编入。

谈金花笺

时代和主要内容

金花笺照北京习惯称呼是“描金花笺”，比较旧的称呼应当是“泥金银画绢”或“泥金银粉蜡笺”。原材料包括有绢和纸，一般多原大六尺幅或八尺幅，仿澄心堂的一种则是斗方式，大小在二尺内。制作时代多在十七世纪后期和十八世纪前期。主题图案的表现方法大致可分成两种形式，一是在彩色纸绢上用金银粉加绘各种生色折枝花，一是在彩色纸绢上作各种疏朗串枝花或满地如意云，再适当加上各种龙凤、八吉祥或花鸟蝴蝶图案。反映到这种彩色鲜明的纸绢上的，不论是庄严堂皇的龙凤，还是生动活泼的花鸟蜂蝶，看来却给人一个共同的愉快印象，即画面充满生意活跃的气氛，它具有一种十八世纪文人画家绝办不到，惟有工人艺术家才会有的，豪放中包含有精细、秀美中又十分谨严的装饰艺术风格。特别是整幅纸张的装饰效果，显得极其谨严完整，部分花鸟却又自由活泼，相互调和得恰到好处，它的产生虽在二百年前，到现在仍使人感到十分新鲜。

这些纸绢似创始于唐、宋，盛行于明、清，当时多是特意为宫廷殿堂中书写宜春帖子诗词或填补墙壁廊柱空白，也作画幅上额或手卷引首用的，在悬挂时可起屏风画作用，有的位置就等于屏风。宋代以来，人称黄筌父子在屏风上作花鸟画为“铺殿花”，语气中实含有讽刺。其实照目前看来，倒正说明了这类画的长处是笔墨扎实，毫不苟且，因之装饰效果特别强。十七、十八世纪以来，金花笺上的花鸟云龙，长处还是照旧，应属于“铺殿花”一个分支。作者部分是清代宫廷中如意馆工师，部分是苏州工匠。在苏州织造上奏文件中，有一份关于同治八年制造五色蜡笺工料价目，十分重要。价目是：

> 计细洁独幅双料两面纯蜡笺，每张工料银五两玖分。
>
> 又洒金蜡笺，每张加真金箔洒金工料一两一钱五分二厘，每张工料银六两二钱四分二厘。
>
> 又五色洒金绢，每张长一丈六尺，宽六尺，每尺用加重细洁纯净骨力绢，需银一两，颜料练染工银三钱，真金箔一钱四分七厘，洒金工银三分一厘，每尺银一两四钱七分八厘，每张银二十三两六钱四分八厘。

文件中说的是比较一般的洒金纸绢，由此可推知，十八世纪以来，加工极多的泥金绘画纸绢，当时价格必然更贵。如把这个价日和绸缎价目相比较，当时特别讲究的石青装花缎子，不过一两七钱银子一尺，最高级的天鹅绒，只三两五钱银子一尺，这种加金纸绢价格之高可见一斑。

18 世纪，银白泥金折枝花粉蜡笺

18 世纪，银红地泥金流云春燕蜡笺

画师姓名我们目前知道的虽不多，但艺术风格则可从花笺本身一望而知：早期多接近蒋廷锡父子，较晚又和邹一桂有些相通，山水画笔法则像张宗苍、董诰。这情形十分自然。因为作者既然多是如意馆工师或苏州画工，艺术风格受宫廷画师影响，是不足为奇的，特别是容易受后来作宰相的蒋廷锡画风的影响。但是如从图案布局效果看来，这些画却早已大大超过了他们，每一幅画都注意到整体效果和部分的相互关系，节奏感极强，有很高的艺术成就。

泥金银技术在一般工艺上的发展

泥金银技术比较普遍的使用到丝绸衣物、木漆家具和其他各方面，是在唐、宋两代，即公元六七世纪到十二世纪。明杨慎引《唐六典》，称唐人服饰用金计十四种，宋王楙著《燕翼诒谋录》，则说北宋时用金已到十八种，各有名目开列。今本《唐六典》并无用金十四种的名称，其他唐宋以来类书也少称引。从名目分析，杨说恐怕只是据王楙著作附会，不很可信。但唐代泥金、缕金、捻金诸法用于妇女歌衫舞裙之多样化，则从当时诗文中可以说明。时间更早一些，如《南齐书·舆服志》、《东宫旧事》、《邺中记》和曹操《上杂物疏》均提及金银绘画器物，可知至晚在东汉时，泥金银绘画技术，就已应用到工艺各部门，而且还在不断发展中。

但是，最早使用在什么时候，如仅从文献寻觅，是无从得到正确解答的。数年前，长沙战国楚墓出了几个透雕棺板，前年信阳长台关楚墓出了个彩绘漆棺和大型彩绘漆案，上面都发现有泥金银加工、绘饰精美活泼的云龙凤图案，因此才知道早在春秋战国之际，当装饰艺术部门正流行把黄金和新发现的白银应用到镶嵌工艺各方面时，同时也就发明了把金银箔作成极细粉末，用做绘画材料，使用于漆工艺上，增加它的艺术光彩。这是公元前四五世纪的事情。

用金银在各色笺纸上作书画，也由来已久。文献著录则始于汉晋方士用各色绸帛、笺纸书写重要经疏。这个方法一直被沿袭下来，直到十九世纪不废。直接施用于服饰上则晋南北朝是个重要阶段。当时由于宗教迷信，使得许多统治者近于疯狂地把所占有的大量金银去谄媚神佛，装饰庙宇。除佛身装金外，还广泛应用于建筑彩绘、帐帷旗幡各方面。因佛披金襕袈裟传说流行，捻金织、绣、绘、串枝宝相花披肩于是产生，随后且由佛身转用到人身的披肩上。唐代的服饰广泛用金，就是在这个传统基础上的一种发展。绘画中则创造了金碧山水一格，在中国绘画史上占有特别地位。笺纸上加金花，也在许多方面应用。李肇《翰林志》即说过："凡将相告身，用金花五色绫笺。"又《杨妃外传》称李白题牡丹诗即用金花笺。唐人重蜀中薛涛笺，据《牧竖闲谈》记载，则当时除十色笺外，还有"金砂纸、杂色流砂纸、彩霞金粉龙凤纸、绫纹纸"等。这些特种笺纸，显然有好些是加金的。《步非烟传》称："以金凤笺写诗。"明陈眉公《妮古录》则称："宋颜方叔尝创制诸色笺，并砑花竹、鳞羽、山水、人物，精妙如画。亦有金缕五色描成者。"元费著作《蜀笺谱》称："青白笺、学士笺及仿苏笺杂色粉纸，名'假苏笺'，皆印金银花于上。和苏笺不同处，为苏笺多布纹，假苏笺为罗纹。"且说"蜀中也仿澄心堂，中等则名玉水，冷金为最下"。明屠隆《考槃余事》谈宋纸上说及团花笺和金花笺，并说元时绍兴纸加工的有"彩色粉笺、蜡笺、花笺、罗纹笺"。明代则有"细密洒金五色粉笺、五色大帘纸洒金笺、印金五色花笺"。吴中则有"无纹洒金笺"。《成都古今记》亦称除十样彩色蛮笺外，还有金沙、流沙、彩露、金粉、冷金诸种金银加工纸。范成大《吴船录》，曾见白水寺写经，是用银泥在碧唾纸上书写，卷首还用金作图画。大约和近年发现虎丘塔中写经、上海文管会藏开宝时写经同属一式。宋袁褧《枫窗小牍》则说"皇朝玉牒多书于销金花白罗纸上"。《宋史·舆服志》也说宋官诰内部必用泥金银云凤罗绫纸，张数不同。除上面记载，反映宋代纸上加金银花已相当普遍外，即在民间遇有喜庆事，也流行用梅红纸上加销金绘富贵如意、满池娇、宜男百子等当时流行的吉祥图案。男女订婚交换庚帖，一般还必须用泥金银绘龙凤图案。由此得知，宋代虽然禁用金银的法令特别多，却正反映社会上用金实在

18 世纪，宝蓝地泥金绘枝花仿澄心堂笺

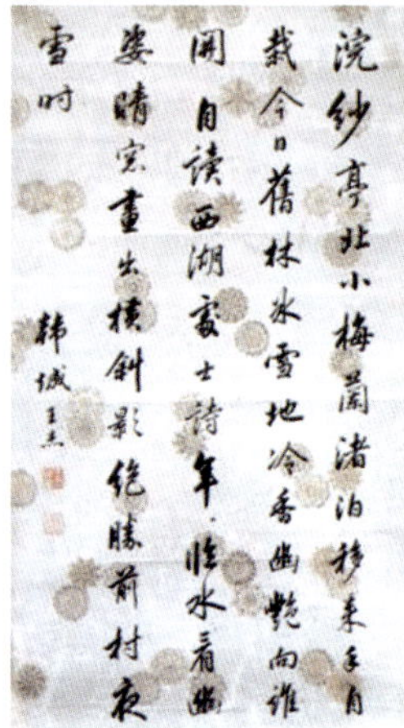

清，王杰《金花笺行书》

相当普遍，难于禁止。王楙也以为当时是："上行下效，禁者自禁而用者自用。"又宋代以来日用描金漆器早已成社会习惯，所以《梦粱录》记南宋临安市容时，日用漆器商行，"犀毗"和"金漆"即各不相同，分别营业，可见当时金漆行销之广和产量之多。宋李诫《营造法式》并曾记载有建筑上油漆彩绘用金分量及作法。

契丹、女真、蒙古等族，从九世纪以来，在北方政权前后相接，计五个世纪，使用金银作建筑装饰，虽未必即超过唐宋，惟服饰上用金银风气，则显然是同样在发展中。特别是金、元两代，把使用织金丝绸衣物帷帐作为一种奢侈的享受，且用花朵大小定官品尊卑，服饰用金因之必然进一步扩大。陶宗仪著《辍耕录》还把元时漆器上用金技术过程加以详细叙述。到明代，漆工艺专著《髹饰录》问世时，更发展了漆器上用金的种类名目。举凡明清以来使用在金花纸绢上的各种加工方法，差不多在同时或更早都已使用到描金漆加工艺术上。综合研究必有助于对金花笺纸材料的理解和认识。

金花笺在工艺上的特征

金花笺一般性加金技术处理，根据明清材料分析，大致不外三式：一、小片密集纸面如雨雪，通称“销金”、“屑金”或“雨金”，即普通“洒金”。二、大片分布纸面如雪片，则称“大片金”，又通称“片金”，一般也称“洒金”。三、全部用金的，即称“冷金”（在丝绸中则称为“浑金”）。冷金中又分有纹、无纹二种并有布纹、罗纹区别。这部门生产，宋、明以来苏蜀工人都有贡献，贡献特别大的是苏州工人。纸绢生产属于苏州织造管辖范围，这是过去不知道的。

明清花笺制作，按其艺术特征，可分成几个阶段：

一、显然属于明代的，计有朱红、深青及明黄、沉檀四色。材料多不上蜡，属于粉地纸绢类，花多比较草率大派，银已泛黑，折枝和龙形与明代锦缎、瓷器纹样相通。

二、明清之际的，多作各种浅粉色地子薄花绢，用金银粉末特别精神，画笔设计也格外秀雅，和同时描金瓷上花纹近似。

三、乾隆时期的，多五色相配搭，外用黄色粗花绫裹成一轴。纸料比较坚实，花纹却较板滞，但图案组织还是极富巧思。

四、道光、同治以后的，纸张多较薄，色料俱差，金银色均浅淡，画笔也日益简率。

从材料性质说，大致也可以分成三种：一、细绢上加粉彩地加金银绘；二、彩粉地加金银绘；三、彩粉蜡地加金银绘。

如从花纹区别，大体有如下各种：一、各种如意云中加龙凤、狮球或八吉祥折枝花；二、散装生色折枝花；三、各式卷草串枝花加龙凤、狮球、八吉祥、博古图。从花纹上看，云多作骨朵如意云形的，清代虽还沿用，其实是明式，和明云缎花纹相似。至于细如飘带不规则五彩流云，则是清式。云中有蝙蝠，如“洪福齐天”，必是清代。其中又有早晚，从蝙蝠形状可知。龙多竖发猪嘴（所谓猪婆龙），凤作细颈秀目，并有摇曳生姿云样长尾，即非明也是清初仿，和瓷器一样。博古图主题是康熙所特有，道光也有仿效。细金屑薄粉笺多属康熙，有各种浅色的。另外还有一种斗方式金花笺，纸下角加有一个长方条朱红色木戳，作“乾隆年仿澄心堂纸”八字，上用细泥金银绘花鸟、松竹、山水、折枝花，纸分粉笺和蜡笺两种，粉笺较精，多紧厚结实如玉版。又有一种作“仿照体仁殿制”字样，纸式相同。我疑心这类笺纸是明宣德时制作，清代才加上金花的。还有一种斗方式作冰梅花纹的，所见计有二式：一种是在银白薄蜡纸上用金银绘冰梅，加小方戳则称“玉梅花笺”，创始于康熙，乾隆时还在复制。一种是薄棉茧纸，花纹透明，尺码较小，五色俱备，生产时代当在明、清之际，或明代南方工人本于“纸帐梅花”旧说，专为裱糊窗槅用的。

一点意见

纸是祖国劳动人民伟大发明之一，它的主要成就，首先是在科学文化传播上所起的巨大作用。其次是由于特种加工，又产生了许多精美特出的纸张，在艺术史的进展上作出了特别的贡献。泥金银花笺则在制作技术上和绘画艺术上，都反映出十八世纪前后制纸工人技术和民间画师艺术的结合，值得予以应有重视，但是在古代艺术研究领域里，这一部分材料却往往被忽略。这牵涉到对绘画艺术看法问题。照旧的看法，什么文人墨客，随便即兴涂抹几笔，稍有些新意思，一经著录，就引起收藏家的注意关心。至于这种工艺画，不拘当时用过多少心血，有何艺术成就，也被认为是一些工匠作品，不值得注意。照个人理解，从这些工艺画的艺术成就本身，以及从它对今后轻工业生产各部门进行平面装饰设计时的参考价值来看，都应加以认真的整理研究，才对得起这部分优秀遗产。

本文曾以《金花纸》为题，发表于1959年第2期《文物》杂志，1960年收入作家出版社《龙凤艺术》一书，篇名改为《谈金花纸》。1986年5月收入商务印书馆香港分馆《龙凤艺术》时，篇名改为《谈金花笺》。现据商务版文本编入。

塔户剪纸花样

湘西农村绣花的样子，在刊物上介绍，我们常把它当做一种美术图案看待，但是在另外一些地方，许多年以来，是用作绣花底稿，配上颜色美丽的丝线，使用各种不同的技法，反映在百十万农村青年妇女身上，装点着她们青春的生命，因之丰富了当地广大人民生活情感的！

这种花样向例是人民自己的创作。应用范围广，要求多，而且要求好，才从手巧心灵的群众中，产生专业性的技术。并且在某些区域，还逐渐发展形成一种小规模的特种手工业生产。以湘西地区而言，由浦市赴凤凰的老驿路上，就有这么一个小村子，名叫塔户，地方属沅水中流泸溪县管辖，距湘西苗族自治州的首府吉首不多远，住上约二十户人家。他们数十年如 ·日，把生产品分散到各县大乡小镇上去，丰富了周围百余里苗汉两族年青妇女的生活。它的全盛时期，一部分生产品还由飘乡货郎转贩行销到川黔邻近几县乡村里去，得到普遍的欢迎。

这种花样北方人通名“剪纸”或“窗花”，湘西人照习惯只叫它做“扎花”或“锉纸”，制作方法有的用小剪子铰成，有的先把纸张钉固在一片木板上，再用小锉刀仔细戳镂而成。两种作法都得经过另外一道加工手续，用细针在纸面上刻扎许多针孔线路，提示绣法和重点，才算完工。应用既和人民日常生活关系密切，因此多是民间熟习的传统图案。反映青年男女爱情的，有“鸳鸯戏荷”、“丹凤朝阳”、“鱼水相怜”。反映家庭幸福愿望和生产发展的，有“喜鹊噪梅”、“宜男多子”、“五谷丰登”、“瓜瓞绵绵”。反映故事传说的，有“和合二仙”、“刘海戏蟾”。植物中常用的是荷花、牡丹、梅、兰、竹、菊、萱草、百合，以及象征多子的石榴，象征长寿的桃子。动物除常见的喜鹊、凤凰、蝴蝶、蜜蜂、猫儿、兔子，还有宋朝和明朝一直流传下来的狮子滚球和麒麟送子。主题虽常有雷同，内容变化可极多。花式多健康而活泼，大部分具有人民艺术特征。在华北，一般剪纸窗花都近于年画，还保留古代“人日华胜”的本来用意。如用小说故事人物作主题，又和灯影子戏发生联系。湘西花纸以四十年前而言，从“华胜”发展而成的，名叫“神福喜钱”，每到年下，一般人家的门楣灶头，猪圈茅房，无处不贴到。此外船上、货担、犁锄上也贴到。普通用红纸，讲究的用洒金红或明金纸，有丧事人家用粉蓝纸。这种“喜钱”和“历书”及木板彩印的“门神”，西游三国章回小说上的故事画，早已共同形成一种有季节性的商品，每到十一月前后，就由宝庆纸客从常德沅陵大生产单位贩运而来。至于纸花，它的作用和古壁画的粉本，印花布用的皮板片，反而有些相通，都只是完成某种艺术设计的稿子。这种花样的需要量虽然相当大，一年到头经常有主顾，不过由于单价低，分散面又广，始终不能形成城市商品的条件，因此生产也始终在乡村里，情形还恰好和其他小手工业商品相反。当塔户花样流行时，三厅城中的针线铺为便利主顾，争做生意，还得从飘乡货郎手中批买塔户花样，连同发售。这种花纸既然吸收了乡村妇女大部分的剩余劳

湘西剪纸花样

动力，也就增进了她们的爱美情感，并且还和当地人民实际生活发生联系，论作用，自然远比年画和窗花意义重要得多，也复杂得多。

湘西锉花（剪纸），蝴蝶花鸟组合图

塔户花样有代表性的，是妇女围裙上角当胸部分，衣袖和裤脚，鞋帮和枕头，男子装钱钞用的抱肚和小褡裢，小孩的口水搭和兜兜帽。它能够成为一件艺术品，不仅必须和妇女的剩余劳动力相结合，还必须和她们的青春情感愿望相结合。围裙、衣袖和裤脚，是每个乡村女子衣饰中不可少的，有了它，生产劳动，逢年过节，送亲吃喜酒，到处都显得花花朵朵，光景热闹了许多。青年情感活泼起来，于是随同这种热闹欢乐情景，当地很多好听的山歌，都从年青男子口中唱出来了。因此作它时，就必然怀着种种快乐的愿望。抱肚褡裢却是在另外一种情形下，绣来赠给丈夫或情人的。一针一缕的彩线，绣到材料上面时，必然同时也交织了她们的爱情。等到小孩子出世，满了周岁，快要独立走路了，正需要一顶小小花帽和一个口水搭，于是作母亲的，又用人间共有的伟大母性的慈爱，连同各种彩色的丝线，对于孩子将来的幸福希望，一同织到花朵中去。这样来认识理会这些刺绣品的产生过程和意义，我们才会明白，西南各地的刺绣蜡染，能够如此精美，原来是由那些具有高度艺术创造热情的劳动人民培育起来的。

花样最有性格的是围裙当胸部分。照本地风俗习惯，不论生产劳动，或是出门做客，都常在衣上罩一条围裙。用意本来是便于洗濯，不至于把衣服弄脏。但是一个年青人，对于美观色彩有天然爱好，过于素朴总不合式。求两全其美，于是一般围裙都加上一点花。技术上处理可以分作两大类：凡使用挑花法的，多在料子一定部位间，作几何纹放射式图案，通常都不需要底稿，作法图样不是从亲戚邻里妇女中相互传习，就是趁乡村市集，到场头上去请卖花样子人帮忙，临时在布料上用粉线弹出个大样，拿回家中创作。既不必受底稿严格拘束，可在一定部位上发挥，年青人想象力旺盛，又手巧心细，大胆好强，自然容易出奇制胜，花样翻新，产生种种健康美丽的作品。特别是配合色彩，或大红大绿，或单纯素朴，各随性情爱好，各见长处。挑花法更宜于表现放射式的方圆图案，和带子式连续图案，作时可简可繁，又不必限定时间，工余饭后，随时随处，一面谈天一面都可以拈上手来戳它几针。一个好事同伴，也可抢过手来在空处加点小花。因此留下的作品，不是别有风趣，就是格外精美。单色挑绣又不怕洗濯。即或用的是单色挑绣，图案也十分好看。这种完全出自人民手中创造的美术品，遗留在西南各省乡村中，比任何其他一种民间艺术，还更有丰富内容，值得艺术工作者和文物工作者注意留心。

挑绣法也有用到比较大件布料上的，如像裙子、帐檐、床围和被面，如采用的底样是大折枝花，改用挑绣法来作时，有的就把整部分花朵，用径寸大的连续方胜格子锦纹拼合完成。在处理技术上，显得格外巧妙，它的本来，还是从宋式“纳锦绣”发展而成（这种作法，也流行于四川，有作得极精美的。现代生产外销大型挑花床单桌单，还值得参考取法）。

塔户花样主要是供给乡村绣花使用。绣花和挑花比，形式上似乎简单，其实技术复杂。写生、折枝，配色有一定规矩，擘线有种种手续，针分大小，绣法更是多种多样。有了好底稿还不济事，必需通过好针脚。但是照乡村爱美习惯，生色折枝花鸟，实在比挑花图案更符合多数人对于美的要求。同时潜伏在农村青年妇女情感中的艺术表现欲和克服困难的毅力，都十分强烈旺盛，因此总是不怕麻烦，一代又一代继续有所创造。塔户花样能够流行数十年，原因就是底样格外精美，能满足农村需要。此外在各地乡村中，也有非职业性的巧手打样的人，平时得到尊重，逐渐转成职业，长年背了个竹篾箱笼，四乡走动，靠此为生的。这种人如会作种种大样，每到逢场日期，场头市尾小摊子边，必围绕着好一片人群。我们试设想用家庭手工业生产的土染月蓝布来做围裙，绣花线料用的是三红、二蓝和豆绿、栀子黄丝线，采用分段铺绒法处理枝叶，结子琐丝法处理花朵，完成后再在领扣间安上一个径寸大小白亮亮的捶银蝴蝶，系腰部分用的不是手指粗麻花铰银丝链，也是一条油绿色斑花鸡肠带，两角间缀上一双银龟铃，这么一件好看的围裙，围在一个二十上下年纪的健康快乐年青女子的胸前，全部的艺术效果，应当是不用说也容易明白。这种民间艺术的成就，是剪花样子的人、飘乡银匠和绣花的妇女共同的劳动成就。健康美观的形象，华丽调合的色彩，一定会使善于学习的设计民族歌舞服装的朋友得到很多启发。

本文曾以《塔户剪纸》为题，发表于 1960 年作家出版社《龙凤艺术》一书。1986 年 5 月收入商务印书馆香港分馆版《龙凤艺术》时，文字经作者校改，并改用《塔户剪纸花样》为题。现据商务版文本编入。

过节和观灯

端午给我的特别印象

战国时期楚国的伟大诗人、政治家屈原

说起过节和观灯，每人都有份不同的经验。

中国是世界上一个大国，地面广、人口多、历史长、分布全国各民族语言文化风俗习惯又不一样，所以一年四季就有许多种节日，使用不同方式，分别在山上、水边、乡村、城镇举行。属于个人的且家家有份。这些节日影响到衣食住行各方面，丰富人民生活的内容，扩大历史文化的面貌，也加深了民族团结的感情。一般吃的如年糕、粽子、月饼、腊八粥，玩的如花炮、焰火、秋千、风筝、灯彩、陀螺、兔儿爷、胖阿福，穿戴的如虎头帽、猫猫鞋，作闹龙舟和百子观灯图的衣裙、坎肩、涎围和围裙……就无一不和节令密切相关。较古节日已延长了二三千年，后起的也有千把年历史，经史等古籍中曾提起它种种来历和举行的仪式。大多数节日常和农事生产相关，小部分则由名人故事或神话传说而来，因此有的虽具全国性，依旧会留下些区域特征。比如为纪念屈原的五月端阳，包粽子，悬蒲艾，戴石榴花，虽然已成全国习惯，但南方的龙舟竞渡，给青年、妇女及小孩子带来的兴奋和快乐，就决不是生长在北方平原的人所能想像的！

大江以南，凡是有河流可通船舶处，无论大城小市，端午必照例举行赛船。这些特制龙船多窄而长，有的且分五色，头尾高张，转动十分灵便。平时搁在岸上，节日来临前，才由二三十个特选少壮青年，在鞭炮轰响、欢笑呼喊中送请下水。初五叫小端阳，十五叫大端阳，正式比赛或由初三到初五，或由初五到十五。沅水流域的渔家子弟，白天玩不尽兴，晚上犹继续进行，三更半夜后，住在河边的人从睡梦中醒来时，还可听到水面飘来蓬蓬当当的锣鼓声。近年来我的记忆力日益衰退，可是四十多年前在一条六百里长的沅水和五个支流一些大城小镇度过的端阳节，由于乡情风俗热烈活泼，将近半个世纪，种种景象在记忆中还明朗清楚，不褪色，不走样。

因此还可联想起许多用“闹龙舟”作题材的艺术品。较早出现的龙舟，似应数敦煌壁画，东王公坐在上面去会西王母，云游远方，象征“驾六龙以驭天”。画虽成于北朝人手，最先稿本或可早到汉①。其次是《洛神赋图卷》，也有个相似而不同的龙舟，仿佛“驾玉虬而偕逝”情形，作为曹植对洛神的眷恋悬想。虽历来当作晋代人画家顾恺之手笔，产生时代又可能较晚些。还有个长及数丈元明人传摹唐李昭道《阿房宫图卷》，也有几只装饰华美的龙凤舟，在一派清波中从容荡漾，和结构宏伟建筑群相呼应。只是这些龙舟有的近于在水云中游行的无轮车子，有的又和五月端阳少直接关系，由宋到清，比较著名的画还有张择端《金明争标图》、宋人《龙舟图》、元人王振鹏《龙舟竞渡图》、宋人《西湖竞渡图》、明人《龙舟竞渡图》……画幅虽不大，作得都相当生动美丽，反映出部分历史真实。故宫收藏清初十二月令画

---

① 此文写于1963年，十年后(1973年)长沙子弹库出土乘龙人物正反映了这个推测。

轴五月端阳龙舟图，且画得格外华美热闹。

此外明清工人用象牙、竹木和剔红雕填漆作的龙船，也有工艺精巧绝伦的。至于应用到生活服用方面，实无过西南各省民间挑花刺绣：被面、帐檐、门帘、枕帕、围裙、手巾、头巾和小孩子穿的坎肩、涎围，戴的花帽，经常都把“闹龙舟”作主题，加以各种不同艺术表现，作得异常精美出色。当地妇女制作这些刺绣时，照例必把个人节日欢乐的回忆，作新嫁娘作母亲对于家庭的幸福愿望，对于儿女的热爱关心，连同彩色丝线交织在图案中。闹龙舟的五彩版画，也特别受农村中和长年寄居在渔船上、货船上的妇孺欢迎，能引起他们种种欢乐回忆和联想。

记忆中的云南跑马节

还有特具地方性跑马节，是在云南昆明附近乡下跑马山下举行的。这种聚集了近百里内四乡群众的盛会，到时百货云集，百艺毕呈，对于外乡人更加开眼。不仅引人兴趣，也能长人见闻。来自四乡载运烧酒的马驮子，多把酒坛连驮架就地卸下，站在一旁招徕主顾，并且用小竹筒不住舀酒请人品尝。有些上点年纪的人，阅兵点将一般，到处走去，点点头又摇摇头，平时若酒量不大，绕场一周，也就不免给那喷鼻浓香酒味熏得摇摇晃晃有个三分醉意了。各种酸甜苦辣吃食摊子，也都富有云南地方特色，为外地所少见。妇女们高兴的事情，是城乡第一流银匠到时都带了各种新样首饰，选平敞地搭个小小布棚，展开全部场面，就地开业，煮、炸、槌、錾、吹、镀、嵌、接，显得十分热闹。卖土布鞋面枕帕的，卖花边栏干、五色丝线和胭脂水粉香胰子的，都是专为女主顾而准备。文具摊上经常还可发现木刻《百家姓》和其他老式启蒙读物。

大家主要兴趣自然在跑马，特别关心本村的胜败，和划龙船情形相差不多。我对于赛马兴趣并不大。云南马骨架多比较矮小，近于古人说的“果下马”，平时当坐骑，爬山越岭腰力还不坏，走夜路又不轻易失蹄。在平川地作小跑，钻子步走来匀称稳当，也显得满有精神。可是当时我实另有会心，只希望从那些装备不同的马背上，发现一点“秘密”。因为我对于工艺美术有点常识，漆器加工历史有许多问题还未得解决。读唐宋人笔记，多以为“犀皮漆”作法来自西南，是由马鞍鞯涂漆久经磨擦而成。“波罗漆”即犀皮中一种，“波罗”由樊绰《蛮书》得知即老虎别名，由此可知波罗漆得名便在南方。但是缺少从实物取证，承认或否认仍难肯定。我因久住昆明滇池边乡下，平时赶火车入城，即曾经从坐骑鞍桥上发现有各种彩色重叠的的花斑，证明《因话录》等记载不是全无道理。所谓秘密，就是想趁机会在那些来自四乡装备不同的马背上，再仔细些探索一下究竟。结果明白不仅有犀皮漆云斑，还有五色相杂牛毛纹，正是宋代“绮纹刷丝漆”的作法。至于宋明铁错银马镫①，更是随处可见。云南本出铜漆，又有个工艺传统，马具制作沿袭较古制度，本来极平常自然。可是这些小发现，对我说来却意义深长，因为明白“由物证史”的方法，此后应用到研究物质文化史和工艺图案发展史，都可得到不少新发现。当时在人马群中挤来钻去，十分满意。真正应合了古人说的，“相马于牝牡骊黄之外”。但过不多久，更新的发现，就把我引诱过去，认为从马背上研究老问题，不免近于卖呆，远不如从活人中听听生命的颂歌为有意思了。

原来跑马节还有许多精彩的活动，在另外一个斜坡边，比较僻静长满小小马尾松林子和荆条丛生的地区，那里到处有一簇簇年轻男女在对歌，也可说是“情绪跑马”，热烈程度绝不下于马背翻腾。云南本是个诗歌的家乡，路南和迤西歌舞早著名全国。这一回却更加丰富了我的见闻。

这是种生面别开的场所，对调子的来自四方，各自蹲踞在松树

① 旧北京打磨厂专营车马什件之小作坊，有车船什件錾金錾银之工艺。此作法多为蒙古庄做小铁柜，大不过双拳，先剁成锉刀纹再打压银丝再回火研光。

东晋，顾恺之《洛神赋图卷》宋摹本，原大纵 27.1 厘米，横 572.8 厘米，北京故宫博物院藏

林子和灌木丛沟凹处，彼此相去虽不多远，却互不见面。唱的多是情歌酬和，却有种种不同方式，或见景生情，即物起兴，用各种丰富譬喻，比赛机智才能。或用提问题方法，等待对方答解。或互嘲互赞，随事押韵，循环无端。也唱其他故事，贯穿古今，引经据典，当事人照例一本册，滚瓜熟，随口而出。在场的既多内行，开口即见高低，含糊不得。所以不是高手，也不敢轻易搭腔。那次听到一个年轻妇女一连唱败了三个对手，逼得对方哑口无言，于是轻轻的打了个吆喝，表示胜利结束，从荆条丛中站起身子，理理发，拍拍乡花围裙上的灰土，向大家笑笑，意思像是说，“你们看，我唱赢了”，显得轻松快乐，拉着同行女伴，走过江米酒担子边解口渴去了。

这种年轻女人在昆明附近村子中多的是。性情明朗活泼，劳动手脚勤快，生长得一张黑中透红枣子脸，满口白白的糯米牙，穿了身毛蓝布衣裤，腰间围个钉满小银片扣花葱绿布围裙，脚下穿双云南乡下特有的绣花透孔鞋，油光光辫发盘在头上。不仅唱歌十分在行，大年初一和同伴各个村子里去打秋千，用马皮作成三丈来长的秋千条，悬挂在高树上，蹬个十来下就可平梁，还悠游自在若无其事！

在昆明乡下，一年四季早晚，本来都可以听到各种美妙有情的歌声。由呈贡赶火车进城，向例得骑一匹老马，慢吞吞的走十里路。有时赶车不及还得原骑退回。这条路得通过些果树林、柞木林、竹子林和几个有大半年开满杂花的小山坡。马上一面欣赏土坎边的粉蓝色报春花，在轻和微风里不住点头，总令人疑心那个蓝色竟像是有意摹仿天空而成的。一面就听各种山鸟呼朋唤侣，和身边前后三三五五赶马女孩子唱的各种本地悦耳好听山歌。有时面前三五步路旁边，忽然出现个花茸茸的戴胜鸟，矗起头顶花冠，瞪着个油亮亮的眼睛，好像对于唱歌也发生了兴趣，征询我的意见，经赶马女孩子一喝，才扑着翅膀掠地飞去。这种鸟大白天照例十分沉默，可是每在晨光熹微中，却欢喜坐在人家屋脊上，“郭公郭公”反复叫个不停。最有意思的是云雀，时常从面前不远草丛中起飞，扶摇盘旋而上，一面不住唱歌，向碧蓝天空中钻去。仿佛要一直钻透蓝空。伏在草丛中的云雀群，却带

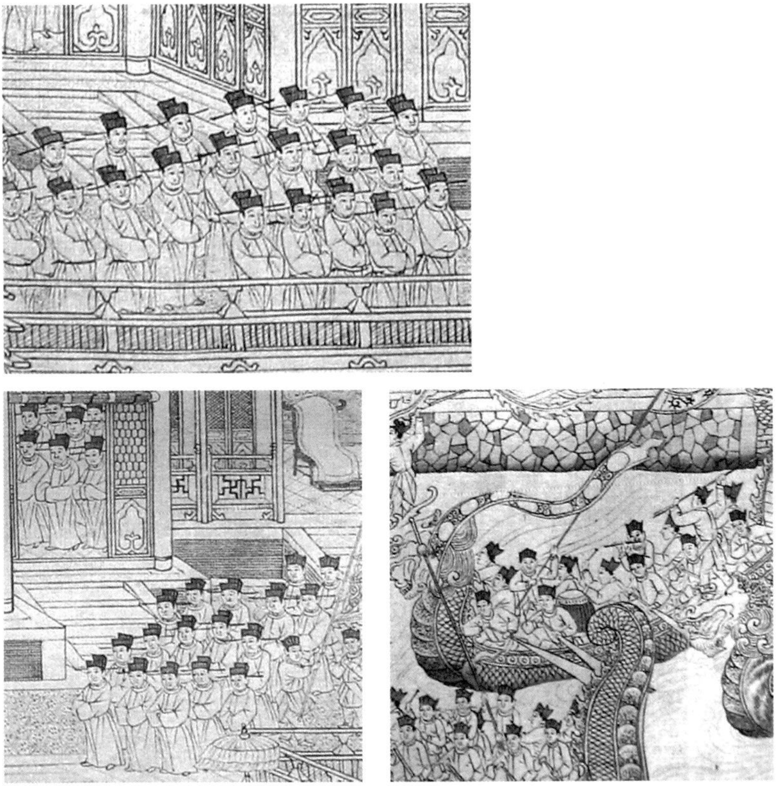

元，王振鹏《龙舟竞渡图》局部

点鼓励意思相互应和。直到穷目力看不见后，忽然又像个小流星一样，用极快速度下坠到草丛中，和其他同伴会合，于是另外几只云雀又接着起飞。赶马女孩子年纪多不过十四五岁，嗓子通常并没经过训练，有的还发哑带沙，可是在这种环境气氛里，出口自然，不论唱什么，都充满一种淳朴本色美。

大伙儿唱得最热闹的叫“金满斗会”，有一次由村子里人发起举行，到时候住处院子两楼和那道长长屋廊下，集合了乡村男女老幼百多人，六人围坐一桌，足足坐满了三十来张矮方桌，每桌各自轮流低声唱《十二月花》，和其他本地好听曲子。声音虽极其轻柔，合起来却如一片松涛，在微风荡动中舒卷张弛不定，有点龙吟凤啸意味。仅是这个唱法就极其有意思。唱和相续，一连三天才散场。来会的妇女占多数，和逢年过节差不多，一身收拾得清洁索利，头上手中到处是银光闪闪，使人不敢认识。我以一个客人身份挨桌看去，很多人都像面善，可叫不出名字。随后才想起这个是村子口摆小摊卖酸泡梨的，那个是城门边挑水洗衣的，此外打铁箍桶的工匠，小杂货商店的管事，乡村土医生和阉鸡匠，更多的自然是赶马女孩子和不同年龄的农民和四处飘乡趁集卖针线花样的老太婆，原来熟人真不少！集会表面说辟疫免灾，主要作用还是传歌。由老一代把记忆中充满智慧和热情的东西，全部传给下一辈。反复唱下去，到大家熟习为止。因此在场年老人格外兴奋活跃，经常每桌轮流走动。主要作用既然在照规矩传歌，不问唱什么都不犯忌讳。就中最当行出色是一个吹鼓手，年纪已过七十，牙齿早脱光了，却能十分热情整本整套的唱下去。除爱情故事，此外嘲烟鬼，骂财主，样样在行，真像是一个"歌库"（这种人在我们家乡则叫做歌师傅）。小时候常听老太婆口头语："十年难逢金满斗"，意思是盛会难逢，参加后才知道原来如此。

同是唱歌，另外有种抒情气氛，而且背景也格外明朗美好，即跑马节跑马山下举行的那种会歌。

西南原是诗歌的家乡，我听到的不过是极小范围内一部分而已。建国后人民生活日益美好，心情也必然格外欢畅，新一代歌手，都一定比三五十年前更加活泼和热情。

灯节的灯

元宵节主要在观灯。观灯成为一种制度，比较正确的记载，实起始于唐初，发展于两宋，来源则出于汉代燃灯祀太乙。灯事迟早不一，有的由十四到十六，有的又由十五到十九。"灯市"得名并扩大，也是从宋代起始。论灯景壮丽，过去多以为无过唐宋。笔记小说记载，大都说宫廷中和贵族戚里灯彩奢侈华美的情况。

观灯有“灯市”，唐人笔记虽记载过，正式举行还是从北宋汴梁起始，南宋临安续有发展，明代则集中在北京东华门大街以东八面槽一带。从《东京梦华录》和其他记述，得知宋代灯市计五天，由十五到十九。事先必搭一座高大数丈的“鳌山灯棚”，上面布置各种灯彩，燃灯数万盏。皇帝到这一天，照例坐了一顶敞轿，由几个得力太监抬着，倒退行进，名叫“鹁鸽旋”，便于四面看人观灯。又或叫几个游人上前，打发一点酒食，旧戏中常用的“金杯赐酒”即由之而来。说的虽是“与民同乐”，事实上不过是这个皇帝久闭深宫，十分寂寞无聊，大臣们出些巧主意，哄着他开心遣闷而已。宋人笔记同时还记下许多灯彩名目，“琉璃灯”可说是新品种，不仅在富贵人家出现，商店中也起始用它来招引主顾，光如满月。“万眼罗”则用红白纱罗拼凑而成。至于灯棚和各种灯球的式样，有《宋人观灯图》和《宋人百子闹元宵图》，还为我们留下些形象材料。由此得知，明清以来反映到画幅上如《金瓶梅》、《宣和遗事》和《水浒传》等插图中种种灯景，和其他工艺品——特别是保留到明清锦绣图案中，百十种极其精美好看旁缀珠玉流苏的多面球形灯，基本上大都还是宋代传下来的式样。另

南宋，《西湖竞渡图》局部

外画幅上许多种鱼、龙、鹤、凤、巧作灯、儿童竹马灯、在地下旋转不停的滚灯，也由宋代传来。宋代“琉璃灯”和“万眼罗”，明代的“金鱼住水灯”，和用千百蛋壳作成的巧作灯，用冰作成的冰灯，式样作法虽已难详悉，至于明代有代表性实用新品种，“明角灯”和“料丝灯”，实物还有遗存的。中国历史博物馆又还有个明代宫中行乐图，画的是宫中过年情形，留下许多好看宫灯式样。上面还有个松柏枝扎成挂八仙庆寿的鳌山灯棚，及灯节中各种杂剧活动，焰火燃放情况，并且还有一个乐队，一个“百蛮进宝队”，几个骑竹马灯演《三战吕布》戏文故事场面，画出好些明代北京民间灯节风俗面貌。货郎担推的小车，还和宋元人画的货郎图差不多，车上满挂各种小玩具和灯彩，货郎作一般小商人装束。照明人笔记说，这种种却是专为宫廷娱乐仿照市上风光预备的。

清，闵贞《八子观灯图》，立轴纸本设色，纵 121 厘米，横 70.5 厘米，扬州市博物馆藏

我生长家乡是湘西边上一个居民不到一万户口的小县城，但是狮子龙灯焰火，半世纪前在湘西各县却极著名。逢年过节，各街坊多有自己的灯。由初一到十二叫“送灯”，只是全城敲锣打鼓各处玩去。白天多大锣大鼓在桥头上表演戏水，或在八九张方桌上盘旋上下。晚上则在灯火下玩蚌壳精，用细乐伴奏。十三到十五叫“烧灯”，主要比赛转到另一方面，看谁家焰火出众超群。我照例凭顽童资格，和百十个大小顽童，追随队伍城厢内外各处走去，和大伙在炮仗焰火中消磨。玩灯的不仅要气力，还得要勇敢，为表示英雄无畏，每当场坪中焰火上升时，白光直泻数丈，有的还大吼如雷，这些人却不管是“震天雷”还是“猛虎下山”，照例得赤膊上阵，迎面奋勇而前。我们年纪小，还无资格参预这种剧烈活动，只能趁热闹在旁呐喊助威。有时自告奋勇帮忙，许可拿个松明火炬或者背背鼓，已算是运气不坏。因为

始终能跟随队伍走，马不离群。直到天快发白，大家都烧得个焦头烂额，筋疲力尽。队伍中附随着老渔翁和蚌壳精的，蚌壳精向例多选十二三岁面目俊秀姣好男子充当，老渔翁白须白发也假得俨然，这时节都现了原形，狼狈可笑。乐队鼓笛也常有气无力板眼散乱的随意敲打着。有时为振作大伙精神，乐队中忽然又悠悠扬扬吹起“踹八板”来，狮子耳朵只那么摇动几下，老渔翁和蚌壳精即或得应着鼓笛节奏，当街随意兜两个圈子，不到终曲照例就瘫下来，惹得大家好笑！最后集中到个会馆前点验家伙散场时，正街上江西人开的南货店布店，福建人开的烟铺，已经放鞭炮烧开门纸迎财神，家住对河的年轻苗族女人，也挑着豆豉萝卜丝担子上街叫卖了。

有了这个玩灯烧经验底子，长大后读宋代咏灯节灯事的诗词，便觉得相当面熟，体会也比较深刻。例如吴文英作的《玉楼春》词上半阕：

茸茸狸帽遮梅额，金蝉罗剪胡衫窄。
乘肩争看小腰身，倦态强随闲鼓拍。

写的虽是八百年前元夜所见，一个小小乐舞队年轻女子，在夜半灯火阑珊兴尽归来时的情形，和半世纪前我的见闻竟相差不太多。因为那八百年虽经过元明清三个朝代，只是政体转移，社会变化却不太大。至于建国后虽不过十多年，社会却已起了根本变化，我那点儿时经验，事实上便完全成了历史陈迹，一种过去社会的风俗画。边远小地方年轻人，或者还能有些相似而不同经验，可以印证，生长于大都市见多识广的年轻人，倒反而已不大容易想像种种情形了。

1963 年 3 月写于北京

原载《人民文学》1963 年 4 月。

织　金　锦

中国丝织物加金，从什么时候起始，到如今还是一个问题，没有人注意过。比较正确的回答，要等待地下新材料的发现。以目下知识说来，如把它和同时期大量用金银装饰器物联系看，或在战国前后。因为这个时代，正是金银错器反映到兵器、车器和饮食种种用器的时代。是漆器上起始发现用金银粉末绘饰时期。是用金捶成薄片上印龙纹作为衣上装饰时期。但是文献上提及锦绣时，是和金银联系不上的。春秋以来只说陈留襄邑出美锦、文锦、重锦、纯锦，锦字得名也只说“和金等价”，不说加金。迄今为止，还没有发现过这时期墓葬中丝织物加金的记录。长沙战国古墓中，得来些有细小花纹丝织物（新近还发现棺木上附着的黼绣被），可不见着金痕迹。陕西宝鸡县斗鸡台，发掘过西汉末坟墓，虽得到些鸟兽形薄金片，或是平脱漆上镶嵌的东西，可不像是衣服上的装饰。西北楼兰及交河城废墟中，掘出的小件丝绣品，其中有些金屑存在，丝织物还极完整，不见剥损痕迹，当时是用金箔黏贴，还是泥金涂绘，又或只是其他东西上残余金屑，不得而知。东汉以来，封建帝王亲戚和大臣的死亡，照例必赐东园秘器，有用朱砂画云气的棺木、珠襦玉柙。这种玉柙照《后汉书·舆服志》解释，是把玉片如鱼鳞重叠，用金银丝缕穿缀起来裹在身上的。一般图录中还没有提起过这种实物式样。中国历史博物馆中有份刘安意墓中出土遗物，有骨牌式玉片一堆，上下各穿二孔，穿孔部分犹可看出用金缕的方法，还是用细金丝把玉片钉固到丝织物上。当时这种金丝有一部分必然外露，但决不会特别显著。

《史记》、《汉书》都称西北匈奴胡人不重珠玉，欢喜锦绣。汉代以来中国每年必赐匈奴酋长许多锦绣。中国向大宛、楼兰诸国换马和玉，也用的是锦绣和其他丝织物。这种丝织物中，是有加金的，如《盐铁论》说的中等富人的服饰，即有“罽衣金缕，燕貉代黄”。说的金缕也可能指的是大夏大秦外来物。《晋书·大秦国传》称“大秦能刺金缕绣”。西北匈奴羌胡民族，既欢喜锦和金银，就有可能从大秦得到金缕绣。近半世纪西北发掘的文物，证实了史传所称西北民族爱好锦绣的习惯。在蒙古和新疆沙漠中，得到的汉代丝织物，如带文字的“韩仁”锦(见《中国丝绸图案》)、“长生无极”锦、“宜子孙”锦、“群鹄”锦、“新神灵广”锦、“长乐明光”锦，和不带文字的若干种绫锦绣件，截至目下为止，还是中国古代丝织物中一份最有代表性的、珍贵的遗物。它的纹样和古乐浪汉墓出土的丝织物大同小异，恰是汉代中原丝绣的标准纹样(正和《盐铁论》说起过的，两地当时受中原墓葬影响情形相合)。中国科学院黄文弼先生，在他作的《罗布淖尔考古记》中说：“孔雀河沿岸之衣冠冢中，死者衣文绣彩，甚为丽都，虽黄发小儿，亦皆被服之。”(见该书第七十页)遗物中有一片近乎织成刻丝的织物，上面作的是一匹球尾马拉一辆车子，文献和其他报告图录中，还从来没有提起过。但似乎没有见过刺金缕绣。其中一个青红锦拼合成的锦囊，记录上虽说是从魏晋之际古墓中得来，其实是正格汉

东汉，织锦刺绣针黹箧盖

东汉，织锦刺绣针黹箧底

式锦，一作龙纹，或即《西京杂记》所谓蛟龙锦，有无极字样。一作对立小鸳鸯花纹，有一宜字，似宜子孙锦，已启唐代作风。这些丝织物据朱桂莘先生说，当时或着金。但从提花纬线考查，不像加过金。在北蒙古古坟中，曾得到一小片桃红色有串枝花的毛织物。花纹和一般丝织物截然不同，和汉末镜缘装饰倒相近。如非当时西北著名的细罽，从花纹看，有可能来自大秦或西方其他国家，时代当在魏晋之际（见《北方系文物研究》，第一六一页后图五十三）。

因《西域传》记载，中国丝织物加金技术上的发展，一部分学人即以为实来自西方。但是，一切生产都必然和原料发生联系。锦缎类特种丝织物生产，除古代的陈留襄邑，山东临淄，汉以来即应当数西蜀。金子生产于西南，汉代西蜀出的金银釦漆器，在国内就首屈一指。因此，中国丝织物加金的技术，说它创始于西南，或比较还符合事实。最早用到的，可能是金薄法，即后来唐宋的明金缕金法，明、清的片金法。丝织物纹样既和同时金银错纹样相通，加金部分也必然和金银错大同小异。

张澍《蜀典》引魏文帝曹丕《典论》，批评三国时丝织物说："金薄蜀薄不佳，鲜卑亦不受。如意虎头连璧锦，来自洛邑，亦皆下恶，虚有其名。"循译本文的意思，即川蜀织的金锦和彩锦，送给鲜卑民族，也不受欢迎！洛阳有名的出产，品质并不高。《诸葛亮文集》则称"蜀中军需惟依赖锦"。可知当时蜀锦生产还是军需主要来源。川蜀是金子重要生产地，捶金箔技术，于蜀中得到发展，是极自然的。

另一方面也反映出社会的需要。《三国志·魏书·夏侯尚传》称："今科制自公、列侯以下，位从大将军以上，皆得服绫、锦、罗、绮、纨、素、金银缕饰之物。"说的即明指各种丝织物衣服上加金银装饰。或刺绣、或织成，则不得而知（用金银缕刺绣作政治上权威象征，从此一直在历史发展中继续下来，到以后还越来越广泛）。

欢喜用金银表示豪奢，在西北羌胡民族中，最著名的是石虎。陆翙著《邺中记》，称石虎尚方锦署织锦种类极多，可没有提过金锦。其中有"大明光"、"小明光"诸名目，这种锦在汉墓中即已发现，还

南北朝，夔纹锦局部

是韩仁锦类汉式锦。但这时节印度佛教大团花已见于石刻，反映于丝织物，很可能就有了后来唐代的晕锦类大花锦，宋时的大宝照锦，用虹彩法晕色套彩，技术上比韩仁锦已大有进步，可不一定加金。至于当时的织成，则近于宋以来刻丝。有几种明白称金缕和金薄，说明小件丝绣用金的事实。《邺中记》又称，“石虎猎则穿金缕织成合欢袴”，可见当时也用到比较大件衣著上。所说金缕即唐宋的捻金，金薄即后来的明金和片金（但唐人说缕金，却有时指明金，有时指捻金。捻金又可分后来克金式的和一般库金式的）。

《西京杂记》也记了许多特别丝织物，曾说“蚁文万金锦”，这个著作说的虽是汉代故事，反映的却多是魏晋六朝时物质，蚁文万金似乎只是奇异贵重的形容，花纹正如西域所得锦缎，并非用金织就。

许多记载中，惟《蜀典》引曹丕批评，所说金薄蜀薄指的近于后来织金，且和曹操《上杂物疏》文中一再提起的“金银参带”漆器相关联。文中还提起许多漆器是用金银绘画的。

另外东晋时也用泥金，王隐《晋书》称，江东赐在凉州的张骏以金印大袍。如金印大袍指一物，用金印必泥金方成功。

又《北史·李光传》，说赐光金缕绣命服一袭。还是像捻金绣，不是织金。

就情形说来，织金法大致至迟在东汉已经使用。川蜀机织工人所作金薄，必和所作金银釦漆器一样，当时实在具有全国性，既可得极高利润，自然会继续生产。

到三国时，由于中原长年战争影响到销路，也必然影响到生产。这时生产技术虽保留，品质已退步，不如本来。至于用捻金刺绣和捻金法，技术上有可能是从西方传来的。鱼豢《魏略》即称大秦能织金缕绣。至于在中国和泥金涂画，三种加金同时用到，当在晋六朝之际。以北方用它多些。原因除奢侈享乐，还有宗教迷信，谄媚土木偶像(《洛阳伽蓝记》提金银着佛像极多)。不久南北同风，南方用于妇女衣裙，且特别显著。隋代用泥金银即极多。到唐代，贞观时先还俭仆，及开元天宝之际，社会风气日变，一般器物多用金银，或金银装饰，如漆器中的平脱镜子，桌几，马鞍(姚汝能《安禄山事迹》还提到金银杓瓮笊篱)。加之外来技术交流，一般金细工都有长足发展，从现存实物可以明白。丝织物加金技术，也必然于此时得到提高。拈金织物于是同样得到发展机会。不过从唐人诗词描述中看来，用于女子歌衫舞裙中的，还不外两种方法：一即销金法的泥金银绘画或印花；一即捻金线缕金片的织绣。以泥金银绘和捻金刺绣具普遍性，织金范围还极窄。

“银泥衫稳越娃裁”、“不见银泥故衫时”、“罗衣隐约金泥画”、“罗裙拂地缕黄金”，即多用于女人衣裙的形容。也间或用到男子身上。《鸡跖集》称：“唐永寿中，敕赐岳牧金银字袍。”又“狄仁杰转幽州都督时，武后赐以紫袍龟带，自制金字十二以旌其忠。”这可见男子特种衣袍上加金银文字，从晋以来就是一种政治上权威象征，不会随便使用的。又《唐书》称：“禁中有金乌锦袍二，元宗幸温泉，与贵妃衣之。”段成式《酉阳杂俎》记元宗赐安禄山衣物中，也有“金鸾紫罗、绯罗、立马、宝鸡袍”。指的都是当时特种统治身分才能用这种加金丝织物衣服。

又《唐语林》称，贵妃一人有绣工七百余人。为了满足当时杨家姐妹的穷奢极欲的享乐，衣裙中用金处必然极多。至于如何使用它，从敦煌唐代女子服装可以见出当时花朵的布置方法，主要多是散装小簇，即宋时金人说的“散答花”。串枝连理则多用于衣缘、斜领和披肩、勒帛。花式大都和现存唐镜花式相通(特别是男子官服中的本色花绫，如雁衔绶带、鹊衔瑞草、鹤衔方胜、地黄交枝等等，反映到遗物和镜文中，都极具体分明)。它的特征是设计即或用折枝散装花鸟，要求的还是图案效果。作法则刺绣和销金银具比较普遍性，也有

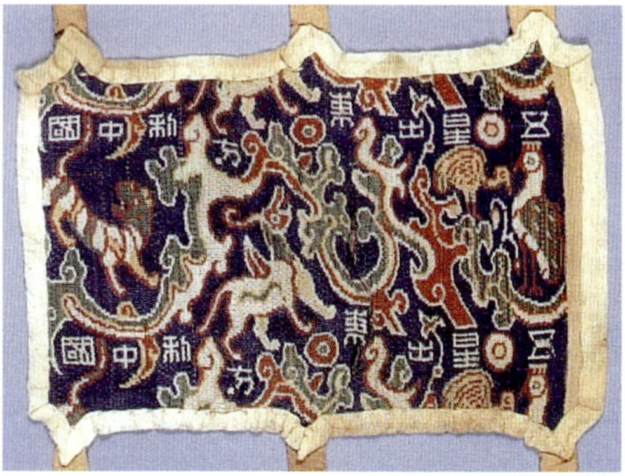

汉—魏晋，“五星出东方利中国”锦，新疆民丰尼雅出土

可能在彩色夹缬印花丝织物上，再加泥金银绘的。

《新唐书·肃宗纪》：“禁珠玉宝钿平脱、金泥刺绣”，正反映元宗时金泥刺绣必十分流行，经安史之乱后，才用法令加以禁止。但唐代特种丝织物，高级锦类，一般生产我们却推想是不用织金，也不必用金的。韦端符记李卫公故物中有锦绫袍，陆龟蒙记所见云鹤古锦裙，说的都是唐代讲究珍贵彩色绫锦，文字叙述非常详细，均没有提起锦上用金。两种织物照记载分析，都近于后来刻丝。

日本正仓院收藏唐代绫锦许多种，就只著明有四种唐代特种加金丝织物。惟用金到衣服上，且确有织金，和许多不同方法加金，开元天宝间《唐六典》已提到，用金计共有如下十四种：销金、拍金、镀金、织金、砑金、披金、泥金、缕金、捻金、戗金、圈金、贴金、嵌金、裹金(此为明杨慎所引，今六典无)。

唐人记阎立本画，用泥银打底，是和泥金一样把金银作成细粉敷上去的。若用于衣裙帐幔，大致不外是印花和画花。捻金是缕金再缠在丝线上成线，也可织，也可绣。一般说来，绣的技术上处理比较容易，用处也比较多。织金通常却用两种方法：一则缕切金银丝上机，是三国以来金薄法，唐宋明金法，明清片金法。一作捻金线织，捻金法有可能从西域传来。早可到三国时，由大秦来。晚则唐代由波斯通过西域高昌、龟兹诸地区兄弟民族，转成中原织工技术。北宋末文献纪录已有捻金青红锦五、六种。但直到明代，织金锦中用到捻金的，占织金类比例分量还是极少。清代方大用，是因细捻金线技术有了特别进步，才把这种捻金范围扩大的(最有代表性的，或者应数清华大学藏乾隆两轴刻丝加金佛说法图，径幅大到一丈六尺以上。原藏热河行宫，共十六幅，辛亥以后取回北京，存古物陈列所，日本投降后，不知为何被人偷出售于清华。还有一种细拉金丝织成的纯金纱，明代已见于著录，北大博物馆曾藏一背心，似清代剪改旧料作成）。

唐代宗时禁令中称：大张锦、软锦、瑞锦、透背、大裥锦、竭凿锦（即凿六破锦，龟子纹发展而成的）、独窠、连窠、文长四尺幅独窠吴绫、独窠司马绫……及常行文字绫锦，及花纹中盘龙、对凤、麒麟、天马、辟邪、孔雀、仙鹤、芝草、万字、双胜，均宜禁断。

禁断诸绫锦名目，如瑞锦、大裥、麒麟等锦，有一部分还可从正仓院藏绫锦中发现。这些锦样的设计，多出于唐初窦师纶。张彦远在《历代名画记》说得极清楚：

> 窦师纶，敕兼官益州大行台检校修造。凡创瑞锦官绫，章彩奇丽，蜀人至今谓之"陵阳公样"……太宗时，内库瑞锦对雉、斗羊、翔凤、游麟之状，创自师纶，至今传之。

张彦远见多识广，笔下极有分寸，说的章彩奇丽，必然是在讲究色彩的唐代，也非常华丽。这些锦样真实情形，已不容易完全明白，但从正仓院藏琵琶锦袋（似织成锦），和时代虽晚至北宋，花式尚从唐代传来的紫鸾鹊谱刻丝（在《纂组英华》彩印过），内容我们还可仿佛得到一二。这种华丽色调，在宋锦中已有了变化发展，但反映于这片刻丝，还十分动人。一切事物都不是孤立存在的，所以此外我们也还可以从同时流行反映于敦煌洞窟天井墙壁间彩画团窠方胜诸锦纹，及铜镜、金银器上的花纹图案，得到唐代丝织物花纹基本特征。

因此我们明白，唐代丝织物工艺上的重要贡献，还是以花纹色调组合为主，即部分加金，也是从增加装饰效果出发，如正仓院藏加金锦，和元明以来之纳石失，遍地金，库金，克金，以捻金或片金为主要的丝织物，是截然不相同的。

丝织物加金有了进一步发展，大致是在唐末五代之际。丝织物花

唐，联珠对鸡纹锦

纹由图案式的布列，发展为写生折枝，也是这个时期。其时中原区域连年兵乱，已破败不堪。前后割据于四川的孟昶，江南的李煜，吴越的钱俶，政治上还能稳定，聚敛积蓄日多，中原画家和第一流技术工人，能逃亡的大致多向这些地方逃去。几个封建统治者，都恰是花花公子出身，身边又各有一群官僚文人附庸风雅，金银一部分用于建筑装饰和日用器物，一部分自然都糜费于妇女彩饰衣裙中。这些地方又是丝织物生产地，织绣工和当时花鸟绘画发生新的联系，大致也是在这个时期。惟关于这个时代的丝织物，除诗词反映，实在遗物反不如唐代具体（仅近年热河辽驸马墓出一件捻金织云凤类大袍或被面）。诗词中叙女子服饰用金极普遍。在瓷器上加金银边缘装饰，也是这个时代，从吴越创始各种“金银棱器”。

到宋统一诸国时，从西蜀吴越得来锦缎数百万匹，除部分犒军耗费，大部分是不动用的。北宋初年，宫廷俭朴和社会风俗淳厚，都极著名。旧有的还不大用，新生产也不会在这个时间特别发展。直到真宗时，社会风气才有了变化。由于政治上的新中央集权制，一面是从诸国投降得来无数金银宝货，一面是从各州府财政收入统属中央，且集中京师，就有了个可以奢侈浪费的物质基础。其时正和占据北方的契丹结盟议和，权臣王曾、丁谓辈，贡谀争宠，企图用宗教迷信结合政治，内骗人民，外哄契丹，因之宫中忽有天书出现，随即劳役数十万人民，修建玉清昭应宫，存放天书。把全国最好的工人，最精美的材料，都集中汴梁，来进行这种土木兴建工程。并集天下有名画师，用分队比赛方法，日夜赶工作壁画。一千多间房子的工程全部完成时，君臣还俨然慎重其事，把天书送到庙里去，大大的犒赏了参加这个工程的官吏和工人一番，丝织物用金的风气，也因之日有增加。

宋王栐著《燕翼诒谋录》，记述这个用金风气的发展，便认为实起于粉饰太平，上行下效，不仅士大夫家奢侈，市井间也以华美相胜。用金情形，则可从反复禁令中充分反映出来。其实，当时禁者自禁而用者自用。例如：汴梁城中二十余酒楼，特别著名的樊楼，楼上待客用的大小金银器具，就有二万件。三两个人吃喝，搁在桌面的银器也过百两。即小酒摊吃过路酒的，也必用银碗。大中祥符八年诏令，提起衣服用金事，名目即有十八种之多。计有销金、缕金、间金、戗金、圈金、解金、剔金、拈金、陷金、明金、泥金、榜金、背金、影金、阑金、盘金、织金、金线……

除部分是用于直接机织，其余大都和刺绣、印画、缠裹相关，即从用金方法上看，也可以想见这个中世纪统治阶级，是在如何逐渐腐败堕落，此后花石纲的转运花石，寿山艮岳的修造，都是从这个风气下发展而来的。

不过，现存宋锦或宋式锦，都很少见有加金的。说宋锦加金，且和一般习惯印象不相合。这有两个原因作成：一、照习惯，鉴赏家对于锦类知识，除从《辍耕录》、《格古要论》、《博物要览》诸书，知道一些名目，居多只是把画卷上引首锦特别精美的龟子纹、盘绦琐子纹、八达晕等几何纹式彩锦，就叫做宋锦。即名目也并不具体清楚明白。因此不闻宋锦有织金。二、宋人重生色花，即写生折枝，这些花也反映到锦的生产中，打破唐以来的习惯。这种生色花，而且部分加金，或全面用金。明代把这些花锦，斜纹织缪丝地的叫“锦”，平织光地的叫“缎”，福建漳州织薄锦叫“改机”（弘治间织工林宏发明），凡彩色平织，带金的叫做“妆花缎”或“织金缎”，不作为锦。因此，即遇到这种宋锦或宋式锦，也大都忽略过了。其实宋锦和社会上的一般认识，是不大相合的。折枝写生花部分加金和全面用金，在宋锦中是不少的。文献中提起的近百种锦名，大部分还可从明锦中发现。

宋锦加金至少有两种方法，我们已经知道。一即古代之金薄法，宋代称为明金。《洛阳花木记》称牡丹中有“蹙金球”，以为色类“间金”而叶杪皱蹙，间有黄棱断续于其间，因此得名。又记“蹙金楼

唐，花鸟纹锦局部

子”，情形也相差不多。宋人欢喜把本色花鸟反映到各种工艺品上去，若反映于丝织物上时，自然即和建筑中的彩绘勾金，及现在所见织金妆花缎用金情形大体相合。宋锦中是有这种格式的。加金有多少不同，在宋人通呼为“明金”。记载这种丝织物名目，花纹和用处较详的，以《大金集礼》提起的比较多而具体。说的虽是南宋时女真人官服，我们却因此明白许多问题。因为这种服制花式，大多是抄袭辽和宋代的。也有捻金锦，如明清捻金或库金。文献上提起捻金锦的，多在南北宋之际。《大金吊伐录》记靖康围城时，宋政府和金礼物中即有金锦一百五十匹。周必大《亲征录》称南宋使金礼物中，即有捻金丝织物二百匹。周煇《清波杂志》卷六，载给北使礼物，也提起过青红捻金锦二百匹。又周密记南宋初年高宗赵构到张浚家中时，张是当时有四万顷田著名大地主，献锦数百匹，其中也有捻金锦五十匹。可知这种捻金锦在当时实在是有代表性的高级丝织物。同时也说明这种金锦，至迟在北宋中叶已能生产，但始终不会太多。《大金集礼》又叫作“捻金番缎”，说明从金人眼目中它既不是中国织法，也不是金人所能织，显然是西域金绮织工作的。又叫作捻金绮，和锦的区别或在它的织法上。关于这种织工，南宋初洪皓著《松漠纪闻》说得极详细：

> 回鹘自唐末浸微。本朝盛时，有入居秦川为熟户者，女真破陕，悉徙之燕山。甘、凉、瓜、沙。旧皆有族帐，后悉羁縻于西夏。惟居四郡外地者，颇自为国，有君长。其人卷发深目，眉修而浓，自眼睫而下多虬髯。帛有兜罗绵，毛罽，绒锦，注丝，熟

绫，斜褐。又善结金线。又以五色线织成袍，名曰克丝，甚华丽。又善捻金线，别作一等背织，花树用粉缴，经岁则不佳，惟以打换鞑靼。辛酉岁，金人肆眚，皆许西归，多留不反，今亦有目微深而髯不虬者，盖与汉儿通而生者。

这个记载极其重要。我们知道，唐代工艺生产中若干部门，是和印度，波斯，阿剌伯，或西域回鹘技工关系密切的。丝织物加金工艺，在唐代得到高度发展，由金薄进而为捻金，和这个盛于唐，到宋代入居秦川为熟户的回鹘，必有联系。金人称“捻金番缎”，也是这个原因。

金锦中明金和捻金花缎，说的比较具体的，是《大金集礼》提起金人服制中的种种。可知道明金还是用处多。时代稍后记录中，元人费著作的《蜀锦谱》只提及一种，可推测得出纹样的，即“簇四金雕锦”。如簇四和营造法式彩绘簇四金锭相通，金雕即盘绦，则这种锦必然是捻金，不是明金。因为这种锦正如同琐子一样，捻金可织，片金织不出。至于陶宗仪《辍耕录》说的一种“七宝金龙”宋锦，却有可能是片金兼捻金两种织法，明织金中还保留这种锦类式样。

更详细地叙述这种宋代金锦花纹色泽的，只能靠时代晚后三百年《天水冰山录》记严嵩家中收藏的宋锦名目得知。纪录中明说是宋锦的，计有大红、沉香、葱白、玉色种种。其中有三种织金锦，名目是：青织金仙鹤宋锦，青织金穿花凤宋锦，青织金麒麟宋锦。

明，青地牡丹加金锦

这个文献对于明代锦段名目，记得非常清楚，当时说宋锦，必有不同于明锦的地方，如不是宋代旧织，也必然是宋式锦。但宋织锦和明织锦根本不同之处在什么地方？如不能从用金方法上区别，问题就必然是在配色艺术和组织技术上有个区别。从宋代种种工艺来比较，我们都可知道宋锦不可及处，即打样设计时，布置色泽，组织纹样都当成一件大事，而用金从艺术上说来，却不怎么重要。这三种青地织金锦，有可能是部分明金，不是全部用金的。

宋范成大《揽辔录》记南宋乾道六年使金时，在路上见闻和京师印象：

> 民亦久习胡态度，嗜好与之俱化。最甚者衣装之类，其制尽为胡矣。自过淮以北皆然。而京师尤甚。唯妇女衣服不甚改。秦楼有胡妇，衣金缕鹅红大袖袍，金缕紫勒帛，掀帘吴语，云是宗室郡守家也。

根据这个记载，可知开封被金人占据后，中国淮河以北人民的服装，即多在压迫中改作金制，惟妇女不大变（这里所记某妇人穿的金缕鹅红或系鹅黄，是小鹅毛色。如鹅红，即只能是鹅顶鹅掌红色了）。金人服制各以官品大小定衣服花头大小，文献上记载得极详细。照《大金集礼》记载，且知道官吏衣服上的花纹用牡丹、宝相、莲荷甚多。有官品的通是串枝花。这是沿袭唐碑墓志、敦煌彩绘、《营造法式》、辽陵墓志等等花式而来的。这些花还继续发展到元代“纳石失”金锦纹样中，也反映到明代织金中。史传记载，金兵破汴梁后，除织工外，妇女多掳去刺绣。《金史·张汝霖传》称章宗时为改造殿廷陈设，织锦工用到一千二百人，花费两年时间才完工毕事。后来更加奢侈。这种织工自然大部分即得于汴梁和定州一带，有北宋初年由川蜀吴越江南来的头等锦工，也有唐以来即在西北、宋代成为秦川熟户的西域金绮织工。这种织锦工人和中国丝织物史发展，还有不可分割的联系，即元代纳石失金锦的生产，实由之而来。《元史·镇海传》说：

> 先时收天下童男女及工匠，置局宏州（山西大同附近）。既

而得西域织金绮纹工三百余户，及汴京织毛褐工三百户，皆分隶宏州，命镇海世掌焉。

这里所谓“西域人”，显然即是洪皓《松漠纪闻》说起过的先居秦川为熟户，后为金人迁徙于燕山及西北甘肃一带，为人卷发深目，眉修而浓，眼睫以下多虬髯，善捻金线，又会刻丝织作的回鹘族织工！

镇海管理的丝毛织物生产，即元代著名的纳石失，名义上虽还叫作波斯金锦，其实生产者却有可能大部分都是中国人，和同化后的金绮工。元典章五十八，关于它的使用记载得极详尽。《舆服志》称天子质孙冬服即分十一等，用纳石失作衣帽的就有好几种。百官冬服分九等，也有很多得用纳石失。元典章织造纳石失条例，许多文件反复说到应如何作，不许如何作。对于偷工减料的低劣货色，禁止格外严，也可反映当时生产量之大。在当时，不仅丝织多加金，毛织物也用金，叫做毛缎子。不仅统治者百官衣服上用织金，三品以上官吏帐幕也用织金(萧洵记元故宫殿廷时曾描叙述)。国家生产纳石失，不仅宏州设局，另外还设有许多专局，同属工部管辖监督。如撒答剌欺提举司，即有别失八里局。又织染提举司，也有专织纳石失局。元典章提起纳石失或织金缎时，虽一再传达诏令，说某某种龙形的不许织造应市，却又说织造合格的即允许市面流行。这种特殊丝织物随蒙古族政权织造了将近一百年，曾经反映到游历家马可波罗眼目中，因之也反映入世界各国人民眼目中。但是这种丝织物，竟和元代政权一样，已完全消灭，明代即少有人提起，这是和历史现实发展不大符合的。

丝织物虽然是一种极易朽败的东西，一世纪的大生产，总还应当有些残余物品留下来，可供研究参考。从图画中可见的，如元帝后妃像中几个后妃缘领花纹装饰，可推测必然是纳石失。元著名武将画像披肩，可能是纳石失。明实录记洪武初年赐亲王功臣锦绮织金必然还是元代库中旧存旧样丝织品。明初画相服饰材料，因之也必然有部分反映。

清，小花格子锦

实物发现最有希望的地方，是故宫和中国北京和西北各地大喇嘛庙里，保存得完完整整的成匹成幅的直接材料，因明清二代的兴替，宫廷中或已无多存余。至于零碎间接的经垫、佛披、幡信、袈裟和其他器物及密宗佛像边缘装饰上的，却必然还有不少可以发现。在故宫库藏里，许多字画包首，册页扉面，和其他宋元旧器衬垫丝织物，同样可希望这种发现。其次，即明《大藏经》使用的经面、经套，其中织金部分，或出于纳石失式样，或即是本来的纳石失。前一部分，北京庙宇里的东西，剩下的也已经不会怎么多。因为元明以来密宗佛像，近数十年被帝国主义豪夺巧取，盗出国外的不下万千件。稍好的就不容易保全。但是，即就北京市目下能得到的而言，如果能集中一处，断缣败素中还是可希望有重要发现(有小部分可能是宋锦，大部分却是明织金锦缎，纹样还是极有价值的)。西北区大庙宇，由于宗教传统的尊重，不受社会变乱影响，就必然还有许多十分重要的材料。故宫收藏则从中得到的明清仿宋彩锦，或多于元纳石失金锦。至于明《大藏经》封面，就个人认识说来，即这份材料，不仅可作纳石失金锦研究资料，好些种金锦本名或者就应当叫做纳石失，并且还是当时的纳石失。

我们说明代加金丝织物，大都是元代纳石失发展而来，从《野获编》记录洪武初年，向北方也先聘使礼物中的织金名目，也可见出。五彩织金花锦由一寸大散答花朵到径尺大的大串枝莲，大折枝牡丹，和三五寸花头的蜀葵、石榴、云凤、云龙、云鹤，不宜于衣著，可能作帐幔帘幕、被褥的材料，和其他文献记录比较，我们就会具有一种新的认识和信念，纳石失金锦问题，虽在多数学人印象中，还十分生疏，却是一个可以逐渐明白的题目。明织金是一个关键，必须给以应有的重视。其次，即现存故宫部分充满西域或波斯风的小簇花织金锦，通名“回回锦”，在乾隆用物帷帐和蒙古包帐檐中都使用到。整件材料，部分还附有乾隆时回王某某进贡的黄字条，可知这类金锦至晚是乾隆时或较前物品。这类回回锦特别值得注意处，即花纹还充分具有波斯风，和唐代小簇花装饰图案近似。在有关帖木儿绘画人物服装和元帝后像领沿间用金锦花纹，也十分相似，元代纳石失也许仅指这类花纹金锦而言，还须待进一步研讨。

说到这里，我们可以为中国丝织物加金历史发展问题，试重复一下，提出如下意见，供国内专家学人商讨：

用金作装饰的丝织物，在战国有可能已产生，汉代以后得到继续发展。但真正的盛行，实只是元明清三代。起始应用虽可早到二千二、三百年前，作用不会太大，用处也不会如何多。但至迟在东汉时，明金作法已能正确使用。六朝到唐末，是一个过渡阶段，在这个时期中，或因佛像中的金襴，影响到封建统治阶级妇女的装饰，衣裙领袖间除彩色描绘外，用金已比较多。特别是当时贵族妇女，需要用金表示豪富甚过于用色彩表示艺术时，金的使用范围必然日渐增加。但是，金银在丝织物中的地位，始终还是并没有超过具有复杂色彩的传统刺绣和织锦重要。在装饰价值上，则只有小部分的泥金缕绣的歌衫舞裙，有从彩色刺绣取而代之的趋势。到唐代，特别是开元天宝时代，因王鉷、杨国忠等人的聚敛搜刮，杨氏姐妹的奢侈糜费，和外来的歌舞，西域阿拉伯回鹘的金绮织工，以及谄佞佛道的风气，五者汇合而为一，织金丝织物需要范围就日广，生产也必然增多。到这个时代，用金技术已经绰有余裕。但用金事实，还是在社会各种制约中，不可能有何特别发展。到宋代，因承受唐末五代西蜀江南奢糜习惯，用金技术更加提高，织金捻金和其他用金方法已到十八种。但使用还是有个限度。譬如说，封建帝王亲戚服制上常用，一般中等官吏衣服即不会滥用。妇女衣裙上局部用，全部还是不用。宣和时，更有两种原因，使丝织物加金受了限制，不至于大行于时：

一、衣著中因为写生花鸟画的发展，把丝织物上装饰纹样，已推进了一步。刺绣和刻丝，都重视生色花，能接近写生为第一等。即染织花纹，也开始打破了唐代以来平列图案布置的效果，而成迎风浥露折枝花的趋势。换言之，即黄筌、徐熙、崔白、赵昌等画稿上了瓷器，上了建筑彩绘，上了金银器，这个风气也影响到丝织物的装饰花纹。所以从唐代团窠瑞锦发展而成的八搭晕锦，凿六破锦发展而成的毬路等彩锦，几何图案中都加入了小朵折枝花。色调配置且由浓丽转入素朴淡雅，基本上有了改变，金银虽贵重，到此实无用武之地。

二、当时艺术风气鉴赏水准已极高。特别是徽宗一代由于画院人材的培养，和文绣院技术上的高度集中，锦类重设计配色，要求非常严格。金银在锦中正如金碧山水在画中一样，虽有一定地位，不可能占十分重要的地位。徽宗宣和时，庭园布置已注意到水木萧瑟景致，桫椤木堂的建造，一点彩色都不用，只用木的本色，白粉墙上却画的是浅淡水墨画，和传世王诜的渔村小雪，赵佶自作的雪江图近似，在这种宫廷艺术空气下，丝织物加金，不能成为一个主要生产品，更极显明。

属于金工技术发展，和社会发展似乎稍有参差。关于金薄、缕金、捻金技术的进展，照近三十年考古材料发现说来，商代即已经能够捶打极薄金片。春秋战国之际，在青铜兵器和用器上，都用到这种薄金片和细金丝镶嵌，就处理技术上的精工和细致而言，是早超过缕金丝作衣饰程度的。洛阳金村发现的一组佩玉，是用细金钮链贯串的。寿县和河南出土，捶有精细夔龙纹的金质片，可作战国时期金工高度技术的证明。特别是三年前在河南辉县发现的金银错镶松石珠玉彩琉璃带钩，和信阳长台关战国楚墓出土的铁错金银加玉带钩，实可作公元前五世纪中国细金工艺最高记录的证明。这个时期的巧工，文献上虽少提及出处，一部分来自楚民族和西蜀，可能性极大。到汉代，技术上有了新的展开，用金风气发展，仿云物山林鸟兽缕金错银法，已打破了战国以来几何纹图样，漆器上的金银釦和参带法，且使用相当普遍，中等汉墓里即常有发现。讲究处则如《禹贡文奏》和《盐铁论·散不足篇》所叙述，许多日用小件器物都用金银文画装饰。鎏金法应用更加广泛，且使用到径尺大酒樽和别的用具上。但从用金艺术说，比起战国时实在已稍差了些。这个时期蜀工已显明抬头。西北和乐浪所发现的漆器中，都具有文字铭刻。蜀工之巧在汉金银釦器中已充分反映出来。随同丝织物生产的发展，西蜀丝织物加金的技术，必然和釦器有同样成就，到汉末才逐渐衰落，但生产还是能供应全国需要。

晋人奢侈而好奇，王恺石崇辈当时争富斗阔，多不提金银珠玉，只说南方海外事物中珊瑚犀象，和新兴的琉璃。在这种情形下，自然不会以金银装饰为重。北魏羌胡贵族多信佛，用金银作佛像和建筑装饰，均常见于史传。但作衣服似和社会要求不大相合。石虎是极讲究用金银铺排场面的一个胡人，算是极突出的，史传才特别反映。西域金工作的捻金丝织物，亦必然在这个时期才比较多。南朝似乎犹保留了汉以来金银镶嵌工艺传统，常见于诗文歌咏中。但这个时代正是越州系缥青瓷在社会上普遍受尊重的时代，金银器在社会上能代替富贵，却不能代表艺术，即衣裙上用金，诗人形于歌咏，也着重在豪华，和服饰艺术关系就并不多。到唐代，豪华和艺术才正式结合起来，这从现存金银平脱和金银酒食用具在工艺上达到的艺术标准可见。但丝织物加金还不是工艺中唯一的重点。因为唐人重色彩浓丽，单纯用金是达不到这个要求的。金的装饰作用，已在丝绣织物上加多，还不至于大用。有捻金、织金等十四种方法，一般使用的是女人服饰上的泥金银绘画。

宋代丝织物用金方法已加多，但工艺重点则在瓷器、绘画和刻丝织锦。瓷器装饰金银，虽从五代吴越起始，并无什么美术价值。宋代定州瓷器，虽还用到这个传统，用金银缘边，分量已减少成薄薄一线。绘画用大小李将军作金碧山水法的赵千里，在宋人画中，即只代表一格，并非第一流。刻丝重生色花，不重加金。克金还未发现。锦缎则如前叙述，要求艺术高点在色彩配合，不在金银。宫廷中织金丝织物，或有相当需要量，一般社会对锦缎要求，必不在加金。因此加

清，纳锦

金丝织物，不可能在北宋早期有极多生产。文彦博在成都为贡谀宫廷织造的金线莲花灯笼锦，近于突出的作品。南宋捻金锦已当作给金人的重要礼物，在南方大致还是发展有限。因织金固需要一套极复杂的生产过程，更重要的还是极大的消费。南宋时经济情形，是不可能如元明以来那么大量消费金银到丝织品上去的。《梦粱录》虽提起过这个偏安江南的小朝廷，由于上下因循苟安心理的浸润，和加重税收聚敛，经济集中，社会得来的假繁荣，都市中上层社会，糜费金银的风气，因之日有所增。一个临安就有许多销金行，专做妇女种种泥金印金小件用品，但是捻金明金，由于技术繁琐，在当时使用还是不会太多。

织金的进一步发展，和女真人占据北中国有密切关系。

至于女真人对于丝织物加金的爱好，则和它的民族文化程度有关。金人兴起于东北，最先铁兵器还不多，用武力灭辽后，民族性还是嗜杀好酒。围攻汴梁时，种种历史文件记载，说的都是搜刮金银掳掠妇女为主要对象，虽随后把户籍、图书、天文仪器和寿山艮岳一部分石头，也搬往燕京（这些石头最先在北海，明代迁南海瀛台）。作设都北京经营中国的准备。金章宗还爱好字画，和一群附庸风雅的投降官僚文人，商讨文学艺术，其实只是近于笼络臣下的一种手段。全个上层统治心理状态，金帛聚敛和种族压迫实胜过一切。八百年前的金代宫室布置，真实情况已不得而知。惟从《张汝霖传》称用一千二百织锦工人，工作两年的情形看来，却可以想见，当时土木被文绣的侈奢光景。金人始终犹保持游牧民族的生活习惯，除服饰外，帷帐帘幕使用格外多，建筑中许多彩画部分，在这时节是用丝织物蒙被的。大串枝花丝织物的发展，必然在这个时期。《大金集礼》载文武官服制度，和其他使用织金丝织物记载，都叙述过。元官服制度多据金制，《辍耕录》记载可知。元代的纳石失金锦，就由于承袭了这个用金风气习惯而来。马可波罗游记说的，用织金作军中营帐，延长数里，应是事实。

丝织物加金盛于元代，比金人有更多方面的发展，由许多原因作成。这和当时蒙古民族的文化水准，装饰爱好，艺术理解都有关系。更重要还是当时国力扩张、及一种新的经济策略，用大量纸币吸收黄金方式，统治者因而占有了大量黄金的事实分不开。如没有从女真、西夏和南宋三方面政府和所有中国人民于中，及海外贸易，得来的无数黄金，元代纳石失金锦的大量生产，还是不可能的。

锦类的纹样发展，春秋以来常提起的襄邑美锦、重锦、贝锦，虽不得而知，惟必然和同时期的铜玉漆绘花纹有个相通处。到汉代，群鹄、游猎、云兽、文锦和同时金银错器漆器花纹就有密切联系，已从实物上得到证明。传玄为马钧作传，称改造锦机，化繁为简，提花方法已近于后来织机。《西京杂记》记陈宝光家织散花绫，由于提花法进步，色泽也复杂得不可思议。唐初窦师纶在成都设计的锦绫样子，和文献上常提及的几种绫锦，从正仓院藏中国唐锦中，犹可见到对雉、斗羊、游鳞、翔凤诸式样。余如盘绦、柿蒂、樗蒲也已经陆续从明锦中发现。从这个发现比证中，得知道它和汉代已有了不同进展，颜色则由比较单纯趋于复杂，经纬错综所形成的艺术效果，实兼有华丽和秀雅两种长处。到宋代，因写生花鸟画的进步，更新的大折枝、大串枝和加金染色艺术配合起来，达到的最高水准，正如同那个时代的瓷器和刻丝一样，是由于种种条件凑合而成，可以说是空前的。时代一变，自然难以为继。

在金元之际，丝织物的生产，由色彩综合为主的要求，转而为用金来作主体表现，正反映一种历史现实，即民族斗争历史中，文化落后的游牧民族武力一时胜利时，就会形成一种“文化后退”现象。这种文化后退或衰落现象，是全面的，特别属于物质文化和人民生活密切关联的工艺，每一部门都有影响的。也只有从全面看，才容易明白它的后退事实。若单纯从丝织物加金工艺史发展而言，则元代纳石失金锦，依然可以说是进展的，有记录性的，同时还是空前绝后的。因为如非这个时代，是不可想象能容许把黄金和人力来如此浪费，生产这种丝织品，使用到生活各方面去，成为一部分人最高美的对象的！

本文曾以《中国织金锦缎的历史发展》为题，发表于1953年9月3日《新建设》第9期，署名沈从文。1960年收入作家出版社《龙凤艺术》一书，文字稍有增改，并改篇名为《织金锦》。1966年5月商务印书馆香港分馆《龙凤艺术》一书收入《织金锦》时，将文末最后4个涉及明织金锦的段落移到《明织金锦问题》文后，现据香港版《龙凤艺术》编入。

明织金锦问题

明代用于佛经封面的丝织物，值得我们特别注意，因为这是目下我们知道的，唯一研究明代和唐宋以来丝织物的重要材料。除去素色彩缎不计，提花的大致可分作三类，一、本色花的（单色），二、妆花的（二色到七色），三、织金的（各种不同加金）。现在说的主要是织金部分。

这部分丝织物，从种类区别，计包括有锦、缎、绫、罗、绸、纱、绢和三四种混合麻、毛、棉，名目一时还不能确定的纺织品。从用金方法区别，计包括有部分加金和全部织金，处理技术又可分别为捻金（搓金线），印金（泥金印花），和片金（缕金丝织），以及用于比较少量刺绣品上的平金、盘金、和蹙金。其中应当数片金织成的占主要地位，分量格外多。（这种片金至少在汉末就已使用，当时名叫“金薄”，到宋代名叫“明金”、“简金”。）花样则由古式的龟背纹，到唐代的柿蒂，樗蒲、独窠、连窠，宋代的云凤，舞鹤，散答花，生色花，真达到丰富惊人程度。即单纯用金银丝缕加绿蓝织成的条子式闪光锦（或宋人说的金条纱）所得到的华美色调效果，也是后来丝织物中少见的。

这份材料的重要性，并且还是多方面的。工艺上的成就，可给新的生产取法处就很多。或用它作根据，和纪录明代丝织物著名的《天水冰山录》相结合，就可望把明代特种丝织物的名称性质和花纹，理解得清楚而具体。其实还是一把珍贵难得的钥匙，可以为我们开启研

明，织金锦经卷封面材料

究宋元丝织物的大门，比一般文献都落实、有用。如没有它作比较资料，许多文献纪录都是死的，而且彼此孤立存在，始终不大可理解的。特别是关于元代特种丝织物，政府曾设立专局，消耗了中国无数黄金和人民劳力，大量生产的纳石失金锦，究竟是个什么样子，包含了多少种类，多少颜色和花纹，有些什么特征，它和唐宋以来加金丝织物又有什么不同，对于明织金有多少影响？如此或如彼，如仅从元典章或元代其他文献来研究，是解决不了问题的。从明织金锦材料的清理中，却有了一条线索，可以试探追寻，不至于迷失方向。这也就是说，我们如善于学习，把实物和文献结合起来，谨慎客观的从更多方面广泛联系比较入手，就可以把研究工作有效推进，不至于如过去学人搞美术史工作方式，研究对象本是某物，只孤立的用书证书，写出的还是书，和实物始终漠不相关。且由于忽略实物，不知不觉间已糟塌了无数现实重要材料。再如能够进一步，把它和宋代关于丝织物文献，《营造法式》中的彩绘，及其他石刻、壁画，故事人物画里衣著陈列联系，在一定时间中，我们即可希望把宋代锦缎的花纹，和其他问题，也逐渐认识明白清楚，再不至于如前人对于这个工作苦无下手处。我们并且还很可以说，如能把敦煌唐代人物画和几个唐宋之际的重要人物故事画（如《捣练图》、《韩熙载夜宴图》）的服装花纹，日本正仓院收藏的中国唐代绫锦花纹，西域出土的绫锦花纹，及史传诗歌涉及唐代丝织物文献，好好结合起来，即有可能，把唐代丝织物问题，也清理出一些头绪。很显然，这一环知识，是值得有人来这么用一点心的。若能得到应有的进展，对于其他许多部门的工作，都必然有其重要意义，发生推动作用。

明，唐寅《韩熙载夜宴图》局部

这个工作自然也并不简单，困难处必须想法克服，成就且有一定限度。首先是个人知识见闻有限，而牵涉到的问题却极多。许多小问题目下还少专家学人作过研究。最重要的敦煌材料一时且难得到。其次即文献难征信，实物又不充实。因为仅以明代三百多年生产而言，除川湘不计，江南的苏、杭、嘉、湖、江宁五个大生产单位，每年每处上贡锦缎数万匹，究竟织造了多少不同种类？在社会不断发展下又有多少变化？历史记录就是极不具体的。《天水冰山录》所记的丝织物名目虽不少，现存的实物虽还可到一万点以上(不同种类的约略估计也总可到一千种)，但是比起总生产量来说，不免微乎其微。又关于明代外来纺织物，名目已经知道的将近百种，缅甸进贡纺织物特别多。印缅都长于织金襕，当时纺织物可能有加金的。但就现有单位中找寻，除一种铁色斜褐，一种白色地如粗麻布作的织金物品，另有一种满地金作紫藤葡萄花纹的，似非中国习惯花纹，近于印度风，可见不到更多些这种舶来品的痕迹。即以现有材料为限，大部分虽可以用比较方法，分别得出明代早期、中期和晚期，但正确的时代，还是不容易掌握。又有些丝织物上面还留下有明代地方官府检验合格印记，有些还加织工姓名，都十分重要，只可惜太稀少。一部分经板上虽刻有完成年月，只能供参考，可不能完全依赖它作根据。因为经面的材料，若是从明代西什库中的承运、广盈、广惠、赃罚四库取来，事实上每部大藏经所用的丝织物，照例就包括了百十种新旧不同、时代不同、种类不同的材料，前后相差可能到数百年。有的印刷虽晚，经面会用元明之际旧材料。有的板片虽早，却能发现有明天启以后万字流水小花锦在内。更有些大小不一的零散经面，来源已不易明白，材料却分外突出，如大宝照锦，大折枝秋葵锦，散花樗蒲锦，大朵梅花、大朵海棠锦，究竟是明还是元以前锦，还得结合其他材料综合研究、分析，才会明白。最无可奈何处，是万千种重要有用的资料，由于从来没有得到应有的注意，业已大部分在近五十年损毁散失。外国人的豪夺巧取，官吏的无识，奸商的无孔不入，共同作成这个文物摧残情形，罪过可真大！办艺术教育作人之师的眼目蔽塞，也有责任未尽处。

一九三七以来，日本帝国主义者且明目张胆劫掠了无数重要的珍品出国（日人收藏彩印的部分，有好些种在国内即从来未发现过）。一九四六以后，北京各寺庙五百年来的收藏，许多都上了天桥旧货摊，再转送燕京造纸厂，整车装去作“还魂纸”！织金锦的经面当时认为无用处，就大规模拿去烧金。凡有机会烧的大都在建国前数年中陆续烧掉。目下所谓公私收藏，不过是其中劫余一小部分而已。但截至目下为止，即想把这部分残余材料集中起来，技术上还是相当费事。此外譬如北京大小庙宇如广济寺、法源寺、雍和宫，……西山卧佛寺、大觉寺、潭柘寺及八大处各庙宇，藏经楼中必然还有许多原封不动保存得比较完整，却包含了更多重要资料的藏经，并其他有用资料。如何组织一点人力，普遍调查一番，再把这些材料集中到一处来，手续也是不简单的。势必需这么材料集中，来作全面了解，才可能把工作做得更具体。由此出发，近千年来丝织物特殊和一般的问题，才可望逐渐得到解决。而这个工作的进展，也才能够真正帮助其他部门工作的进展，例如古典戏剧改良时首先碰到的服装材料花纹制作问题。复原古代人物故事画或历史画、壁画及古坟中彩绘或石刻画，所碰到的衣饰花纹本色问题。特别是新的实用美术教学，和美术史教学，涉及近千年来丝织物工艺发展和成就，应正确交代几句话时，因为有了总结性正确知识，才不至于隔靴搔痒，违反历史本来！优秀遗产值得我们好好学习取法，也可望把工作从具体认识出发，由千百种不同材料不同花纹中，提出百十种最有代表性和现代性的好式样，不至于到时茫然落空。

现在只就历史博物馆收藏，北大、清华、美院及李杏南同志私人收藏的材料一部分检查分析，已启发鼓励了我们探索古代丝织物的可能性，和工作所能达到的远景。特别是这些材料一和历史文献结合时，它的重要意义即如何分外显明！下面是几个不同的事例：

例一，唐川蜀遂州贡有樗蒲绫宋有樗蒲锦，文献上都一再提起过。南宋初年宫廷中使用各种不同绫锦分别装裱古代字画，就用樗蒲锦装裱梵隆和尚等杂画。从装裱画迹种类看，樗蒲锦在宋锦中似属于

唐，越窑青釉划花盘

中等。宋人程大昌著《演繁露》，为这种锦作过一回说明："今世蜀地织绫其文有两尾尖削而中间宽广者，既不像花，亦非禽兽，乃遂名为樗蒲。"虽因此知道比较明确，其实还是并不清楚。樗蒲绫锦究竟是个什么样子，花朵有多大？什么颜色？如何组织？我们都不易想象。但在近万点经面丝织物中，却发现有四种梭子形花纹织金锦，基本上和程大昌叙述花纹都相合。其中一种大红地五彩加金的，还完全是宋人所见的式样，既为唐宋樗蒲绫、锦花纹提供了可靠的物证，且丰富了四种古代蜀锦的花纹。另外三种是黄地和绿地织金缎（明人说缎，即唐人所谓绫）、柿红地织金罗，同是四寸大梭子形花纹，因是纯粹织金，还看得出是由两个楔劈形龙凤拼合组成的花纹，制作时代即或出于明代，花式实更近于唐宋本来（特别是红色织金罗，样式古质，近于明以前作品）。从这里且可看出樗蒲绫锦花纹唐代原样还是游龙翔凤，有可能且是张彦远说的，原样出于唐初窦师纶，即唐代流行的"陵阳公样"。到宋代失去本意，才发展成佛背光样子，非花非兽。由这个梭形纹样，我们也间接弄明了古代樗蒲形制的大略，原来是腰圆形。比《水经注》叙某水说的"石子圆如樗蒲"，又更进一步。（传世唐宋以来牙刻双陆博具，和明代金制仿双陆酒樽，花纹均刻龙凤，也可证明樗蒲原来作龙凤纹的可能性极大。）

例二，唐有盘绦缭绫，见于李德裕《请免造诸锦绫奏状》，以为各种丝织物都文采珍奇，极费人工，这个文件中提及其他几种锦类名目，和张彦远《历代名画记》所说，唐初在益州检校修造的窦师纶设计出样的对雉、斗羊、十余种绫锦名目大都相合。日本正仓院收藏的中国唐锦中，还可发现这些文样。惟盘绦缭绫是什么，则不得而知。

宋有盘雕锦，又有簇四金雕锦，列入每年例赐大臣将帅袄子锦中。花式在宋代文献中也少说明。但知道唐宋男子战袍用锦，总是规矩花可能性大些。晕锦类花式，还可从敦煌唐代武士和神将战袄知道大略。盘雕则难言。《营造法式》彩绘部门，有簟纹格子，金锭、银锭、锁子，都近于编织绦纹。明人笔记称盘绦和簟纹相通。明经面青绿锦中，却发现两种格子锦，和《营造法式》举例完全一样，组织经纬方法，也全是宋式。因此得知唐之盘绦，和宋之簟纹，盘雕，金银锭，名虽有雅俗，东西还是相差不多。这种锦纹和锁子不同处，一为簇四，一为簇三，实同出于编织竹簟席子法。锁子锦明清均有捻金织的，即专作袄袍用，和唐宋画中武将袄子花式还完全相同(画中尚另有龟背、连钱、回文、万字、鱼鳞等等七八种)。因此得知道，唐宋之盘绦，盘雕，青绿簟文，决不会出于这几种锦式以外。

宋，磁州窑白地黑花盆，高 11 厘米，口径 39.1 厘米

例三，宋有葵花锦，文献纪录无说明。但知宋人重折枝写生，用到 工艺上通称生色花。丝织物中生色花，必然和同时代在漆瓷诸器中反映的相差不太多。磁州窑白釉瓷枕，瓶罐，黑白绘剔花，都有折枝秋葵。宋元之际剔红填彩漆盒子，且有满地生色折枝秋葵，和宋人花鸟册页上的彩色秋葵，宋代仿崔白画作的刻丝秋葵，可说是异曲同工，各有千秋。只是宋锦中秋葵，却无人知道究竟。但从明代青红加金缎地锦中，却有三种不同式秋葵花纹发现。一种是大红地五彩加金的，花朵大过五六寸，并花带叶每一单位占一尺半以上面积。疏朗朗布置方法，竟完全和宋瓷画作风一致。另有两种鸦青地三寸大花头五彩加金的，作满地密集布置法，如宋元雕漆式，用浅蓝、粉绿、明黄、银红和柿红组织花叶，花叶之间再勾金，综合形成一种奇异华美

宋，耀州窑青釉剔花倒装壶，高19厘米

的效果，与陶宗仪著《辍耕录》说宋元五彩雕填戗金漆器竟完全相合。这种秋葵锦设计之巧，和布色之精，都不是明代画家如陆治、林良、吕纪、边景昭诸人笔下能达到。惟有对于自然界生态具有高度颜色感和韵律感的宋代画家和丝织物工人，才有可能作得出这种伟大设计样子来！从比较归纳方式，我们说，这种秋葵锦即非宋时生产，还是出于宋代旧样，大致是不会错的。

例四，宋有青地莲荷锦，内容也不明白。但莲荷反映于宋代其他器物纹饰上时，如建筑彩绘、石刻、瓷器花，特别是瓷器中的磁州窑、当阳峪窑、临汝窑、吉州窑、越州窑等等折枝串花式，都已具一定格式。明锦青绿加金锦中，串枝花不下卅种，全是唐式宋式。其中有一种绿地莲荷锦，用绿色地作水，生色花浮沉水面，织银作梗绕花半圈，以极端明确和单纯主题，得到艺术上的惊人效果，也只有把艺术和技术结合而为一的宋代机织工人，才有可能具有这种深刻的理解。把这种伟大的单纯的莲花锦和宋定州白瓷的素描莲花，及赵昌等绘画同列，无人感疑它不是宋式锦。另有一种青地五彩加金莲花锦串枝花式既完全和宋代彩绘串枝法相同，晕色方法且比彩绘为完整生动。其中一种红地莲花织金缎，用写生法作串枝，完全是宋人画稿在丝织物上的反映。

例五，宋有皂木锦，文献一再提过，它的用处也是装裱旧画，属于中下等锦，花式品质都难确定。可以理解到的，只是在古代棉织品中“吉贝、白叠子布已成过去，越诺布也不再于贡赋，草棉又还未到长江下游大规模种植”这个时代，一种黑色棉锦而已。在明经面丝织物中，即发现过两式墨锦：一种是黑皂地浅蓝串枝牡丹花棉织锦，串花法完全是宋式，地用棉，提花用丝，在明丝织物中为稀有之物。它的织法有可能是从宋代皂木锦传来。另有一种是黑地加金五彩小串枝莲花牡丹锦，经纬均极粗，似有苎麻混合，花朵只一寸大小，而枝干壮实，配色却十分妩媚天真。虽和前一种不是同类，却近于唐宋之际作风。

宋，磁州窑白地黑花刻划凤纹罐，北京房山出土，首都博物馆藏

例六，南宋时记载女真人事的《大金集礼》叙述服制时，常提起一种红地藏根牡丹红锦，明经面丝织物中也有一式，红地红花，串枝法还和唐石刻，宋辽金石刻，都极相近，比《营造法式》彩绘还古典稳厚。这种红锦织法，也还是宋代本来的。

例七，宋人笔记称文彦博守成都，因贡谀后妃，曾织灯笼锦以献。明加金锦中也有三式灯笼锦，虽难确定是否北宋花锦式样，但和宋画中所见灯笼样子却相合。我们说，这是宋式锦，也是不至于违反历史本来的。

这类特别丝织物，除明代经面保留部分比较完整，居多都在明清之际或更早些日子里，已被剪裁成更零碎的小片或狭条，用作供佛用的百衲袈裟，幡信，披肩，经垫和装裱密宗佛像边缘装饰，且因在长年香火薰灼中，早失去了本来的华美色泽。但是材料中一鳞半爪，就依然还可见出原有伟大处。其中一部分生产的时代，或即在南宋，有些又和元代纳石失金锦，关系十分密切。

此外在宋元文献上经常提起的几十种宋锦名色，除一部分不易判断，至于龟背、琐子、鸂鶒、云鹤、翔鸾、舞凤、柿蒂、灵芝、凤穿花、八答晕、牡丹、芙蓉、宝照、方胜、水纹等等绫锦，在明经面加金和遍地金织物中，几乎是随处可以接触。而且用建筑彩绘、石刻、绘画中衣饰桌椅披垫、纹样参证比较，是更容易得到它的本来面

辽，白釉剔划花盘口长颈瓷瓶，通高 46 厘米，口径 11.4 厘米，辽宁法库出土，辽宁省博物馆藏

目的。特别是南宋以来提起过的几种金锦，和《大金集礼》提起作衣服垫褥的锦缎，都无一不可以用现存明锦相近花纹，和现存宋元画上所见的同式金彩锦缎花纹，比较分析，发掘出它本有的色泽和出处。

如另一方面，能把这部分丝织物，和唐宋以来反映到各种工艺上的类似花纹联系，来多用一点心，我们就会肯定承认，这部分残余锦缎，在工艺美术史上的真正价值，实在还远比所叙述的重要，比现存宋元以来文人字画且更值得重视。因为通过这部分材料，对于一个新的艺术史研究者和工艺美术工作者说来，它的启发性将是十分广泛的，即以字画鉴定而言，许多传世名画，如隋展子虔的《游春图》，唐孙位的《高逸图》，宋徽宗的《听琴图》，求符合本来，产生的时代可能都要移晚一些。因为一从器用服制等等着眼，展画山非唐人所见“钿饰犀栉”作风，格不古。孙画器物非唐制，席上边缘花更错误，近于无知妄人伪造。《听琴图》官服作白靴，和当时规制不相合。疑心它是后人伪托，或粉本着色，都有了个物质根据。还有些时代难于确定的无名旧画，也可望从装裱用的丝织物和纸张绢素上特征联系比较，有些帮助启发，得出一些新的线索。

工作牵涉范围既然极广，问题又多，求一一得到十分正确完满的解决，自然是不可能的。我们还不如说，即把它范围限制在明代经面加金丝织物本身研究上，也不免会常有错误。例如初步检查历史博物馆收藏资料时，对于定名就费踌躇，常有把同一衣料因部位不同，部分加金部分本色花，误作两种材料来处理的。不过从工作实际摸索中，不断发现问题，改正错误，一点一滴做去，总依然是可望逐渐向前，日有所获的。

目下极重要的事，还是如何把国内各处现有材料集中，不再让它零星分散。属于私人的，应尽可能设法收集转成公家所有。至于尘封不动搁在大小庙宇藏经柜里的，安全上虽有了保障，事实上却是呆材料，无多意义。希望这些呆材料见出新的生命，唯一办法即把它集中，调三五个年青艺术工作人员，用一二年时间，来分类整理，一切都可望了解得十分具体。因为许多种绫锦，虽已清楚了它的本来名目和历史地位，但当作当时室内装饰或歌舞戏剧效果来说，理解得还是极少。比如一部分花头大过六寸以上的秋葵、莲荷、牡丹等织金锦，或八答晕红锦，满地花莲鹭锦，当时似即多用到床榻垫褥、椅披茶围上，和拼合多幅作房室殿堂帷幔屏风用。若照《韩熙载夜宴图》布置，使用锦缎处实在极多，锦步幛面积可能大过二二丈，才充分见出当时设计者组织花纹的匠心独运处。若照《大金集礼》、《元故宫遗录》二书所叙，殿堂土木被文绣情形，且必然有五六丈大帐幔，现存经面每片不过八九寸，经套也只有二尺见方，用部分测全体，很像以管窥豹，虽可见到豹身一二斑点，整体的华美和壮丽处，还是不易把握，问题也就并没有真正得到解决。只有材料集中，并能从拼合中试作些复原大件帷帐时，才有希望更进一步了解种种不同材料，不同花纹、在不同面积上得到的最好效果。用这种知识来作新的设计参考，或教学引证，也才可说是曾经向优秀伟大传统好好学习过来，不至于自以为是，糟塌了有用遗产，还向人说是曾经将遗产批判选择过来。

西夏，剔花牡丹纹瓷罐，通高 20.5 厘米，口径 19 厘米，青海互助出土，青海省文物考古研究所藏

这种材料集中研究分析的结果，对于国家新经济建设中丝毛棉纺

织物生产花纹设计，影响启发更必然是空前的。这些前后将近一千年来出于中国伟大智巧劳动机织工人（大部分且是女工）手中的艺术品，所具有的民族性、现代性、以及健康性，如善于取法，必然远比目下设计专家作的图样，更合乎新中国人民需要，容易得到亿万人民的热爱和欢迎的！

明代丝织物加金，遗存物如此丰富惊人，必需和这个历史发展联系来认识，才能理解。明代在政治上虽解除了蒙古民族统治中国的百年间残忍压迫，和完全封建性的工奴制的阶级剥削，恢复了汉人政治上和其他兄弟民族部分的应有地位，但统治阶级的心理状态，却受元代一百年统治影响极大。明代君主的极端专制、猜忌、残忍、大小官吏的贪污和对人民无情，是承袭了元代政治，改变不多的。政府用种种不正当手段、严格法令和纸币政策，把大量金银土地聚敛到极少数人的手中，这些金银大致分作三方面消耗：除一部分打造日用器物首饰，死后还随同殉葬（如定陵和万历七妃子墓，都各有金银器百十斤。相传王振衣冠冢内也有六十余斤金器）；一部分装饰宫殿庙宇、土木偶像；第三种用途耗费，还是承袭元代习惯，用作织金锦缎生产。这也就是明代丝织物加金的物质基础和历史根源。这种风气还是不断发展的。因此从历史文件看来，一再见到禁止用金的法令。但社会另外事实，却越来越加扩大这种用金的范围。例如《天水冰山录》载严嵩家中金银器物首饰名目，即不下数百种，而加金丝织物且难于区别计数。严家比起来还不算大阔佬。至于宦官宠臣如王振、钱宁、江彬辈，因失宠抄家时，照例除百万两黄金，上千箱金珠宝玉外，还常常有几千杠锦缎绫罗。且不独大官豪吏这样，即地方上小官小吏也是这样。《金瓶梅》中的西门庆，不过是山东州府上一个流氓暴发户，找了几注横财，作了一个小官，开了爿绸缎店，拜寄蔡太师作了干儿子，家中三妻四妾，就穿著织金裙袄，丫环使女，也使用销金巾子。故事虽托名说的是北宋末年时事，反映影射的恰是明代中叶以来，中等社会中某种人物的生活。

明代这种织金锦，保存于明《大藏经》封面中，目下估计可能还有十万单位，种类杂而多，且有新旧不同，实由于来源不同。据清初高士奇《金鳌退食笔记》称："明《大藏经》厂在玉熙宫遗址西边"，照旧图推测，即现今北京图书馆附近，和收藏丝织物的西什库，相隔实不多远。西什库是明内藏库一部分，其中储存丝织物的计四库。如经面材料照前人说实出于内库，个人认为大致包含三种不同来源：一、承运库，宫中帝王后妃及其他用过时了的旧衣旧料；二、广盈库和广惠库，江南各省每年上贡制造新旧丝织物；三、赃罚库，没收失宠犯罪大臣赃罚物中的新旧材料。从现存经面丝织物分析，这种推测大致是和事实不会太远的。

笔记还说这几个库清初有三十年封锢不开，尘封堆积，后来才派人清点。北京各庙宇藏经，一部分印刷或在清代康雍之际，用的是明代材料，就是这个原因。若照版片刊刻年月和丝织物内容试作推测，大体上可分作三个时期：第一个时期或在正统十四年刻经完成后不久；第二个时期或在万历初年刻本完成后；第三个时期或在清初雍正新刻完成稍后，因之用的材料既有了清初浅色花锦，同时还有更多明代旧料。织金锦的历史探讨，是个国内还少有人注意到的问题，个人只是从常识出发来试作分析。这个叙述，由于个人见闻不广，读书不多，难免会有疏略错误。求比较少些错误，合乎历史事实，实待国内专家学人指教，并将材料更集中起来解决。这个简单报告的提出，是期望能够抛砖引玉，引出真正行家好文章来的。

本文曾以《明代织金锦问题》为题，发表于 1953 年 7 月 26 日《光明日报》，署名沈从文。1986 年 5 月收入商务印书馆香港分馆《龙凤艺术》一书时，文末补入从《织金锦》移来涉及明织金锦的 4 个段落，篇名改为《明织金锦问题》。现据《龙凤艺术》文本编入。

《明锦》题记

中国养蚕织丝起源于有史以前。到殷商时代，已经能够织造花纹精美的丝绸。西周以来，历史进入一个新的阶段，男耕女织是社会生产的主要形式，并且是国家赋税的主要来源，一般纺织物因此得到普遍的提高，丝织品更得到高度的发展。根据《礼记》上《月令》、《王制》及《考工记》几篇文献记载，湅丝、染色当时都特别设有专官主管，楚国还设有主持生产作靛青用的“蓝尹”工官，纺织物轻重长阔，各有一定的标准度量，凡是不合规格的生产品，不能用它纳税，也不许上市售卖。到春秋战国，陈留襄邑出的美锦，齐鲁出的薄质罗纨绮缟和精美刺绣，都著名于全国，不仅在经济上占有重要地位，并且在工艺上也达到了高度水平。近年长沙楚墓出土几种有花纹的丝绸，可证明当时丝织物的品质已有很大提高。

汉代统一大帝国完成后，社会有了更进一步的发展。山东特种丝织物，国家特别设官监督生产。长安还另有东西织室，由“织室令”主管。西汉开始有大量锦绣罗縠向外输出。近如朝鲜、蒙古，远及罗马、波斯，都重视中国锦绣。此种品质精美的生产品，对于世界文化作了巨大的贡献。同时，西北工人织的毛织物氍毹、毾㲪、花罽，西南织的筒中黄润细布，白叠、阑干木棉布，也达到高度工艺水平，经济价值不下于中原锦绣。近五十年来，由于地下材料不断发现，充分证明了历史文献记载的正确性。我们并借此明白，菱形花纹的绫罗，和各种云纹刺绣，图案多出于战国，和当时漆器、错金银器的花纹，都有联系。虎豹熊罴、麋鹿鸿雁和仙真羽人在云气中游行，都是汉代一般装饰艺术的基本花纹，并且是一种新的发展，或创始于武帝时代，因此也反映于当时高级丝织物的锦缎图案中，成为锦纹的主题。许多锦还织有人名和吉祥文字。当时用的染料，只是红花、紫草、栎斗、青芦、蓝靛、黄栀子、五倍子几种容易种植和采集的植物的根叶子实，和价值极廉的黑矾、绿矾。经过了二千年时间，从地下发掘出来的锦绣，图案色泽还鲜艳如新。古代中国工人在印染技术的进步上，和提花技术一样，也创造了奇迹。东汉以来，西蜀织锦起始著名，除彩锦外，已有了加金锦绣的产生。三国时马钧改良锦机，简化了提花手续，晋代以后的生产，因之得到更进一步的提高。《东宫旧事》叙述到的文绮彩锦，花纹已见出许多新变化。至于蜀中的织锦工业，直到宋代，却还在全国居领导地位，生产品并且向海外大量输出。

六朝以来，北方定州和南方广陵，逐渐成为高级丝织物生产的中心，花纹也有了新的发展。除《邺中记》提起的“大小明光”、“大小登高”、“虎文”、“豹首”诸锦，犹沿袭汉代式样以外，几种为多数人民所喜爱的花鸟，如花中的莲荷、牡丹、芙蓉、海棠、鸟中的鸳鸯、白头翁、鸂鶒、练雀，也逐渐在锦绣中出现，对于隋唐以后的丝织物图案有重要的影响。隋炀帝是个非常奢侈的封建帝王，传说运河初开

北宋，王居正《纺车图》，纵 26.1 厘米，横 69.2 厘米，北京故宫博物院藏

明，陈洪绶《仕女图轴》，纵95厘米，横49.5厘米，北京故宫博物院藏

时，乘船巡游江南，就用彩锦作帆，连樯十里。唐诗人咏《隋堤》诗有“春风举国裁宫锦，半作障泥半作帆”、“锦帆百幅风力满，连天展尽金芙蓉”语句，一面说明这种荒唐的举措，不知浪费了多少人力物力，一面却可以看到丝织物大量生产，和花纹发展的新趋势。唐代著名锦样，多出于唐初在益州作行台官的窦师纶。张彦远在他著的《历代名画记》上就说起过，所作瑞锦、天马麒麟、花树对鹿、对雉、斗羊、翔凤、游鳞等十多种式样，到中唐以后百余年间还流行。因窦师纶封爵“陵阳公”，当时人就称这种锦作“陵阳公样”。近年在西北出土的丝织物，和唐代流传到日本保存到今天的丝织物，还可以见出陵阳公锦样的特殊风格，集壮丽秀美为一体，在装饰美术上展开了一个新面貌。唐代官服多用本色花绫，鸟雀衔花作主题，依照不同品级，各有不同颜色和格式。此外用于妇女歌衫舞裙上的，多写生花鸟蜂蝶；用于佛帔幛幔袈裟金襕上的，多大小缠枝花。除织成外，其中又可分彩绘、刺绣和泥金银加工。一般褥垫屏幛用的，有方胜平棋格子、大小宝照、盘绦、樗蒲等等。这些生产品逐渐都成了丝织物图案的一般格式，得到普遍发展。这时期又发展了六朝以来出自西南民间的印染加工艺术，大致可分“绞缬”、“夹缬”、“蜡缬”三类。“绞缬”多形成撮晕效果，“夹缬”即蓝地白花布前身，“蜡缬”有用色三种以上的；单色染和复色染都得到了极大成功。印染花纹有团花、连枝和小簇花数种。同时外来的花纹，也融合于中国本来装饰图案中，丝织物图案因之也更多样化。敦煌石窟大量绫锦的发现，和新疆各地有花纹的丝绸的出土，丰富了我们这方面许多知识。宋代丝织物发展了写生花，又发展了遍地锦纹，成为一种色彩更加复杂的工艺品。刻丝出于汉代的织成，到了宋代，把名画家黄筌、崔白等作的写

生花鸟，一笔不苟反映到新生产上去，达到了空前的成就。宋代政府制度，每年必按品级分送“臣僚袄子锦”，共计七等，给所有高级官吏，各有一定花纹。如翠毛、宜男、云雁细锦，狮子、练雀、宝照大花锦，宝照中等花锦。另有倒仙、毬路、柿红龟背、琐子诸锦。当时实物虽已少见，但是从名目上和后来实物比证，我们还可以借此认识这些锦类的价值和等级。国家主持茶马贸易的茶马司，还在四川特设锦坊，织造西北和西南民族所喜爱的各种不同花锦，作为交换茶马的物资。宜男百子、大缠枝青红被面锦、宝照锦、毬路锦，多发展于这个阶段中。

以上只是我国在明代以前丝织物生产和花纹发展的简略概况，可作为我们认识明代和明代以前丝织物一种线索，让我们明白，中国丝织物的成就，和一个优秀工艺传统分不开。是从旧有的基础上发展而出，并随时代发展，不断改进，丰富以种种新内容才得到的。

本集材料的来源，全部出于明代刊印的《大藏经》封面。经文刊刻于明初永乐正统时期，到万历时期全部完成。这些裱装经面的材料，多从内库和“承运”、“广惠”、“广盈”、“赃罚”四库中取用，有当时新织上贡的，也可能有宋元的旧料。大部分的材料，可以代表明代早期的产品。图案设计的风格，有的富丽雄浑，有的秀美活泼，处理得都恰到好处。特别是配合色彩，可以说丰富而大胆。其中的洒线绣，继承了宋代的制作方法，宋时或名叫“刻色作”，是说配色如同填彩。“秋千仕女”是明代工艺图案中通用的题材，“描金”、“嵌甸”、“雕填”等各种制法的漆器，彩绘与青花瓷器，都经常使用到。这幅绣工彩翠鲜明，不啻一幅情调优美的风俗画。极重要是几片复色晕锦，可能是明代以前的产品，这种格式起源于宋代，宋代叫“八达晕”，元代叫“八搭韵”，当时已珍贵著名。配色丹碧玄黄，错杂融浑，达到锦类布色的极高效果。灯笼锦创始于北宋，别名“庆丰年”、“天下乐”。从文彦博守成都织造金线莲花中置灯笼图案加金锦创始，这里选了几片不同式样。就中一片，灯旁悬结谷穗作流苏，灯下有蜜蜂飞动，隐喻“五谷丰登”之意。这种受人民欢迎的题材，宋代以后

西汉，素纱禅衣局部，衣长128厘米，通袖长190厘米，用料2.6平方米，重49克，湖南长沙马王堆1号墓出土，湖南省博物馆藏

西汉，罗地“信期绣”丝锦袍局部，衣长155厘米，通袖长243厘米，湖南长沙马王堆1号墓出土，湖南省博物馆藏，

北朝至隋，联珠对孔雀“贵”字纹锦

唐，联珠对鸭纹锦

唐，团花纹锦

唐，联珠熊头纹锦

被普遍使用，一直沿袭下来，更发展到桌围椅靠上。直到现代，西南民间刺绣围裙、头巾和枕套，还经常用它作主题。要求发展生产和悬灯结彩庆祝农产丰收的题材，是具有积极意义的，也表现了人民的生活愿望。这些彩锦，虽不是宋蜀锦格式，但这个风格显然还是从蜀锦发展而来。方胜平棋格子、方胜合罗、龟子龙纹、团凤几种式样，还和宋代李诫（明仲）著的《营造法式》书中建筑彩画相通。此外如翔鸾、舞凤、游鱼、如意云诸图案，全部活泼生动，优雅大方，在艺术上的成就，是新鲜而有现实性的。大小缠枝唐代已盛行，大缠枝最初多用于佛帔金襕装饰，小缠枝多用于妇女衣裙。宋代扩大了使用范围，特别是幛子屏围用大朵花，已成惯例。金时女真人官服规制，更明白记载，用缠枝花朵大小定品级尊卑。三品以上官的幔帐，许用大缠枝，其余用小缠枝。因此花朵变化极多，配合色调更多独到处。其中几种织金，有可能还是元代纳石失金锦样式。蒙古贵族一般使用纳石失于衣领边缘，朝廷举行“只孙宴”时官服上更不可缺少。散朵花大体可分作两式；小簇规矩花出于唐代，朴质中显得妩媚，布局妥贴，是唐人擅长。写生花宋代方流行，有彩的应叫“生色花”，在宋金文献中通称“散搭花”，明代属于“装花”一部分。本集中所收几种不同式样，还可以看出不同设计方法。另外几种折枝，或受宋代染缬法影响而来。特别是几种褐色地浅花绸缎，更可理会到宋元时的生产。禁止服用“褐地白花”丝织物，见于政府法令，因北宋初年染缬限于军用，还禁止印染用的花板流行。北宋缬花纹见于《宋史·舆服志》卤簿部分极详尽。所禁止的褐地白花有可能正是契丹人所通行。南宋则染缬已具一般性，得到发展机会。元代在官品上褐色本不重要，但人民特别欢喜褐色，陶宗仪著《辍耕录》就说起不同褐色约二十种。本集中的银褐地“落花流水”花绫，可说是一幅构思巧妙而有气魄的作品。

以上几种锦缎，在我国丝织物图案发展史上，都各有重要性。我们如进一步把它和唐宋的彩画、雕塑，历史史籍中的舆服志，以及其他文献实物联系来注意，必然还可以触发许多新问题，而这类问题，过去无从措手，现在有了丰富的实物，再和历史知识相印证，是比较容易得到解决的。据目前所知，国内现存明代经面锦，至少还可以整理出近千种不同的图案。这份宝贵遗产，包含了十分丰富的内容，可以作为研究明代丝织物花纹的基础，也是进而研究宋元丝织物花纹的门径。必须全面深入的来理解、来分析比较，才可望得出更正确的结论。这里提起的，不过是就本图录中所选作品略作说明而已。

明，蓝地杂花锦

明，蓝地莲花锦

古代工艺品最难于保存的，无过于丝织物。过去对于古代美术品的研究，多限于铜器瓷器字画，没有把绸缎当作中国美术史一个重要部门来注意，因此历代许多遗存的实物，大都在经常的忽视中被毁坏了。汉代锦缎是因埋藏在干燥沙漠中才保全下来的，唐代锦缎也是在沙漠中和敦煌洞窟中偶然保存下来的。宋元锦缎小部分幸而能保存下来，都是在被剪裁成零碎材料后，用到字画包首和册页封面上的结果。明锦的内容，也只是从现存的残余的《大藏经》封面上，才看出一点原来的面貌。新的生产脱离了优良的民族艺术传统，自然难望有所发展。特别是近五十年来，由于各国对我国经济上文化上的侵略，各种劣质纺织品的倾销以及人造丝的倾销，使中国一般纺织物生产遭受到严重的摧残，图案花纹也逐渐形成一种半殖民地化的庸俗趣味，完全失去了本来健康华美的民族风格。近几年才根本改正了这种情况。目前为了发展新的生产，恢复我国染织工艺固有的优良传统，排除过去残留的半殖民地化的不良影响，希望艺术家设计千百种色调鲜明、花纹大方的新作品，满足人民不断增长的文化要求，在此首先遇到的就是如何改进染织图案这个问题。因此，这种锦缎参考资料的出版，对于实用美术界说来，是很重要的。这些出自古代机织工人手中的图案，必然能够帮助美术工作者，启发他们的创作热情，由此产生出许多为人民所欢迎爱好的新产品。

本书材料的收集和编选，是在故宫博物院服务的李杏南先生二十年来热心爱好的结果。李先生用个人业余时间注意到这个问题，表现了对于民族文化遗产的爱护热忱，是值得尊重和感谢的。

1954 年写于北京历史博物馆

本文是为李杏南编《明锦》图录所写，1955 年 6 月由人民美术出版社出版。1960 年和 1986 年 5 月，本文分别收入作家出版社和商务印书馆香港分馆出版的两种《龙凤艺术》专集。现据商务版《龙凤艺术》编入。

清代花锦

清，焦秉贞《仕女图》，纵30.2厘米，横21.3厘米，北京故宫博物院藏

近几年来，由于明代正统藏经封面锦的大量发现，把它和《天水冰山录》和刘若愚《酌中志》中关于丝绸衣著部分记载，及反映明代上层衣饰结合，我们对于明代锦缎内容、花纹图案组织和配色艺术特征有了一些基本知识，和清代早期花锦有什么相同或不同，也日益明白了。更重要还是借此得知，宋人记载中提过的大约百种宋锦名目，如：百花龙、大中宝照、狮球、青绿簟纹、倒仙(即团鹤)，大部分还都继续反映到明代生产中。还有部分属于唐代锦式，如：樗蒲、双距、盘雕、俊鹘含花等，过去虽知名目，实难于体会内容，现在用部分明锦和唐代其他工艺品比较(例如镜子图案)，因之也具体明白，明代生产还有部分是唐代旧样。明锦图案内容的丰富，实和这一历史阶级纺织设计工人善于充分利用优秀传统分不开。在这个基础上不断创新，新的图案性格，因之更加鲜明。我们常说的南京云锦，若从明锦中勾剔，云的式样就不下百种，由此认识基础上研究清锦，清代三个

世纪生产之艺术特征，从对比中也格外分明。

清代锦缎品种多，仅就故宫收藏初步估计，绫、罗、绸、缎、纱及各种单色和复色锦缎，特别精美的不下千种，每种都各有特色。预计不久当可陆续彩印一部分出来，供生产和研究部门参考。前人笔记尝说，清初康熙多仿宋，到乾隆又喜仿汉、唐，从现有两代成品分析还可以部分得到证明。但是虽仿古，也不断在翻新。如康熙仿宋“青绿簟纹锦”，以个人所见，即不下百十种，“毬路连钱”小花绵，不下二十种。显然大大发展了每一品种的纹样。又如“大天花青红锦”、“灯笼锦”，也是旧式样上丰富了各种新内容。又有直接仿宋的，如前人所说，是根据原装北宋拓《淳化阁帖》二十个不同锦面，由吴中机坊仿织，大行于时。这廿种锦名虽不得而知，新近我们在故宫装裱康雍写经部分，发现许多种两色小花锦，纹样秀美，风格特殊，不像一般清代设计，有可能通属北宋旧式。又这时期正流行新疆回族小簇花捻金银锦，部分式样或者还传自唐宋回鹘织工，部分且由外来影响，江南机坊也有仿织。十八世纪时，还有倭式小花锦及西洋大草花串枝锦流行。总的说来，清锦内容大致可以分作三个大类：即仿旧，创新，吸收外来图案加以发展。前者如灯笼锦、青绿簟纹锦、大中天花（大中宝照）锦、连钱毬路小花锦、褐紫方团两色花锦等。其次如寸蟒如意云锦、衲锦、曲水小折枝杂花锦，以及捻金银串枝大小花锦。第三种则应数产自新疆回族织工手中的各种小簇花和大串枝杂花织金银回回锦。

如把明清两代锦缎作个比较，组织图案和配色艺术区别处，似乎可以这么概括说：明代较沉重，调子常带有男性的壮丽。清图案特别华美而秀丽，配色则常常充满一种女性的柔和。两者区别可一望而知。清初还流行一种浅色花锦，和明代生产区别则更加显明。从使用材料说，明清两代也少相同处。清代彩锦用色较多，如粉紫、桃红、檀褐，多配于彩色中，明锦实少见。用金不论片金或捻金多较细，特别是康熙一代，片金也有切缕细如丝发的。特种锦类且擅长用两色金，或四色金。综合交织于一片彩锦中，明代极少见，又由于捻金银

清，黄地琐窗格子团龙加金锦

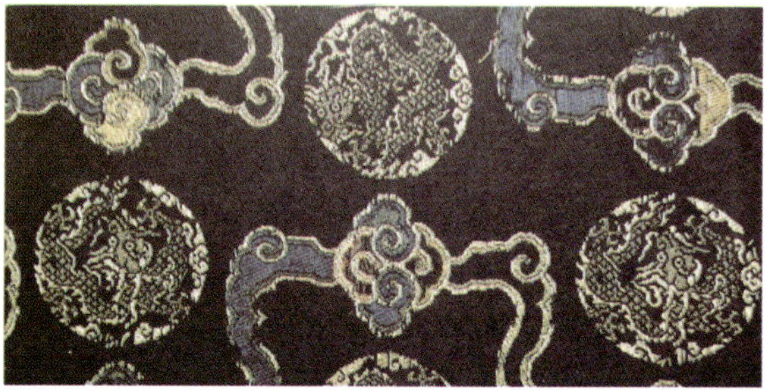

清，深蓝地两色金云纹蟒缎

清，小花格子锦

清，深青地如意云两色金蟒缎

线技术提高，因之产生许多种大小串枝捻金银缎，花枝特别活泼秀美。明代盛行洒线衲绣，是用双股衣线在纱地上作铺地锦，上加绒绣或平金，用色沉重，宜于官服使用。清代衲锦绣则一律用绒线，配色特别柔和，充满一种青春气息。……清初锦值得学习处，正在于图案和色彩调和。特种锦类且常因使用不同，配色设计随要求变化极多。

这时期彩锦主要生产是南京和苏州。产品充满地方性，各有特征。重色大云锦、织金缎、装花缎等，江宁织工特别擅长。小花锦、仿宋锦和浅色杂花锦，多属苏州生产。

1959 年写

本文曾以《介绍几片清代花锦》为题，1959 年 3 月 5 日发表于《装饰》第 4 期。1986 年 5 月收入商务印书馆香港分馆《龙凤艺术》一书时，改为《清代花锦》。据商务版《龙凤艺术》编入。

蜀中锦

谁都知道“蜀锦”是指四川成都织造的花锦，可是蜀锦究竟是个什么样子，在历史发展中，每个时代花样有什么特征，它和江浙生产又有什么不同？还少有人认真注意过。试来问问在学校教纺织工艺图案的先生，恐怕也不容易说得明白。原因是如不能把文献和实物相互印证，并从联系和发展认真探讨分析，不论是成都蜀锦，还是江宁云锦，都不大容易搞清楚。

春秋战国以来，锦出陈留，薄质罗纨和精美刺绣出齐鲁。可知当时河南、山东是我国丝绣两个大生产区。汉代早期情形还不大变。因此政府除在长安设东西二织室外，还在齐地设三服官，监造高级丝绸生产。为团结匈奴，每年即有几千匹锦绣运出关外，赠与匈奴诸君长。近年在蒙古新疆出土的锦绣，证明了历史记载的真实。当时上层社会用锦绣也格外多，“刺绣纹不如倚市门”之谚，一面反映经商贩运的比生产的生活好，另一面也说明生产量必相当大，才能供应各方面的需要。

蜀锦后起，东汉以来才著名。三国鼎立，连年用兵，诸葛孔明在教令中就曾说过，军需开支，全靠锦缎贸易，产量之大，行销之广，可想而知。曹丕是个花花公子，好事买弄，偶而或者也出点主意，作些锦样，因此在《典论》中曾说，蜀锦下恶，虚有其名，鲜卑也不欢迎。还不如他派人织的“如意虎头连壁锦”美观。说虽那么说，曹氏父子还是欢喜使用蜀锦。到石虎时，蜀锦在邺中宫廷还占重要地位。

唐代以来，河北定县、江南吴越和四川是三大丝绸生产区，吴越奇异花纹绫锦，为巴蜀织工仿效取法。然而张彦远写《历代名画记》，却说唐初太宗时，窦师纶在成都作行台官，出样设计十多种绫锦，章彩奇丽，流行百年尚为人喜爱。唐代官服计六种纹样，又每年另为宫廷织二百件锦半臂、二百件赠外国使节礼品用的锦袍，打球穿的花锦衣，且有一次达五百件记载。《唐六典·诸道贡赋》中，且具体说起四川遂州、梓州每年必进贡“樗蒲”绫。这种梭子式图案织物，到宋代发展为“樗蒲”锦，元明还大量生产，现存不下二十种不同花样，极明显多由唐代发展而出。五代时，蜀中机织工人又创造大幅“鸳鸯衾”锦。后来孟昶投降北宋，仓库所存锦彩即过百万匹。北宋初文彦博任成都太守，为贡谀宫廷宠妃，特别进贡织造金线莲花灯笼锦后，直到明清还不断产生百十种各式各样灯笼锦。成都设“官锦坊”，所织造大小花锦，又设“茶马司锦坊”。换取国防所需要的车马，有些在《蜀锦谱》中还留下一系列名目，且在明清还有织造。宋代每年特赐大臣的七种锦名，也还可在明清锦中发现。元代成都织十样锦，名目还在，就现存过万种明锦分析，得知大部分花纹图案，到明代也还

东汉，“延年益寿大宜子孙”锦手套

东汉，“万世如意”锦袍，新疆民丰尼雅墓葬出土

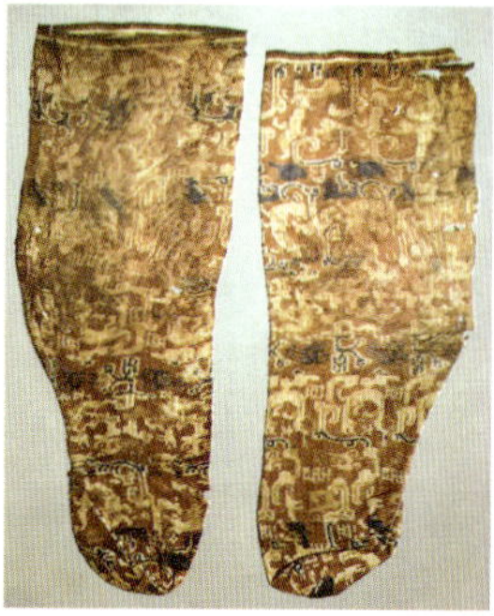

东汉，“延年益寿大宜子孙”锦袜

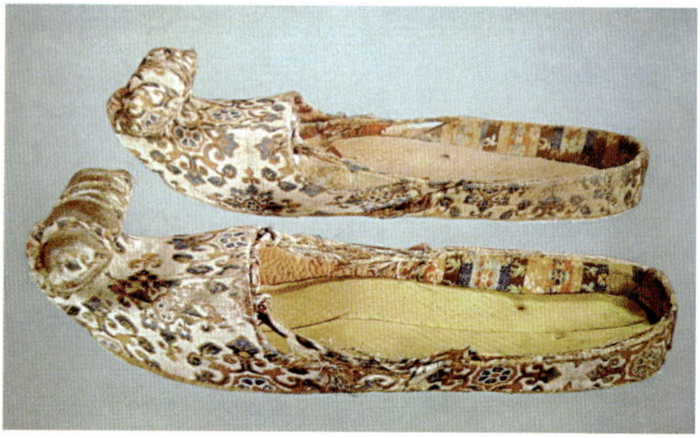

唐，变体宝相花纹锦鞋

在生产。蜀锦在艺术上的成就或工艺上的成就都显明，是万千优秀织工在千百年中不断努力得来的。蜀锦式样，从现存明锦中必然还可以发现百十种。近百年来格子式杂色花五彩被面锦，清代名“锦绸缎”，图样显明出于僮锦而加以发展，十九世纪晚期生产，上至北京宫廷，下及民间，都还乐于使用，其实也远从唐代小团窠格子红锦衍进而来。现代晕色花样花锦，则是唐代蜀中云裥锦的一种发展。

蜀锦生产虽有悠久光辉工艺传统，二千年来究竟有些什么花样，特点何在，元人费著《蜀锦谱》曾为我们提供了一些线索。但是过去实少有人能结合实物，作进一步研究。一般人印象，只不过知道近代格子杂色花被面锦，是蜀中锦之一而已。近年来，我们对于古代锦缎，曾作了些初步探索，对蜀锦才有了些常识。古代工艺图案花纹，极少孤立存在。汉代部分工艺图案，多和当时神话传说有一定联系。

《史记·封禅书》等记载东海上有三神山，上有白色鸟兽和仙人一道游息同处，长生不死，通过艺术家想象，因此不仅反映在当时铜、陶制博山香炉和酒樽等器物上作为装饰，同时还广泛使用到一般石、漆、铜、木的雕刻装饰纹样上，丝绣也多采用这个主题，作成各种不同发展。图案基本是鸟兽神人奔驰腾跃于山林云气间。有些锦缎又在花纹间加织文字，如“登高明望四海”，可知创始年代，显然和登泰山封禅有关，如非出于秦始皇时期，必是汉武帝刘彻登泰山时。

“长乐明光”是汉宫殿名目，“子孙无极”是西汉一般用语，由此得知，这些丝绸图案必成熟于西汉。汉文化的普遍性，表现于各方面，丝绸也受它的影响，这些在中国西北边缘地区发现的二千年前锦缎，既或是长安织室的产物，我们却可以说，古代蜀锦，也必然有这种花样。晋人陆翙著《邺中记》，即提起过“大小明光”、“大小登高”诸锦名目，更证实直到晋代，蜀锦生产还采用这种汉代图案。唐代蜀锦以章彩奇丽见称，花树对鹿从图案组织来看，还保持初唐健美的风格。梭子式图案的樗蒲绫、锦，花纹有龙凤、对凤、对牡丹、聚宝盆等不同内容一二十种。宋代灯笼图案花锦，发展到明清更加丰富多彩。格子杂色花样，如用它和汉代空心砖图案比较，可知或许汉代就有生产，特别是中心作柿蒂的，原出于汉代纹样。惟就目下材料分析，则出于唐代，建筑彩绘平棋格子的形式，和它关系密切。此后约一千年，凡是这种格子花锦，即或不一定是蜀中生产，也可以说是“蜀式锦”一个典型品种。

近半世纪以来，由于旧政权官僚政治的腐败无能，军阀连年混战割据，蜀锦生产受摧残打击，十分严重。仅有一点残余，在生产花纹图案方面，又因为和优秀传统脱离，无所取法。提花技术方面，也不能改进。花纹色彩，都不免保守，难于和日新月异的近代上海、南京、苏杭各地生产竞争。直到近年，生产组织有了基本改变，由分散到集

唐，变体宝相花纹锦

中，才得到新的转机。近年来虽努力直追，还是进展较慢，不能如本省其他部门工艺生产有显著提高。因此，谈到民族优秀遗产，求古为今用，综合民族的和民间保存下来的万千种锦缎好花样，并参考苏杭新提花技术，求改进蜀锦生产，使蜀中锦在国内外重新引起广大人民的重视，恢复本来盛名，应当是今后作研究工作的和主持生产工艺设计以及保有优秀技术和丰富经验的织绵工人共同努力的一个方向。看看近年四川改进的竹器，成绩就十分出色。但是研究工作要踏实，首先得有种新的认识，工作也相当艰巨。得抽出一定人力，投入大量劳动来整理材料，必需真正明白有些什么优秀遗产，才能好好利用这个优秀遗产！如停顿到原来认识基础上，只根据极少部分资料，半出附会，半出猜想，说这是唐，那是宋，谈研究，谈改进，都不能不落空。

1959 年写

本文 1959 年 7 月 5 日发表于《装饰》第 6 期。1986 年 5 月收入商务印书馆香港分馆《龙凤艺术》一书。据《龙凤艺术》编入。

江陵楚墓出土的丝织品

去年春天，文物考古工作者在距湖北省江陵县城西北二十一公里的楚墓群中，发掘了马山砖瓦厂一号楚墓。初步估计，这座墓葬的相对年代当在公元前三、四世纪之间，为战国中晚期，比长沙马王堆汉墓约早二、三百年。墓葬虽小，入土不深，却保存了不少精美绝伦的丝织物锦绣等珍品，给近代考古发现史充实了崭新的内容，对于世界文化史也是一份极其重要的贡献。

江陵位于湖北省西部，地当南北水陆要冲，是中国著名的历史文化名城之一。春秋(公元前770—前476年)战国(公元前475—前221年)时，我国南方重要大国楚国的王城“郢都”就在这里。楚国自楚文王元年(公元前689年)“始都郢”，传王位二十，延续了约四百年之久。据古代文献记载，当时的郢都“车毂击，人肩摩，市路相排突，号为朝衣鲜而暮衣弊。”十分繁荣富足。郢都旧称“纪南城”，距今江陵县城只五公里。城外分布四大墓葬群，遗留有楚国王侯公卿贵族豪富大墓约七百座，小墓以万千计，是全国重点文物保护单位之一，也是研究楚文化的一个特别重要的中心。近年零星发现的“越王勾践”剑、“楚王孙渔”戈及凤纹铜尊等，都是罕见的文物珍品。

江陵马山砖瓦厂一号楚墓出土的丝织品，种类繁多，有平织的各式绢、纱，有绞织透孔的罗，有多种经丝或纬丝提花织造的彩锦，有只用经丝编织的素色和有花纹的组(丝织宽带)、绦(丝织的绳)，还有织成后再经加工涂饰的漆缅——一种透孔织物，以及使人叹为观止的高级刺绣织物等等。按衣着分类，则有素绢绵衣、素纱禅(单)衣、绣绢禅衣、绣绢绵衣、绣罗禅衣、黄绢裌衣、朱绢绣袴、素绢裙、锦帽、锦鞋、锦衾(被)、绣衾等二十余件。衣制一律作交领，右衽，直裾长袖，用锦、绣缘边，是人们目前所见到的时代最早、保存最完整的古代锦绣服装实物。先秦文献如《左传》、《诗经》中，常有以锦作为国与国间的聘礼和以锦绣应用于衣物的记载；从文字注释和较后实物中，虽知道锦是一种多彩提花高级纺织品，但对春秋战国锦的具体知识还不多。史传又称：“衣作绣锦为缘”。这在近半世纪来出土彩绘楚俑中虽常有反映，却难以理解当时衣必用锦作缘的用意。现在面对楚墓出土的实物，才明白锦属厚重织物，既文彩华丽，富于装饰效果，又耐磨损，用于绮罗作地的薄质衣料作缘边，能起骨架作用，穿着时也较多便利，这应是它在实际应用方面的意义。此墓出土的彩锦，有两类品种：一为窄箱腰机织成的“阑干锦”，用杂彩纬丝起花，在极小面积中织成不同形状规矩的图案，甚至能织出车马人物逐猎猛兽的惊险紧张场景；组织谨严，织造精工，为以往所未见，

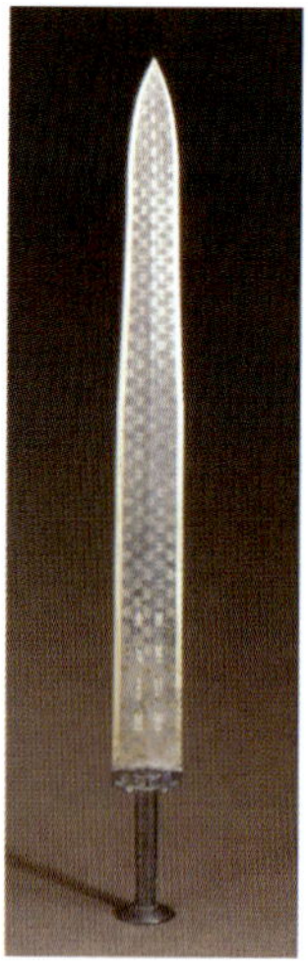

战国，越王勾践剑，通长 55.7 厘米，宽 4.6 厘米，湖北江陵望山1号墓出土，湖北省博物馆藏

战国，吴王夫差矛，通长 29.5 厘米，江陵马山5号墓出土，湖北省博物馆藏

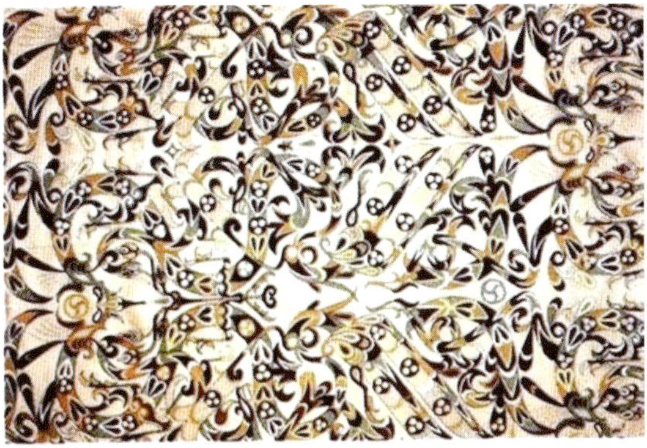

战国，蟠龙飞凤纹绣，湖北江陵马山出土，荆州市博物馆藏

战国，龙凤虎纹绣，湖北江陵马山出土，荆州市博物馆藏

似为专供衣领边缘使用而制。一为阔幅大机织锦，有的织成通幅大单位花纹，以经丝起花，作对称规矩图案，横向分段织出双龙、对凤、对虎以及双人对舞等不同纹样。这些，和近代湘西苗族、土家族妇女的某些织造方法大同小异。至于那些绣衣绣衾图案主题设计，虽和楚漆器及铜镜纹样上经常使用的龙凤云纹近似，但内中一件，用红黑两色搭配，绣成两两相对的虎形，与两龙一凤交互勾连，凤冠特大，作侧面钟形"郁金香"花式，整体形成一种壮丽无匹的效果，更显出当年绣工设计的巧思和艺术创造上的活泼大胆。绣件针法虽为西周（公元前 1100—前 771 年）到两汉（公元前 206—公元 220 年）常用的"琐丝法"，但在技术处理上却非常细密精巧。绣线色彩有的至今还十分鲜丽，如绛红、紫红、朱砂红、金黄、蓝、绿、黑、白等；其他可辨识的还有土黄、灰绿、深浅棕褐等色。玄黄陆离，配色复杂，对比衬映恰到好处。从这份刺绣遗物上，我们才进一步明白，古称："珠玉锦绣不鬻于市"，禁止作为商品应市的深一层含义。因为如不是在春秋战国诸王侯贵族兼并时期，还保留周代半奴隶制性质作赔媵随嫁的大量针黹女奴；另一面又从长期兼并战争中掠夺得来更多的长于织绣

的工奴，实不可能用如此大量劳动力生产这类特种工艺品。

战国，对凤纹漆耳杯，湖北江陵马山1号墓出土，荆州市博物馆藏

此外，同墓出土的还有一件半规形短柄竹扇，用朱墨二色漆篾编成精美图案，也是迄今为止考古发掘所见保存完整而又最古的“便面”（即扇子）。出土的若干铜器，擦去附着物后，光亮如新。另有四件高约六十公分，身着紫绢绣衣的少女木俑，面目描绘文静秀美，也为一般楚俑所少见。随葬漆器虽然不多，却是以往出土同类文物中的稀有精品。

这些重要发现，可充分说明战国时期楚国劳动人民在手工业工艺品生产各部门的高度成就，给文物工作者以崭新的启发。

本文发表于1983年《中国画报》第6期，撰文署名沈从文、滕壬生、吴顺清，1986年5月收入商务印书馆香港分馆版《龙凤艺术》一书。据《龙凤艺术》文本编入。

谈　刺　绣

刺绣出于绘画的加工，使用到纺织物方面，和多数人民生活发生密切的联系。它虽起源于纺织物提花技术发明以前，却在纺织物高度发展后，还能够继续存在和发展，为多数人所爱好。就中国现存有花纹纺织物残余材料分析，约在公元前十二世纪丝绸提花技术已有相当成熟。刺绣应用到服饰及仪仗中旗帜和其他方面，时间显然还应当早些[见安阳丝织花纹]。

根据中国古文献《尚书·益稷》中记载说来，刺绣和民族社会结合在政治上的应用，是属于半传说中的著名帝王大舜，嘱咐治洪水的大禹，为在衣服上绘绣十二种图案起始的。十二种图案是“日、月、星辰、山、龙、华虫、宗彝、藻、火、粉米、黼、黻”，通称十二章（前六种图案是手绘的，用于上衣；后六种图案是刺绣的，用于下裳。当时衣裳的图案花纹，手绘与刺绣并存）。这种用在古帝王衣服上装饰图案，花纹色彩真实情况虽难于考究。惟公元前十二三世纪以来，青铜器和玉、石、牙骨等雕刻图案，多还保存下来，许多花纹图案都做得十分精美，彼此之间的关系又极显明[见商夔凤龙纹图案]。刺绣虽因所用材料性质不尽相同，图案花纹和这些古代工艺品却必然有一定的联系。从当时工艺图案中去探讨古代刺绣十二种装饰图案，总还有些线索可寻[见周清三图案]。《尚书》在公元前二世纪的西汉，就被当成古代重要历史文献而流传，因此十二章旧说，二千年来深入一般学人心中。但究竟是什么样子？却少具体说明。汉代部分锦绣图案，就由于反映这个传统而形成。但是极显明，历史既在不断发展中，新的创作和古代花纹是有距离的［见怀安乐浪二地出土金银错花纹复原］。公元前一世纪的时期，有个宫廷官吏史游，贯串前人旧作，用三七言韵语写了个通俗读物《急就章》，曾提起些丝绸锦绣花纹。虽只二千年前事情，经后来学者研究注释，由于孤立的引书注书，不结合实物分析，还是不容易明白。直到近半世纪，在西北地区发现许多汉代锦绣后，这部门知识，才比较具体［见新神灵广锦、云纹绣等］。用它和同时期工艺纹样相互比较，又才深一层明白它的成因，大约可分作三部分：一属周代以来旧有样式，二受当时儒家传说影响，三受汉代流行神仙思想影响［见汉云纹绣、韩仁锦、金银错花纹］。至于公元三世纪后帝王服饰种种及十二章图案，却近于二世纪以来学者附会旧说而成，《帝王图》前后延续千余年，累代各有增饰。例如唐人作帝王图所见，除肩部图案日中三足乌月中蟾蜍，系本于汉代传述旧样，其余花纹多去古日远。至宋《三礼图》所见十二章，则和六朝以来又隔一层了［见宋聂崇义集注《新定三礼图》中十二章图案］。明程君房《程氏墨苑》玄工卷一下《有虞十二章图》则本于宋《三礼图》。

唐，立凤纹刺绣锦，日本奈良正仓院藏

还有个历史文献《禹贡》，曾提起中国古代九州物产，若干地区养蚕和生产起花丝织物，每年纳贡。文献产生时代虽可疑，惟说及丝绸主要生产在山东河南一带，却和公元前三世纪文献说的“锦出陈留，绣出齐鲁”情形相合。

中国古代文献记载锦绣比较具体可靠的是公元前四、五、六世纪的《诗经》、《左传》、《国语》、《礼记》、《考工记》、《墨子》、《晏子春秋》……或用诗歌描写当时人衣服装饰应用锦绣的情况，或记载当时诸邦国外交聘问用锦绣作礼物的情形。《礼记·月令》曾叙述及周代蚕织染事和有关法令，得知政府曾设官监督生产。又说“画绣共职”，可知自古以来就重视设计。

战国以来，由于铁工具在若干地区的普遍使用，生产各部门都有了提高，商品贸易的流动，刺激了影响多数人生活的丝绸生产，锦绣在高级商品中，因此占了个特别位置[见洛阳金村出土玉佩舞女]。文学作品中，对于贵族妇女，歌舞使用绣文华美的形容，也日益加多[见长沙出土战国漆器上的彩绘人物及河南信阳出土漆瑟彩绘人物]。这时期的实物，虽因年代过久，不易保存本来色泽，却可从其他工艺图案的反映，得到重要启发[见楚彩绘木俑四种]。特别是这时期流行的青铜镶嵌金银器物的装饰图案，彩色华美的漆器图案，和精美无匹的雕玉图案，都必然和同时的锦绣装饰图案有密切的关系[见故宫太和殿陈列金银错叠花纹]。加之近二十年来，湖南长沙战国楚墓出土大量彩绘木俑和漆器，信阳长台关出土大量重要文物，其中还有一部分提花纺织物发现，直接材料和间接材料相比较，丰富了我们许多知识[见长沙出土楚漆盾二式、湖北出土透雕凤鸟衔蛇跃鹿漆绘木座屏]。比如照《礼记》所说，天子诸侯棺木必加黼绣盖覆，河南辉县出土彩绘朱漆棺，上面图案就是记载中的黼纹形象[见河南辉县出土漆

唐，张萱《捣练图》宋摹本局部，原大纵 37 厘米，横 147 厘米，美国波士顿美术馆藏

棺花纹]。另一出土漆鉴花纹，则在公元前二世纪出土锦绣中，还有相似图案发现[见河南辉县出土漆大鉴花纹]。燕下都出土花砖的图案，更是标准黼绣纹样。汉儒注黼纹为“两弓相背”，从当时实物比较，才知道原来是两龙纹。

公元前三世纪末，汉统一大帝国建立后，丝织物统由国家设官监督生产，齐国临淄和陕西长安，都各有千百男女工人，参加特种锦绣和精细丝织生产，供应政府需要，工艺上的成就，并且和国家政治经济都发生密切关系。西汉初年就采用儒家建议，重视政治制度排场，帝王贵族及各级官吏，服饰仪仗，起居服用，各有等级，区别显明。例如当时主持司法的御史官，平时就必需穿绣衣，名“绣衣执法御史”。帝王身边又有一种“虎贲”卫士，也必需穿虎豹纹锦裤。宫廷土木建筑生活起居用锦处甚多，在宫中直宿的高级官僚，照例用锦绣作被面[见西北出土虎纹锦、日本正仓院藏豹首锦]。著名将军霍去病死去时，政府给他的殉葬用绣被，就达一百件。宫廷贵族一般歌舞妓女，服饰更加纹彩眩目[见汉彩绘俑三种]。据《汉旧仪》称武帝时于通天台祀太乙岁皇，即用童男女三百人衣绣衣，于高及数十丈的建筑物上歌舞通宵达旦。逐渐到豪富商人，除身衣锦绣，出入骑马乘车外，还有用锦绣作帐幔地衣的，致政府不能不用法令来禁止，直到豪富大商人，鬻卖奴婢的也有用锦绣作衣边，脚穿五色丝履的。正不啻为当时谚语“刺绣文不如倚市门”作一注解。所以政府有法令“禁贾人不得衣锦绣乘骑”。这种种又反映出另外一个问题，即丝绸产量之大，和它在商品市场上所占地位的重要。特别是对于西北居住各游牧族和海外各古国，文化交流锦绣就占有个重要地位。因为好衣着锦绣的风气，不仅仅是长安和其他大都会贵族和商人的风气，同时远住中国西北部的匈奴族和其他部落胡族，也都喜欢衣着锦绣，文学家贾谊在他的作品中就说过，每来长安，族长必衣绣，儿童也衣锦。大历史学家司马迁著《史记》，还说起政府每年必从长安，运出锦绣八千匹，作为对于匈奴统治者的礼物，其他赠予还不在此数内。张骞探索西域交通归来时，得知川蜀方面早已有布匹运往印度诸国，此后长安也有

唐，周昉《簪花仕女图》，纵 46 厘米，横 180 厘米，辽宁省博物馆藏

大量锦绣和生丝，由西北运往大秦（古罗马）波斯和印度，开辟了“丝路”[见科兹洛夫：《诺因乌拉报告》中云纹绣和绣大被，匈奴骑士形象]。同时大秦、印度所织的缕金绣、胡绫，及各色毛布，和中国西北部诸族所特产的毛织品，也到了长安（见《魏略》）。促进了中国和世界文化的交流，促进了中原地区和边沿地区的物质交流，原来首先就是这些出自多数劳动人民生产的成就[见历史博物馆藏斜纹褐图]。近半世纪来，科学考古工作者，在中国西北部发掘古墓和居住遗址中，不断发现公元前一二世纪精美丝织物，有些锦绣出土后还色彩鲜艳如新。死尸还有用锦绣缠裹一身的。至于这种特种丝绣价值，有个经济史料名《范子计然》，曾道及当时山东生产的锦绣价值，“齐细绣文，上等匹值二万，中值一万，下值五千”。至于普通绸绢每匹价不过六七百钱，比较说来，锦绣约高过一般绸价二十五倍。

刺绣纹样作不规则云纹和规矩花纹部分还和公元前三、四世纪工艺图案相近。在蒙古人民共和国诺因乌拉古墓中发现之锦绣，和在新疆沙漠中出土之锦绣和在关内怀安发现的刺绣［见山西怀安刺绣］图案风格基本上都相同。又在诺因乌拉古墓中发现之毛织物，上有三个匈奴骑士绣像，骑士所披衣衫花纹图案，也是公元前三、四世纪金银错图案。

公元后二世纪到六世纪，在中国历史上是一个南北分裂政治纷乱的时期，黄淮以北各地区，由于长期战争，生产破坏极大，丝绸的生产已失去汉代的独占性，长江上游的四川蜀锦，因之后来居上，著名全国［见《中国丝绸图案》“明光”“登高”诸锦图］。又由于提花技术的改进，彩锦种类日益增多，从晋人陆翙著《邺中记》，记载石虎时在邺中织造诸锦名目和衣饰用绣，和新发现汉代锦绣比较，才知道大部分花样还是汉代本有的。从晋人著《东宫旧事》，循复《山陵故事》及其他文献记载，又得知一般提花织物，种类已有增加，刺绣在应用上也得到新发现，显著特征有二类：一即写生花鸟图案，逐渐被采用。（实在公元前五世纪——春秋，已有花鸟写生刺绣，到战国楚文化可能影响力强大，整个长江黄河流域无不以抽象风格见长。——王孖注）其次，即这时期佛教在中国各地流行，由于宗教信仰，产生了许多以佛教故事作题材的大型绣件，精美的还用珍珠绣成，有高及六七公尺的。当时的洛阳和金陵（今南京），都各有数百座大庙宇，也和宫廷一样，使用大量锦绣作为装饰，豪华程度为后世少见。青年男女恋爱，用锦绣互相赠予之事常见于诗人歌咏中。实物遗存虽然不多，反映于云冈龙门各地重要洞窟石刻装饰部分，却十分丰富［见云冈、龙门石刻藻井］。特别重要是在甘肃敦煌壁画中属于藻井、天盖、帷帐及衣饰部分，充分反映出这一时期（约三个世纪）刺绣图案组织壮丽和彩色华美［见敦煌藻井图案五种、隋藻井和人字披图案四种］。

公元后七世纪的隋代，重新建立了统一的帝国，到第二王朝即非常奢侈，音乐歌舞广泛吸收了西域各民族成就，及中印度成就，大朝会日曾集中音乐舞部二万八千人于洛阳，歌舞连月，并悬锦绣于市，眩耀胡商蕃客。又使用人力过百万，建造了贯通南北大运河，乘坐特制大型龙舟由北向南，船上所用帆缆，多用彩色锦绣作成，连樯十里，耀日增辉。隋政权不久即为农民革命所倾覆。

接着唐大帝国的建立，从各方面都反映出这个时代文化特色，是健康饱满，鲜明华丽，充满青春气息[见敦煌壁画唐贞观九年维摩说法下部分]。当时不仅代表宫廷皇权的服装仪仗，大量使用色彩壮丽的锦绣，即一般民间，对于刺绣需要也极广泛。当时锦类配色已极华美，各地生产的花绫品种更多。妇女在花素衣裙上加工的，约可分做四类：一、印染，二、金银粉绘画，三、彩绘，四、刺绣。普通衣裙刺绣小簇花是常用格式，串枝写生花式也日渐流行，花中还杂有常见到的形态特别轻盈活泼的蜂蝶雀鸟[见敦煌壁画唐《乐廷瓌夫人进香图》]，这种配合使用又多和青年男女爱情喻意有关。政治或宗教上用到的刺绣，有大及十公尺以上的。歌舞上画绣服装更是色彩富丽，排场壮大。有一个宫廷艺术家李可及布置一次“叹百年舞”的舞蹈场面，背景和地面耗费绸绢竟到数千匹[见传宋徽宗摹唐张萱绘《虢国夫人出行图》]。唐代历史上一个著名奢侈皇后杨玉环，个人平时即用绣工八百人，其姐妹共用绣工千人，相习成为风气，反映刺绣在社会上的普遍应用情况。十九世纪末，在中国西北部甘肃敦煌石窟中发现的大量中世纪古文物中，就有一部分这种精美丝织品，包括佛幡和佛像等物[见敦煌绣观音和菩萨]。当时帝王为壮观瞻，六军卫士衣甲鲜明，部分多用绣画，男子的衣饰虽然只能照品级着本色花鸟绸缎，但当时男女均习惯骑马，马身装具障泥，必用锦绣作成。中等社会妇女衣裙，刺绣花鸟更是一般风气，在绘画中和诗人作品中都反映得十分具体[见西安王家坟唐墓出土三彩女坐俑]。

当时服装部分采用受波斯影响甚多的西域式样，衣多作方斜领沿，上绣彩色花鸟，后来明清领沿装饰，就是从这个习惯发展而成[见新疆吐峪沟出土着锦绣翻领女子画像、西安唐韦顼墓出土石刻线画着绣领胡服女侍图像]。唐代以来，在社会各阶层间——特别是上层社会，绣花已被当成一种文化娱乐，画家作的《纨扇仕女图》(《倦绣图》)，反映的就是这种生活。

十世纪的北宋刺绣，在题材上进一步的新发展，最显著的是把著

三蓝刺绣，喜相逢三多图

名画家花鸟反映于各种绣件中，使花鸟更趋于写实。其次是技术上的新发展，介于刺绣和编织物的刻丝[见据崔白画稿织成的刻丝《三秋图》]，反映当时著名的绘画和墨迹，也在社会上当做纯工艺品，而创造得到社会的重视。宋代皇帝为增加政治上的排场，曾组织二万八千人的一个仪仗队，穿着五色锦绣花衣，扛着各种武器、乐器和五色彩绣的旗帜，在皇帝出行时排队护卫，名叫“绣衣卤簿”。某种品级职务的穿某种颜色锦绣，扛某种锦绣旗帜，记载得极其清楚明白。高级文官和武将，于大朝会日，必须穿上政府每年赐予的锦袍，这些华美袍服是各按官品等级作不同花纹的。妇女衣绣更普遍，流行的绣领、冠帻、抹额，有各种不同花样[见俄国科兹洛夫在黑水城遗址发现的金代木刻《四美人图》]。讲究的还用真珠络结。宫廷坐具椅子和绣墩以及踏脚的小榻也用真珠络绣[见五代顾闳中绘《韩熙载夜宴图》四乐妓]。金线绣也极流行。当时在首都汴梁(今河南开封)城中以建筑壁画著名的庙宇大相国寺两廊，售卖绣货的聚集成市，最受欢迎的是庵堂中女尼绣的服饰用品[见河南禹县白沙宋墓壁画化妆女子]。皇后的衣服上的成双雉鸟，照规矩是五彩线绣成的[见清宫南薰殿旧藏《宋仁宗后坐像》中的皇后和侍女]。坐的椅子靠背，是用彩色丝线和小真珠绣成的[见南薰殿旧藏《宋神宗后坐像》、传周文矩《临镜图》]。平民也喜爱刺绣，逢年过节作母亲的多把小孩子穿戴绣花衣帽,装扮得极其华美[见宋画《百子图》]。刺绣技法上精细至极的综绣——发绣，虽传说创于唐代卢媚娘，能于方尺绢上绣《法华经》七卷,其实这种细绣技法如联系其他工艺图案分析,到宋代才有可能产生。北宋末又还流行一种本色绣，现称一色绣，曾见于诗人陆游《老学庵笔记》中[见故宫藏山西南宋墓出土民间刺绣、北京双塔庆寿寺

打子绣，“绵绵瓜瓞”荷包

出土刺绣、辽墓出土绣衣领]。宫廷绣虽向纤细精工方面发展，民间绣则布色图案比较健康壮美，这是从同时期陶瓷器铜镜子花纹和其他工艺的花纹反映可以推测的。宋代民间瓷中的“红彩”就是根据刺绣需要发展而成的。这时期由于捻金线技术的进展，织金锦类和金线绣也都盛行，据王栐著《燕翼诒谋录》所记载，当时在妇女衣裙上使用金银加工技术，即已达到十八种[见内蒙古赤峰辽驸马墓出土一片金线绣]。和北宋时占据中国东北部的契丹“辽”政权，就用法令制定金线绣鹅鸭水鸟定官职尊卑[见胡瓌《番骑图》马匹部分]。占据西北的党项“西夏”政权，统治者不论男女，也多服绣衣[见敦煌418窟及安西榆林窟壁画西夏男女供养人像]。十一世纪后在中国华北建立“金”政权女真族统治者，本于游牧民族习惯爱好，男女仍多喜爱锦绣衣服[见宋人及明人所绘五种《胡笳十八拍图》]。当时在北京建都，为装饰一宫殿即用织绣工人二千，经时二年，始告完成。捻金织绣素来为回鹘工人所擅长，十二世纪在继续发展。

到十三世纪蒙古族统治中国政权百年中，因官制中重要朝会，皇族贵戚及大官吏，都必须衣着金色煌煌的“纳石失”金锦帽，和用金锦织绣作衣领边沿等的袍服，因之这部门技术更有显著进展，几乎丝织物中的纱、罗、绸、缎，都有加金的，金代即已如此。蒙古游牧民族长住沙漠中，喜欢穿强烈的色彩，也影响到一般工艺品的色彩风格，锦绣更加显著。花纹图案一般说来远比宋代强烈粗豪。十四世纪的明代初期，还继续受这个风格的影响极其深切，表现于一般刺绣和刻丝，用色华丽而沉着［见明重色刺绣及刻丝、山西省广胜寺明应灵王殿壁画演戏部分］。但从十一世纪北宋末期以来，北方定州、汴梁等处高级手工艺技术工人多逃往长江以南，雕漆、刻丝很显然对于南方工艺都发生了较大的影响。雕漆工人在嘉兴寄居后，元明以来即出了几个名家高手。张成、杨茂和漆工艺专门著作《髹饰录》作者黄成，都是嘉兴漆工［见张成、杨茂制漆器］。

刻丝工南宋以来也出了几个名手，朱克柔、沈子蕃是其中最有代表性的两个人。此外还有吴煦等许多人。刻丝得到社会重视后，技术传授日益普遍，因此到明代中期，苏州爱美妇女，有费时经年作一衣裙穿着的。

中国在长江下游地区大量种棉于公元十二三世纪，棉布生产当成商品普遍流行国内，始于十四五世纪。民间染坊在棉布上印花技术的发展，和民间挑花技术在棉布上的应用，大都也在这个历史阶段中。时间近，文献记载也比较详尽。更重要还是十五世纪一个著名权臣严嵩，因贪污，全部家产被没收时，曾留下个产业清册，记载下数以万计的贵重字画、金银器和工艺品的名目。工艺品部分拍卖时，还有折价银数。其中锦绣丝织物也达数千种。根据这个重要文献，让我们对于当时锦绣丝绸有了初步认识。用它来结合现有数以万计的明代锦绣残余遗物研究，明代锦绣问题，因之更加明确具体。特别官服衣料应用洒线绣法是过去人从文献难得其解，惟有接触实物才明白的［见洒线绣五种］。现存材料最完整而重要的，是山东曲阜孔子家中收藏的部分材料，和北京故宫博物院和历史博物馆藏材料［见故宫博物院藏袍料三种］。

明代是个都市市民阶层抬头的时代，苏州刻丝部分改进发展到妇女费时经年来做衣裙，刺绣自然也日益向普遍方向上发展。除一般衣物用丝绣外，还有两种近于新起的风格产生，在社会上得到一时重视，一种是用细如胎发的材料，如白描画法一般绣故事人物。它出现也不是突然的，产生有个历史渊源的。是由唐宋以来吴道子、李公麟的白描画，发展到十三世纪的元代王振鹏，明代的丁云鹏、尤求，在绘画技法上就自成一格(游丝描——王孖注)。这种白描画更因木刻版画直接受它的影响，产生过千百种通俗小说和戏剧精美的插图。又由于制墨需要，产生制墨名家程君房、方于鲁等，作品中千百种精美墨范，在中国版刻史上就占有一个特别的地位(多安徽刻工)。在刺绣部分则产生发绣，当纯美术品而创造。其次是当时文人画中正流行一种重韵味的简单水彩画，如董其昌、陈道复等所绘的条幅，苏州绣工，常用来作刺绣底稿，一般多在白绫地上面用错针法或铺绒法绣成，在明代刺绣上也自成一种风格。第二种是明末上海顾氏露香园绣，彩绣写生花鸟屏条册页，有些据宋元花卉草虫册页画卷，有些用明代画家陆包山等花鸟画稿，间或也有用徐青藤水墨花卉作底本的。用针逼真细密，配色华美而又准确，发展了刺绣中精细逼真特长，在作品中充满生意。本属于一种艺术上的提高，后因爱好的多，于是当成一种高级美术商品而流行，彼此摹仿，不免真伪难分。这种刺绣比发绣和仿文人画的水墨绣，更加容易为群众接受，因此特别得到发展，并影响到十八十九世纪和后来一部分苏州绣法。刺绣本属于中国社会妇女日常课艺，除专工制作的高级美术品，和部分美术商品，大多数生产，是处于妇女处理家事之外，或生产工作余暇，自作自用。有些地方，照社会风气，亲友结婚，即常邀约亲友邻伴，置办嫁妆，参加工作的，照习惯也不受物质报酬。作品虽有精粗，都不属于商品性质。例如日用品之一，收藏青铜镜子的镜套，就有各式各样具备，多产生于社会各阶层妇女手中，是美术品而非商品。这种圆形绣花镜套，到十八世纪玻璃镜子流行后，就再无使用的。十七世纪遗物还留下很多精美作品，特别重要是从这部分作品可以明白明代刺绣种种不同古代技法。

十七世纪末，中国政治进入一个新的阶段，以李自成张献忠等为首的巨大农民革命，虽推翻了腐朽的明代统治政权，居住东北的满族

纳纱“事事如意”葫芦形烟荷包

却得到汉族中大地主官僚帮助，统治了全中国。到十八世纪初，社会生产不断发展，刺绣因配合政治制度和社会习惯发展，进入一个新的历史阶段。社会中层以上，官制中大量使用刺绣。宫廷中的仪仗、车轿、马具，凡利用纺织物部分，都需用刺绣。生活起居日用器物，由床榻、坐椅、桌围、幔帐，到挂屏、槅扇心，大小官吏身边携带的烟荷包、香囊、扇套、眼镜盒子、名片盒……,更无一不利用刺绣。即一般农村妇女，也无不在工作余暇，制作各种刺绣。工作时最重要的当胸围裙，就各有不同风格的彩绣或挑花绣，此外头巾、手帕、衣袖、裤脚，以至于鞋面，无一处不加上种种花绣。由于民间刺绣花样需要广泛，间接且刺激了民间剪纸的生产，成为乡村手工艺一部门。虽参加这部门生产的人数并不多，却自成一个单独行业，为中国农村中巧手艺人所独占，作品丰富了广大农村人民的生活，花样丰富并且充满地方风格，特别是中国西南地区的成就，更加显得丰富多彩。直到现代，还留下万千种颜色华美的图案，通过八十岁白发如银老祖母的记忆，传给十二三岁初学针线的年少女子。

这个历史阶段由于戏剧的发展，除全国各都市保有不同数量的剧团，即乡村也常有流动剧团，来往各处，对于戏衣需要的旗帜、衣甲、帷帐道具，数量也相当大，因之又刺激了戏衣刺绣业的发展。北京和苏州是两个主要生产区，西南的成都和广州，也有这个企业的存在。就总的方面说来，全国刺绣需要量之大，在历史上也是空前的。土制印花布的普遍流行，和有花丝绸后起的漳绒大量生产，刺绣在人民生活的需要量，还是无比庞大。除吸收了家庭妇女业余劳动大部分，都市中则为适应这个需要，生产机构还分门别类，例如衣服和佩带绣件，就各自成一种行业，各有专店出售。纯粹作观赏用的美术刺绣，由露香园顾氏绣创始，到十八世纪乾隆时期，有了新的发展。精美的花鸟刺绣，多用当时写生花鸟画家蒋廷锡等画幅作底稿，色彩华美，构图典雅，具有浓厚装饰性。花朵一部分或鸟身某部分，还穿缀小粒真珠和珊瑚珠子，增加装饰效果。宫廷用三蓝绣配色法，也从这时期确定影响到应用刺绣一般色调和风格约两个世纪。大件如宫殿中的三五丈大毛织物龙凤绣毯，小的如洋绉绸汗巾上绣的小朵折枝花，都采用过这个以三蓝为主调的配色法。彩绣中组织规模宏大可称近三世纪代表杰作的，有故宫博物院收藏的清乾隆大幅刻丝加绣《无量寿尊佛像轴》，宽达 307 公分，长达 620 公分。设计之精巧，布色之华美壮丽，都达到了近十世纪以来织绣艺术最高水平。这种织绣品的制作，必须使用大量人工物力，费时数年才能完成。又有在二丈大织金锦上，用真珠珊瑚等绣成种种图案，作为庙宇塑像披肩的。这时期帝王日常穿着朝服，取材也极精美，刺绣花纹更加华丽眩目。有用孔雀翎毛捻线织成袍服，上缀大小真珠作云龙花鸟的，可作一时代表。至于美术刻丝绣，则长幅山水卷子的制作，是新发展[见故宫博物院藏清孔雀羽穿珠彩绣云龙吉服袍]。到十九世纪晚期，流行通身一枝花妇女长袍料时，也有用刻金银绣法作成的[见故宫博物院藏清刻丝仿仇英《后赤壁赋图卷》、历史博物馆藏慈禧时宝蓝地金银绣整枝荷花大镶边女衬衣]。

二十世纪初，人民革命结束了最后一个封建王朝的政权，衣服制度一改，因之近三世纪以来的这个庞大刺绣业[见故宫博物院及历史博物馆藏衣料]，自然即衰落下来，全国各地积累下来的万万千千精美丝绣，不是当成废物毁去，也就是当成废物处理，或改作其他用途。最多的是把乾隆以来流行二百年的妇女宽大衣袖部分和裙上装饰集中部分，改成小件方幅，向海外输出。在当时商人眼光看来，即是废物利用一个最有效方法，因此近半世纪中，前卅年，北京手工艺美术品输出品种中，这种改造加工丝绣品，历来都占有一个相当重要的位置，还为此产生一个规模相当庞大的改制加工行业，专作这一部门的刺绣输出贸易。一般欧洲人对于中国刺绣的印象，是从这部分作品起始的。在这个时期，京、苏刺绣业和成都广州及其他省市刺绣业，仅戏衣刺绣业还保留一部分生产外，其余当成商品生产的日用刺绣，由于需要不多，不免一落千丈。加之外来机制印花标布的推销，不仅妨碍中国纺织工业的生产，同时还把大都市仅存的刺绣行业，也大部分打垮了。大都市刺绣业虽一蹶不振，惟因外销刺激，南方又还有千万海外华侨需要，因之广东新刺绣，在出口日用美术手工艺品部门中，还占相当大比例。苏州、上海地区生产刺绣日用品，占相当大比重。枕套和观赏品镜屏类，供新家庭采购作礼品的，在国内逐渐回到一定市场。广东汕头、山东烟台的麻布茧绸单色绣和彩色挑花、贴花等餐巾、台布、睡衣等，由于物美价廉，输出生产数字，因之在逐年上升中。湘绣虽属后起，系从十九世纪末国际展出中引起注意，逐年发展，生产被面和花鸟挂屏，在国内曾有大量供销。广绣本来有个较早的传统，十九世纪以来成品习于用百花杂鸟同置一绣件中，布置设计和中国画传统要求不同，然而用针绣细密而色彩华艳，另具一种风格。到本世纪后，这个传统风格已失去，新的外销多种多样，有一种在黑白绸地上用红色线绣小折枝满地花的，多供外销作披肩桌毯，绣法也受外来影响较大，和传统广绣风格少相似处。湘绣较先本从写生花鸟着手，惟底稿多取材于一般流行画幅，受晚清上海画派影响相当大。用色较重，针线较粗，写生中有写意底子，花色本宜于观赏挂屏的，多用于日用品中之枕套被面上，这些都指的是经常有数以千计的绣工在生产有商品性的刺绣而言。至于以新的技法，创造新的美术刺绣，个人中在这时期特别有成就的，应数十九世纪末江南女子余沈寿作的丝绣人像和其他写生花。绣像法本来传说公元前三世纪即已使用到，在蒙古汉代匈奴族贵族古墓中，曾发现在公元前一二世纪丝毛绣人像数种，就中有作三匈奴骑士形的，针线虽简单，神气却极生动。公元三世纪后的晋南北朝时，多用于佛像。《洛阳伽蓝记》曾叙述过这种用珠绣和织成佛像。八世纪后有作四天王等大绣像的。公元后十世纪以来，又有在大和尚所着扁衫上绣作千佛诸神，作法事的，披上表示宗教庄严的。这种方法且沿袭下来，直到十九世纪不废。十四世纪到十八世纪，佛教密宗教佛像盛行，布色浓厚，组织绵密，用刺绣法表现，效果有极好的。十四世纪以来流行的八仙和南极寿星凑成的“八仙庆寿”因道教流行，也得社会爱好，把八仙绣像绣于帐子类作祝寿礼物的，已成为社会习惯，流行直到十九世纪，且使用种种不同绣法来表现。绣法中的堆绫贴绢法，七八世纪的唐代即已盛行，是把杂色绫绢剪成所需要的人物鸟兽花枝形象，下填絮绵，钉绣于红白丝绸底子上，形成一种彩色浮雕的效果。这种绣法用于明清两代的，多和人像发生关系，和麻姑献寿、八仙或和合二仙等民间通俗吉祥主题有关。又十八九世纪以来，妇女衣裙上绣工加多，即夏天纱衣，也有加工极细上绣团花作麻姑献寿，渔樵耕读，西湖十景，或西厢、三国戏剧小说故事，人物生活形象。虽人物大小不到三寸，也绣得眉目如生，针线一丝不苟。惟这种种多从服装装饰效果出发，极少从人物本身写真艺术出发，因此中国传统的写影法，虽流传千年不废，十五六世纪以来，还留下许多具有高度艺术水平的人物画像，却极少是刺绣表现的。直到十九世纪末，时正流行照相放大炭画法，余沈寿才用人像作题材，绣成几幅重要人像，这种绣像送到国际展出时得到成功后，余沈寿之名才为世人知道。但由于摄影艺术的进展极速，先是在放大照相上加色技术不断进展，其次是天然色彩的发明，同时油画作人像法流行，绣人像艺术，因之近半世纪以来并无发展，余氏绣法也少后继者。直到解放后，近五年来，才又有上海王氏五姐妹用剪绒绣法作人像，得到新的成功。就题材说为旧传统，就技术说则为新创造。

日本帝国主义侵略中国，引起世界第二次大战爆发时，中国沿海和内地几个地区的刺绣生产，大部分都被破坏。

解放后，人民政府对于工艺美术的发展，给予特别的重视。刺绣、地毯、烧瓷、景泰蓝、雕漆和刻玉、雕牙等，对外文化交流发生

戳纱彩绣人物衣缘局部

良好作用的手工艺的发展和提高，都十分关心。由调查作有计划的改进工作，近来并且进一步组织工艺研究所来促进这部门工作。就中生产地区分布特别广，种类特别复杂，从业人员数特别多，应数刺绣一项。据手工业管理处和美术服务社初步估计，仅从几个大区初步调查，直接或间接参加生产的妇女，已达十万人。因此企业的发展和生产存在的各种问题，也就格外值得重视。近数年来，由于国内外需要量日益增加，地区部门生产，因之形成一种新的高潮。而生产什么？生产设计部门如何提高？也就是在各方面都成为一个问题。政府在国务院行政系统下特设立一全国手工业管理局，和中央美术学院工艺系扩大为工艺学院，又另设一工艺研究所，就是企图来解决手工艺各部门的问题，而刺绣无疑是一个更加值得重视的问题。如何从现有人力技术基础上，和传统优秀艺术基础上，好好结合起来，组织这部门生产，改进这部门生产，来供应国内外需要，很显明是各方面都十分关心的。

新的改进工作，有显明进步的，是现代花鸟画家的作品，已在各地区由有经验工人试验中用刻丝法、结子、琐丝法、铺绒通绣法，制作出许多新作品，在国际展出中得到世界万千观众的好评。又把这些多样绣法作日用品刺绣生产，更获得广大人民的爱好。又流行于民间的各种绣法，特别各地挑花绣技法和精美图案，也有一部分起始试用到新的生产上来，供应市场各方面需要。这部分无疑还在日益扩大它生产的范围。总的说来，新的刺绣企业的前途发展是充满希望的。除企业性的刺绣外，还有长江流域及西南兄弟民族广大地区流行的日用刺绣，一般都是妇女工余的非商品性生产，其中一小部分，虽然也在乡镇市集中出售，依然近于交换生活资料形式，和大都市中集中千百工人在一定计划中进行的定量生产情形完全不同。至于农村社会主义合作化后，这些剩余劳动力的生产，是否在短时期内能组织起来，投入有计划生产，还是一个值得研究的问题。部分居住比较集中的地区，大致是做得到的。这种新的组织，无疑将可以增加大量生产，但同时也无疑是一个相当繁琐的工作。待从部分重点地区作些试验，来慢慢推动，不宜于过分冒进。

目下流行的几种刺绣，在技法上的历史考察。

绣花艺术属于世界人民共同的艺术，几乎全世界妇女都曾经投入部分劳动，并由于这种劳动和爱好，促进了它在艺术上的成就，发展出千百种不同技法。中国刺绣属于世界成就一部分，显著特征是从古以来就和丝绸同时发展，同是利用蚕丝作成的。它在公元前二世纪以前就被当高级艺术品运往海外诸国和国内各地区，促进彼此文化交流，丰富了世界上若干古国物质文化内容，也促进了中国中心地区和西北西南边沿地区的物质交流。不仅当时价值极高的锦绣，到了西北西南各地区，同时西北高级毛织物氍毹毾㲪，西南高级棉织品白叠、阑干斑布，精细至极的麻布——筒中黄润，也到了长安，比价且不下于当时高级锦绣。因为这个彼此物资对流的关系，由于气候潮湿不易保存过久的古代精美丝绣品，在中原地区已不容易得到，在西北沙漠干燥地区，却还保藏了十分丰富可供研究的材料。例如公元前二世纪汉代的锦绣，在中国西北埋藏了二千年出土后，还色彩鲜明。即在公元八九世纪后的丝物，以目下发现情况来说，也数敦煌洞窟文物遗物和新疆出土遗物丰富而完美。其次才是保存于东邻日本正仓院一部分作品。

中国刺绣艺术造诣之精，和历史的悠久，一方面和多数人力投入劳动的社会习惯有关，另一方面和政治制度结合，成为政治制度中的一个部门，生产得到不断改进和提高也有密切关系。从周代起始，练丝染色都各有制度设官分职，画绣上有专官，可知图案设计也是被十分重视的。影响到近代刺绣纹样。历史上政府有两个设计机构十分重要，一是十世纪之宋代文思院，二是十七八世纪清代之如意馆和绣局，经常都有许多专家打样设计。从现存遗物上还可看出这时期高级刺绣特别华美的风格。更重要的影响，还是流行广大地区的民间刺绣，直到如今，还保留下万千种不同精美无匹的图案，和千百种不同的技法。这里仅就现在几种常用的技法，说说它的历史发展和艺术特征。

一、“琐丝法”，俗名拉琐法，用丝于绣件上作小环连续不断，即古之所谓“长命缕”。见于文献记载，为民五月作辟兵小绣件，用五色丝作五方错丝，取厌胜古吉祥意思。从汉代出土实物，我们才得知这种琐丝法是汉代一般绣法。特别有代表性遗物，是蒙古人民共和国诺因乌拉古墓中出土部分绣件，和在西北沙漠地区古楼兰发现的云纹绣［见绣云袜］。这种绣法进一步发展是用琐丝法盘绕满地，不留空处理新的题材［见楼兰出土云纹绣］。最有代表性的敦煌发现的唐代绣佛，和新疆发现的残余绣衣，在技法上都相同，可知当时曾极流行。这种技法到十八世纪的清代，混合用于妇女裙上刺绣，曾成一时风气，惟一般不作有规则盘绕，只是在面积较大部分，分浓淡处理。技法通名结子或打子，例如折枝花鸟挂屏，则在面头和花朵部分用结子法，其余用铺线绒绣加平金。如绣衣边或裙间画面部分花蝶，则用结子法，外沿加平金的。

二、“错针绣”，俗名乱针绣，即针法长短不一，色线不一，错综配合，使题材色彩效果增加活泼的一种绣针法。较古的材料，也应当较蒙古人民共和国境内汉墓发现的毛绣为重要。这个著名古绣件，或产生于当时胡族人民手中。中国古代黼绣法，有四种是采用这种技法，才能表现色彩之美的。现存实物较重要的，是西北出土的一串枝花小绣件，及日本收藏九世纪唐代一个绣孔雀同是用这种技法表现。宋代写生花鸟刺绣，一般多采用这种技法，而加以提炼，针丝细，配色精，因之使题材更加丰富生动活泼[见《东瀛珠光》中之孔雀绣件]。明代观赏美术刺绣，一般还应用这种技法[见斯坦因《亚洲腹地》中串枝花绣]。露香园绣成功处也在它善于采用这种技法长处。清代惟广东绣能继承这个传统[见故宫藏宋绣，《纂组英华》]，不过构图不佳，就不免得混乱。近五十年来，湘绣和苏绣各具有特长，处理花鸟善于用乱针绣的，总可得到一定成功。

三、“铺绒法”，特征为擘细丝线作平面处理。在刺绣技术中似为晚出。公元十世纪以前遗物中还少见。但存最早的是明清之际材料（平纹马王堆西汉墓中已见，内棺方棋格纹绣。——王孖注）。最先或出于闺房中绣裙和巾帕香囊小件绣品，因为技术处理宜于小而精美物品，不宜于大件。但在十八世纪以来，却大量反映于垫褥帷帐，及一般衣裙上，和三蓝配色法同时得到普遍发展。从以蓝色主体的用色技法的发展，如联系其他工艺部门来分析，它较早或出现于明代，而盛行于清代。因为三蓝配色法，极显然是受流行的青花瓷影响而出，不是平空产生的。铺绒法加进一层，只擘丝薄薄平铺材料上面，用胶棚固定，不露针脚的，名“刮绒”（以如皋冒氏刮绒著名一时）。在清代小件刺绣中虽有此格，大致因为费力多而不易好，留下成品并不多。

四、“洒线绣”，技法有两种各作不同发展，效果也不一样。现存较早材料之一种，是用双捻五色彩线，按照图样所需要的色彩平铺绣出，再短针脚把它用种种不同钉绣法固定。在这个加工过程中，使得固定一色的较大平面，形成种种不同纹路的。从技法上说，或即宋人所称的“刻色作”。起源虽不可得而知，最晚宋代绣工已习惯使用。现存材料虽然零碎，种类却极多，富于研究参考价值的，是保存在明代《大藏经》经皮封面部分的遗物。故宫所存衣料十二件，是国内仅有完整遗物。另一种“钉线绣”，俗名又叫做“钉锦”，不知起源何时，现存材料多是十七世纪明清之际的遗留。或出于民间挑花技术的发展，近代四川挑花绣材料中，犹有这种格式，清代应用较多的是夏天满洲贵族身边佩带的扇套等细活，妇女衣袖裤脚也有使用的。

五、“平金绣”，凡用金线在丝绸上做各种装饰图案和花鸟形象表现的，技术上通名“平金”。如仔细分析，则有各种不同名目。八九世纪的唐代，已约有十四种，北宋则增加至十八种，见于当时人王栐著《燕翼诒谋录》和政府禁止用金作衣裙装饰法令中。所说盘金，或指全部用金银线盘绕，指在彩绣中加部分金线。羊皮金技法也成熟于这个阶段中。平金绣就图案表现要求说来，它的产生宜在公元前三四世纪，正当金银错流行时期。使用丝织物上技术比较简易的即平金。但现存出土实物却看不出这种用金痕迹。重要原因之一，就是这个时期在生产方面，虽然已能拉成在铜镶嵌和漆器上捻金线，二世纪初年，四川成都出产的锦缎，虽有加金的记录，用的大致是金丝细条，即唐宋代人说的“缕金”，明清人说的“明金”。文献中即说到大秦(罗马)天竺(印度)缕金织绣，成都长安洛阳等地还未有能作捻金线的。七世纪的隋代，历史文献才记载有波斯捻金线袍，由当时著名工艺家何稠仿制，精美胜过本来，中国工人才学会作捻金线法，但还未闻大量应用于一般锦绣上。唐代织锦中已发现有加金的，还近于在刻丝类织成锦中略加金饰，应用范围并不广。到唐代文宗时期，才说及玄宗和贵妃各有金鸟锦袍一件，贵重一时，文宗时一般富人家中已多有金锦。其次即晚唐到五代，诗词中关于妇女裙用泥金银绘画金绣，和缕金绣的才日益增加。衣裙金绣原料，显明需要用捻金线的。从这些记载看来，捻金线技术是从波斯学来，到唐代晚年才比较普遍应用到一般刺绣上的。北宋时期明白提起衣裙服饰禁止用金已及十八种，可知除捻金线外，还有其他金片等等作法。绣金用于官品衣服部分，用来辨识爵位高卑的，是当时占有东北的契丹族建立的辽政权，官制中就全用金线绣鹅雁等种水鸟，表示尊卑。新在热河辽墓中发现的绣件，虽近于衣被类，平金技法却已提出重要参考资料。衣饰用金习惯，为女真族在北方建立的金政权加以发展，织金锦因之逐渐成为社会风气，创作出种种不同花样，发展出诸种加金技术。元代仍沿袭旧例，得到发展。这时期虽设金锦局，大量生产纳石失金锦，绣金服饰使用也日益加多。大量武装部队的旗帜，就多用彩绣加金的。明代继续这个传统习惯，在应用丝绣和服饰刺绣中，都大量使用金线加工，捻金线技术也由粗而细，日有改进。从这时期部分刻丝加金艺术品中，可以看出这方面技术发展情况，用捻金线为主要的刻金作法，也于这个阶段中成熟。清代平金绣是从这个传统技术基础上产生的。主要特征是康熙以来捻金银丝技术上有了提高，紧密匀称的细金线，影响到平金绣的成就是极显著的。其次是技法表现上的多样化。宋人所谈十八种加金法，在清代贵族妇女的衣饰上，差不多已全部用到。纯用金银细线平铺钉绣的，多如当时异常精美之金银嵌螺甸，惟在刺绣中并非主要生产，直到十九世纪晚期，才在社会普遍流行。中等人家妇女衣裙，桌椅披垫，都流行平金绣折枝花果和"丹凤朝阳"等主题。更因京戏桌椅旗帜帷帐等需要，因之平金绣在刺绣中成为一时的风气。在黑色缎子上作银线绣法，更是这一时期平金刺绣的特征。

"衲绣"，或称"衲丝"和"戳纱"，同是用方孔纱作地子材料，技术处理也相同，不同处是表现方法。同是擘丝如铺绒，在纱地刺花，凡作满地锦纹规矩花的，称"衲锦"。和织锦区别是纳用针刺而不是机织。因针路长短不同，而分纳一丝，纳×丝不同名目。如只作部分折枝或其他写生图案，余下空处相当多，则称"戳纱"（"衲绣"又叫"纳纱"，"一丝穿"。——王孖注）。又京制荷包扇套小件丝绣中，一孔一针绣锦地花的，北方人又叫作"北刻丝"，表示和南刺绣用小梭织成大有区别。这种绣法和结子法，常因近于平铺万千小小颗粒而成，诸色相柔和的感觉，在刺绣技法上是两种最值得注意的技法。衲绣法在古代黼绣文彩时即已使用，在记载上比较可靠的，是三四世纪晋南北朝常称衲绣衣甲。十世纪的宋代，锦类中就有"衲锦"，用于装裱名人画。明代《天水冰山录》中衣料中，就有衲锦料子。清代有大如帐子，小如烟荷包，都有用衲锦法仿效唐宋锦缎而作的。明清两

影金戳纱人物菱格开地锦纹圆镜套

代又有各种绣纱法，不同于戳纱处，是针脚长短不一。

八、“刻丝”出于汉代之成锦法，本来是用捻紧丝线用编织法作成，从现存汉代材料和唐代材料分析，可知花纹成就和织锦提花决不相同，即和宋代刻丝用小梭法剜织就再相连缀也不相同。小梭剜织或成熟于隋唐之际，可能传自西域，通过高昌回鹘，由古波斯传来。唐代文献记载提及二件著名刺绣，一是唐人韦端符叙述眼见唐初名将李靖所有各种衣料，提及其中一花纹奇丽，作狩猎后的锦袍，根据记载看来，它是属于刻丝法作成的。又一件晚唐诗人陆龟蒙记载所见到的一件古锦裙，内容为花树云鹤，虽认作齐梁时代南方作品，其实鸟衔花是唐代图案一种习惯，它可早到南朝之齐梁时代，而说它是唐初，和李靖锦袍产生时代相去不甚远，或较近情理。现存实物有代表性，其技法还接近唐代制作的，是现藏辽宁省博物馆，那片紫鸾鹊谱刻丝，用粉紫色底子，满作对称花鸟，鸟中鸳鸯𪆟鶒，及口衔花枝形象，都还是唐代格式。宋人记绍兴内府装裱书画有“紫鸾刻丝”，因手卷上的残余材料的发现，和在北京西长安街一宋元初人墓塔中新发现，得到完全证明。刻丝法在宋进一步发展，是和宋五代名家花鸟画的结合。现存实物有代表性的，是相传北宋人仿崔白画作的《三秋图》，布色之精，画稿设计构图之秀拔，在现存同一格式的刻丝中，可称杰构。惟从制作法说，也有人以为它的时代或属晚明的。

南宋刻丝名手多在江南，以朱克柔、沈子蕃、吴煦三人最著名。作品精美多如宋人原画。元人结线较粗，用色较重，世传《八仙图》时代或较接近。明代这一部分艺术，在记载上说为普及到中产阶级日用品各部门，证明生产面已日广。就现有作品说，则艺术显然低落，正如绘画一样，设计配色都远不如宋代制作之精，宫廷用大件加金粉水椅披，用色厚重，当近于元代风格，或即元代本来图案。苏州仿名人画稿制作的册页，由于底稿敷色浅淡，笔姿柔弱，作成后艺术效果也并不高，惟现有传世宋代刻丝，即署名朱、沈、吴诸名家巨制，可能有部分就是明代制作，并非宋代旧制，例如东北收藏之《迎阳介寿图》和一二山水条幅，就作风看来，是近于明人作风的。刻丝制作达到艺术史上的空前高度水平，还是十八世纪的清代中期制作的《佛说图》，可称几幅杰构巨制。（此说辽宁省博物馆藏几幅大佛像释迦图，宽到四尺，高的八尺，藏青地。——王㐨注）据说当时是十六轴同在热河行宫中，每当重要节日同时悬挂的。帝王用刻丝蟒服的制作，也以这时期如意馆中设计图样，最富丽华美。另有绣业中人称“南刻丝”的，多指用浅蓝或水绿地子，作小折枝花的扇套香荷包等刻丝件而言，其不同于一般刻丝处，即丝经极细，花朵色彩鲜明，小朵花也作得十分生动。又晚清贵族妇女流行一种通枝花刻丝或金银长袍料，有作得极精美的。男子也时行一种满花高领库金沿边琵琶襟背甲，织锦、刻丝、衲纱材料无不应有尽有，显得花团锦簇，整体效果实不见佳。另一种用麻姑献寿、天官赐福、八仙庆寿等主题作的八尺幛子，作为一般祝寿礼物的，虽名为刻丝，其实多系在平丝薄绢上，略加规划扣出图样大样，再涂绘粉彩而成，有蓝地红地分别，蓝地的稍微精致，其他多极庸俗。

其他清代中叶以来，海外正式通商以前，即有相当数量呢绒输入，通称哔叽，宫廷及贵族家庭中地衣、炕褥、拜毯、椅披桌围、轿衣、马鞯车帘，以及婚丧大事的仪仗，无不使用，生活服饰中，风帽、披风、马褂、箭袖、外套、帽沿……也逐渐喜用哔叽作成。较精致的当时货币价值之高，远过一般锦段。又流行各种绒类，部分来自海外，部分来自江南，生活起居用哔叽的，部分必加各种色彩刺绣。

三蓝绣，又或几种绣法混合处理，在刺绣中自成一种风格。较早的多乾隆时作品，因毛织物容易被虫蚀毁坏不易保存，除故宫保存部分外，其余多已毁去无余。在中国织绣史中唯一和汉代毛织物刺绣能衔接的，出现时代却最晚，消灭时间却最早。民间毛织物中还保留一部分技法的，是北方蒙藏族使用毛毡帐幕门帘，剪黑绒，用贴花法作如意云绣的吉祥图案，和西南居住的羌、藏、彝，在粗羊毛编织物披肩挂袋等上的加工刺绣，就中最出色的，数缅边傣族作的挂袋，有的在编织色彩斑斓几何纹图案上加小小金银片和钉绣羊皮金作成图案，艺术水平格外高，成就可和贵州苗族之蜡染，海南岛之木棉编织物比美。

本文写于1956年秋，原题为《中国刺绣》。当时作者应聘为故宫博物院织绣研究组顾问，每周有一定时间在故宫上班，作兼职研究。1956年10月28日织绣研究组曾将本文作为《中国织绣参考资料》之一种，油印45份供内部交流。现存之原稿在文化革命中被抄没，已残缺，专案组令作者说明此稿时，作者曾在专案组编号签条上写明："稿不全　盼莫毁去"。作者曾在油印稿封面附注："错字多，校正底子，留作重写用。　从文"。其后，作者和王孖虽均对油印稿作过一些校改，但仍有多处字迹不清，或差错未得到勘正。

现据油印稿并参阅原残稿整理编入。篇名为作者所改。本文刺绣技法部分缺"六"、"七"两节编号，为油印稿原来所缺。

谈　染　缬

——蓝底白印花布的历史发展

丝绸印花古代名叫“染缬”，加工技术种类多，各有不同名称，后来发展成蓝底白印花布的一种，宋元时就材料说名“药斑布”；就染法说名“浆水缬”。转用到棉布印染，成一般性流行商品时，必然是在明代松江棉布大量生产以后，但其发轫也许会早至公元前，可联系到西南地区织作的白叠、栏杆布上头去。白叠布用木棉织成，栏杆斑布似有织有染，在汉代和西北生产的细毛织物“罽”及“氍毹”“毾㲪”同样受人重视。印花丝绸现存较早材料是长沙战国楚墓一件被面，花纹不详悉。其次是西北出土的一片晋代成品，上印重叠斑花，如照唐宋名称，应名“玛瑙缬”。晋缥青瓷作褐斑花的，即和当时染缬纹相通。近于仿染缬而成。

染缬的缘起，《二仪实录》以为：“秦汉间始有，陈梁间贵贱通服之。隋文帝宫中者，多与流俗不同。次有文缬小花，以为衫子。炀帝诏内外官亲侍者许服之。”此书记载史事常多以意附会，不可尽信，惟谈及染缬在六朝流行，隋代宫中受重视，还不太荒谬。《搜神后记》曾提及紫缬事。唐人记载称代宗宝应二年，启吴皇后墓，有缯彩如撮染成作花鸟之状。小说则以为玄宗柳婕妤妹，性巧，因发明花缬。《云仙散录》记：郭元振落梅妆阁有婢数十人，客至则拖鸳鸯缬群（裙），参一曲。”自居易诗“黄夹缬林寒有叶”，又说“成都新夹缬”，就实物和文字联系分析，可知染缬盛行于唐代，技术也成熟于唐代。唐代丝织物加工，已使用过种种不同的复杂技术，大致可分成

唐，张萱《虢国夫人游春图》宋代摹本，纵52厘米，横148厘米，辽宁省博物馆藏

两大类：第一类包括色彩复杂的文锦和两色花或本色花的绮、縠、绫、罗以及花纹突起的“剪绒”，薄如烟雾的“轻容”、“鲛绡”纱。这些丝织物除剪绒外，其余加工方法，都是在织机提花过程中一气呵成。第二类包括各种不同的“刺绣”和“贴绢”、“堆绫”、“泥金银绘画”、“染缬”等等。加工方法都是在丝织物成品上或衣裙材料成品上，另外通过复杂手续完成的。

唐代中等以上人家妇女的衣裙和家庭日用屏风、幛幔，多应用染缬。现存材料有重要参考价值的，应数甘肃敦煌和新疆发现品，以及日本正仓院部分藏品。从这些材料分析，得知唐代至少已有三种染缬技术普遍流行：即蜡缬、夹缬和绞缬。

一、“蜡缬”，就是我们常说的“蜡染”。它又分单色染和复色染两种。复色染有套色到四、五种的。因不同颜色容易相互浸润，花头多比较大，无论是串枝花或团科花，构图饱满，特别宜于作幛子帘幕。元明时流行的通俗读物《碎金》中记过九种染缬名目，有檀缬、蜀缬、撮缬（即撮晕缬）、锦缬（当指方胜格子式、如旅大所藏残佛幡，现在历史博物馆陈列）、蟗儿缬、浆水缬、三套缬、哲缬、鹿胎斑（即宋之鹿胎）。内中说的“三套缬”，大致就指这种生产品，名目似乎也是民间通称，因为根据元明文献记载和明初丝织物分析，元明人实在已不生产这种高级印染丝绸。近来常听人说现代西南蜡染从唐代蜡缬发展而出，事实或者正相反。西南蜡染原有个更久远的传统，应从木棉织物的栏杆斑布算起。唐代蜡染技术上的成就，决非某人发明，很可能是从西南兄弟民族方面传入中原加以发展的结果。到宋代中原蜡染技术在应用上已日趋衰退时，西南民间却依旧流行蜡染，名“点蜡幔”，和广西黎、瑶族精美提花棉布“黎单”同为人民爱好。又朝鲜在唐代从中国传去的染缬法，北宋时也还流行，应用到普通幛子类。《高丽图经》二十八：“缬幕，非古也，先儒谓系缯染为文者谓之缬。丽俗今治缬尤工，其质本文罗，花色即黄白相间，灿然可观。其花上为火珠，四垂宝网，下有莲台花座，如释氏所谓浮屠状。然犹非贵人所用，惟江亭客馆于属官位设之。”

染缬由于技术条件限制，图案纹样和锦缎多不相同，即同一种图案，和色效果也不一样。唐代蜡染的图案式样，除实物外，在绘图中还有些线索可寻，例如宋徽宗摹张萱《捣练图》中有两三位妇女衣裙，就属于染缬中的蜡缬或夹缬。《虢国夫人游春图》中也有几个骑马人衣服是蜡缬，不是锦绣。史传称：开元天宝之际，杨氏一门得宠，小器易盈，争学奢侈，贵妃用刺绣工七百人，杨氏诸姨则用金玉锦绮工达千人。记载虽容易夸张失实，但由于当时统治阶级的奢侈糜费形成一种社会风气，染缬的花样翻新，可能和这个时期关系格外密切。此外唐陶俑表现着染缬的也相当多，唐三彩常用的花斑和宋人所说的“玛瑙缬”，技术处理实有相通处。敦煌壁画中佛菩萨的穿著、经变故事和供养人的部分穿著，以及藻井、屏风、幛幔上都还保留下许多重要参考材料，值得我们注意。

唐代不仅妇女衣裙用染缬，男子身上的袍袄同样有使用它的，如《张议潮出行图》中的兵卫仪从骑士，身上穿红著绿，染缬就占相当重要分量。北宋帝王出行身前有两万多御前步骑队伍护卫，照《宋史·舆服志》和周必大《绣衣卤簿图》记载，其中一部分就必须著某种花鸟兽染缬团衫。这种染缬团花小袖齐膝袄子以及花缬帽，还是根据唐“开元礼”制度而来的，可知开元时就有用染缬作军服的制度。又敦煌晚唐《劳度义斗圣图》中几个举袖迎风的妇女和另外坐在一旁几个披袈裟的罗汉僧徒，也同样有著染缬的。女的身上所著名叫“团窠"缬；罗汉身上披的袈裟，作水田方罫山水绉折纹的，照唐宋习惯应当叫作"山水衲缬"。水田衣的使用，当时算是一种时髦。

二、"夹缬"的制法，是用镂空花板把丝绸夹住，再涂上一种浆粉混合物(一般用豆浆和石灰作成)，待干后投入染缸加染，染后晾干，刮去浆粉，花纹就明白现出，宋人笔记说的"药斑布"，《碎金》说的"浆水缬"就指这一种。说它是蓝底白印花布的前辈，大致是不错的。这样作成的染缬，花色必浅于其他部分；如用花板夹住，直接于漏空处用颜色刷染，花色就深于其他部分。后者虽也叫染缬，但材料可并不曾入过染缸(三套缬中可能也有用刷染法加工的)。这种染缬必用花板，较早的记载有北宋张齐贤著《洛阳缙神旧闻记》称："洛阳贤相坊，染工人姓李，能打装花缬，众谓之李装花。"其次是《宋史·舆服志》载政和二年诏令："后苑造缬帛，盖自元丰初置为行军之号，又为卫士之衣，以辨奸诈，遂禁止民间打造。令开封府申严其禁，客旅不许兴贩缬板。"到南宋后已解禁，所以朱熹文集中攻弹唐仲友文即说到假公济私，用公家缬板染私人彩帛事。又《梦粱录》谈临安市容时，说到许多彩帛铺，所谓彩帛，部分即印花缬帛。

用此法印到布上的名"药斑布"，相传出于宋嘉定中归姓，《图书集成》引旧记称："药斑布出嘉定及安亭镇，宋嘉定中归姓者创为之。以布抹灰药而染青，候干，去灰药，则青白相间，有人物、花鸟、诗词各色，充衾幔之用。"(《图书集成》卷六八一，苏州纺织物名目)这种印花布，明清之际又名"浇花布"，同书松江条称："药斑布俗名浇花布，今所在皆有之。"

又夹缬和蜡缬用同一技术加工的，有《岭外代答》所记"傜斑布"："傜人以染蓝布为斑，其纹极细。其法以木板二片镂成细花，用以夹布，而熔蜡灌于缕中，而后乃释板取布投诸蓝中。布既受蓝，则煮布以去其蜡，故能受成极细斑花，灿然可观。故夫染斑之法，莫傜人若也。""傜人……或斑布袍裤。妇人上衫下裙，斑斓勃蔚，惟其上衣斑纹极细，俗所尚也。"

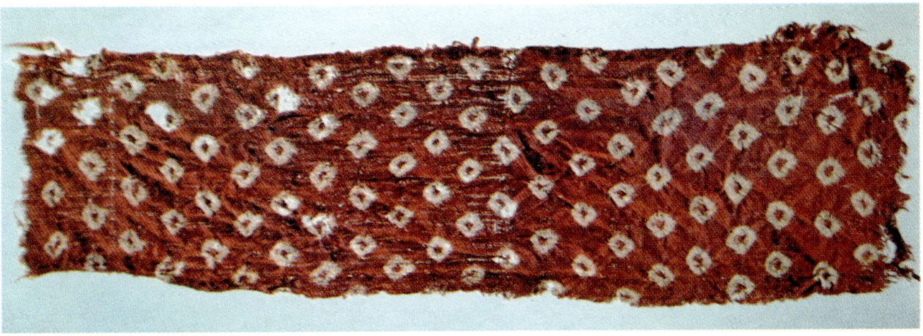

西凉，红色绞缬绢

西凉，蓝色印花绢

三、“绞缬”，是把成匹丝绸或衣裙成品，照需要把某部分用线缚着、缝着或作成一定襞折，用线钉固，染后晒干，再剪去线结，就自然形成一定图案，有蝴蝶、海棠、蜡梅、水仙等等简单小簇花样。最简便的是唐人所谓“鱼子缬”，比较复杂的则为“撮晕缬”。宋人笔记所谓“撮晕花样”、“玛瑙缬”，《碎金》中提起的“鹿胎缬”，大都和这种染缬分不开。一般说来，绞缬作法比较简便，并且能随心所欲作成个人爱好的花样，不受缬板限制，因此在当时人应用上也就相当普遍。不过既然非商品生产，容许个人匠心独运，出奇制胜，又必然有人会逐渐把它作得极其精美。绞缬和其他染缬一样，也可使用套色加工。“撮晕”和“鹿胎”在北宋都特别提出加以法律禁止，反映出这类高级染缬，加工技术必相当烦琐不下于套色蜡染。

唐，棕色印花绢

"鹿胎"似以川中生产特别讲究，观史传禁令可知。《宋史·食货志》："诏川陕市买场、织造院，自今非供军用布帛，其锦、绮、鹿胎、透背、六铢、欹正、龟壳等段匹，不须买织。"又仁宗天圣时，诏减两蜀岁输锦、绮、鹿胎、透背……。景祐初……其后岁辄增益梓路红锦、鹿胎。庆历四年复减半。

撮晕虽已知为染缬类，"鹿胎"一名过去却少有人明白是什么。从比较材料分析，可推测属于染缬，花纹属于梅花斑，以紫红为主。《洛阳牡丹记》称："鹿胎花者，多叶紫花，有白点，如鹿胎之纹。故苏相禹圭宅有之。"可知鹿胎为紫地白花。《牡丹记》又称："鹿胎红者，……色微红带黄，上有白点如鹿胎，极化工之妙。欧阳公花品有鹿胎花者，乃紫花，与此颇异。"可知也有红地白斑的。又宋人著《洛阳花木记》，说芍药中有："黄缬子、红缬子、紫缬子、白缬子"四种。可知有用芍药花样的，至少且有黄红紫三色。至于白缬，注明为千叶白花，又可知花是本色，底子染绿。又"一捻红"系"浅红中有深红一点，易作缬"。芍药谱说，红色深浅相杂，类湖缬，得知湖缬系深浅红相杂。宋代工艺图案重写实，从这些花的著录中也可得到缬和鹿胎基本纹样若干种面貌。

又鹿胎紫的花纹，实创于六朝，相传陶潜著的《搜神后记》，就提到这种花缬："淮南陈氏于田种豆，忽见二美女著紫缬襦，青裙，天雨而衣不湿。其壁先挂一铜镜，镜中视之，乃二鹿也。"镜中是鹿，可知身著紫缬即作梅花斑。

唐代机织工人，已经常能够织造配色华美、构图壮丽的锦缎，达到高度艺术水平。且能织金锦。用小簇花鸟作主题的本色花绫，又因为和当时官服制度相关，更容易得到全面发展的机会。染缬和刺绣虽然同属于丝绸加工，在应用上却相似而不尽同。贵族妇女衣裙，歌妓舞女衣裙，凡是代表特种身份或需要增加色彩华丽效果时，服饰加工多利用五色夺目的彩绣、缕金绣和泥金绘画。这些大量反映在唐人诗歌中，从诗歌描写中考查，我们还可知道这种高级丝织物加工的主题画案，经常用的是什么花、什么鸟和某几种常见的昆虫。这些花鸟昆虫形象和表现方法，现存实物虽不够多，可是另外却留下许多十分可靠的样稿可以参考，最重要的是大量唐代青铜镜子上的花鸟浮雕。绞缬法极简便的是十字纹样，明清有的地方性纺织物中，还采取这种绞缬法加工。图案充分保留唐代风格的，惟西藏人民织造的五色"氆氇"，特别有代表性。

应用染缬在唐代既有一定程度的普遍性，它不会不影响到其他工艺部门。显而易见的是它和当时三彩陶器花纹彩色的相互关系。有些三彩陶的宝相花和小簇花，都可能是先用于丝绸染缬，后来才转用于陶器装饰的。止如同一般说的搅釉木纹陶，实出于犀毗漆的模仿。

染缬多宜于用在熟软薄质丝绸上。一般染缬多用青碧地，正如《唐史》所称："妇人衣青碧缬，平头小花草履"，是某一时期流行制度。从出土三彩俑上还可看到一些青碧缬衣裙的基本式样。但唐人已

唐，绿色印花纱

唐，绛色印花纱

习惯用红色，由退红（又名"不是红"，和"肉红""杏子红"相近）到深色胭脂红，红色实包括了许多种不同等级。部分花缬必然是要利用这不同等级的红色形成美丽效果的。古代红色染料主要是紫草和红花，宋代以后才大量从南海运入苏木。红花出西北，所以北朝以来有"凉州绯色为天下最"的记载。但到唐代红花种植已遍全国，四川也有大量生产，所以蜀锦多红地。其实唐代不仅蜀锦著名，蜀中染缬也有一定地位。唐《韦绶传》就称：帝尝过韦绶院，时天寒，绶方寝，帝覆以妃子所著蜀缬袍而去。白居易诗又有"成都新夹缬"句子赞美蜀缬。史称后唐庄宗派宦官白正嗣入蜀监军，还时得文锦五十万匹。后些时期孟昶投降于宋，库入绫锦彩帛数目加倍多。这是大量丝织物中的彩帛，照唐代习惯，是所谓染彩为纹的丝织物，也就应当包括有各种时新花纹的染缬。

染缬图案不断在发展中，但受材料和技法限制，照例保留下更多更美观简便的花样，到后来继续流行。唐宋过渡期在五代，陶穀《清异录》称："显德中创尊重缬，淡墨体，花深黄。二部郎陈昌达，好缘饰，家贫，货琴剑作缬帐一具。"由于爱好，甚至把穷书生的琴和剑都卖去，换一项时新染缬帐子。这一面反映社会风气的影响，另一面也说明染缬的新花样。这种深色地的花缬，到北宋时还流行，后来被政府用法令禁止，技术才失传。宋锦中有"紫方团白花"、"褐方团白花"等等名目。按锦织不出这种花样；如从染缬去研究，则还有些线索可寻。《宋史·舆服志》载天圣三年诏令："在京士庶，不得衣黑褐地白花衣服并蓝、黄、紫地撮晕花样。妇女不得将白色褐色毛缎并淡褐色匹帛制造衣服，令开封府限十日断绝。"诏令中举的黑褐地白花衣服及蓝、黄、紫地撮晕花样，都明指染缬。一种日用生产品由政府用法令禁止，可知成品流行必相当普遍，生产又相当费工。

北宋染缬禁令中，还有禁止“跋遮那缬”一项，初步研究知道“跋遮那缬”指的应当是一种加金的印染丝绸。至于这种高级丝织物加工技术，是否和当时新疆金绮工有关，或者直接和隋代西域名画家“尉迟跋质那”尉迟甲僧乙僧之父有关？我们一时还难解决。这里已涉及北宋染缬问题。前边曾提到北宋在某一时期中，曾禁止民间使用染缬，市上出售装花缬板的商人也算犯罪。这种创于五代，流行宋初，深色地黄白花的染缬，因受禁止而断绝，我们是否可从别的线索得知它的花纹图案基本调子？新出土材料特别重要的，是虎丘塔中经函中发现那几片三凤团花碧罗缬经袱。因为一切还具有唐代规格。以个人意见，直接材料虽不多，间接比较参考材料最重要的还是陶瓷，例如北方山西晋阳窑、南方福建建阳窑、江西吉州窑，几种深色黑紫釉印花点碗盏，有作银星斑的，有作黄兔毫斑的，有作玳瑁皮或鹧鸪翅斑的，有作犀皮漆中波罗斑的——特别重要是吉州窑烧造的紫褐釉印黄白花鸟三凤或方胜如意的茶盏花纹，图案组织基本上还是唐代式样，和染缬完全相通。由此启示，得知当时的确必有这种深色底子黄白花的染织物存在而且流行，才同时或稍后能具体反映到陶瓷制作上。

本文曾发表于《文物参考资料》1958 年第 9 期，署名沈从文。1960 年和 1986 年 5 月，分别收入作家出版社和商务印书馆香港分馆出版的两种《龙凤艺术》专集。现据商务版《龙凤艺术》文本编入。

谈　挑　花

挑花是民间刺绣最有普遍性的一种，在生活起居方面，比其他刺绣应用也广泛许多。从技术说，它应当属于古典的，可是直到现代，还不断在继续发展中，新的彩色十字绣，就是挑花一个分支。现存刺绣遗产最丰富的部分，也是挑花，千百种团花图案和带花图案，如善于运用到现代生产上，还必然为广大人民所喜爱。这部分图案，并且特别富于民族人民艺术特色。它的成就，真可说是“包罗万有，丰富多彩”。

挑花绣过去在长江以南各省民间均流行，和蓝印花布一样，与广大人民生活发生密切的联系。不过流传情形实相似而不同。千年以来，印花布打样都属于部分事业工匠（宋代记载提起过）。各地虽各有不同艺术风格，但因缬板流传，主题图案和社会应用要求又多相同，因此必然相互仿效，这也就是浙江温州和四川、湖南各地相去数千里，花布纹样却常常相同的原因。各省蓝印花布现存花样，一部分或者还出于明代的江苏，这和明代印花棉布流行又相关。当时嘉定名“药斑布”，苏州名“浇花布”，《碎金》一书中则名“浆水缬”，生产实具全国性。挑花历来非商品生产，多成于农村妇女劳动余暇时候，图案且无一定稿本，一般情形常由亲邻传手。技法虽限制极严，题材却毫无拘束，因此更容易形成地方风格，而且千变万化。不过由于主题图案既反映社会风俗习惯，终不外生儿育女，夫妇和好，粮食丰收等幸福愿望，部分又必然和通俗流行戏剧小说结合，如祝梁友谊，桃园结义，许仙恋爱，或和节令相关，如龙舟竞渡，百子闹元宵。此外如双龙抢宝，狮子滚球，八宝三多，鲤鱼跳龙门，鸳鸯戏荷，凤穿牡丹，更是人民习惯的好题材。加之图案组织，基本上不外团花和带式花，加上部分小三角边沿装饰，因此各地情形虽不尽相同，挑花式样不免常相类似。艺术上的成就，应当说是人民共同的。所谓“地方风格”，必需集中到一定数量后来作比较，才可望明白清楚，如仅从二三十种材料分析，即认为某某属于某一地区所特有，论断是不够具体的。

挑花艺术遗产西南诸省特别丰富，和近七十年机制印花布流行有关。凡是彩印花布所到处，挑花绣必受一定影响，逐渐衰落。现在挑花绣最多的西南地区，多是比较偏僻山区，越接近山地兄弟民族居住的地方，艺术风格也必然更加鲜明，而富于人民艺术古典的素朴，成就特别惊人。原因是人民爱好习惯，优秀传统还能发生作用，观摩学习条件也还保存得上好。湖南挑花绣就正是这样，越接近山区，越显得丰富多彩。它可说是湖南的，也可说是西南各省共同的遗产。

挑花绣使用地材，主要是窄蔻家机布或毛青布，少数也有用葱绿布的。一般说来，汉人忌白而日用被面枕帕必经得住浣濯，因此在土白布上用深青线挑花，是共通格式，不仅经洗，而且好看。至于苗、瑶族则尚青黑而爱彩色，也比较懂色彩，因此使用到衣裙上的挑花，多用青布作地，上加彩线或棕黄绿，即同属一地区挑花，艺术效果也显然不同。白地挑花绣，处理图案宜疏朗，给人印象如素描画。青黑地彩色挑花绣，却宜作比较繁复的构图，使色彩错综。又湖南湘西地区部分挑花绣，地材有用桃红色羽纱和水绿色羽纱的，从材料流行时代分析，可知必是六七十年间作品，

黔东南苗族挑花绣背小孩的搭头帕子

挑花盛世竞舟挽袖局部

虽在苗区发现，实是汉人制作。又枕帕头巾边沿用茉莉花苞作装饰的，比用小三角锯齿纹(通称狗牙齿)时代早些，狗牙齿边盛行于晚清，茉莉花流行于同光时。至于四合如意规矩格子花，则是二百年前式样。

挑花绣最有新鲜生命值得注意的，是方团式或椭圆式凤穿牡丹花或团式串枝莲图案，真可说充满永久青春生命。在湖南区发现，可能和一个优秀传统有关。二千三四百年前的楚国工人，已擅长在黑漆上用朱绘团式图案，作三凤或双凤翻飞，艺术表现十分健康活泼。青铜镜子背面也常有作秀美夔凤图案的。但是凤穿牡丹主题画，必在牡丹花成为人民心目里“花中之王”，而凤穿牡丹且具有春风独占的爱情喻意后，才会普遍使用作人民艺术共通的题材。所以这个主题的成熟不会早于宋代。漆器上凤纹图案的影响，只能说是部分的，间接的。

本文1959年1月发表于《装饰》第3期，署名沈从文。据《装饰》文本编入。

谈皮球花

近四百年中国工艺图案中，有种不规则的美丽小团花图案，由于使用范围广，我们一见总觉得十分面熟。最常见于老式窄蔻蓝印花麻、棉布上面，作成种种不同的反映。此外在描金漆器上，彩绘瓷器上，描金和砑印粉蜡笺纸上，錾花银铜锡器物上，及丝绸印染刺绣上，都可以发现它，形成一种活泼秀美的装饰效果。这些图案花朵除在印花布帐子被面上有时大到三四寸，其余通常不到一寸大小，三三两两挤聚在一处，虚空部分或用别的花草填补（如描金漆），或加花

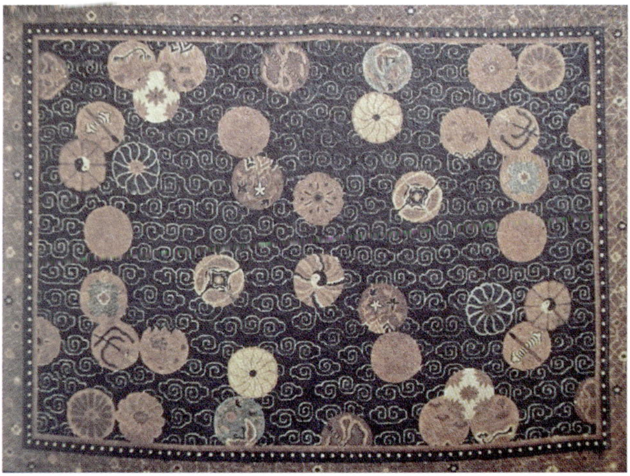

皮球花

鸟蝴蝶相衬(如蓝印花布),也有仅只是这种主题图案,再无其他装饰的(如珐琅彩和豆彩瓷)。图案基本形式或在圆圈内作旋回云纹,或作放射式分裂花纹,排列方法有“么”、“么二”、“二三”等不同处理,和骰子天九牌有些关连。照北京习惯,一般叫做“皮球花”,名称虽然有点俗气,花朵可说既家常,又别致,有些还显得天真而妩媚,充满一种青春气息,十分逗人欢喜。工艺图案中如求“古为今用”,这部分遗产,值得我们给予一点应有的注意关心,因为它和金花笺的写生折枝花异曲同工,在新的日用轻工业生产各方面,凡是需要装饰图案处,都可加以利用。就个人认识,搪瓷、热水瓶、电灯罩、宫灯、玻璃器、瓷器、描金漆器、印染头巾、手绢、枕套、被单、桌布、绸纸伞、手提包、和作衣裙料子的麻、棉、丝绸,如善于取法,都可望得到令人满意的结果。

皮球花的起源,由来已久。在商代青铜器上和白陶器上,就都有过这种回旋云纹略微凸起浮沤式的装饰图案。在安阳侯家庄出土的彩绘龙纹木雕器物痕迹上,还有用寸许大蚌壳雕成的相同团花镶嵌在上面。又青铜制斧钺上,也有这种镶嵌,可知已是三千年前一般工艺装饰。到春秋战国时,除一般小件透雕圆形玉佩青铜剑柄端,又有用雕玉、或松绿石、金银错各种加工方法,作成这种圆式三分旋回云纹图

宋,耀州窑青釉团花八角盘

金,磁州窑绘球花瓷马球,河南禹州扒村窑址出土

案装饰的。过去通称“巴文”。至于三四百年前的皮球花纹，直接影响或出于九百年前北宋的“连钱”、“毬路”锦的变格。古代连钱毬路锦，应当是满地密花，有《营造法式》彩绘和清初康熙仿宋锦可证。我们说“变格”，因为它破坏了原有图案组织的规则。宋代民间瓷最先使用这个变格图案。在丝绸上反映，河南白沙北宋墓壁画中，有个妇女外衣，又使用这种变格连钱花纹。其次山西元代壁画一个帐子上，也有相似花纹。至于作成牙牌丁拐三三两两相聚形式，在工艺品若干部门成为主题图案，时间却多在十七世纪到十九世纪之间。就现有百十种材料分析，且知道工艺美术采用这个图案，时间也有先后，并非同时产生。较早见于一个明代青花瓷坛上，约在十六世纪初期，和蓝印花布样子产生时代相差不多，可见它其实来自民间。其次表现到描金漆器上，时间似稍微晚些，约当明清之际。到十八世纪初，在“铜胎画珐琅”洋瓷上，以及“珐琅彩”瓷上，“豆彩”瓷上，都得到新的表现机会，达到艺术上的成熟期。以雍正豆彩瓷上反映艺术成就特别突出，组织健康活泼，配色明秀典雅，具有高度艺术水平。此外在描金花粉蜡笺上，也创造了些不同格式，布置活泼而新鲜。到十八、十九世纪间，除粉彩瓷继续使用这种图案，产生许多作品，此外银、

清乾隆，斗彩皮球花罐，高 11.5 厘米

清光绪，蓝釉描金皮球花赏瓶，高 38 厘米，口径 9.3 厘米

铜、锡各种金属用器上，也使用过作种图案，用錾花法加以表现。并起始在丝绸中广泛应用；例如天鹅绒雕花，挽袖平金，彩色刻丝，和刻金银衣料，都使用到。由于材料不同，加工过程不同，各有不同艺术成就。十九世纪下半期，流行的彩色印花丝绸，彩色印花洋布，和荷花紫及竹青色本色花缎，更多采用这种图案。材料面积较宽，花头也稍大一些。这已近于曲终雅奏，此后即由盛而衰。至于同光时在蓝釉瓷瓶上加金团花，花式日益板滞少变化，既不能如十八世纪表现到珐琅彩豆彩瓷上那么秀美灵活，也不能如十九世纪初反映到丝绸上那么出众翻新，可说是这种图案在工艺应用上的真正尾声。但十七、八世纪保留在蓝印花布上这个花样，却在二十世纪全国农村中还继续流行，直到现代，说明人民对它的爱好成习惯已多年。江浙和西南农村妇女，多欢喜用它作包头首巾和围裙、被面、帐子，令人眼目明爽。花朵大小随要求不同，帐子上有大到五寸的。事实上它也比目下许多现代派或未来派的圈圈点点彩色印花布还健康美丽得多，受群众欢迎是十分自然的。

清光绪，粉彩皮球花纹梅瓶，高22厘米

十七、八世纪以来，工艺图案种类多，反映到陶瓷、丝绣和描金三大系生产上不下万千种。优秀的写生折枝，多若迎风浥露，充满青春生命。串枝花和小簇花，即作规矩花式，也依旧十分活泼美丽，而且千变万化，各有不同风格，远非当时文人画可比。过去我们对它的忽视，实由于对它的无知，而安于旧的艺术欣赏习惯，把少数为封建地主所爱好的扬州八怪一类文人画价值抬得高高的，却漠视人民工师这些优秀成就。特别值得我们注意的，是康、雍、乾三朝百年间在丝绣、瓷、漆器上的彩色或单色图案，以及在彩色纸绢上、漆器上的描金敷彩花纹，艺术水平格外高。由于当时设计工师，从传统得到启发，深深明白什么是艺术效果，非常虔诚认真来处理它，因此才产生那么多富于创造性的优秀作品。即以皮球花而言，基本式样虽不出小团花图案范围，但具有高度创造热情和艺术巧思的设计打样工师，却能在小小圆圈内，加以多种不同的处理，形成各种不同的反映，再由这种小团花三三两两相聚，或花朵大小不等，或花朵色调不一，彼此相互浸润影响，因此突破了一般团花的格式，产生出一种活泼节奏感。基本花式虽极简单，应用起来却变化无穷。我们说，优秀遗产值得学习取法，也正是这些地方。

近年政府十分重视花布生产的提高，市面常见有许多好看彩印花布，千百年青美工同志的共同努力，贡献值得称赞。但也还有一些地区，一部分生产，依旧是圈圈点点无节制无选择的使用，而且满足于这种成就，以为是人民所欢迎的。其实这些花布，不仅缺少最低艺术效果，也实在相当浪费染料。年青人在美术学校学印染图案，究竟跟老师学了些什么？很值得仔细研究一下。教了二十年印染图案的人之师，常说“写生变化”，提法是不错的，可是自己目前是否能一口气正确无误画得出三、五十种不同品种本国好花样，再加以变化，使它更美一些，作为示范？同时又还提得出百十种出于古代老艺人手中，反映到工艺各部门的好花样，提供作同学参考？如他自己在具体实践上并没有作到这件事，花布改进的一环，可能先是个学习问题。有关学习似应当首先从老师带头作起，不宜再耽误下去。因为明日一系列轻工业日用品，都需要组织健康颜色明快的好看花朵，才符合新社会人民的愉快感情。老一套教学方法，同学应当知道的多不知道，已证明不大得用。向优秀遗产学习应当不是一句空话，必需作些具体顽强努力。要自己先下点本钱，狠心踏实学几年，此后才有东西可教。已经在参加日用品美术设计的年青朋友，想要突破现在生产一般艺术水平，也需要放开眼光，扩大学习兴趣，端正学习态度，素朴虚心，扎扎实实，从遗产万千种好花样中多吸取些营养，来丰富新的创造。多明白些若干年来无数老师苦心孤诣，为我们留下这一笔无比丰富遗产，究竟有些甚么，又有多少还可以借鉴取法，再试来大胆运用它到新的生产各部门去，看看它的效果，是陈旧还是新鲜，才是道理！我们认为一切研究都为了有助于新的创造。目前对美工设计同志说来，敢想、敢作之外，似乎还可以补充两个字——敢学。必需“敢学”，古为今用的提法才不至于落空。

1959 年写

本文于 1959 年 5 月 5 日在《装饰》第 5 期发表，署名沈从文。1960 年和 1986 年 5 月，分别收入作家出版社和商务印书馆香港分馆出版的两种《龙凤艺术》专集。现据商务版《龙凤艺术》文本编入。

花　　边

衣领襟绣用的花边，若照旧日称呼，北方叫“绦子”，南方却叫“阑干”，主要使用于女性衣服上，此外镜帘、桌围、帐檐、围裙，和小孩子的头上兜兜帽、胸前涎围，也时常要用到，形成一种美丽装饰效果。特别是在乡村普通家机织的单色蓝青布或条子布，和本色花纱绸料上作适当配合，形成的艺术效果，实显而易见。这种装饰方法直到现代衣料处理上，还值得好好注意利用它，因为不谈别的，仅仅从国民经济而言，全国年产套印五六种颜色的花布，如有一部分可改用单色或两色代替，只需加上一点花边，既效果崭新，又可为国家节省染料。

花边的使用，由来已久，在古代不仅妇女独擅专利，男子衣服也必用边沿。部分统治者衣上且作得格外讲究花哨。本来作用应当是增加衣服结实耐穿，到后来虽然边必有花，并且成为一种制度，有时且和品级地位相关，虽重在美术作用，还不完全离开实用要求。从中国服装史言，历代成衣师傅都非常懂得花边在衣服上所起的良好作用的。使用花边的全盛时期，距现今约百五十年到七十年间，直到近五十年，才不再在一般女性衣服上出现。但西南兄弟民族中，到现在还十分重视爱好，有的地方还不限于妇女衣服使用，男子也乐意用它。所以成都、苏州新织的彩丝花边，目前在湖南、广西、贵州和云南各地区，都各有一定市场。十九世纪在女衣上应用花边情况，一般多宽窄相互配合，二三道间隔使用是常见格式，较繁复则用七九道，晚清用十道俗称“十姊妹”。最多竟有用至十三道，综合成一组人为的彩虹，盘旋于一身领袖间的，论图案效果倒也还不坏，论实用要求，已超过需要太多。物极必反，因此光绪末到宣统时，流行小袖齐膝女衫，只留下一道窄窄牙子边，其余全废。既不再穿裙，裤脚也有加边的。维新变法影响到衣著，过去似乎还少有人谈起过的。

这些花边主题画，属于古典的，可以说是清代锦缎花纹一种发展，属于新行的，虽比较接近于写生，也还并未完全脱离晚清流行绸缎花纹规模。早期常用三蓝加金，“花蝶争春”占重要地位。随后既千变万化，日见新奇，从道光以来流行的金鱼图案和皮球花为别具风

题图

格。由于加工技术比锦缎简单，不费工料，社会要求又广，因之生产上也更容易显得丰富多采。当时出厂一般作三种包装形式，原始式多扎成一束，如在乡村零售，记得还有用双手展开量度的，名叫“庹”，还是元代计量绸缎的方法，《元典章》谈绸缎禁令时就提起过。洋行式则分两种，一种用硬纸板卷成，整数发行以板计，零售才以尺计。也有做成卷的，中心加个有孔小木轴，上贴某某洋行商标，和后来洋线轴差不多，惟卷团大约到五六寸。其实通是中国江浙工人织成的。

十九世纪中叶，正是各大强国张牙舞爪侵略我国初期，起始用武力强迫当时昏庸无能的满清政府签定了一系列不平等条约，霸占了我国许多重要港口和租界，并利用租界特权和关税传教等等特权，一面用鸦片烟和宗教双管齐下毒害中国人民，一面起始大量流入外来机织羽纱、毕叽、咔喇和棉纺织物，进行贪婪无情的经济掠夺。随后且更进一步，就租界设纱厂、丝织厂，和其他出口原料加工厂，剥削万千人民累代的血汗，造成了租界十里洋场的假繁荣和藏垢纳污。因为花边流行，他们便利用中国人力、物力和美术设计力，针对社会风气，或自设作坊，或就津、广、申、苏各地丝绸行业定织各种花边，贴上“怡和”、“茂隆”、“安利”等等洋行商标，向全国运销，只是一转手间赚了许多钱去。所以这些花边也标志着近百年来被侵略和剥削的中国劳动人民血汗的痕迹。另一面则这些花边究竟还是中国劳动人民在实用美术上一部分成就。

就个人所知，最精美花边的收藏机关应数故宫，由康熙到清末近三百年来还有上千种一库房五彩缤纷好作品。虽然数量大部分大约还是晚清时。此外人民美术出版社由我经手还收集了约二千种，也有不少极别致美丽的。中央工艺美术学院约收有六百种，历史博物馆也还有一部分较精的，其中实不少可以参考取法的东西。这种装饰花纹应用面很广泛，千百种结构美丽配色鲜明的花边，既可直接使用新的印花、提花、丝棉毛麻织物上，来丰富新生产品种内容，也可转用到其他种种需要方面，例如糖果点心包装纸及日用搪瓷、玻璃、热水瓶、灯罩、雨伞、皮革烙印提包、塑料模印器物等等新的生产装饰图案，或放大它作成新的印花床毯、地毯、被包毯，以及提供新的建筑彩绘浮雕所需要带式装饰图案使用。还有对于千百万西南、中南地区对衣用花边有传统爱好的兄弟民族，为了满足他们爱美的要求，还可用机织印刷法作斜条密集印成新的花布，专供他们作衣边使用。目下成都或苏州织彩丝花边，下乡后零售价多在二毛到二毛五一尺，虽色彩华美，一丈三尺料总得费四、五元。如印成丝光花边布，不过四毛一尺，至多有一尺七寸布可裁成斜条，使一件单色蓝青布料衣服得到非常美观的装饰效果，花个六七角钱就可以办到。两者作个比较，就可知这种新的条子花布的试生产，对于绝大多数爱好美丽花边的西南劳动妇女具有何等重要意义了。

如果多数读者认为有必要，我们还将建议轻工业出版部门或人民美术出版社和收藏机构协作，选出千把种花边，用原彩色印出来，供各方面美工同志参考。

1960 年写

本文 1960 年 5 月发表于《装饰》第 11 期。1986 年 5 月收入商务印书馆香港分馆《龙凤艺术》一书。据《龙凤艺术》编入。

谈 广 绣

谈广绣最好是本地行家。个人只能就所见到的镜屏、挂屏、挽袖、裙子、镜帘、扇套和小荷包等大小约三百件左右材料，试作一下分析。

晚清广绣的成就主要部分是赏玩性镜屏挂屏。因为说广绣，首先是这部分艺术品给人印象比较熟习深刻。至于其他杂件、即少为人注意到了。十八世纪挑花、纳丝和十九世纪初期的戳纱挽袖和裙面，虽还留下许多精品，只因时代一隔，若无人作特别介绍，即搁在眼前，也会当面错过，已较少有人知道这些刺绣中也有属于广绣作品了。其次即为褡裢，在二寸范围内作种种花鸟，精工之至，目下所知，以故宫收藏较精较多。

镜屏挂屏广绣，一般多在白缎地子(间或用蓝色缎子)上，用“乱针”兼“铺绒”或“线绣”法，作“百花百鸟”、“凤穿牡丹”、“孔雀开屏”、“松鹤延年”、“鹿鹤同春”、“玉堂富贵”等等幸福吉祥主题画，而且多是成双配对的，显然和当时应用于祝寿结婚送礼习惯相关。四条山水屏偶一有之，惟不多见。人物故事在挽袖上有较多反映，红楼西厢均常使用。针线以紧密细致见长，还始终保持女红中应有细巧本色。构图配彩大胆而自由。宜小品而不宜巨幅。二尺左右镜屏，花鸟越接近写实，即容易形成一种自然主义倾向，不能见出经营位置布局设计的好处。因此一般不免费工多，而艺术效果反而较差。百鸟朝凤中间或有子母鸡和大小猴出现，古今杂会一堂，说广绣近俗，大致即多指的是这类构图设计，和高度发展的技法无关。

绣件极少加署年月，但是从使用彩色分析，相对时代还是可以得到。例如喜用深棕色作树干，洋莲紫色加于花鸟间，且多装置在雕刻有流水万字地加团寿蝙蝠红木框中，就可知道时代极少早过道光时，一般生产或在同治、光绪之际。北京发现格外多，和晚清官僚来京入朝陛见，士绅子弟会试应举、捐官、拜门，带来送礼祝寿有关。最有代表性的是颐和园里高过八尺的大镜屏，就是六十年前为送慈禧太后寿礼远道运来的。

花纹繁密琐细，不仅是广绣艺术风格，也恰是广东地方一般艺术特征。例如铜胎画珐琅中有广珐琅，花纹就远比京珐琅繁琐细致。彩色缎子中有广缎，也和苏宁川杭缎子不同，用小小杂花紧凑于薄地缎面上，虽色彩十分强烈，惟花朵细碎，彼此相互吸收，形成艺术效果，还是风格独具，充满南国特有青春气息。

广绣中有彩线绣或一色翠蓝绣，使用到玉色绫绸裙子部分或挽袖

清广绣，《三羊开泰图》，北京故宫博物院藏

清广绣，《山水渔读图》，纵44厘米，横35厘米

上的，常作满地填花，不留空白，且用薄薄铺绒绣法，使绒线闪出翠蓝光，另是一种风格。又有极讲究戳纱和纳丝绣，多产生于十八世纪到十九世纪初期，这种精美刺绣，艺术水平格外高。晚清小荷包类，用广绣法作成的，也十分精美。但是一般所谓广绣，还是多指作杂花百鸟的镜屏类而言。

广绣“高官进爵”纹饰

把几种手工艺品联系来看，就可明白它的共同点，这一切都是十九世纪后半期产物。但并非凭空而起。广东象牙工人刻的鬼工球，早已著名海外，可知这种精雕细琢的艺术传统，已有了相当年月。广绣的形式，还可上溯到更早许多年。黎族即精于刺绣，以针线紧密色彩丰富见长，能在青蓝地土布上，织绣出惊人出众几何图案，艺术性十分高强。唐以前我们知识虽不多，晚到十七八世纪的遗物，明标年月保存了故宫博物院中的许多衣饰绣件，花纹图案之巧，设色之富丽，直到现在看来还十分动人。黄道婆由琼崖回到松江，初织棉布，也说是花纹细致。可知织绣上的细致花纹，原是本来传统。广绣针法之巧，实源远流长，只不过是到十九世纪时，才把艺术设计，由比较过时的几何图案或对称花鸟图案，改向写生象生发展而已。这一面可以说是对于中原刺绣文化（特别是由顾绣而发展的苏绣）的效法，另一面却又依然充满对于自然环境的倾心，综合结果不仅突破了苏绣文人画的局限，也突破了自己固有传统局限，却从试验中得到一种新的成果。

刺绣本属于妇功，除官服和戏装多完成于专业男工之手，其他一切创作，多出于民间妇女农闲业余成就，使用者和欣赏者照例也是多数人民。所以色彩富丽织织细密实本来应有长处，正反映着这一区域人民情感的奔放，和生命力的旺盛。中原绣从唐宋以来，就已早和上层文化相联系，受文人画和宫廷艺术趣味影响格外深。例如宋代朱克柔、沈子蕃之刻丝，明代顾氏绣，清初如皋冒氏刮绒绣，无不依傍当时名家画稿。至于明代著名之发绣，也只是近于明代画家尤求、丁云鹏等人画稿的复本而已。广绣有一特征，为一般谈刺绣的较少道及，就是它始终不受较前或同时文人画影响，还保留女红传统中不可少的巧手慧心，以细密针线繁复色彩自出心裁来进行创作。正和潮州木刻近似，不受元明以来小说、戏剧、版画影响，独具匠心，来进行透雕浮雕，得到成就一样。这里自然有得有失。因之从传统艺术标准看来，有时不免近俗，认为难登大雅之堂。惟和广大群众对面，却远比顾氏露香园绣和如皋冒氏刮绒绣，完全依附于文人画的作品，易为群众欢迎。

因此我们似乎可以得出那么一个结论，即晚清的广绣，以高级赏玩品而言，虽和晚清宫廷趣味联系不大，具有高度技术，艺术成就不免依旧受一定时代限制。然而它的作者，充满本地刺绣创作上的热情和天真，充满了民间趣味，来进行这个工作，产生许多风格独具的艺术品，在十九世纪晚期工艺中，独放异彩。这种估计，大致还是符合历史实际的。

现在，广绣必然有更广大前途，值得注意处大致是如何把技术上的长处好好保留，并加以发展，另一面却在设计上多用点心。因为刺绣当成纯赏玩品看待，应用范围究竟有限，产量要求也不会太多。如让它回归本来和日用生活发生多方面联系，即以围巾、手提包、靠垫、衬衫、拖鞋……等等而言，国内外新的需要，将超过历史上任何一个时期。既当成日用美术商品生产，就不能不讲求成本经济，过分繁琐势不相宜。求新的广绣能作到经济、实用、美观三方兼顾中取得良好进展，改良新的美术设计，加强新的美术研究，并好好学习刺绣各部门优秀遗产，加以充分利用，应当是这部门生产当前和明天一个主要环节。这点肤浅认识是否恰当，愿求教于专家和老师傅及其他有心同志！

本文1962年8月9日发表于《羊城晚报》，署名沈从文，1986年5月收入商务印书馆香港分馆《龙凤艺术》一书。据《龙凤艺术》文本编入。

《红楼梦》衣物及当时种种

第一册

一、拯溺救危——借用作为人仗义疏财形容。

二、金丝八宝攒珠髻——指用金丝穿缀小真珠作八宝的髻饰。

三、朝阳五凤挂珠钗——明代以来，钗就有作“丹凤朝阳”式的，多作一小凤举翅飞腾，也有平面贴鬓凤，凤口多衔小珠串二三寸，是从古代金步摇金爵钗制度发展而出。清代妇女凤冠有一定制度，因官品不同，由三、五、七到九凤。但这里从衣着说，却不是官服，头上必然是一般用的凤头钗。一切描写只是给人一种金翠耀眼的印象。

四、缕金百蝶穿花大红云缎窄褙袄。——褙袄多指有边袄子。这里说的是用缕金作百蝶穿花，绣在大红云如意缎上的窄褙袄子。窄褙指肩袖腰下通作重边而言。照实在材料说来，缕金百蝶穿花或指衣缘。

五、五彩刻丝石青银鼠褂——即宝蓝色底子的五彩刻丝银鼠出风对襟外褂。因康熙以来有素刻丝，用于有丧服饰。又有刻金，用金线作地。这里才说某某地某种刻丝。

六、翡翠撒花洋绉裙——即翡翠绿颜色的散朵花绉绸裙子。洋绉和后来之湖绉材料相近，多本色花。这里“撒花”也可指丝绸上本色花。也可指在洋绉上另用铺绒法绣的散朵花。

七、"辣子"——沾惹不得形容，泼妇形容。贾母说有取笑意。

八、外道了——见外生分意思。

九、錾金彝——泛指金银错古铜器。这种金银加工技术从春秋战国起始，继续发展到汉唐明清，各有不同成就。

十、玻璃盆——清初外来或广东作。一般多碾作菊花瓣式花纹，大如同时铜瓷脸盆，径大约一尺五寸，高约六七寸。向例用一硬木架子承着，代表当时时髦陈设。古董商把这种玻璃通叫做"磨料"。

十一、猩红洋毯——即大红咔喇呢的炕垫。有素的，有在上加绣双团凤或凤穿牡丹的。因俗传这种红色是用猩猩血染的，所以通称"猩猩毡"。清初作炕垫拜垫用较多。后来才用作椅披垫。

十二、大红金钱蟒引枕——指作小团龙花纹锦缎的靠手枕。共有两式：有作径尺二三寸，大球形或多面灯笼样的，有作径尺大，三尺长方枕式的。内中有用灯草填实的，也有用棉花和灯草同放作芯的。是从古代汉晋以来"隐囊"发展而成。

十三、秋香色——指黄菊色，和缃色近。

十四、梅花式洋漆小几——指杂色仿倭漆梅花五瓣式茶几，不一定是外来物。日本从唐代起学得中国漆器作法后，即有发展，特别是

明，剔犀云纹长方盒，其工艺又称"云雕"，北京市文物公司藏

杂色漆屑金或细描金，制作精美。明代中叶天顺年间，著名漆工艺术家杨埙，从日本把技术学回来，制作又超过日制，当时因此名“杨倭漆”。清康熙乾隆时还有发展。通名洋漆。现代福建杂色漆还从那个基础得来。惟乾隆以后说洋漆，间或也指棕黄色油漆，即后来宁波漆。事实上倒是我国固有的，唐代就已出名，叫明光漆。

沈从文手迹

十五、文王鼎——指有“文王”铭刻的西周青铜鼎。事实上这里只是泛说周代古铜鼎。

十六、汝窑美人觚——旧传北宋宫廷中，因定州白瓷器边沿有芒不光，特别另烧青瓷，因之产生汝窑。又传用玛瑙作釉，釉多作灰碧色，极细润。在北宋官窑瓷中和大官青瓷同样为世界珍贵。觚是商代青铜酒器，敞口小腰长身，造形如女性苗条。这里指的是汝窑长颈觚式花瓶。

十七、弹花椅袱——椅披垫类，用针线纳过行道花朵叫“弹墨”。在绣花中技术算最简单，意思如木工弹一道墨线。椅袱即方椅套垫。(剪纸为花样水贴绸料上，再以吹管喷色雾绸上，得白花。反之，花版花纹处镂空，绸白萎起，吹色雾花纹处，深色花。可一色或多色。唐代即有“吹绘纸”工艺相承而来。)这里指弹墨法作花的椅套。

十八、混世魔王——《西游记》称孙悟空的名字，这里借来形容宝玉不受封建礼法拘束的性格。

十九、内帏厮混——旧社会大户人家成年男女，居处必分内外，男子自有书房。这里指专在闺房中和妇女玩闹。

廿、粉油大影壁——指用粉彩油漆绘画搁于厅堂过道间，上有短檐的木屏风。有画岁寒三友松竹梅的，有画丹凤朝阳的，也有作山水画的。

廿一、二龙戏珠金抹额——抹额就是帽勒，帽箍。这里指金作双龙抢宝式的帽箍。是宋代以来传下的童子装扮。敦煌画上唐代舞乐中也已经用到。

廿二、二色金百蝶穿花大红箭袖——指大红地用缕金片和捻金线织成百蝶穿花图案的箭袖袍。

廿三、五彩丝攒花结长穗宫绦——指宫式用钉绣法作花，加长丝穗的寸半宽的腰带。

廿四、石青起花八团倭缎排穗褂——指明蓝色广东织八团花洋缎出风对襟外褂。照清初材料应称“倭罗缎”，有罗纹间道，出广东。一般广缎多光地小朵彩花。这里说八团花，是后来少见的。

廿五、松绿撒花绫裤——即松花绿色小朵花绫裤。松花绿指豆绿带粉黄色。清初说绫，多和后来小纺相近，不尽是闪光板绫。

廿六、刻丝——中国特有的丝织品。是从汉代“织成”法发展而出的。北宋时，在河北定州的生产，已极著名。南宋在江南更出了几个有名专家，如沈子蕃、朱克柔，作品多根据宋代重要写生花鸟画作成，传到现在，已八九百年，还颜色如新。明清以来，江南各地生产多用到日用品方面，也有极精美的。是用各种色线小梭子一点一点织成。明人笔记就说起，作一衣有一年才能完成的。清代又有本色刻丝，丧服用。有加金刻丝，或用金线作地的刻金。因此这里指明是五彩刻丝。

廿七、椅搭——即椅披。多用于有靠背的椅子上。材料有锦缎的，有织绒的，有刻丝或绣花的，乾隆以后也有用咔喇呢绣花作的。喜庆用红色，家中有丧事则用蓝色。一般靠背式太师椅都使用。从唐末就起始用这种装饰。宋代宫廷中，还有用小真珠穿花钉绣的图案，云鹤、团凤、狮子滚球、寿山福海外加灯笼象征五谷丰登。

廿八、劳什子——泛指劳民伤财毫无实用的玩意儿。

廿九、斜签着坐下——即俗话“只坐半个屁股”。旧社会上下区别极严，不是同等身份，决不敢平起平坐。这么侧坐着，表示不敢自居同等。

卅、扶鸾——道门中一种骗人迷信。又名“扶乩”，情形不尽相同。两人手扶个丁字木架，或用双竹筷缚一笔，在沙盘或米盘上写出诗句，假托济公、吕洞宾、关云长等等小说中人物降坛，名扶乩。作一小楼或空房，暗中埋伏一个帮忙穷书生，预先磨好墨，搁好纸，把门关上，让那个埋伏下的人把一切鬼话、对联、诗句写上，本人又隐藏后，再开门去取出，这些字往往还写上岳飞或关云长赐给某某信士、弟子，好骗人信仰，名叫“扶鸾”。本书还没有严格分别。

卅一、眼饧——眼如被新作麦芽糖粘着，强睁睁不开，形容困倦。这一段描写，是故意把一场涉及爱情富贵的小说传记夸张描写形容，并非真有这些宝镜金盘，纱衾鸳枕。

卅二、顾头不顾尾——俗说野鸡被迫时，多把头插入草窠中，以为安全，不意长尾在外，反被捉住。后来通用作不善于生活过日子的人形容。这里指有钱即花意思。

卅三、拉硬屎——是歇后语“硬撑”，借用作假充好汉嘲讽。

卅四、这样嘴脸——即没有面了意思，所以怕去了等于把嘴送上门请人打，出丑。

卅五、卖头卖脚——旧社会江湖献技女子，踹软索时不免听流氓轻薄，评头论足，才能够得几个钱。因此借用作抛头露面的形容。

卅六、行当儿上——中国宋代以来，手工业和商人就已有行会组织，分行、会、坊、社，所谓手艺百三十六行，行行出状元。行船也各有行帮码头，互不相犯。这里借用作那一部门服务当差询问。

卅七、倒厅——前厅屏门里空处。面对正院，为分隔内外，所以照例有个影壁。影壁有在院子中的，也有缺少屏门，用影壁代替的。

卅八、秤铊似的——旧式挂钟多如一方匣，下挂长链条，垂一可移动的铜葫芦或圆饼，利用重力下堕转动齿轮，到一定时候，再把葫芦移上，不必另扭发条。

卅九、大红油漆盒——即红漆“捧盒”，有上菜用的，也有内中另容纳十锦小碟放蜜饯小吃的。作法分竹胎、木胎、麻布胎。加工方面有彩绘、五彩雕填、描金、镶螺甸各式。清初这类红漆的多用泥金绘折枝花或团花。也有作山水人物极精美的。

四十、大红洒金软帘——指用红绸缎作的金线绣花的棉或毡作门帘。因夏天用的是竹帘，棉、毡夹帘通称"软帘"。

四一、锁子锦——六朝以来就有用金丝编成的锁链子式甲，称金锁甲。唐宋人纺织成锦缎，叫锁子锦。清康熙还织造了许多种。用捻金线织的，比较精，用各种彩色丝织的，也紧密坚实，有各种不同花式。

四二、引枕——即靠枕。古人席地而坐，用锦缎作成大囊袋，内实柔软材料，作倚靠用，名"隐囊"，即引枕最早式样。

四三、金线闪的——用金银二色线间隔平绣的。

四四、昭君套——用貂皮或其他细毛皮作成的帽兜，在额间耸聚如鹖冠，是女风帽一类。明末清初妇女冬装喜用到。

四五、攒珠勒子——用小珠攒聚成花的帽箍。清代式样极多。晚清年长妇女才戴，如两如意合并成。清初多只用一寸来宽天青缎子作成，如一上弦新月，穿小珠钉于边沿，或作朵朵梅花，形成梅花点额效果。清中朝以后，材料较宽，或作带子式，或作双双如意式，多用翡翠雕作双凤钉两旁，中心钉攒珠花或宝石。

四六、石青刻丝灰鼠披风——石青指如宝石中鸦青石的蓝色，即一般说的宝蓝色。这里是说宝石蓝地子的五彩刻丝灰鼠里的披风。清初丝绸青色有许多种，如红青、鸦青、金青、元青、合青、虾青、佛头青、太师青诸名称。瓷器还另分宣青、成青、回青（即鬼脸青）诸名目。

四七、填漆茶盘——清初漆器作法种类极多，大别有描金、螺甸、金银嵌、彩绘、针刻、剔红、剔犀、雕漆填彩。这里即指雕漆填彩一种，通名"雕填"，也作填漆。

四八、玻璃炕屏——炕榻后围屏，当时新流行品。多是在玻璃底面画粉彩或翠绿花鸟，把玻璃嵌于紫檀或花梨或螺甸漆框子里拼合而成。由四合六合到十二合。也有内作点翠嵌牙山水花鸟，外罩玻璃的。苏广作工特别著名。

四九、几上——指炕几。或作骨牌式，或作长条式。也有把正中搁下骨牌式的叫“炕桌”，两端或顶窗口搁的叫“条几”或“炕条几”的。

五十、堆纱花——这里指簪头宫花。用纱裹薄棉作各种叠瓣如真花朵。又有缠绒的，有通草的。

五一、“秃歪剌”——贼光头或癞光头意思，有意取笑。

五二、放了把邪火——邪火即怪火。山林中常起野火，不易知道放火人。这里是用它形容被人无根无由乱告一状意思。说无名邪火也是借用前意。

五三、比下去了——指宝玉不如秦钟标致清秀。

五四、表礼——即见面礼物。旧社会初见亲戚，长辈必赠小一辈的见面礼物。男女不同，多寓吉祥幸福意思。有给彩缎，有给扇套荷包，有给金玉器物，有给首饰。

五五、“状元及第”的小金锞子——指一种小如意形金锭，上印“状元及第”四字。也有印一骑马戴金花作状元游街花纹的，也有印一魁星，手持“状元及第”、“必定如意”等状子的。旧社会重科举的反映。

五六、仪门——大宅院或衙署中，分隔内外的过厅屏门间，多写有严肃整齐字样，通称仪门。意思是进出的人到这里都得把衣冠弄整齐起来，行动也有一定规矩。

五七、“拿什么孝敬我”——有意用《西游记》魔王对手下妖精话语，说来取笑。

五八、胡打海摔——用戏文中番兵或虾兵蟹将的蹦跳活动作没有个规矩的形容。

五九、没见过大阵仗儿——也是用《西游记》小说中诙谐语，这里意思是小脚色不见过大排场。

六十、他是哪吒——指明代通俗神话小说《封神榜》上小将哪吒，意思是即或是《封神榜》上的厉害人物，我魔王也不怕。

六一、不防头——本是行船“不怕冲撞”意思。一般借用作对人不小心冲撞冒犯形容。

六二、爬灰——旧社会，地主多行为恶劣，俗称公公和媳妇发生关系叫“爬灰”。

六三、胳膊折了往袖子里藏——全文应当是“好汉打落牙齿和血吞，胳膊折了往袖子里藏”，是章回小说中俗话。即好汉自己做事自己当意思。这里借用作“自己事自己知道”讽刺。

六四、溜湫着眼儿——通说“贼不溜湫”，是说眼色不定如小贼小偷神气。

六五、拐孤——是天九牌中七点的称呼，因三四二五同对，和其他牌不一样。因此借用作人乖僻不合伴形容。

六六、清客相公——即吃闲饭的帮闲读书人。旧社会，大家门户照例总养下些门客，陪同下棋喝酒，做诗玩耍，打听点外面新闻，供茶余酒后谈笑，逢迎捧场，称清客相公。也就是宋明小说说的帮闲。这里二人姓名就谐音“沾光”和“单骗人”。正如《金瓶梅》中应白爵谐“应白嚼”。是典型清客。

六七、斗方——本指门屏间槅子。明代以来习惯，多在上面贴点字画，供人欣赏，因此纸店特备见方一尺四五寸彩素各色笺纸，就名叫斗方，专供人写字作画。明代以来读书人中欢喜冒充风雅，讲究社交的，常自备这种笺纸作画作诗送人。诗画都不一定高明，因之被取笑称“斗方名士”。要人写斗方的，也近于冒充风雅。

六八、没笼头的马——俗话是东奔西窜，捆也捆不住意思。

六九、蜜合色——一种淡黄白色，见李斗《扬州画舫录》卷一。

七十、玫瑰紫二色金银线的坎肩儿——指红紫色丝绸用金银线平绣如意云花的背心。或指一种新疆织的细捻金银线织成的斜纹紫地金锦。通名回回锦。

七一、秋香色立蟒白狐腋箭袖——菊黄色，织或绣四爪龙白狐腋里的箭袖袍。蟒纹有团式和行动腾跃式，立蟒指第二种。

七二、长命锁——旧社会迷信，因为独子不易养育，或以为命大，多灾星，必拜寄人作干儿子，寄父母就送他长命锁，记名符，挂在项圈下，迷信就可保百年长命。有用金银作的，有用玉作的。清初讲究的多用翡翠绿和羊脂白玉，并刻上一些吉利文字。记名符指拜寄给某庙某神作干儿子的小牌儿。

七三、狼犺——笨重形容。

七四、大红羽缎——指当时外来羽毛织物。光地的叫羽缎，毛地的称羽绸或羽绉。据清初文献："羽绉幅宽二尺四寸，似线绉，无花，出西洋，太阳下照有金星"。又"羽绸黄边，起毛，发卸。"(即发松有弹性意。)

七五、在姨妈这里多吃了一口，想来也不妨事——故意说反话。

七六、大红猩毡——有很多种，细薄哔喇(镜面呢)不用作斗笠。斗笠披风多用一种松厚如带针毛的，绛紫较多。

七七、门斗儿上——指门槅扇上端方框空处。

七八、荷包、金魁星——一般分别用来取"和合如意文星高照"意思。这里则有"两个状元即在一块"寓意。

七九、一双富贵眼睛——指见的金银钱财多，也兼指为人势利意思。

八十、饧涩——饧是麦芽糖，新的极沾手，二字连用形容人困乏时眼睛想睁也睁不开。

八一、荷包——三寸大扁圆如意式，通用天蓝丝绦锁口，内装香药，多成双，象征和合如意，好事成双。是从汉代装火石小件器物的鞶囊衍进的。一般多挂在腰间，各种绣法都有。又南方把装银钞的四方两联小袋也叫荷包，北方别名褡裢。

八二、贪多嚼不烂——本是骂猴子的俗话。猴子习惯吃枣栗，多急忙入口塞满两腮帮，再慢慢咀嚼。因私塾教师用来骂学生，后来才通用作读书多不得用形容。

八三、掩耳盗铃——歇后语是"骗得了自己骗不了人"。因旧说盗钟的唯恐人闻，忙把自己耳朵掩上。这里意思还是哄不了人。

八四、三日打鱼两日晒网——俗话，读书做事不认真形容。即旧书文言“一日曝之，十日寒之”的译注。

八五、上书——私塾习惯，带已读过的书到老师面前，把书送上背诵，或照指定章节回答。又名温书。早、中、晚各一回。书不熟得重温。

八六、打磨旋儿——磨坊中小驴推磨来回打旋，一面走一面如点头。这里用来形容只知四面磕头，求人告帮意思。

八七、点卯——总名应称“过堂点卯”。旧官府衙门，一般公务员都是卯时在大堂上按册子点名，所以称过堂点卯。绿营制吃坐粮当差的，每天无事可作，只到堂点点名，即可回家。因此借作应差敷衍公事形容。

八八、发涅——即死呆呆意思。

八九、累揹——过去农民被地主高利贷揹住无可奈何时，常用“你财主就那么狠心累揹人”。这里还用作克扣剥削意。

九十、祭祀产业，连官也不入的——祠产属合族公有，不至于因某人犯罪而没收。

九一、祭祀又可永继——是说每年扫墓修坟费用有了着落。

九二、起一张五品龙禁尉的票——这里指出钱买个龙禁尉的官衔。清制作官出路有四种：一科举考试，二世袭，三恩赏，四纳款给政府买官。第四种出身名“捐班”，在社会上不受重视。

九三、杀伐决断——本为武将元帅将军法令严明有担当形容。这里借用作办事敢负责任，和严肃不苟言笑形容。

九四、云板——是从古代石磬发展而成的一种乐器。或石制，或铁制，大小不等。一般多作云如意式样，倒悬于木架上，放在衙署或大家宅院仪门过厅侧，或内外院之间廊下，有事通知内外就敲打，次数也有一定。这里说敲四下代表凶信。其他处所不一定相同。

九五、别把老脸面扔了——即别丢脸，别失面了。

九六、供饭、供茶、随起举哀——按旧规矩，死人灵前每日早晚按一定时期得在灵案前供茶、供饭、奠酒，名“上供”。上供时还得敲敲磬钵，燃一炷香。有的还奏哀乐。客人来吊丧时，则外堂齐奏鼓吹大乐，守灵人即举哀。

九七、纸劄——即奠礼中的金银山，冥帛冥币。

九八、猴——猴子善于爬树。这里说猴，意指缠抱，也即是俗话巴得紧紧的意思。141页说“猴在马上”，又稍不同，有嘲笑意。

九九、发引——出殡时，孝子必手持一白纸长幡，名“引路幡”，出殡因之名“发引”，是佛教迷信，以为用它可把亡魂引往西天极乐世界。

一〇〇、阴阳生——指一般为人看阴宅阳宅风水作职业的人。旧社会多迷信，凡婚丧诸事，造房子选坟地，通得聘请这种人解决。

一〇一、落人褒贬——褒是表扬，贬是指责，全语意是受人批评。

一〇二、江牙海水——指衣下脚织成翻波腾浪的花纹而言，因波浪形如姜芽，和江牙谐音，俗称江牙海水，也作“姜芽海水”。

一〇三、碧玉红鞓带——带头用碧玉琢成辟邪兽头，带身漆红色。红鞓本指红皮带身，照习惯即红丝绦也叫红鞓。

一〇四、攒珠银带——带头是银胎地镶缀真珠花。

一〇五、蓁苓香念珠一串——清初重珠串，朝珠以外平时也掌握手串，多作十八粒，象征十八罗汉，因之又叫“十八子”。用各种珍贵材料作成，用香料的有沉、降、奇南、蓁苓诸香。迷信佛的，念佛一声手搯动珠子一粒，周而复始，以为可蒙佛保佑。

一〇六、仙輀——指丧车言。因俗忌说死，以为成仙而去。

一〇七、谢了乏——旧习惯，亲友送殡的到了一定地方后，棺柩停下，孝子即出来向送丧的致谢请回，赞礼生口称“孝子道谢叩头！”孝子等一一行礼致谢，客人即告退。

一〇八、铁槛寺是……当日修造的——明清二代大户人家因在京寄籍，照习惯成了年的死人，另外一时必运柩回乡埋于祖坟山上。因此多修家庙作墓庐，雇僧户看守，并为备具一定数量的墓田，可以收租，作墓庐香灯及其他杂费。

一〇九、风月——指年青男女在花前月下偷期密约，谈情说爱。

一一〇、扯篷拉纤——行船扯篷拉纤必靠帮手，旧小说中多借用作三姑六婆为人作媒作中牵合人事形容。

一一一、牢坑——旧社会，统治阶级为压迫人民，牢狱有水牢地牢等等不同方法。多作深坑，使人不易逃脱。后来多借作处境恶劣逃脱不易形容。

一一二、主文的相公——即办文墨的先生。大户人家应酬多，常用有师爷，专门办理婚丧大事文件，和一般应酬文件。这种人多是穷书生。家中仆役，为表示对于读书人敬而不亵，通叫"相公"（和妇女叫丈夫作"相公"意思相同，含有将来作宰相三公意思）。

一一三、阴阳两宅——这里指墓庐停柩的地方，和送丧守墓亲人住的地方。如一般说来则指埋坟地和家。

一一四、入港——原是行船入港靠码头。借用作互相契合的形容，但这里却借作肉体亵渎形容。

一一五、坐纛旗儿——纛是军中的大旗。"坐纛旗儿"即是戏文中常用的"坐帅字旗下"。有大小三军都必需听其指挥意思。

一一六、花障——指攀枝蔷薇竖立的花架子。

一一七、妆蟒、妆缎——彩缎中织五彩团龙或立龙的简称"妆蟒"，织五彩折枝花的简称"妆缎"。

一一八、流云百蝠……万福万寿——都是图案名称。清初流云百蝠多是连续如意云中加各式蝙蝠，寓"洪福齐天"意思，封建帝王办寿时用这种彩缎最多。万福万寿多用回旋卍字作地纹连续图案，中加福寿字，或蝙蝠和桃子。也有用丝绦结成双套方胜图案象征长寿万年的。

一一九、洒堆、刻丝弹墨——洒花指丝线绣折枝花，堆花指堆纱，古名贴绢，是把杂色绸作花下垫薄棉钉于另一绸缎地子上，和现代补花大同小异。刻丝弹墨另见前注。

一二〇、则例——章则条例。一般简称则例。

一二一、《山门》——指《水浒》戏中鲁智深醉打山门，是有名北曲。

一二二、衣包——大户人家作客，随身婢仆多携带临时替换衣物，有的还带有首饰匣子。

一二三、不防头——意即不怕冲撞，本为行船人用语，借用“不谨慎”及“不怕冲撞冒犯”形容。

一二四、我只是“赤条条无牵挂”的——是引《山门》中唱词，寓意有我也会做和尚去，所以说了又感伤。

一二五、灯谜——从民间猜谜语发展而出。是过去民间新年一种最具广泛性的娱乐。一般多在新年中，把字谜诗谜用纸条写出谜面，贴在大纸灯上，听人猜。猜的人写出来再对谜底。有的还预先准备一定数量的物质奖。有各种不同猜法，还集有各种灯谜专书。

一二六、宫制诗筒——多用五色高丽笺纸折成宽一寸多，长一尺许的狭长封套，内中装斗方纸，专供作诗用。

一二七、啷阿啷的——是指如秧鸡或小狗一样叫个不歇的意思。

一二八、看人家的脸子——指凡事得看人脸色行事。

一二九、掌平的人——即掌天平的。

一三〇、齐纨——本指古代山东临淄出的精美丝绸。这里借作女子丝绸衣裙形容。

一三一、茜纱——即红纱。茜是染红的草，因之多作红色形容。

一三二、翠花——妇女钗钿必点翠，说翠花泛指钗钿。也有专指贴髻抱鬓用杂珠玉和点翠作的花朵。

一三三、锦罽鹴衾——罽本细毛织物，汉代西北出产已极著名。一般多用作垫褥毯子，这里说锦罽，即锦毯意思。鹴衾，指鹔鹴鸟毛的被盖，是借用汉代司马相如卓文君夫妇卖鹔鹴裘故事，作珍贵形容。

一三四、飞燕合德——指赵飞燕姐妹二人，在西汉成帝时极得宠，故事记载于《汉书·赵后传》，和相传汉人伶玄作的《飞燕外传》。这里指《飞燕外传》。

一三五、则天——指唐初以女主专政称帝的武则天故事。

一三六、玉环——杨贵妃的小字，指宋人乐史作的《太真外传》，记杨贵妃玄宗时和政治关系。

一三七、传奇角本——指一般章回小说和戏剧。

一三八、《会真记》——即《西厢记》，根据唐诗人元稹作的《莺莺传》改成，写张生和崔莺莺一段恋爱故事。戏剧由元王实甫改编。

一三九、“多愁多病的身”、“倾国倾城的貌”——引《会真记》戏中词语。

一四〇、吃不了兜着走——即俗话“总归是你分上的”意思。旧社会家有婚丧大事时，请客吃酒，分内肉丸子包子一类，吃不完都可用手巾包走。这里借用作事情吃不消也得作的形容。

一四一、装胖——即俗话打肿了脸装胖子，勉强摆阔意。

一四二、街坊——指邻里。即同街共坊居住意思。

一四三、贱发——减价发卖。

一四四、端阳节所用——照旧风俗，每年端午节，人家多配合药剂中的膏丹丸散备用。

一四五、廊上廊下——这里用廊上，是近房，即近亲意。大家族多分院房居住，所以通称几房。

一四六、拉长线儿——放鹞子风筝必拉长线，因借用作会做长远安排形容。又谚语有“放长线、钓大鱼”，意思相同。

一四七、巧宗儿——变戏法的惯用语。因之多用作可遇而不可求的幸运形容。

一四八、毛脚鸡似的——或作“没脚鸡”。是做事慌张，粗心大意，毛草一团的形容。熙凤说来，是有意出脱贾环。

一四九、文章——即文彩意思。

一五〇、填漆——明清以来一种漆器作法。是在漆器上剔出花鸟来，再填上各色彩漆叫填漆，又称雕填。大件如床榻、屏风、条案，小如茶托、匣子、盒子，都有作的极精美的。在明代漆工艺专书《髹饰录》中，记载有各种不同作法。

一五一、大红销金撒花帐子——一般多指大红罗或绉用泥金法或平金绣作散朵折枝花帐子。

一五二、白绫细折儿裙子——白绫多指玉色暗花绫。花作规矩纹。细折儿是以整幅折成细裥道，名“百折”，二十四折名“玉裙”，清初常服。见李斗《扬州画舫录》卷九。

一五三、凤尾森森，龙吟细细——竹中有凤尾竹，叶细枝柔。竹子可作笛，吹作龙吟。这里是借用前人咏竹诗句形容小院竹子。

一五四、给你个榧子吃——香榧子，南方产核果，咬破时有声音脆响。后人用两指一搓出声，或兼说“给你一个榧子”，或不说什么，原意是“空的”，如系回答，就有“相信不得”意。

一五五、兔鹘——一种驯养捕猎鸟兔的羽毛作淡赭白色的鹰。契丹制度必官品到一定程度，才许可放兔鹘猎鸟。蒙古及清代贵族喜游猎，因此也重养鹰。养鹰方法早见于唐人段成式作的《酉阳杂俎》。

一五六、管谁筋疼——别人的事他管不着，白用心意思。本来是杂剧小说中公差虐待人民时的诨话。这里是借用。

一五七、没理论——用《西游记》中常用语，有“不知道”，“不用问我”，或“没道理”意思，用处不同意义也稍有不同。

一五八、你只是疯罢——意思是正经事不作，和疯婆子差不多，各处乱撞去吧。

一五九、“过了后儿，还得听呵!”——用看戏语气是“等一回看看，还有下文”的意思。

一六〇、锥了扎不出一声儿来的——是俗话，本来用作木头人形容。这里只是用来形容为人沉默。

一六一、饶不挑——偏偏不挑意思。

一六二、撩开手——和通俗小说中“撒手各自奔前程”意思相同。

一六三、和气到了儿——始终要好。

一六四、都是叫金刚菩萨支使糊涂了——意思是说被这些不神不鬼骗人名辞弄糊涂。所以王夫人生气。

一六五、大红妆缎——全名应作“大红妆花缎”，指彩缎有折枝或串枝花的而言。蟒缎则指四爪龙而言，小团龙则叫金钱蟒。清初江南分苏州、杭州、江宁(南京)三处织造。机头各有牌子注明：如“浙江兼管织造臣某某”、“江南织造臣某某”、“苏州织造臣某某”。杭州机头本身两道线，带子边。江宁的一道黄线，绦子边。苏州无线，宽边，见于清初记载。

一六六、大海——明清以来，酒碗大而浅的都叫海。康雍时这种大碗有青花，有釉里红，有青花加紫，常画八仙，寓意八仙过海。又有加一柳树精的。

一六七、上等宫扇——多作如意式，用纱绢糊成，花分透绣、刻丝、彩绘加泥金银花各式。还有用象牙织成的，格外精美。上下接近柄部，多作贴绢堆纱花，也有用玳瑁片剜如意云头包裹的，柄用棕竹或象牙。

一六八、红麝香珠串——一般说麝香，多指麝香鹿脐部分泌物而言，臭味强烈，或作药用，如用它配合诸香，可以巩固香味，不易散失。是我国西藏、西康、云南各地珍贵特产。作珠串的分两种：一种用其他香末和麝作成，一种用麝香木作成。香谱称“麝香木出占城国，树老而仆埋于地而腐，外黑而内黄者，其气类于麝。”这里似指第二种。

一六九、凤尾罗——似本于唐人诗“凤尾香罗薄几重”说的。明有云凤织金罗，凤尾极长，或指这种实物。本书中关于纺织物，有真的，也有称引文献凑成的，凤尾罗或指长尾凤纹罗，清代已无这个名称。软烟罗则近于子虚乌有。因为罗纱织法不相同。

一七〇、一个稿子——用办公文作文章话语，作一模一样比拟。

一七一、打墙也是动土——是成语。照习惯动土必看历书，选择一定合宜日子，不能马虎。动土指大兴土木。说打墙也是动土，意思是小做也是做，大做也是做，有不得已意，所以下文说乐得逛逛。

一七二、气凑——上气不接下气意思。

一七三、藕合——藕合色，清初指深紫绿色，见李斗《扬州画舫录》。但近代说却指雪青莲紫色。

一七四、像黄鹰抓住鹞子的脚，两个人都扣了环了——养鹰鹞都必在脚胫上加扣环，便于平时系一丝绦。扣环不易去掉。这里借用来形容两人同样手拉得紧紧的，分不开，如鹰鹞脚上同有扣环一样。

一七五、下作——即下流。旧社会轻视劳动，屠猪户把猪内脏叫“下水”，清洗工作称“下手”；也就是下作，因此常借用作手脚不干净的骂人话。

一七六、玻璃缸、玛瑙碗——这里借来形容贵重东西，并非具体实物。玻璃玛瑙连用，晋六朝译佛经时即已成习惯。

一七七、夹枪带棒——这里打一下那里戳一下意思。用于语言就是口中有刺。

一七八、终久——始终究竟意思，或应改之为“究”。

一七九、水晶缸——多指清初外来玻璃器，俗称磨料，多作敞口筒子盆式。径大约一尺四五寸。作菊瓣花的较多。

一八〇、少作点孽——语气因事而不同。这里指暴殄天物白糟蹋东西意思。

一八一、楼子花儿——牡丹中心花蕊重叠高起的，名“重楼子”，北京中央公园花坛中的姚黄，就属于这一类。语原出宋代《牡丹谱》。凡在花朵中心瓣蕊重叠高起的通叫“楼子花儿”。这里说荷花，即指“千叶莲”。

一八二、拜了影——即拜祖先画像。旧社会敬重祖宗，大户仕宦人家，死后出殡以前，家中人必特别请一位年高有德的人来“点主”，用一种繁琐礼乐仪式，请这人在预制小小白木牌位上用朱笔一画。另外在身前或死后又请传影师画一个像，名叫“影身”，又名“真容”。平日正厅神龛只放三代神主牌位，逢年过节，或为死者作冥寿纪念日，才把影身悬挂出来，供后代子孙家人瞻仰致敬。阖家在影身前叩头，即拜影。这种传影法的绘画技术，从唐代以来就成专业，忠于写实，自成一派。明清两代还留下极多重要作品。

一八三、把印丢了——作官的印极重要，失去必受严重处分，所以湘云这么说。

一八四、但凡有——假若有意思。

一八五、巧人——心灵手巧的人。

一八六、不才之事——用《西厢记》中语，张生和莺莺恋爱接近后，说“小生不才，承蒙小姐错爱”，所以才说“可惊可畏”，或什么“丑祸”了。

一八七、拿款儿——旧社会有势力的官吏地主，乡约保长，流氓地痞，遇事总说这里违犯法律中某条某款，那里又违犯某条某款，用来欺压善良人民。因此通用作“摆架子”、“打官腔”形容。这里指摆千金小姐派而言，是说笑。

一八八、抠了垫心子——抠即挖空。是说把鞋面材料某部分挖空，好垫上其他材料。一般说来多是挖作云头如意花式。

一八九、经济——意即经世济民。其实所谓经济学问，即升官发财的学问意思。

一九〇、风里言，风里语——无凭无证无根无柢不可追究的言语。

一九一、造化——用《西游记》孙悟空口头语，有“幸运”、“托福”、“天保佑”种种意思。

一九二、草莽——旧小说中常用的“小小毛贼”意。

一九三、不祥——不幸快要死去。

一九四、藤屉子春凳——或是藤心的广式躺椅，俗称“醉翁椅”式的藤凳。或是藤心条凳，通称“琴凳”的一种。

一九五、对景——对照相合意。

一九六、沉心——即深心，所以下面才说怕他多心。

一九七、鹅黄笺——小鹅毛的嫩黄色纸签条，清代凡皇帝用的东西多用这种颜色的纸或绫缎标签。

一九八、编派——旧小说唱本多民间流传随口编的，旧社会统治者向人民需索什么，总是由上指定，谁去应差，谁出多少钱。这里借用作不是自己的事，不应该派到头上的事，通随意编派上。

一九九、白眉赤眼的——意思是说扮个花脸无戏可唱。

二〇〇、象生——扮傀儡戏意。

二〇一、横劲——俗说马有直劲，指能驮载货物。牛有横劲，指能拖拉犁锄。这里借用作蛮力戒酒。

二〇二、龙下蛋——天下奇迹意思。

二〇三、想绝了——一切都想尽了意思。

二〇四、“拿着官中的钱做人情”——成语，自己一点不用费事意。下面语气中还有“未免太乖”意思。

二〇五、捧盒——多竹木或夹纻作胎，加漆作成的扁圆大盒子。有描金、雕填、螺甸各种不同加工。热天装食物，还有边沿部分用竹丝或铜丝编成透空的。

二〇六、打花胡哨——俗传九尾狐专用花言巧语骗人，使人上当。后来人因借用，凡善于花言巧语敷衍世故话不落实的，就说“口中花里胡哨”。这里说“打花胡哨”，是指凤姐和狐狸精一样，来时如一阵风，乱说一通，又即走去意思。

二〇七、倒了核桃车子——意即只听到哗喇喇好大一遍空话。语气中多少有一点褒贬。

二〇八、变弄——即想办法。语原从变戏法而来。

二〇九、跐脚——南方说跐，指用脚搽来擦去。因为旧社会有规矩，妇女不作兴伸腿露脚，所以跐门槛是轻浮举动。这里用来形容凤姐少大家体统。

二一〇、缠丝白玛瑙——玛瑙，玉石中极光莹的一种，有各种不同颜色。战国以来就已经被社会重视，磨琢成各种三寸大小环子，作身上装饰品。汉代以来就有作成杯盘和马辔勒装饰的。缠丝白玛瑙，指一种乳白色中夹透明黑黄曲折丝纹的玛瑙。

二一一、联珠瓶——清初康熙雍正二朝，官窑瓷器中，常烧造一种两瓶合并高约尺许的花瓶，供插两种不同花用，寓“珠联璧合”意，称联珠瓶。这里说的似指另一种一破两半，上有穿孔专为挂在墙上的花瓶而言。瓶式多敞口长颈大腹，作如意式，也有作葫芦式的，挂在墙上插花，寓平安如意。一般多挂在柱上，可不能摆在十锦槅子里。也可能指第三式可以分合的瓶子，因为康雍乾三朝欢喜用十锦博古槅子放古董，陶瓷工人曾创造出许多种不同格式。

二一二、两车话——形容空话之多，和前面薛姨妈说王熙凤倒了核桃车子形容相同。

二一三、彩头——本来指彩色丝绸而言，因划龙船，猜灯谜，歌舞竞赛，占先的必得一段彩帛奖励，称得彩。后来借用作吉利形容。

二一四、打牙儿——和俗语“闲磕牙”、“嚼牙帮骨”一样，说空话的形容。

二一五、摄丝盒子——细竹丝编织成的盒子。或部分加漆，或全部加漆。康雍时制作常是底盖一部分用木涂漆，盖上用金银泥仿恽南田蒋南沙画法，描绘折枝花果。四川、福建和江浙的湖州、杭州、扬州，都有作得极精美的。

二一六、湘妃竹——出湖南，因竹上常有各种棕色美丽纹斑，又名斑竹。宜于作扇骨等小件器物。有作小圆点子的，别名凤眼，清代特别贵重。这种竹子传说是舜王崩于苍梧后，娥皇女英两个妃子洒泪竹上的影响。因黛玉好哭，探春借此取名。

二一七、十锦槅子——明清时房间槅扇或书架，多作成大小不一形式各别的鸽子笼式的格子，便于搁放陶、瓷、铜、玉古玩器物，通称十锦槅子。也叫做博古槅子。有的还能移动，合拢时如一堵墙壁，推开时就成一个门洞。

二一八、银红色纱衫子——这种纱多作小如意云加蝙蝠花纹。本名“洪福齐天”。后因忌讳，只说是“福禄如意”。

二一九、油蒙了心——俗说吃猪板油多了蒙心窍，人就糊涂。这里借来骂人。

二二〇、黑漆嵌蚌——在漆地子上用蚌片镶嵌，即螺甸法，清代康熙时才用这种螺甸漆作对联，乾隆以后少见。

二二一、神鬼似的——照语气似应指年青一辈对长辈不必如怕神怕鬼。

二二二、乌银梅花自斟壶——或指云南制乌铜走银镶嵌折枝梅花的小把手壶。

二二三、海棠冻石蕉叶杯——寿山石半透明的叫冻子，有各种不同色泽，海棠冻石蕉叶杯，指粉红色的一种雕作狭长蕉叶形的浅口杯子。

二二四、上脸——骂人得意忘形，即俗语“给你三分颜色就开染坊”意思，得了点点好处就得意忘形。

二二五、留的尖儿——桃木李果树顶当阳的特别硕大，通叫尖子货。供盘堆果子，上面的也必大些。因此一般说尖儿顶儿都作第一等的形容。

二二六、饥荒——农民最怕水旱年成荒歉，因之用来形容困难。

二二七、我这生象儿——我这副嘴脸意思。全语应当是“我这种众生样子”，自己嘲自己不像人。

二二八、怯上——怕见场面意。语原出旧小说中怯上战场。

二二九、应——即承应，担待意思。

二三〇、十锦攒心盒子——扁漆盒中内置分槅小浅碟，中放一较大浅碟，有种种不同拼法，内放蜜饯果脯或煎炙小吃，叫十锦攒心盒。这类碟子有漆的，有珐琅瓷的，有瓷的。

二三一、翠——本只作绿色鲜明如翠鸟毛的形容。也借用作一般色彩鲜明的形容。

二三二、蝉翼纱——一种薄如蝉翅的轻纱。清初这种薄纱的确有散朵折枝花的，有蝙蝠流云的，百蝶穿花式有康熙式，晚则有道光式，这类纱实不宜于作被面，似凤姐故意说来取笑。因为绵里纱面的被不多见。

二三三、软烟罗——和霞影纱一样，名字似从陶穀《清异录》等小说取来。因下述四种颜色，都近于清初洋绉颜色。雨过天青指月蓝，秋香色指菊色，即缃黄色，松绿指松花绿色(是豆沙绿带黄粉的绿色)。而且软厚轻密的罗也不宜糊窗子。这类描写是作者卖弄处。或高鹗续加语。

二三四、摄丝戗金五彩大盒子——大捧盒有径过二尺四寸的。摄丝明代只称竹丝。这里指的是用细竹丝编成，部分露胎，其余有彩漆填金花纹的大捧盒。

二三五、西洋布——泛指从海外来的棉布。明代记载中就常提到。如《天水冰山录·布》类中就有“西洋红白棉布八匹”。另外叙述说是径四五尺，细白而软。本书才说用作饭巾。

二三六、乌木三镶银箸——指上中下用银皮包裹的乌木筷子，明代即盛行，权臣严嵩家即有六千八百九十六双。

二三七、老年四楞象牙镶金的筷子——指明式上部四方，下部包金的。

第二册

一、套杯——清初康雍之际多使用。十三个的俗名“十三太保”，十二个的作十二月花，名“月月红”，十个的名“十姊妹”。一般多用薄胎瓷烧造，敞口平底，少有用竹木的。通名“太白杯”。

二、街坊——即邻居。借用同街共坊住而言。

三、凤头儿——八哥中额鼻之间起小丛毛的，俗名“凤头八哥”，善学人说话。刘姥姥明知道，故意说是黑老鸹子取笑。

四、𭘼瓟斝——(bǎn páo jiǎ)清初好用葫芦器，多趁葫芦未长成时就用各种器物模子范住，到成熟摘下加工，就成各种不同器形。这里指仿商代三足二柱圆形酒器。葫芦器明清之际才流行，上有晋王恺宋苏轼题字，明是假古董。作者用𭘼瓟斝，谐音“班保假”，即一定假意思。

五、点犀盉——(diǎn xī qiáo)犀角贵重的名通天犀，中心有白点正透，宋人用作腰带，贵过金玉。又相传犀角可解毒，因此用作酒器，雕成种种不同式样，这里指的就是犀角高杯。作者用点犀，寓意为“通心乔”，也就是假到底。都是对妙玉假充风雅的讽刺。

六、白撩(liào)了——白摔了意思。

七、祟书——旧社会流行的通行巫书，即指《玉匣记》一类书，内中专载送祟、辟邪、圆梦和动土出行捡选方向日子一些简单巫术符箓、咒语、丹方。

八、一斗珠——从胎羊羔中取出的皮料，因细毛卷曲如珠子，通称珍珠毛。(黑羔多作灰白色，名草上霜，又名青种羊，当时极贵重。)清代一般多用作春秋二际外套或裙里。作外套有反穿的。

九、供奉——封建帝王身边应差供职的技艺人，通称“御前供奉”或“内廷供奉”，因王医供职太医院，是宫廷医生，称供奉表示尊敬。其实当时太医已近于官医。

十、镜袱——袱本指包袱。明代以前圆式铜镜多用镜套，外用锦绣，里贴薄棉，可以保养镜面。清代玻璃方镜兴起，名叫镜帕。“帕”“怕”同音，俗多忌讳，因称“镜袱”。镜帕多用丝绸作成，绣上吉利图案文字，“麒麟送子”、“联中三元”、“丹凤朝阳”、“和合如意”是常用题材。又因世俗说小孩晚上照镜易做噩梦，镜子平时更必有镜帕遮上。

十一、苦瓠子——即“苦仁”，借作苦人谐音。

十二、丁是丁卯是卯的——凡事认真、分明、不通融意思。语原由于丁在十支中属第四，卯在十二时中也属第四。因世俗验兵名“点丁”，和衙署“点卯”是两回事，常混用，说书人打诨即凡事(谐四)通融。这里意即凡事(四)不通融。

十三、巧姐儿——因民间流行故事有七仙姐下凡尘和孝子董永配婚故事，下来不多久又得回返天上。照世俗说法凡事一点破就不碍事，所以刘姥姥为取名巧姐，并说“以毒攻毒”。

十四、成窑五彩小盖锺——明成化时烧豆彩瓷，胎薄釉细彩色鲜明精美，多作写生花鸟或婴戏图。作子母鸡的通称鸡缸，明末价值已极贵重，一对值百两银子。在明清小件彩瓷中称绝品，这里指的也就是这一类小茶盅。一般说来这类小茶盅不常用盖的。

十五、乌压压——即俗说乌鸦鸦一片黑意思。因乌鸦行动必成群成阵，世俗用来形容人多即说乌鸦鸦。本出于小儿口语。

十六、广花——指广东花青。

十七、胭脂十二帖——当时胭脂多浸渍于薄棉上，叠成三寸长方小帖，和其他颜料处理不同。

十八、海棠花式雕漆填金云龙献寿小茶盘——这类茶盘多康熙时作的。夹纻胎，红漆刻万字地盘龙中衺一寿字，或作一圆，中作篆文寿字。花纹填金及五彩。作海棠四瓣式的，径约六寸。

十九、鬼脸青——指霁蓝釉或回青釉色。中国陶瓷从唐代起始，优秀陶瓷工人就已正确掌握了蓝色釉料，配合汉代以来发明的黄绿二色釉，因之产生世界著名的唐三彩陶。这种敷釉技术发展到明代宣德时，江西景德镇烧官窑瓷，利用苏泥渤青，因之产生宣德青花瓷。到万历嘉靖，又用云南得到的蓝釉料，因之产生万历嘉靖青花，色较沉重，作深蓝色，通名回青。清代康熙时烧一色釉蓝釉瓷，多回青，俗名“鬼脸青”。原因是从唐吴道子起始，一般画地狱中魔鬼的脸多作靛青色，釉色相近，因此名叫鬼脸青。

廿、碧绿凿花——当时圆明园中一部分建筑面地砖，也就用到小方琉璃花砖。如故宫太和殿砌墙脚花砖相近。

廿一、阿物儿——即“什么东西”，是故意学南方语，有轻视意。

廿二、老公——宫中内监通称。

廿三、翩若惊鸿……——引用三国时诗人曹植（子建）作的《洛神赋》中有名形容洛神美丽句子。

廿四、凤凰——用百鸟捧凤凰俗话，形容宝玉为一家重视中心人物。语气中夹有“活宝贝”嘲讽。

廿五、夜叉——或作罗刹。传说海中有罗刹国，全是女子，美而狠毒。后来通借作对于凶恶妇女形容。

廿六、一条藤儿——砍柴割草必用一条藤儿捆在一起，这里借用作亲密合伙形容，即打成一片，一鼻孔出气意思。

廿七、涎言涎语——即谵言谵语。患羊痫疯的病发时口角流涎，并胡言谵语。这里意思正是指贾琏装疯装傻。

廿八、馋嘴猫儿——本俗谚“那有个馋嘴猫儿不吃腥”而来。

廿九、煞性子——即出气，两人撞突都来派平儿不是。

卅、宣窑磁盒——指明初宣德年间，政府在江西景德镇烧造的青花瓷盒。因宣德时青花瓷特别著名，凡说宣窑多指青花瓷，正如说成窑指成化豆彩瓷一样。

卅一、抚恤——这里是抚慰，安慰意思。和后来对于身遭不幸的人物质赠予不同。

卅二、水晶心肝玻璃人儿——凡事一切透明意思。话中有嘲讽意。

卅三、酒后无德——系引用戏文中俗语。即“原谅醉人”意思。醉谐罪字。因请求“恕罪”，所以众人皆笑。

卅四、正根正苗——正当规矩种子。借作正经子弟形容。

卅五、陈谷子烂芝麻——老而无用的废话形容。

卅六、生死有命富贵在天——引孔子《论语》中文句自解。

卅七、司马牛之叹——因《论语》中孔子弟子司马牛曾说“人皆有兄弟，而我独无”。这里引用不必为无兄弟而难过。

卅八、掐金满绣——指用羊皮金掐边绣遍地花。

卅九、信子——即帽顶当中铜或竹木小棒。旧时烟火鞭炮必插一药线，点燃后到一定时候就发作，名引信。这里借用作帽顶那个小棒形容。

四十、羊角灯——指明代以来就使用到的明角灯。用角质片薄作成的扁圆式灯，是玻璃灯的前身。

四一、扎窝子——小猫小狗多喜聚在一个窝里，因此借作对于人亲密要好不易分开的嘲笑。对宝玉爱在姊妹中厮混有讽刺意。

四二、牛不喝水强按头——是歇后语“勉强不来”。

四三、六国贩骆驼——是歇后语“到处招摇撞骗”。嘲笑到处说大话哄人。

四四、丢下钯儿弄扫帚——是歇后语“凡事都捞一手”。（乃北方俚语，谓秋夏时节豆麦登场，农家妇女于烈日下晒打粮食，权翻帚扫忙得难得片时喘息——王孖补注。）

四五、填限——出于俗话“天坍了有长子顶，地陷了有胖子填”，意思本是凡事与己无关。填限即填陷，则有身充胖子代人受过牺牲意。

四六、开了果子铺——是借用《水浒传》鲁智深拳打镇关西一回中对于恶霸郑屠户脸上被打后形容。人打得红红紫紫，好像果子铺水果的五颜六色。

四七、青金闪绿双环四合如意绦——指用青金绿绒石雕成四合如意头的双套扣环的系腰丝带。

四八、掐金挖云红香羊皮小靴——指用广东羊皮金掐边挖空成云如意头的麂皮靴。

四九、莲青斗纹锦上添花洋线番羓丝的鹤氅——指雪青色(也即是藕合色)方胜纹地加团花或折枝花的外来毛绒披风。当时这类材料有倭绒、倭罗绸、剪绒……等等。

五十、挖云鹅黄片金里子大红猩猩毡昭君套——指嫩黄色织金缎子挖成云头如意折边里子的大红毛呢面的女帽兜。

五一、水红妆缎——指浅红地妆花彩缎。

五二、靠色三厢领袖秋香色盘金五色绣龙窄褃小袖掩衿银鼠短袄——指领袖间镶三道窄边、菊黄色缎面上绣五彩并盘金线龙纹的小袖口偏襟银鼠里短袄。

五三、是真名士自风流——这是有名联语，上联是“惟大英雄能本色”。并不说出，但意思却在上联。湘云意思即先来痛痛快快吃个酒醉饭饱，用不着假清高，也并不妨碍作诗。

五四、石青刻丝八团天马皮褂子——指宝蓝色底子五彩刻丝作八团花的面，银狐皮里的出风褂子。

五五、妆奁——这里指镜匣类化妆用具。但在另一时，一般常指女子出阁一切陪嫁箱笼什物。

五六、玻璃绣球灯——指用硬木作骨架拼合十二或十六方作成的球形灯，这种灯宋明以来多是用纱糊成，上面并绘彩画，清代才用玻璃作，上面还是作各种粉彩杂画，和绣球一样，所以名绣球灯。一般悬挂的，下座还多垂一圈丝线穗子作装饰。

五七、剖腹藏珠——是俗话“因小失大”意思。因珠子极小，人生命贵重，为藏一粒珠子而剖腹，不上算。

五八、拿草棍儿戳老虎的鼻子眼儿——俗话，这里借用，意思是有意撩贾母发怒，自讨苦吃。

五九、搁不住他愿意——即保不定他倒愿意。只要鸳鸯愿意，贾母也无可如何。

六十、藕色——即藕合色，雪青、浅灰紫色。这时期这种绫子多作细碎小花。

六一、一把子四根水葱儿——长得齐齐整整形容。

六二、青缎掐牙坎肩儿——指青缎子材料镶窄滚边的坎肩。这时期牙子边，多是在一道七分宽色缎平边间另加一道宽一分不到的白缎或金银线牙子。

六三、水绿裙——浅绿色裙子，这时期料子多用暗花湖绉。

六四、弄鬼掉猴——要把戏出毛病意思。

六五、揽总——即总管事。

六六、胶柱鼓瑟——瑟是古代丝弦乐器，瑟面有二十五条弦，弦下用人字桥式活动小柱承着，用来调整声音。如把小柱胶固在瑟面，奏曲子求音调正确，自然发生困难。这里是借用《战国策》上一个故事说的。故事说诸侯派个人出去谈商问题，一切要照到嘱咐的作去，那人就说，这和胶柱鼓瑟一样，无从奏出好听的曲子。意思就是凡事得临机应变，随地点、时间、条件不同而处理。如相反，就近于胶柱鼓瑟。

六七、桃红百花刻丝银鼠袄——指桃红地刻丝作杂花面子，银鼠里的袄子。

六八、风毛——清代习惯皮衣或棉衣，在领口、对襟、下摆、开衩等处，露出一部分皮毛，或有意加上贴边皮毛，叫作“出风”。风毛就指出风部分而言。一般多指小毛如獭皮、珍珠皮、貂皮、银鼠灰鼠皮必出风。大毛中也有用海龙皮出风的，惟帝王袍服使用。

六九、蝎蝎螫螫——蝎尾小针，螫人极痛。被扎的必啊嗬嗬嗬，嗳哟哟哟叫嚷。这里只是借用因一点小事大嚷大叫的形容。

七十、孔雀金线——用孔雀尾毛捻成的金线，清初有用它织成蟒袍的，也有用来绣花的。

七一、界线——即“钉线”。这里指的是把孔雀金线平列，再用细丝横钉。

七二、通官——即翻译官。旧名通事。唐宋以来，中外文化交流，海舶出口，和主持海外贸易的唐代番舶司，宋代市舶司衙署，都设置有一定名额。

七三、火箱——式样极多。南方又名火桶。有一种用木作成方桌大的三尺来高桶子，边沿加宽，可以坐人。底下有个木格子架，架下搁一小小火盆，就可取暖，也有叫作“薰笼”的。惟一般薰笼多指竹篾编或上罩圆形竹篾项，可以烘衣。有提梁的小型的名“烘笼”。又汉代烧香用的博山炉也叫薰笼。

七四、押岁锞子——岁暮年末时，亲友团聚，年轻晚辈必向年长的叩头辞岁，长辈即分赠用红纸包好的礼物，或暗放孩子们枕头下，通名押岁钱，或作压岁钱。一般人家多用红绒绳穿制钱一二百成串，讲究的用预先作好的各式大小金银锭子。正如这里说的梅花、海棠、笔锭（谐必定）如意各式。

七五、焚池——指焚化纸钱，金银箔锞子的长方铁盆子或圆炉子。

七六、象鼻三足泥鳅鎏金珐琅大火盆——指三条象鼻形上大下小的曲腿，圆腹铜胎镀金景泰蓝大火盆。宫廷中典型式样，约高四五尺，大三尺，有一透空罩。

七七、云龙捧寿——有单盘龙中篆一圆球形寿字的，也有双龙中篆一灯笼式寿字的。

七八、眼镜匣子——清初老光眼镜别名“叆叇”，多用玳瑁白铜镶边脚，脚可两折，柄部如一小圆饼。平时折起来放在一个腰圆形小匣子里，匣子有用刻丝纳锦绣裹的，有用鲨鱼皮包裹的。

七九、羊角、玻璃、戳纱、料丝……——一指明角灯，二指板玻璃灯，三指薄纱戳花灯，四指用玻璃丝作的灯。

八十、发科诨——戏文中说趣话叫打诨，这里指即景生情的打趣。

八一、小笸箩——指竹或藤编径六七寸小扁箩，多用朱红漆过。

八二、热孝——亲长死去未满百日通称。

八三、好刚口——刀口锋利俗说“钢火好”，也作“刚口”。这里借用作凤姐能言会说形容。也就是“好锋利”意思。

八四、发脱口齿——即俗话信口打哇哇意思，自谦如小儿刚会开口说话，语不成腔。

八五、传梅……黑漆铜钉花腔令鼓——行酒令有“击鼓催花”式的，即传梅。把一枝花遍席沿座传去，另一人在一旁击鼓，鼓声一停止，花在谁手中，谁就得饮酒或作其他游戏。

八六、沤子——即胰子水、肥皂水，洗手时起泡沫，所以叫沤子。

八七、数贫嘴——旧社会民间艺人，不能得到正当职业，多只能靠唱莲花落乞讨生活。随口应景编唱，到一处说一处，有时还两人对唱不息。铺子中人叫数贫嘴。这里借来笑骂凤姐。因为凤姐内中隐射到在席的全体，大家还不明白。所以下面接说放炮仗故事。

八八、靶镜——有鎏金或发蓝刻花把柄的，玻璃砖椭圆形手镜。当时新兴事物。

八九、墙倒众人推——歇后语，大家有分。

九十、骑上老虎——即俗话骑上老虎背，想下下不来。无可奈何意。

九一、几件大事——指三四位姑娘出嫁，少爷娶亲，贾母死亡办丧事。

九二、省一抿子——抿子，一种小刷子，拢发必用它蘸一点油或泡花水。这里借作只要不拘什么地方少花少用一点意思。

九三、没有长翎毛……拣高枝儿上飞——小鸟学飞名叫“告翅”，必照母鸟行动，由此到彼。不小心向高处飞，力弱不济事，常跌下地。这里借用作忘本责备。

九四、姬子书——因《尚书·洪范》篇出于伪托，这里仿题书名，瞎编文章取笑。

九五、倒像杀了贼王，擒过反叛来的——借用戏文中保驾立功意，批评芳官狂妄自大。

九六、你还和我梆子似的——借打更或卖东西敲的木梆形容人嘴硬不服输，和俗话“口中梆梆响”意思相同。

九七、撞丧的撞丧去了，挺床的挺床——世俗迷信传说活无常鬼到处走动，又叫丧门神，这里借来骂不在宝玉身边的人。挺床即挺尸，硬挺挺的睡在床上的死尸，这里借来骂害病的。

九八、扎个筏子——有意找一件事情借口意。

九九、杩子盖——即尿桶盖。五十年前小孩留发，中心剃去，四周留一圆圈，如旧式尿桶上盖，逗笑名叫“杩子盖”，还有一首打趣儿歌：“杩桶盖，盖腌菜，盖不严，不耐烦。”这里用的是甩掉你头皮意思。

一〇〇、窝里炮——俗谚“窝里炮，炸自己”。这里借用作自相残杀意思。

一〇一、炭篓子——做官必戴乌纱帽。欢喜人奉承的因此俗称好戴高帽子。这里意思是好奉承，给个炭篓子戴戴，也有求必应。

一〇二、堆绣荷包——在绣花部分下垫棉花，形成浮雕效果的，名叫堆绣。四面扣合或指四合如意式，所以内中才能装一小金寿星。

一〇三、那牌儿名上的人——旧式纸牌和行酒令的象牙牌，都有作《水浒》上人物的，画家龚开和陈老莲都画过这种故事人物画。这里借用，就是“自己既非宋江，也非李逵，不过一个无名小卒”意思。

一〇四、小连环洋漆茶盘——康熙雍正之际连环重叠式仿倭漆细描金茶盘。

一〇五、猫儿食——猫好偷吃东西。这里用来嘲笑宝玉正经的不吃专好零食。

一〇六、玉色红青驼绒三色缎子拼的水田小夹袄——这里指的是月白色、天青色和驼毛色三类缎子剪成方胜格子及三角形拼缀如和尚衲袈裟图案的小夹袄。驼绒色在元明称驼褐色。

一〇七、柳绿——本名“柳芳绿”。如新柳初出的嫩绿色。

一〇八、绒套绣墩——指用绒套垫的鼓式墩子凳。明清之际绒垫套多作梅花式或海棠式。有用挖空堆花法作成的，有用铺绒长针绣花作成的。

一〇九、白彩定窑——这里指清初在江西烧的浆胎仿宋粉定瓷，不是宋代河北定州烧的白瓷。

一一〇、用两手握着——指用两手蒙住。

一一一、鼓捣光了——出于俗话“一鼓隆咚罄净光”节语。即一扫光意。

一一二、赢瓜子儿——即打手掌。

一一三、有白事——俗称结亲办丧事作“红白喜事”。这里指秦可卿的丧事。

一一四、不犯做——即犯不着做，不值得做。

一一五、抓子儿——（或不注，或详注望参 730 页）

一一六、一盆火儿——即心热口热献殷勤。

一一七、撞丧那黄汤——出门去拼命喝酒意。

一一八、清水下杂面——是俗话“汤是汤，水是水，分个清浑”意思。

一一九、要会会这凤奶奶去——意思是别人怕她我不怕她。

一二〇、牛黄狗宝——通作牛黄马宝。牛马因病在内脏中生长一种瘤石类，旧医用作治疯病清心火的药。这里借用，把两个人比作畜牲心腹中见不得人的丑事都一齐公开。

一二一、落魄垂涎——形容二人如被打的狗，又丧气又馋。

一二二、现世宝——和“活报应”相似骂人话。即“现世报”。

一二三、做百日——旧规矩，有丧事人家满百日必为死者作佛事诵经，名百日道场。家中有的到这一天撤灵，把供帐供物大部分撤去。

一二四、我们奶奶的事——这一个奶奶指尤二姐，下一个指凤姐（上一个或应作我们二爷的事）。

一二五、在旁边拨火儿——和推波助澜，扇火扬灰等语意相近。又如装作事不干己，如俗话说“看水鸭子打架”。

一二六、抓尖儿——（原稿缺注释——编者注）

一二七、玩戏的人——即票友。结社的通称“围鼓堂子”，也清唱，也彩排，凡人家有喜庆事，多邀约去玩唱，不受物质报酬，非职业性，所以说是好人家子弟。

一二八、蝎蝎螫螫——这里作畏畏缩缩形容。

一二九、好个爱八哥儿——即好个可爱的八哥儿。也就是好个可爱的能言鸟。是骂人粗话。正和《水浒》上常用的鸟字意义相近。（这种转弯抹角的巧话，反语，书中用的相当多，直解法难得本意。）

一三〇、棉花耳朵——男子耳软，轻易听所爱的人话语的形容词。

一三一、点眼——即点眼药。流泪本为悲哀，点眼药是并不因悲哀而流泪。通常大人笑骂小孩不必哭而哭，就说“你又点眼药了！”

一三二、临阵磨枪——枪即矛或梭标。临作战才磨它，未免缓不济急。一般多用来作平时不读书临时用功的形容。

一三三、衾单——（这一条原注可去掉，因指的只是把被单盖上。）

一三四、软翅子大凤凰——一般美人沙雁风筝，多作平肚双弓式绷线硬翅，惟鹞子、凤凰用凸肚单篾绷线软翅。至于蝴蝶，则软翅下还垂飘一双脚翅。螳螂则双重软翅。系顶线角度不同，上起时情形也不大同。硬翅式较小，在空中斜飘，软翅式较大，在空中多盘旋。

一三五、籰子——南方竹制的络丝工具。有大过二三尺的。这里指放风筝用的小型绕线工具。普通多木制，有四方六方八方各式，讲究的还用硬木作成，中心黄铜柱必贯上小制钱数枚，转动时还哗喇喇的响。北京说线桄（guàng）子，南方说线扒子。放蜈蚣鳒鱼劲大线粗，多搁在木架上使用，这种籰子也有长大过二尺的。

一三六、沉香拐——指沉香木作的拐杖。

一三七、腕香珠——沉香或伽南香作的十八子珠串。

一三八、溜——骂人献小殷勤叫“溜沟子”，简语说溜。

一三九、大红缎子刻丝满床笏，一面泥金百寿图的——指一面是刻丝作“满床笏”戏文，或郭子仪上寿故事，一面是红缎用泥金画百个不同寿字的大屏风。

一四〇、腊油冻的佛手——寿山石半透明的通称冻石。如乳白色名鱼脑冻，黄如蜜腊的叫腊油冻。这里指黄寿山冻石雕的佛手柑。

一四一、会变法儿——指玩魔术变戏法而言。

一四二、头面——指金银珠玉首饰。现代旧戏后台术语还用到。

一四三、爱巴物儿——即一二九语意，一般用有“活宝贝”意思。

一四四、玉带版子——即玉带头，清初极讲究玉带头。有作大小辟邪浮雕的，俗名蟠螭虎。有作云如意头的。这里似指用玉皮带黄斑素净不雕的二种，通作方版式。从唐代起即重玉带，和官品发生联系。多雕若干方圆及桃形小片镶嵌于皮或丝绦上。现代旧戏行头道具所用，还多明代式样。

一四五、同心如意——用丝绦编成的方寸大双叠方胜如意，一般作爱好表示。或称合和如意。

一四六、“可着头做帽子”——和俗话“量体裁衣”意思相同，借作大小无伸缩活动余地形容。

一四七、鹄——即箭靶子，古代名射侯。有各种不同式样。一般的多是用红白套圈的方式圆靶。

一四八、趁热灶一气炮制——用煎炙药物作驾驭薛蟠比喻。

一四九、竖旗帜——戏文中作大将必竖个帅字旗。这里借用。和独张一军意思相同。

一五〇、有酒胆无饭力——装英雄无真本领嘲讽。

第三册

一、“嫁出去的女孩儿，泼出去的水”——是俗话“不会回来”的意思，或从“覆水难收”朱买臣故事发展而成。

二、“对酒当歌，人生几何”——是三国时曹操在长江大船上月下宴饮作的有名诗歌。因下文还有“来日苦短，去日苦多”语，才觉刺一心。

三、“放浪形骸之外”——是晋代著名书法家王羲之作的《兰亭集序》中话语。是不受世俗礼教拘束意。原出《庄子》文句。

四、鲫瓜儿——小鲫鱼。

五、卤人——遇事粗心大意的人。

六、杨叶窜儿——又名杨条鱼，羊角鱼，身子狭长如杨叶，喜成群在水中游动。

七、打了个照面儿——宋朝以来把镜子叫做“照子”。人用镜后就会搁下。后来凡见一面就离开，就说打了个照面儿。

八、旧书全要理清——旧时私学读书，读过的都要能背诵。全要理清就是全能背诵意思。

九、绣个槟榔包儿——清代旗人多喜吃槟榔，用小荷包装上，荷包面有衲丝、戳纱、刻丝、平金各种绣法。

十、辘轳一般——井上吊桶取水的活车终日转动不息。整个句子是俗话“心中如十五个吊桶，七上八下”，心不安定形容。

十一、妆奁——本指女子梳妆用的分层漆套盒，装有铜镜、梳篦、小脂粉盒等物。因女子出嫁必随身带去，后来通借作陪嫁全部财产的名词，化妆镜匣只是其中一种。

十二、放定——旧时订婚，必凭媒婆携带泥金龙凤红纸庚帖，写好男女双方生辰年、月、日、时八字，和约婚礼物，俗名下定，又称放定。

十三、着了风了——指风寒感冒。如说中风，即指脑溢血一类疾病。

十四、痰盒——清代痰盒多指高约三寸，径口大二三寸的敞口敛肩大腹小盂，有瓷的，有画珐琅洋瓷的，常搁在炕头条儿上，不在地下。

十五、一句也贴不上的——意思是所说的和自己全不相干。

十六、没有王法——即造反。这里用到有“简直是造反”意思，即无规矩到不成样子。

十七、收拾摆设的水晶宫似的——传说海龙王宫殿多宝物，因此一般借用来作建筑陈设豪华阔气的形容。

十八、递个职名请安——清代制度，全国封疆大官和政府重要官僚，在一定时期，都要用黄绫奏折写个请安帖子，并把本人官职姓名写在下边，送达政府，还得自称“奴才”。帝王常常批个“知道了”完事。

十九、亲丁——指家属中成年的人。这里专指女的。

廿、有照应——见过场面，凡事吃得开意思。

廿一、绿轿——指绿呢作轿衣的官轿。

廿二、琉璃照耀——似指当时新使用的四方或六方玻璃宫灯。至于乳白色料琉璃灯，宋代就已使用，清代倒已不常用。

廿三、文字——指科举所需的八股文，试帖五言八韵诗。

廿四、虎头上捉虱子——是俗语“冒犯虎威”的具体说法。旧小说常用语。

廿五、小软儿——弱小不中用。

廿六、扫帚颠倒竖——是歇后语“没个上下”。

廿七、说开——当面说明白。

廿八、挑检——即拣精选肥有意为难意。

廿九、行点好儿罢——是借用庙会前乞丐口吻，也即是小说中常提起的得饶人处且饶人意思。做好事积点德，不必那么狠心。

卅、不像个过日子的人家——意思是吵得个地覆天翻，不得宁息。

卅一、迎手——即引枕。

卅二、引子——中医用药，丹方中必加一点灯草、葱头、生姜，启发药性，通名引子。语原或出于点灯用灯芯引油可以放光。因此说书开场白，也叫引子。

卅三、胖子也不是一口儿吃的——全语是胖子的胖，不是一口儿奶吃成的。意思是凡事有个原因，读书也得慢慢教导。

卅四、“莫知其子之美”——借用《孟子》书中语。原文是“人莫知其子之恶”，贾政说它，实带自嘲意。

卅五、人事儿——指做人道理。

卅六、开笔——指正式做科举文。第一、二题出于《论语》，第三出于《孟子》。

卅七、（原稿空缺——编者注）

卅八、背晦——一般常用作背时倒霉意，这里却指昏聩胡涂。

卅九、往死里糟蹋——旧社会官府断案，得贿赂常故意陷人于罪。通常借作专找大错派到人头上形容。

四十、绣墩——指一般瓷或木作的鼓式墩子凳而言。古代男女席地而坐，到晚唐才有变化，起始用坐椅。男女还是不同。男子由胡床交椅、禅榻发展成直背靠椅，比较高。女子由竹制薰笼发展成鼓式绣墩和月牙杌子，比较矮。宋代还是不尽相同。沿袭到清代，女子普通还是用墩子。上多用绣袱，宋代以来，通称绣墩。

四一、相敬如宾——后汉梁鸿孟光夫妇，为人耕田力作，每遇饮食，孟光还举案齐眉，夫妇相敬如宾。后来通作夫妇之间礼貌周到形容，因此黛玉红脸。

四二、上篇上论——引古论今出口成章意。

四三、琉璃戏屏——当时由广东烧造的玻璃屏风，还算是时髦贵重的事物。

四四、吃糠——元高则诚著有名《琵琶记》中一则。

四五、有斟酌的刀笔先生——即笔下轻重有分量的好律师。也即官司有手段的律师。

四六、当槽儿——酒坊通称槽坊，似因古代酒必压出，当槽原指掌管压酒而言。后来却指一般堂倌而言。

四七、详——上呈公文。

四八、师旷——春秋时齐国著名盲音乐家，为人极聪敏，能言敢谏，并深明乐理。

四九、文王——似指相传为文王被囚于羑里而作的《幽兰操》曲子。

五十、鹤氅深衣——指古代有道隐士穿的一种大袖衣服，和上褂下裙连接的古装。

五一、讲究——指讲解研究。

五二、双陆——（参1015页改）

五三、娇嫩物儿——本是对小孩形容，有活宝贝意思。这里是借用。

五四、泥金角花的粉红笺——明清之际即流行在信笺诗笺一角印花绘花的习惯。有单色，有复色，最著名的有十竹斋笺谱。这里指的是用金粉绘的。一般多是折枝花。

五五、紫墨色泥金云龙笺——即茄皮紫颜色用金粉画云龙的笺纸。

五六、杨妃色绣花绵裙——牡丹中有一种浅粉红色的，名"醉杨妃"。这里说的就是这种粉红色的用纳锦法绣的裙。一般花锦是不作兴再加绣的。

五七、鹤仙凤尾，龙池雁足，断纹——七弦琴身……

五八、不犯——和不必或用不着意思相同。一般常用"犯不着"三字。

五九、嘴懒脚嫩——即不会说不肯动意思。相反就是口甜手脚麻利溜刷。

六十、宝蓝盘锦厢花线裙——指宝石蓝色的线春绸面用盘锦法绣成的裙子。乾隆时结子满地花绣法叫做盘锦，多是牡丹胡蝶作主题。也有用丝线界成格子锦纹，或用纳丝法处理的。后一式多用于荷包扇囊镜帕、枕头和裤脚。至于挽袖和裙子部分长方装饰，前一式较多。

六一、片金边琵琶襟小紧身——金锦中两种，凡捻金线织成的叫捻金，缕金法织成的叫片金。明清以来多用片金织的斜裁作二分到八分宽条子，镶衣裙边缘。又背心袄子凡下襟不到头即裁短一方角的，名琵琶襟。这里指的是片金作边琵琶襟小贴身袄子。

六二、县里主文相公——指县署专办文案的师爷。

六三、拉锁子——即锁丝绣法。是从汉代以来传下的绣花技术。每下针用另一针横格，拉紧后再抽针，在材料上作成一小环，连绵不绝，古代名“长命”。清代续有发展，用双线密集钉绣，就成结子绣，又称打子。单行仍叫锁丝。

六四、硝子石——即琉璃料。明代以来，就已把它和玉石、象牙等物用作大小插屏挂屏镶嵌使用。

六五、下了梆子——旧制，每到入晚断黑时，衙署军营必奏起更鼓乐。坊巷和大户人家宅院，用更夫敲梆子巡夜。这里说的表示已过初更。

六六、掌班——又名管班。旧戏班必有一拿总的，通称掌班。在另一时，也叫妓院老板名掌班。原因妓女古代本来以乐舞为重。

六七、虎纹锦、鲛绡帐——虎纹锦是汉代锦名，多作虎形在山云中跳跃，清代并无这种锦。鲛绡帐是从唐代笔记小说中引来，传说是海中鲛人（即童话中的美人鱼）作的。《红楼梦》中谈纺织物和部分器物，有当时真有的，有形容精美事物从前人文章中引用的。这里提的多是当时没有的。

六八、汉宫春晓——指宋人赵伯驹作的《汉宫春晓》图。大青绿山水人物楼阁画幅。明仇英也临仿过。又另有根据司马相如的《子虚》、《上林》二赋绘的《子虚上林画意》图卷，也是用汉代宫廷作主题的有名画迹。

六九、向上巴结——这里指好好学习当时政府重视的科举八股文，和学习礼貌应对。

七十、堂派的事——堂指公堂。这里是说上级衙门（用现在话说是部里）交派要办的事。

七一、撒野挤讹头——流氓无赖漫骂，或借故装死讹人。

七二、荆树——指紫荆花树。

七三、绣花针儿一般——是用旧小说中惯用语，绣花针落到海里一般，无个找处意思。

七四、泭上水的——指会向上头巴结拍了头的一群丫头而言。鱼喜欢争上游，又浮到水面即见阳光，泭上水是对于鱼的形容，这里借用。

七五、在坛子里——和俗话“闷在鼓里”相同，就是外边事一概不知意思。

七六、大萝卜还要屎浇——是歇后语“多余的事”。这里借作用不着再三叮咛意思。有自嘲意。

七七、天外飞来——俗传西湖灵隐寺前小山峰是天外飞来的。后来常借用作“意想不到”的形容。

七八、脱了个影儿——脱影就是中国老式画相，又叫作传真。这里是说如照晴雯样子画下一般，即一模一样意思。

七九、散花菩萨……——这一段描写大了胡扯。

八十、搬驳——盘问追究意思。

八一、传经——旧医专用名词，即感染影响经络。

八二、风声鹤唳——用东晋时淝水八公山下一战，打垮了苻坚南侵的企图。历史记载兵败以后，闻“风声鹤唳草木皆兵”，因此成为历史上有名成语。这里借作园中荒凉，诸人胆小无中生有的惊怕形容。

八三、推顺水船儿——不费力跟着行动，有不负责任信口开河意。

八四、穿凿——无中生有添盐作醋意。

八五、道纪司——管道士作法事的头目。

八六、拿取瓶罐，将妖收下——道士骗人迷信，以为瓶子里有气已经把妖魔吸入。

八七、圆了个谎——圆有成全意。即凑成他的谎，看不出缺处。但说“圆梦”，却近于解释所梦到的问题。

八八、荒信——即荒唐消息。

八九、金头银面的妆扮起来——形容这些人的丈夫在外贪赃纳贿。

九十、水性人儿——旧小说形容女子感情不稳定，容易和男子发生爱情，多说水性杨花。

九一、话头儿——即话中有话意。

九二、枷楠——或作伽楠，奇南。是沉香中色黄如蜡而有金丝的。清代价极贵，出南洋各地。

九三、古玩软片——一般指绘画卷轴册页而言。有时包括绣件。

九四、天鹅绒——用天鹅茸毛捻线织成，细柔光软，在明清纺织物中价格极高。技法传自日本，清代福建漳州用丝茸织成，当时缎子值一两二钱银子一尺，天鹅绒值三两五钱一尺。比同时细绫价高十五倍。

九五、倭缎——指日本花式缎子，清代在广州织造，织较薄，花朵小，后称广缎。又有一种倭罗绸。又有一种倭罗布，漳州织，用棉麻混合织成，有罗纹。

九六、洋呢——指当时镜面咔喇。有各种颜色，以石青、红紫、灰褐各色精美。当时多用作披风、马褂，较后才用作桌围椅垫。冬天官轿用绿呢，比较粗。

九七、氆氇——西藏出特种毛呢。幅阔仅一尺许，质松茸厚，有红紫白黄棕各色。上多染印杂色十字花。可作衣料也可作垫毯。质料有极精的。汉代以来，由西北来的细罽氍毹，性质或和它相差不多。

九八、线绉——即熟丝线织成的绉绸，幅宽一尺八寸，极结实，柔软，多本色花。

九九、羽缎羽纱——清初外来鸡鸭毛织物。还有羽绉、羽绸，各以质地不同得名。根据旧记，羽绉似线绉，无花。幅宽二尺四寸，太阳下照有金星。羽绸黄边起毛。

一〇〇、脂玉——即羊脂玉，乳白如羊油。古代形容为“白如截肪”。清初极重视，多用作小件装饰雕刻。

一〇一、尚有臂膀——即有个帮手意。

一〇二、职员——有官职的人员。

一〇三、坐夜——出殡前夕，向例亲友必在棺前伴灵过夜，名坐夜。

一〇四、犯杀犯剐——封建社会犯忤逆不孝罪过的，和反叛一样，身受凌迟之刑。所以后面薛姨妈说是恶誓。

一〇五、硬着肠子——即俗话硬着心肠。无情感意思。

一〇六、他那端庄样儿一点不走——不失去原有端庄样子。

一〇七、并没有过明路儿——指非正式的妾。旧社会结婚必三媒六证，纳妾也有一定礼数，袭人并没有经过这种手续。

一〇八、狠狠的吩咐他——怕花家人不愿意，用话压住花家人。

一〇九、更进一竿——即“百尺竿头更进一步”，一般用作精益求精，或更深入一层理解意思。语原出于爬竿杂剧，汉代名“缘橦”，唐代名“戴竿”，流行已两千年。

1955 年 6 月北京初抄

1955 年，作者应邀为人民文学出版社重版《红楼梦》草拟注释，6 月按当时三卷本编制分册，共拟出近 500 条注释，标为“初抄稿”。经调整及补充若干条目后，形成修改稿，提供编辑部统筹取舍。1957 年 10 月新版四卷本《红楼梦》的部分注释，参考了作者所拟的修改稿。

本文系仅存 1955 年 6 月的初抄稿。此手稿各篇均以《第 × 册》为题，其少数条目排序未按《红楼梦》中出现的先后，个别条目前后有重复。现保持原状，据初抄稿编入，总题为作者所拟。注释括号中的“参 × × 页”，指旧版《红楼梦》的页码。

古代人的穿衣打扮

古代人穿衣服事情，我们过去所知并不多，文献上虽留下许多记载，只因日子太久，引书证书，辗转附会，越来越不易清楚了。幸亏近年考古学家的努力，从地下挖出了大量古文物，可作参考比较，我们才得到新的认识。

由商到西周、春秋、战国，前后约一千年，大致可以分作三个历史阶段看它的演变。较早时期，除特殊人物在特种情形下的衣服式样，我们还不大明确，至于一般统治者和奴隶，衣长齐膝似乎是一种通例。由此得知，汉代石刻作的大禹像和几个历史上名王名臣像，倒还有些古意，非完全出于猜想。因为至少三千年前的商代人，就多是

夏，双玉鸟，高 12.2 厘米，厚 0.2 厘米，陕西地区

仰韶文化，人形陶罐

龙山文化，玉人

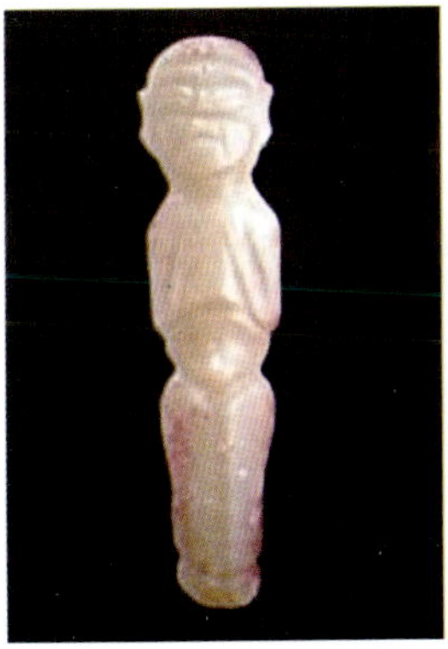

红山文化，玉人，牛河梁出土

夏，石家河文化，玉神像

商，玉人，河南安阳殷墟妇好墓出土

这个样子了。当时人已穿裤子，比后人说的也早过一千年。商代人衣服材料主要是皮革、丝、麻。由于纺织术的进展，丝、麻已占特别重要地位，奴隶主和贵族，平时常穿彩色丝绸衣服，还加上种种织绣花纹，用个宽宽的花带子束腰。奴隶或平民，则穿本色布衣或粗毛布衣。贵族男子头上已常戴帽子，是平顶筒子式，用丝绸作成，直流行到春秋战国不废。女人有把发上拢成髻，横贯一支骨簪的。也有用骨或玉作成双笄，顶端雕刻个寸来大小鸟形（鸳鸯或凤凰）两两相对，斜插头顶两侧，下垂卷发齐肩，颈项上挂一串杂色闪光玉石珠管串饰。历史上著名的美人妲己当时大致就应这么打扮。女子成年才加笄，所以称“及笄”，表示可以成婚。小孩子已有头项上梳两个小角儿习惯，较大的可能还是编辫发。平民或奴隶有裹巾子作羊角旋斜盘向上的，有包头以后再平搭折成一方角的，还有其他好些样式，都反映在玉、铜、陶人形俑上。样子多和现在西南居住的苗、傜族情形差不多（这不是偶然巧合，事实上很多三千年前古代图案花纹还可从西南兄弟民族编织物上发现）。许多野生植物如槐花、栀子、橡斗已用来做染料，并且还种植了蓝草，能染出各种不同的青蓝色，种茜草和紫草专染红、紫诸色。

历史上称周公制礼，衣分等级和不同用场，就是其中一项看得十分重要的事情。衣服日益宽大，穿的人也日益增多，并且当成一种新的制度看待，等级分明大致是从西周开始。统治者当时除大量占有奴

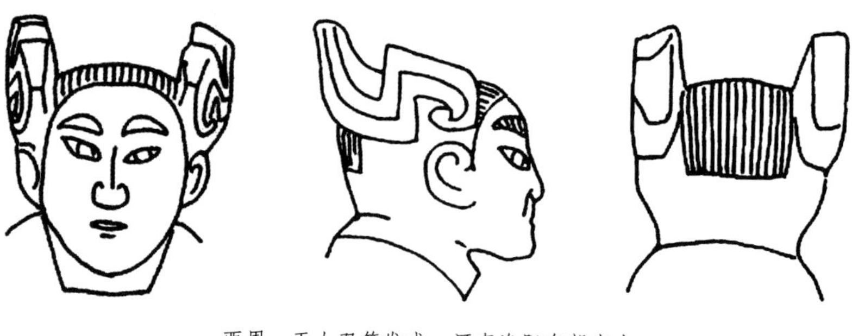

西周，玉人双笄发式，河南洛阳东郊出土

汉，踏鼓舞壁画，山东东平出土

隶外，还向所有平民征税，成丁人口每年必贡布二疋和一定粮食，布疋织得不合规格的不许出卖也不能纳税，聚敛日多，才能穿上宽袍大袖的衣服坐而论道。帝王和大臣，为表示尊贵和威严，祭天礼地和婚丧大事，袍服必更加庄严且照需要分别不同颜色，有些文献还提起过，天子出行也得按时令定方向，穿上不同颜色衣服，备上相当颜色车马，一切都得相互配合。皮毛衣服也按等级穿，不能逾越制度。即或是猎户猎得的珍贵狐、獭、貂鼠，也得全部贡献给统治者，私下不许随便使用或出卖。照周代制度，七十岁以上老百姓，可以穿丝绸和吃肉，但是能照制度得到好处的人事实不会多。至于一般百姓，自然还是只能穿本色麻布或粗毛布衣服，极贫困的就只好穿那种草编的“牛衣”了。

衣到西周以后变动虽大，有些方面却又不大。比如作战时武将头上戴的铜盔，从商到战国，就相差不多。甲的品种已加多了些，有犀甲、合甲、练甲，后来还发明了铁甲，最讲究贵重的是犀甲，用犀牛皮做成，上面用彩漆画出种种花纹。因为兼并战争越来越多，兵器也越来越精利，且有新兵器剑和弩机出现，甲不坚实就不抵用，“坚甲利兵”的话就由此而来。矛既十分锋利，盾也非常结实。

照周初制度，当时把全国分划成许许多多大小不等的邦国，每一个地方设一统治者，用三种特殊身份的人去担任：一是王族子弟，如召伯封于燕、周公父子封于鲁；二是有功于国家的大臣，如姜尚封于齐、熊绎封于楚；三是前代王朝子孙。这些人赴任时，除了照例可得许多奴隶，还可得一些美丽的玉器，一份精美讲究的青铜祭器和日用饮食器，以及一些专作压迫人民工具的青铜兵器，用壮观瞻的车马旗帜，另外就是那份代表阶级身份的华美文绣丝绸衣服。虽然事隔两千多年，好些东西近年都被挖出来了，有的还保存得十分完整。丝绸衣服容易腐朽，因之这方面知识也不够全面。但是由于稍晚一些已流行用陶、木作俑代替生人殉葬，又在其他材料中还保存不少形象资料，加以综合分析，比较真实情形，就慢慢的逐渐明白了。

衣服发展和社会制度有密切联系，也反映了生产发展，衣服日益讲究，数量又加多，是和社会生产发展相适应的。比如商代能穿丝绸衣服的，究竟还是少数，到西周情形便不同了，成王及周公个人，不一定比纣王穿着更奢侈，但是各地大小邦国封君，穿衣打扮却都有了种种不同排场。地方条件较好的，无疑更容易把衣服、帷帐、茵褥，做得格外华丽精美。到春秋战国时，政权下移，周王室已等于虚设，且穷得无以复加。然后五霸七雄，各自发展生产，冶铜铁，修水利，平时重商品流通，战时兼并弱小，掠夺财富，对大量技术工人的掠夺占有，更促进了工艺技巧的提高，他们彼此在各方面技术的竞争，反映到上层阶级的起居服用上，也格外显明。

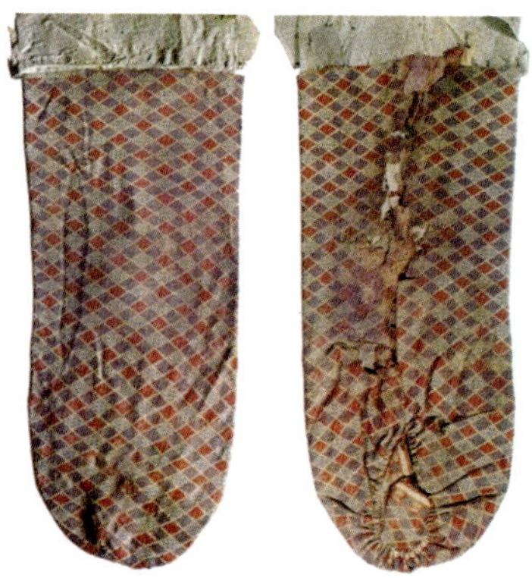
东汉，丝袜，新疆民丰尼雅出土

服装最讲究的时代是春秋战国。不仅统治者本人常常一身华服，即从臣客卿也是穿珠履，腰佩金玉，出入高车驷马。因为儒家说玉有七种品德，都是做人不可少的，于是“君子无故玉不去身”的说法，影响到社会各方面，贵族不论男女，经常必佩带

东汉，壁画主人及仆从，河南洛阳朱村墓葬出土

上几件美丽雕玉。剑是当时的新兵器，贵族为表示武勇，兼用自卫，又必佩带一把镶金嵌玉的玉具剑。当时还流行使用带钩，于是又用各种不同贵重材料，作成各种不同样子，有的用铁镶金嵌玉，有的用银镶玉嵌五彩玻璃珠，彼此争巧，日新月异。即或是打仗用的兵器，新出现的剑和发展中的戈矛，上面也多用细金银丝镶嵌成各种精美花纹和鸟兽形文字，盾牌也画上五彩云龙凤，并镶金镂银，男子头上戴的冠，更是件引人注目的东西，精细的用轻纱薄如蝉翼，华美的用金玉，有的还高高的如一个灯台。爱国诗人屈原，文章就提起过这种奇服和高冠。鞋子用小鹿皮、丝绸或细草编成，底子有硬有软，贵重的还镶珠嵌玉在上面。

冬天穿皮衣极重白狐裘，又轻又暖，价重千金。女子中还有用白狐皮镶有袖口衣缘作出锋，显得十分美观。

社会风气且常随有权力人物爱好转移，如齐桓公好衣紫，国人有时就全身紫衣。楚王爱细腰，许多宫女因此饿死，其他邦国也彼此效法，女子腰部多扎得细细的。女人头上装扮花样更多变化。楚国流行梳辫子，多在中部作两个环，再把余发下垂。髻子也有好些种，有梳

东晋，顾恺之《女史箴图》局部唐代摹本，原大纵 24.8 厘米，横 348.2 厘米，英国伦敦大英博物馆藏

成喜鹊尾式，有作元宝式的。女人也戴帽子，和个椭圆杯子差不多。有的又垂发在耳旁，卷成如蝎子尾式。女孩子多梳双小辫，穿齐膝短衣，下缘作成裥褶。成年妇女已多戴金银戒指，并在脸颊旁点一簇三角形胭脂。照古文献记载，原都是周代宫廷一种制度，金银环表示有无怀孕，胭脂记载月经日期，可一望而知，大致到了战国已成一般装饰，本来作用就慢慢失去了。

衣服的材料越来越精细，名目也因之繁多，河南襄邑出的花锦、山东齐鲁出的冰纨、文绣、绮、缟等更是风行全国，有极好市场；和普通绢帛比价，已超过二十多倍。南方吴越出的细麻布，北方燕国生产的毡裘毛布，西域胡族作的细毛花罽异常精美，价值极高。楚国并且可能有了印花绸子生产，但最讲究的衣被材料，仍还是华美刺绣和织锦。

衣服有许多不同式样，有的虽大袖宽袍，还不至于过分拖沓。若干地区还流行水袖长衣，依旧还有下缘，长才齐膝，头戴平顶帽子，腰系丝带和商代人相差不多情形。

北魏，石雕帝后礼佛图，高70厘米，长200厘米

最通常的衣服是在楚墓中发现的三种式样，其中一种用缠绕方式穿上，再缚根宽宽腰带，式样较古。衣边多较宽，且用锦类作缘和记载上说的“锦为缘”相合，大致因此才不致于使过薄的衣料妨碍行动。这种式样，汉代人还有应用。又一种袖大及膝，超过比例，穿起来显得格外庄严的，可能属于特定礼服类。奏乐人有戴风兜帽的，舞人已穿着长及数尺的袖子。打猎人衣裤多扎得紧紧的，才便于在丛林草泽中活动。中原区山西河南所得细刻花纹铜器上又常发现一种戴鵰角鹊尾冠着小袖长裙衣、下裳作成斜下襞折式样的。河南洛阳还出土过一个玉佩，上面精雕二舞女袖子长长的，腰身扎得极细，头发下垂齐肩，略略上卷，大致是当时的燕赵佳人典型式样。山西出土的陶范上则有穿齐膝花衣戴平顶帽，腰间系一丝绦，打个连环扣，带头还缀两个小绒球的，男女都穿。河南也发现这种装束大同小异的人形，且一般说是受“胡服”影响，事实上还值得进一步研究。历史上常说起赵武灵王胡服骑射影响到赵国当时军事组织和后来人生活都极大。主要影响还是“骑射”。轻骑锐进和短兵相接，才变更了传统用战车为主

北宋，王诜《绣栊晓镜图》

力的作战方法。至于“胡服”究竟是个什么样子？过去难说清楚。一说貂服即胡服，这不像是多数人能穿的，试从同时或稍后有关材料看，衣服主要特征，原来也是齐膝长短，却是古已有之。大致由于周代几百年来社会习惯，上层分子，已把穿长衣当成制度，只有奴隶或其他劳动人民才穿短衣，为便于实用，赵王创始改变衣服齐膝而止和骑射联系，史官一书，便成一件大事了。胡服当然还有些其他特征，腰间皮带用个钩子固定，头上多一顶尖尖的皮或毡帽子，因为和个馄饨一样，后来人叫做“浑脱帽”，不仅汉代胡人戴它，直到唐代的西域诸胡族也还欢喜戴它。中国妇女唐初喜著胡装，因此，这种帽子还以种种不同装饰而出现于初唐到开元天宝间，相传张萱画的武则天像，就戴上那么一个帽子，晚唐蕃镇时代，裴度被刺也因戴上这种毡帽幸而不死。汉代石刻也发现这种帽形，近年我们还在西北挖出几顶汉代实物，证明确是胡服特点之一。

衣装有个进一步新的变化，新的统一规格，是由秦汉起始。从几点大处说来，王公贵族因为多取法刘邦平素所喜爱的一种把前梁高高耸起向后如一斜桥的冠式，于是成了标准官帽三梁、五梁作为等级区分。此外不论男女，有官爵的腰带边必须悬挂一条丈多长褶成两叠彩色不同的组绶。女子颊边那簇三角形胭脂已不再发现，梳辫子的也有改成一环的。许多方面都已成定型。照文献说因为限制商人，作经纪的穿鞋还必需左右不同色。可是一面有种种规章制度，对商人、奴婢限制特别大，另一方面却由于生产发展影响，过不到四十年，商人抬头，不仅打破了一切限制，穿戴得和王公差不多，即其奴婢也穿起锦绣来了。情形自然显得较为复杂，说它时就不易从简单概括得到比较明确印象了。惟复杂中，还有些规律为我们掌握住了的，即汉代高级

北魏，彩绘陶文吏俑，高23.3厘米，河南洛阳元邵墓出土，洛阳市博物馆藏

唐，彩绘釉陶文官俑，高69厘米，陕西礼泉郑仁泰墓出土，礼泉县昭陵博物馆藏

唐，三彩陶女坐俑，高47.5厘米，陕西西安墓葬出土，陕西省博物馆藏

唐，三彩女立俑，高23厘米，陕西礼泉安元寿墓出土，礼泉县昭陵博物馆藏

北宋，加彩女佣，高32厘米，山东城武出土，城武县博物馆藏

金，磁州窑红绿彩女童，高6厘米

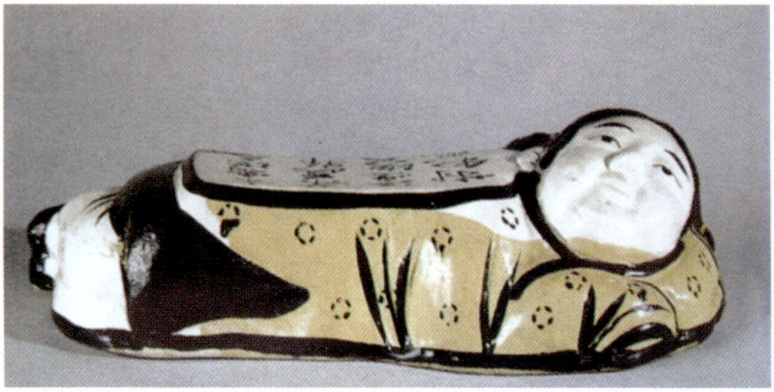

金，扒村窑白地黑彩诗句卧婴枕，高 11 厘米，长 39.3 厘米，宽 17.4 厘米，上海博物馆藏

锦绣花纹，主要不过十来种，主题图案，不外从两个方面得来，一是神仙思想的反映，二是现实享乐行为的反映，因此总不外山云缭绕中奇禽异兽的奔驰，上织文字“登高明望四海”的，大致和秦始皇汉武帝登泰山封禅必有较多联系，“长乐明光”则代表宫殿名称，这些材料多发现于西北，新疆、甘肃和东北、蒙古及朝鲜，并由此得知，当时长安织室或齐地三服官年费巨万数额大量生产供赏赐臣下，并大量外输的高级丝绸，多是这种样子。

这些都是过去千年读书人不容易明白的，由于近年大量实物和比较材料的不断出土，试用真实文物和文献相互结合加以综合分析，逐渐才明白的，更新的发现无疑将进一步充实丰富我们这方面知识，并改正部分推想的错误。

1962 年 6 月 25 日写

本文 1986 年 5 月商务印书馆香港分馆《龙凤艺术》一书中发表，据《龙凤艺术》编入。

宋元时装

赵匡胤作皇帝后，不久就统一南中国，结束了五代十国数十年分割局面，建立了宋代政权。从长江上游的西蜀和下游的南唐吴越，得到物资特别多，仅锦缎彩帛就达几百万匹，为示威天下，装点排场，便把直接保卫他的官兵两万多人，组成一支特别仪仗队，某种官兵拿什么旗帜、武器和乐器，穿什么衣服都分别等级颜色花纹，用织绣染不同材料装扮起来，出行时就按照秩序排队，名叫“绣衣卤簿”还绘了一个图，周必大加上详细说明，叫《绣衣卤簿图记》，这个队伍后来还增加到将近三万人。现在留存后人摹绘的中间一段，也近五千人，为研究宋代官服制度，保留下许多重要材料。宋代政府每年还照例要赠送亲王大臣锦缎袍料，计分七等不同花色，遇大朝会重要节日必穿上。宫廷皇后公主更加奢侈，穿的衣服常加真珠绣饰，椅披脚踏垫也用真珠绣，头上凤冠最讲究用金翠珠玉作成种种花样，比如“王母队”就作一大群仙女随同西王母赴蟠桃宴故事。等于把一台乐舞，搬到头顶，后面还加上几个镶珠嵌玉尺来长翅膀，下垂肩际，名“等肩冠”（最近在明代皇陵内也有

宋，佚名《杂剧图》

发现过这种冠)。一般贵族官僚妇女，穿着虽不如唐代华丽，却比较清雅潇洒，并且配色也十分大胆，已打破唐代青碧红蓝为主色用泥金银作对称花鸟主题画习惯，粉紫、黝紫、葱白、沉香、褐等色均先后上身。由于清明扫墓必着白色衣裙，因之又流行“孝装”，一身缟素。北宋初年，四川、江南多出彩绸，女子又能歌善舞，装束变化常得风气之先，从诗词中多有反映。部分还保留晚唐大袖长服习惯，同时已流行另外一种偏重瘦长，加上翻领小袖齐膝外衣的新装，作对襟式的加上两条窄窄的绣领。用翻领多作三角形，还和初唐胡服相近，袖口略小，如今看来，还苗条秀挺，相当美观。另外一种装束，尚加披帛，腰带间结一彩绶，各自作成种种不同连环结，其余下垂，或在正面，或在一侧，这种式样似从五代创始，直流行到南宋。装束变化之大主要在发髻，也可说是当时人对于美的要求重点，大致从三国时曹植《洛神赋》中说到的“云髻峨峨”得到启发，唐代宫廷女道士作仙女龙女装得到发展，五代女子的花冠云髻已日趋危巧，宋代再加以发展变化，因之头上真是百花竞放，无奇不有。极简单的是作玉兰花苞式，极复杂的就如《枫窗小牍》所说，赵大翁墓所见有飞鬟危巧尖新的、如鸟张翼的，以至一种重叠堆砌如一花塔加上紫罗盖头的，大致是仿照当时特种牡丹花“重楼子”作成。照史书记载，到后竟高及三尺，用白角梳也大及一尺二寸，高髻险装成一时风气，自然不免影响民间相习成风。后来政府才特别定下法律加以限制，不得超越尺寸。但是上行下效，法律亦无济于事。直到别种风气流行，才转移这种爱好。边疆区域，如敦煌一带，自五代以来多沿袭晚唐风气，使用六金钗制，在博大蓬鬓两侧，各斜插三花钗，略作横的发展，大约本于《诗经》“副笄

宋，刘宗古《瑶台步月图》

宋，张择端《清明上河图》局部，原大纵 24.8 厘米，横 528.7 厘米，北京故宫博物院藏

六珈”一语而来，上接晋代“五兵佩”习惯，流行民间，直到近代。福建畲族妇女的头上三把刀银饰，还是它的嫡亲继承者。额黄靥子宋代中原妇女已不使用。西北盛装妇女还满脸贴上不以为烦。

至于演戏奏乐女人的服装，种类变化自然就更多了。从画中所见，宫中乐妓，作玉兰花苞式髻，穿小袖对襟长衫的可能属于一般宫婢，杂剧中人则多山花插头，充满民间味，如照范石湖元宵观灯诗所见，歌女中有戴个茸茸小貂帽子遮住眉额的一定相当好看。若画古代美人装束，多作成唐代仙女、龙女、天女样子，虽裙带飞扬轻举，依旧不免显得有些拖沓，除非乘云驾雾，否则可够不方便。这另外也反映一种现实，即宋人重实际精神(除了发髻外)，穿衣知道如何用料经济，既便于行动也比前人美观。宋代流行极薄纱罗，真是轻如烟雾，如作成六朝人画的洛神打扮，还是不会太重的。但是当时的女道士，就不肯这么化妆，画采灵芝仙女且有作村女装束的。

当时最高级和尚，袈裟尚紫色，惟胸前一侧绊带用个小玉环，下缀一片金锦，名“拔遮那环”。宋元应用较广，影响到西藏大喇嘛，在明清古画里还保留这个制度。

契丹、女真、党项、羌族等同属中国东北、西北游牧民族，生活习惯上与中原显著不同。

西夏妇女多着唐式翻领胡服，斜领刺绣精美，统治者服饰也近似唐装，腰间束鞢韄带、挂上小刀、小囊、小火石诸事物，头上戴的还是变形浑脱帽，普通武士则有作突厥式剃顶的。

契丹、女真本来服装一般多小袖圆领，长才齐膝，着长统靴，佩豹皮弓囊，宜于马上作战射猎。契丹男子髡顶披发，女真则剃去顶发把余发结成双辫下垂耳旁。受汉化影响，有身份的才把发上拢，裹“兔鹘巾”，如唐式幞头，却不甚讲究款式，惟间或在额前嵌一珠玉为装饰。妇女着小袖斜领左衽长衫，下脚齐踵，头戴金锦浑脱帽，后垂二锦带，下缀二珠。其腰带也是下垂齐衣，惟不作环。契丹和女真辽金政权均设有“南官”多兼用唐宋官服制度。契丹即起始用不同山水鸟兽刺绣花纹，分别官品，后来明清补服，就是承继旧制而来。金章宗定都燕京后，舆服制度更进一步采用宋式，区别就益少了。至于金代官制中用绸缎花朵大小定官位尊卑，最小的只许用无纹芝麻罗，明清却不沿用。但衣上用龙，元代即已有相当限制。分三、四、五爪不等，严格规定，载于典章。明代即巧立名目，叫"蟒"、"斗牛"等等，重作规定，似严实滥。

同时契丹或女真男子服装，因便于行动，也已为南人采用，例如当时力主抗金收复失地的岳飞，韩世忠等中兴四将，身边家将便服，除腰袱外，就几乎和金人无多大分别，平民穿的也相差无几，彼此影响原因虽不尽同，或为政治需要，或从生活实际出发，由此可知，民族文化的融合，多出于现实要求，即在民族矛盾十分剧烈时亦然（总的看来，这种齐膝小袖衣服，说它原属全中国各民族所固有，也说得过去，因为事实上从商代以来，即出现于各阶层人民中）。这时期劳动人民穿的多已更短了些，主要原因是生产虽有进展，生活实益贫穷，大部分劳动成果都被统治者剥削了，农民和渔夫已起始有了真正"短衣汉子"出现。

辽，大曲舞壁画，张家口1号辽墓出土

社会上层衣服算是符合常规的，大致有如下三式：

（一）官服——大袖长袍还近晚唐，惟头上戴的已不相同，作平翅纱帽，有一定格式。

（二）便服——软翅幞头小袖圆领还用唐式，惟脚下已由乌皮六合靴改成更便利平时起居的练鞋。

（三）遗老黄冠之服——合领大袖宽袍，用深色材料缘边，遗老员外多戴高巾子，方方整整。相传由苏东坡创始，后人叫作“东坡巾”。明代老年士绅还常用它。有身份黄冠道士，则常用玉石牙角作成小小卷梁空心冠子，且用一支犀玉簪横贯约发，沿用到元明不废，普通道士椎髻而已。

男仆虽照制度必戴曲翅幞头，但普通人巾裹却无严格限制。女婢丫环，头上梳鬟或丫角又或束作银锭式，紧贴耳边，直流行到元代。

至于纺织物，除丝织物中多已加金，纱罗品种益多，花纹名目较繁。缎子织法似应属于新发明。锦的种类花色日益加多，图案配色格外复杂，达到历史高峰。主要生产还在西蜀。纱罗多出南方，罗缎名目有加“番”字的，可知织法不是中原本来所固有。锦名“阇婆”，更显明从印度传来。“白鹭”出于契丹，也为文献提到过。雨中出行已有穿油绸罩衣的。

这时期并且起始有棉织锦类，名叫“木锦”。至于“兜罗锦”、“黎单”等西南和外来织物也是花纹细致的纺织品，練子则是细麻织品。“点蜡幔”是西南蜡染。一般印花丝绸图案，已多采用写生折枝花，通名生色折枝，且由唐代小簇团窠改为满地杂花。惟北宋曾有法律严禁印花板片流行，只许供绣衣卤簿官兵专用，到南宋才解禁，得到普遍发展。临安市销售量极大的彩帛，部分即指印花丝绢。时髦的且如水墨画。北宋服饰加金已有十八种名目，用法律禁止无效。北宋时开封女人喜用花冠绣领，在大相国寺出售最精美的多是女尼姑手作，反映出宗教迷信的衰歇，庵中女尼已不能单纯依靠信徒施舍过日子，必须自食其力方能生存。和唐代相比已大不相同了。统治者虽耗费巨万金钱和人力，前后修建景灵宫、玉清诏应宫、绛霄宫等，提倡迷信，

元，人物像，重庆巫山庙宇镇出土

一般人还是日益实际，一时还流行过本色线绣，见于诗人陆游等笔记中。

高级丝织物中除锦外，还有“鹿胎”、“紧丝”、“绒背”和“透背”，四川是主要产地。这些材料，内容还不够明确。鹿胎或是一种多彩复色印花丝绸。“绒背”或指一种荣缎、绒纱，近似后来花绒。“透背”可能就是缂丝。这些推测还有待新的发现才能证明。捻金锦缎的流行增加了锦缎的华美，灯笼图案锦且影响到后来极久。“八答晕锦”富丽多彩已达锦类艺术高峰。一种用小梭挖织的缂丝，由对称满地花鸟图案，进而仿照名画花鸟，设计布色，成为赏玩艺术新品种。技术的流传，西北回族织工贡献较多。南方还有“黄草心布”、“鸡鸣布”、“練子”和“红蕉布”，特别宜于暑中使用。由于造纸术有进一步提高，因此作战用衣甲，有用皮纸作成的，又用纸作帐子，也流行一时。

元代由蒙古人军事统治中国约一世纪之久。政府在全中国设了许多染织提举司，统制丝毛织物，并且用一种严酷官工匠制度督促生产，用捻金或缕金织成的锦缎“纳石失”和用毛织成的“绿贴可”当时是两种有特别代表性的产品，丝绸印染已有九种不同名目，且有套染

元世祖后彻伯尔像

三四次的，毛织物毡罽类利用更多，《大元毡罽工物记》里还留下六十多种名目。为便于骑射，短袖齐肘的马褂起始流行。

元代南人官服虽尚多用唐式幞头圆领，常服已多习于合领敞露胸式。蒙古人则把顶发当额下垂小绺，或如一小桃式余发总结分编成两大环，垂于耳边，即帝王也不例外。妇女贵族必头戴姑姑冠，高过一尺向前上耸，如一直颈鹅头，用青红绒锦做成，上饰珠玉，代表尊贵。衣领用纳石失金锦缘边，平民奴婢多椎髻上结，合领左衽小袖，比女真略显臃肿，贵族穿得红红绿绿，无官职平民就只许著褐色布绢，惟平民终究是个多数，因此褐色名目就有二十四种，元代至元年间，才正式征收棉花税，可知江南区比较大量种植草棉，棉布在国内行销日广，也大约是这个时期。

四楞藤帽为元代男子所通用，到明代就只某种工匠还使用了。另外一种折腰样盔帽，元代帝王有用银鼠皮作成的，当额或顶部常镶嵌价值极贵的珠宝。到明代差役的青红毡帽还采用这个样式，正和元代王公重视的“质孙宴”团衫，与明清之差役服式差不多，前一代华服到后一代成为贱服，在若干历史朝代中，几乎已成一种通例。

本文1986年5月于商务印书馆香港分馆《龙凤艺术》一书中发表。据《龙凤艺术》编入。

《中国古代服饰研究》选

七三　唐胡服妇女

史志中谈唐代妇女“胡服”，常以为盛行于开元天宝间，似非事实。就近年大量出土材料比较分析，大致可以分作前后两期：前期实北齐以来男子所常穿，至于妇女穿它，或受当时西北民族（如高昌回鹘）文化的影响。间接即波斯诸国影响。特征为高髻，戴尖锥形浑脱花帽，穿翻领小袖长袍，领袖间用锦绣缘饰，钿镂带，条纹毛织物小口袴，软锦透空靴，眉间有黄星靥子，面颊间加月牙儿点装。后一期则在元和以后，主要受吐蕃影响，重点在头部发式和面部化妆。特征为蛮鬟椎髻，乌膏注唇，脸涂黄粉，眉细细的作八字式低颦，即唐人所谓“囚装”、“啼装”、“泪装”，和衣着无关。如白居易新乐府《时世妆》所咏，十分传神。传世的唐人绘《纨扇仕女图》、《宫乐图》中妇女形象，有代表性。又传世《搜山图》作降妖种种，女妖上身也多是这种元和时世装，且有露出红绫抹胸的。下身则作各种野兽蹄足，实有所讽刺而作。但上身衣着却画得十分具体，色

唐，棕色绞缬绢，新疆出土

泽华美，为其它图画所不及。

图一二三妇女系新疆吐峪沟发现残绢画一部分。衣着属于前一时期。虽损毁极多，领袖拼合及手臂处理位置也未必是本来样子，但是头部犹相当完整，领和袖彩色鲜明。用的材料且显明是唐初流行出自川蜀的团窠瑞锦。至于同式发髻，反映于较早绘画中的，如麦积山北朝壁画伎乐天头部，已有相似处理。时间相同，则有新疆出土唐初墓葬棺中绘的伏羲女娲形象绸绫被，女娲头上也有作这种发髻面部作同样化装的。中原和长江以南，唐以前似还无相似材料发现。惟南朝人诗既有“约黄能效月”语，则南朝南方也应当早就有了这种化装法。其来源照史志记载，则以为出于寿阳公主梅花点额故事。传世《女史箴图》中妇女额间，即可发现相似装饰。至于胭脂在脸颊间的应用，则可早到战国，楚俑中即有发现。这一部分与其说是由西北传入中原，还不如说由中原影响西北，更合实际。时间当在隋唐之际。

唐代妇女发髻，初唐稍后，身份较高的贵族妇女，已一变隋代的平云式单纯，向上高耸，作成种种不同发展，如李寿墓壁画中所见。《妆台记》称：“唐武德中，宫中梳半翻髻，又梳反绾髻、乐游髻。”上行下效，成为风气。某大臣曾请唐太宗下令禁止，唐太宗虽也加以斥责，但后来又询及近臣令狐德棻，问妇女发髻加高是什么原因。令狐

唐，绛色印花纱，新疆出土

唐，绢画妇女像，新疆吐峪沟出土

唐，绢画妇女像，新疆吐峪沟出土，选自日本《西域考古图谱》

德棻以为，头在上部，地位重要，高大些也有理由。因此高髻不受任何法令限制，逐渐更加多样化。到开元天宝年间，则因流行假发义髻，更显得蓬蓬松松。《妆台记》又称："开元中梳双鬟望仙髻及回鹘髻"。书中谈古事多附会，无可稽考，谈近事也虚实参半，实难于尽信。惟唐初髻式许多种中，本图一式，在永泰公主、章怀懿德二太子墓中壁画石刻和韦泂、韦顼墓石刻中出现得格外多，一般多作向上腾举势，因此文人形容或可称"离鸾惊鹄之髻"。事实上或即"回鹘髻"（史传称"回鹘"得名，即因象征此鸟勇猛而健翮凌云）。至少可知，它实在是唐初流行式样中比较主要的一种发髻，开元天宝以后即少见。一般传世中晚唐画迹中更少见。杜甫即事诗："百宝装腰带，真珠络臂鞲。笑时花近眼，舞罢锦缠头。"即近似为这种秀发如云、健美活泼、长于舞蹈的年青妇女而咏。到中晚唐时，妇女发髻又效法吐蕃，作"蛮鬟椎髻"式样，或上部如一棒椎，侧向一边，加上花钗梳子点缀其间。远不及初唐妇女发式利落美观。好尚的却赞美备至。白居易在新乐府《时世妆》一诗中，曾加以强烈讥讽。图一二三绢画腰部以下已残毁无余，根据敦煌其他晚唐壁画和近年新疆出土绢画可知，凡是这种翻领小袖，袖头加锦臂构的盛装女子衣样，直到五代，在西北地区，还是贵族中的便服盛装，居多是腰系钿镂带，穿条纹小口卷边裤，和透空软锦靴配成一套。在中原画塑中反映，则和当时西域传来流行于中唐的柘枝舞、胡旋舞密切相关。

七四　唐胡服妇女

《新唐书·五行志》称："天宝初，贵族及士民好为胡服胡帽，妇人则簪步摇钗，衿袖窄小。杨贵妃常以假髻为首饰，而好服黄裙。时人为之语曰：义髻抛河里，黄裙逐水流。"

又唐小说称贵妃死后，"马嵬驿一老妪得一锦靿靴，观者给百钱，老妪因以致富"。

宋人作史多贯串唐人旧说，求文笔简练，记载虽概括，时间事件不免常有混乱，易失本来面目。关于"胡服"问题就是一例，叙述含糊，不符合实际。

唐，壁画妇人像，选自日本《西域考古图谱》

唐，壁画树下美人图，选自日本《西域考古图谱》

唐，壁画残片，选自日本《西域考古图谱》

唐，胡服女侍石刻线画，陕西西安韦项墓出土

所谓胡服胡帽，即衿袖窄小条纹卷口袴及软锦靴等等，在近年出土大量画塑上反映，时代多较早些。在开元天宝以前，武则天时代，便已成为一时社会时髦。开元天宝时，却已有了新的变化，新的爱好，且难于发现所谓胡服痕迹。比较典型服装，从画塑反映分析，发髻除两鬓因虚发相衬加大外，眉分二式：一细长，一较浓阔，即所谓"蛾翅眉"。和杜甫诗"狼借画眉阔"，及后来张籍诗形容的"轻鬓丛梳阔扫眉"、元稹诗"凝翠晕蛾眉"倒还相合。也就是《簪花仕女图》中妇女蛾翅形眉毛式样。都市妇女出行骑马，虽已不用帷帽垂网遮蔽，年青妇女还使用一片纱网于额间作为装饰，名"透额罗"，也算新装一部分。这种薄质纱罗或以常州生产为佳，所以元稹诗有"漫裹常州透额罗"。在敦煌画《乐廷瓌夫人行香图》中，随从亲属妇女眉样显明是比本来浓阔。透额罗的应用，在画上也留下一些具体形象。画成于开元天宝时，除额间东西还近于帷帽羃䍦残余，其他服饰都和胡服无关。

唐代前期"胡服"和唐代流行来自西域的柘枝舞、胡旋舞不可分。唐诗人咏柘枝舞、胡旋舞的，形容多和画刻所见"胡服"相通。如白居易诗"绣帽珠稠缀，香衫袖窄裁"，"……紫罗衫动柘枝来。带垂钿

五代，女供养人像，敦煌61窟

镂花腰重，帽转金铃雪面回”。章孝标诗“柘枝初出鼓声招，花钿罗衫耸细腰。移步锦靴空绰约，迎风绣帽动飘摇”。刘禹锡诗“胡服何葳蕤，仟仟登绮席。……垂带复纤腰，安钿当妩眉”。张祜诗“舞停歌罢鼓连催，软骨仙娥暂起来，红罨画衫缠腕出，碧排方胯背腰来，旁收拍拍金铃摆，却踏声声锦靿催”，“促叠蛮鼍引柘枝，卷檐虚帽带交垂，紫罗衫宛蹲身处，红锦靴柔踏节时”。许浑诗“江珠络绣帽，翠钿束罗襟”。还有刘言史咏胡旋舞诗，“织成番帽虚顶尖，细裁胡衫双袖小。……翻身跳毂宝带鸣，弄脚缤纷锦靴软”。诗中有关衣饰形容，都显明和石刻表现有相通处。

石刻多属唐代前期，诗多作于中晚唐。画刻中这种“胡服”女子，多如一般女侍，在执行普通生活任务，少有作舞姿的，而壁画中作舞姿的，却常穿中原汉式衣裙。这里不免有些矛盾，似可作两种解释：一即照唐代法律，品官家照等级多许可置音声部（即唱歌奏乐女奴）若干人，这种歌舞伎平时则侍巾栉，执行一般婢妾任务，酒筵间遇有需要时，方出席表演。二即柘枝舞、胡旋舞，均于中晚唐始流行，因来自西北，即穿所习惯服装。后一种推测比较近理，因为《宋史·乐志》叙柘枝胡旋舞，还提及鞊韘带及软锦靴。服装具西北区域地方性，十分明确显著。

七八　唐张萱捣练图部分

采自《捣练图》熨帛部分，原画传为唐张萱绘，宋徽宗赵佶临摹。现藏于美国波斯顿美术馆。

图是个长卷，绘宫廷贵族妇女治理丝帛几种劳作过程，计有熨

唐，张萱《捣练图》宋摹本，纵 37 厘米，横 147 厘米，美国波士顿美术馆藏

帛、捣练、缝纫等。无背景。妇女衣着均作细致描绘，或作细锦纹，或作大撮晕染花缬。

纺织工艺生产是封建社会经济一基本部门，所以早已作为主题画之一来表现。战国青铜器上即有采桑图像，似据《诗经》中“女执懿筐，爰求柔桑”诗意而作。机织图像到汉代则为常见，先后有石刻数种出现，如武氏祠石刻，孝堂山石刻，滕县石刻。四川则有桑林砖刻出土。时间较后传世的，还有南宋牟益作《捣练图》，也说原稿出自张萱，节目较多，衣着近中晚唐周昉笔。又淮南出土北宋时墓葬壁画，衣着纯为北宋式。又宋刘松年作《毛诗图》、《丝纶图》，无名氏作《宫蚕图》卷，楼璹作《耕织图》石刻，均有纺织生产反映。内中以楼璹石刻保存得最完整，对后来影响较大。

本图中人多著小袖衣长裙，裙上系及胸部，还具盛唐规模。人多长眉秀目，高髻插小梳三五不等，除发髻小异，其余均与白居易诗《上阳人》所咏开元天宝间宫中便服相近，和后来元和时世装有显明区别。本图衣着及发髻形象，似为开元时宫廷妃嫔常服式样，头部还未用假发衬托，旧题作张萱绘，比较可信。

画题来源或本于南北朝诗人所惯用主题，加以发展而成。例如北周诗人庾信诗，即有“北堂细腰杵，南市女郎砧”、“并结连枝缕，双穿长命针”、“裙裾不耐长，衫袖偏宜短”等句子，均具体反映于本画中。衣着属盛唐式样，丝绸花纹中比较清楚的有几种大撮晕染缬，龟子绫，梭子式樗蒲绫，也属典型盛唐时代产物。但后人因图中人物形象近似曹植《洛神赋》“云髻峨峨”语意，画意又和庾子山诗相近，便误以为是南朝人装束。如明杨慎《丹铅总录》云：“古人捣衣，两女子执杵，如舂米然。尝见六朝人画捣衣图，其制如此。”传世古画惟此图捣练用竖杵，可知明代号称博学多闻的杨慎，当时所见必本图无疑。

唐代妇女喜于发髻上插几把小小梳子，当成装饰，讲究的用金、银、犀、玉或牙等材料，露出半月形梳背，有多到十来把的（经常有实物出土），所以唐人诗有“斜插犀梳云半吐”语。又元稹《恨妆成》

诗，有“满头行小梳，当面施圆靥”，王建《宫词》有“归来别赐一头梳”语。再温庭筠词中有“小山重叠金明灭”，即对于当时妇女发间金背小梳而咏。唐五代画迹中尚常有反映，亦可于本图及插图得到证实。用小梳作装饰始于盛唐，中晚唐犹流行。梳子数量不一，总的趋势为逐渐减少，而规格却在逐渐加大。早期梳式大小基本上还和汉代相近，汉代一般梳篦多作式，唐代一般作月牙形式，到北宋，敦煌画所见有方折成式大及一尺的。梳形益大而数目减少，盛装总还是四把或一两把，施于额前。中原总的趋势还是一把，且随同发髻增高而更加长大。宋代到仁宗时，宫中流行白角梳，大的已达一尺二寸。所以王栐《燕翼诒谋录》称仁宗时禁令，髻高有至三尺，白角梳有大到一尺二寸的，用法令禁止，仍未能生效。以为是上行下效，无可奈何。北宋初人用五代发式衣着绘《夜宴图》，南宋时人绘《女孝经图》，因仿古，画中妇女头上犹多着小梳，且有放在头后部，显然是不明白“满头行小梳”语意，安排已不合实际情形。因为事实上，小梳子的应用，宋代初年中原即已不再流行。敦煌宋画妇女头上犹使用六梳四梳，和衣制均属晚唐式样，由于边缘地区受前一时期制度影响，照例变化较晚些。但梳子加大，一望而知还是宋代时髦事物。

插图后二种，原画多以为出自唐人。若从梳子式样和大小及应用情形而言，则一望而知必出于宋人无疑。

八一、宫乐图

采自故宫藏画，曾刊于《故宫周刊》，近复印于《宋人名画集》中。原画在台湾。

旧题宋人绘，又作元人绘（题目或称《会茗图》）。其实妇女衣服发式，生活用具，一切是中晚唐制度。长案上的金银茶酒具和所坐月牙兀子，以至案下伏卧的猧子狗，无例外均属中唐情形，因此本画即或出于宋人摹本，依旧还是唐人旧稿。

妇女衣着大撮晕缬（唐人或称撮晕锦），发式和面目化装，为典型“元和时世妆”。白居易新乐府诗元和《时世妆》形容得十分具体：“时世妆，时世妆，出自城中传四方。时世流行无远近，腮不施朱面无粉。乌膏注唇唇似泥，双眉画作八字低。妍媸黑白失本态，妆成尽似含悲啼。圆鬟垂鬓椎髻样，斜红不晕赭面状。昔闻被发伊川中，辛有见之知有戎。元和妆梳君记取，髻椎面赭非华风。”又在《江南喜逢萧九彻因话长安旧游》诗中有：“……时世高梳髻，风流澹作妆。戴花红石竹，帔晕紫槟榔。鬓动悬蝉翼，钗垂小凤行。拂胸轻粉絮，暖手小香囊。选胜移银烛，邀欢举玉觞。炉烟凝麝气，酒后注鹅黄。急管停还奏，繁弦慢更张。……”这首诗除叙述化妆外，后一部分兼叙酒筵弦歌娱乐情形，和这个画中的反映十分相近。又有传世《纨扇仕女图》（即倦绣图）产生时代也相近。惟画法用折芦描，一妇女所坐栲栳圈椅子，扶手部分形象有错误，显明是后人的摹本，唐代人是不会这么把握不住现实的。

同时期诗人元稹《恨妆成》诗有“柔鬟背额垂，丛鬓随钗敛。凝翠晕蛾眉，轻红拂花脸。满头行小梳，当面施圆靥。”

唐代社会善于吸收融合西北各民族文化及外来文化，妇女服装受的影响，就可分作两个时期。前期由唐初到开元间，主要特征是戴金锦浑脱帽，着翻领小袖或男子圆领衫子，系钿镂绦带，穿条纹间道锦卷边小口袴、透空软锦靴。部分发髻多上耸如俊鹘展翅。无例外作黄

唐，周昉《宫乐图》，纵 48.7 厘米，横 69.5 厘米

五代，顾闳中《韩熙载夜宴图》局部，原大纵 28.7 厘米，横 335.5 厘米，北京故宫博物院藏

星点额，颊边作二新月牙样子（或更在嘴角酒窝间加二小点胭脂）。后期则在元和时，主要特征是蛮鬟椎髻，乌膏注唇，赭黄涂脸，眉作细细的八字式低颦。前期表现健康而活泼，后期则相反，完全近于一种病态。至于倒晕蛾翅眉，满头小梳和金钗多样化，实出于天宝十多年间，中晚唐宫廷及中上层社会除眉样已少见，其他犹流行，但和胡服无关，区别显明。当时于发髻间使用小梳有用至八件以上的，王建《宫词》即说过：“玉蝉金雀三层插，翠髻高耸绿鬟虚，舞处春风吹落地，归来别赐一头梳。”这种小小梳子是用金、银、犀、玉、牙等不同材料作成的，陕洛唐墓常有实物出土。温庭筠词：“小山重叠金明灭。”所形容的，也正是当时妇女头上金银牙玉小梳背在头发间重叠闪烁情形。

从天宝后，唐代寄食阶级贵族妇女衣着，官服既拖沓阔大，便服也多向长大发展，实由官服转为常服的结果，同样近于病态。后来衣袖竟大过四尺，衣长拖地四五寸。所以李德裕任淮南观察使时，曾奏请用法令加以限制，“妇人衣袖四尺者，皆阔一尺五寸，裙曳地四五寸者，减三寸。”《新唐书·车服志》且提及对全国禁令：“妇女裙不过五幅，曳地不过三寸。”本画反映，正是这一时期的衣着。从服装史说来，是最不美观时代产物。

八九、唐代彩绘陶俑和三彩陶俑

唐代前期，文官衣着服式，多沿袭隋代旧制，改变不多。贵族墓葬壁画，虽已见显明特征，但大型彩绘文武官吏俑，却多保留隋代规格形象，不易区别。冠子一般较小，变化不大，两当铠加于朝服外，面貌严肃端整。稍后到开元时，这类占主要地位的从官三彩陶俑，变化还不太多。但已出现同属衣两当袴褶服之武官，神气间不免松松散散，缺少职务上应有庄严感，如伎乐人物。文吏衣着虽表面上还无大变化，但由于模印成形，面目不免平板呆滞，见出庸碌状。不仅缺少初唐之端重庄严，也远不及同时出土三彩狩猎胡骑之生动活泼，个性鲜明。头着介帻，则日益增高，这和社会厚葬风气以及殉葬明器之日益商品化，必有一定联系。照唐代法律，如《唐会要》卷三十八引例，死者殉葬所用明器都有一定限制，镇墓兽、仆从、音声人，大小尺寸数目，都必依照生前在官品级使用，不能逾越制度。至于这一类彩绘或三彩釉陶特别文武官吏俑，一般总比较高大，有高及二市尺的，或许这一类制作比较华美的明器和骆驼马匹原不在法令范围内，出于特别有势力的亲属赠予。或这类特殊陶俑，始终不受法令限制。

关于天王府绣花帐子的时代及其产生原因的一点意见

在重庆博物馆收藏鲍超所得的太平天国天王府的旧式架子床用的绣花绸帐，是在浅蓝色湖绉(绸)地子上，用双面铺绒彩绣法作成的。图案为清代习见的“丹凤朝阳”，布置方法是中间祥云捧日，两旁凤穿牡丹。

凤穿牡丹主题画，虽成熟于宋代，至于本绣件作立凤式反映于画面似只从明代起始(作者似为林良)，盛行于清初，屏风、大瓷瓶、绣件上均有出现。《五伦图》则为“百鸟朝皇”，凤皇常立于桐荫下。清初盛行，尚包含有政治阿谀，到较后反映于普通工艺品上，即已失去封建尊严，而成为夫妇和好吉祥象征。例如外销嫁装货粉彩大瓶、大罐和镜帕绣花、民间印花布门帘等上面的应用，都毫无禁忌有大量实物可以取证。帐顶用生丝绢绸作成，加彩绣中作“双双如意”，四围作“八宝云蝠”。帐门上部和帐顶相接处，盖有二三寸长方形阳文正楷图书若干个，浅米印色。

帐子由四川重庆博物馆文物征集组从本市旧物寄卖行买来，因根据帐子上图书应系鲍超或其家后人收藏，经过鉴定，认为应属于太平天国文物中织绣一级品。并且已于一九五九年收入罗尔纲先生编印的《太平天国文物图录》中。惟原材料是水蓝色，图录彩印地子误作水绿色和本来已不符合。彩绣部分凤冠凤尾采用洋莲紫色和鉴定时代具有密切关系，图经缩小，也未能较好反映出来。若仅据本图判断，实难于得到正确印象。若就实物各方面加以分析，所得结论，即大不相同。

据个人愚见，帐子作成的时代，似有可以商酌处，值得专家注意，特分别写出来供各方面参考。错误处并盼得到同志们加以指正。

一、图案有些不伦不类，殊可疑。一般近代文物鉴藏，似尚从未见采用这个格式。若在清代加特制图书，则不可能于图书上有“天王”字样。鲍超为参加维护摇摇欲坠的满清封建王朝的曾国藩集团一个将官，屠杀当时太平军相当出力，可说是忠于满清王朝的官吏，那里敢作此事。实近于辛亥以后，太平天国文物不再为禁忌，且起始有人收藏，能够产生一定货币价值后，好事者有意伪托而作。伪托者即或真姓鲍，且有可能就是鲍超子孙，但还是无从证明这件帐子即得自当时天王府中。因为产生时代看来偏晚，在四川地区，大致有五个时期，这种伪托太平天国特别文物会出现。

1. 辛亥以后川中军人参加同盟会的不少，对于这类文物都会引起兴趣，若他人送礼收藏下来，成为随时可供宾客欣赏之物。或明知是伪，如当时之石达开诗歌，也无所谓。即伪，客观上也能产生一定作用，收藏者则得到一定满足。

2. 时间略晚，一些外国文化骗子，例如华西大学教师和基督教牧师，除本业以外，即多从事盗窃中国文物。遇到这类伪文物，也会花一点钱予以收购，自矜高明，主要打算还是带出国外尚可赚一笔钱。

太平天国天王府绣花帐

3. 洪宪以后，川中大小军阀迭兴，各拥部分实力，占据一定地方，鱼肉人民无所不至。这些大小军阀，多有钱有势，且常是青红帮龙头，会道门会首，三位一体。或甲第连云，姬妾数十，满足于土皇帝骄奢荒淫生活。或力图时髦，作洋房花园，家设网球场、游泳池。有的且欢喜附庸风雅，收集古董字画，真伪不分，且多以奇、怪、稀见为快意。或自己间或也动动手，磨一斗墨，挥如椽笔，写一笔体的大“虎”字，或写对联、扇面，赠赏部下，满足“风流儒将”称呼。在这种情形下，善于诪张为幻的川中市估和堕落文人，或为赚钱牟利，或为阿谀逢迎，都有可能利用晚清材料，盖上伪刻图章，辗转成为当地这种土军阀兼大地主家中宝藏。土改后才散出市面，当成废品出售（此外南北军阀共同爱好，则常有关云长灯下读春秋画像，和伪托岳飞出师表，盖上拳大鲜明如新朱红印，可和张宗昌写虎字、吴佩孚写对联及从会道门方面会首扶鸾诡托吕洞宾、济颠和尚特赐飞白书大轴字等量齐观，同样能满足这些军阀生命空虚情绪）。

4. 时间再晚一些，即抗日战争发展以后，成千上万大小军官逃亡四川。这些人在江西和红军作战时就多以“曾左复生”自命。文职官僚也不乏人欢喜玩古董，充内行。古董商为投这些有钱有权而又无知、欢喜附庸风雅的军阀官僚所好，自会把这类成于晚清或原属于本地大地主、土老财、纳宠嫁女订制的旧帐子，盖上几方伪刻图章出售于人，作为捐官、纳贿、说情、拜寿礼物，哄这些“再世曾左”开心。费事不多而效果却显然必大。

5. 时间再晚一些，即抗战末期，美国军事顾问和其他经济文化有关人员，到重庆长期住下或短期来往的日益加大，多挥霍美元，收买中国新旧绣货，好坏不分，一例都要。很多出国的中国官僚使节，也同样想带点这些东西出国发洋财、捞点油水。借送礼为名，大买绣货。各因所好，不仅使成都重庆平时以绣戏衣及地主嫁装货为主的刺绣业，一时间生意兴隆。旧的晚清衣物和某些戏衣，也有机会得到新的市场，这类帐子盖上图章，专为哄这类人而出现或送出国外，几经转手，当成文物陈列于国外博物馆的，也就不少。

总之，作伪必有一定条件和对象需要才会产生。辛亥起近半世纪中，大致不外如上五个不同时代，五种不同对象，能促成这种伪文物出现。

二、除图章外，从某些方面可以证明这个帐子和太平天国无关，而近于伪托。

1．材料时代殊可疑。这种浅蓝湖绉，虽乾隆时即已有生产，通称“洋绉”，后名“春绸”，材料织法大同而小异。花纹图案作水云纹加皮球花，一般都只在晚清同光时才流行(民初还有生产)。

2．刺绣章法用料殊可疑。绣用“铺绒法”作双面绣，晚清裙子间“马面”部分，苏绣、广绣均多有同样绣法，但润色法为“三蓝”石头，一般绣件尚规格谨严，层次分明，且不会随意滥用白色线，任意变通。帐子如属天王府中物，大面积配色，更必遵守一定严格传统规矩。此绣面上三蓝润色，却极苟且草率，当时即稍讲究的戏衣，也不容许如此马虎。又当中五色祥云捧日，云的配色和日头平金出焰，都作得不入格。顶上八宝如意配色，且更俗恶，只能是出于晚清民国初年川中专作戏衣或嫁装货以及妓院中绣货等作坊之手，不可能成于有优秀传统的江南绣工。因为到同治时，苏宁织造作的刻丝即尚具嘉、道风格，有大量实物保存于故宫。

3．帐顶材料近生丝绢纺，也是晚清到民国初年川中产品。

4．刺绣配色使用“洋莲紫”，时代显明较晚。洋莲紫来自海外，使用它较早必不外沿海的广东和江浙。洋莲紫施用于广绣，多在晚清光绪时，故宫有大量实物可供比证。薄质多彩小花广州缎子，有洋莲紫花朵的，也多产生于光绪时，故宫实物亦不少，京、苏正规大件刺绣，间或出现洋莲紫，也多成于晚清慈禧专政时期。这种染料的在内地使用，只能还要晚些不会更早。这种外来染料早期或属英商，后来多属德商礼和洋行经销，和德国侵略中国有密切联系。抗战时，笔者由京逃亡南行，路经烟台即同当地一老商人谈及，他是随德人先到青岛，眼看青岛由渔村发展而成为一个现代都市。他后即供职于德颜料商行。欧战发生，德商回国参战，才接手经营，因而发财成为烟台巨富。化学染料影响到我国丝绸刺绣用色，极其显著处是在光绪时期，从广绣、广缎可以证实。到四川使用，必更晚一些，应当在庚子以后。汉口重庆有外商经营染料，占有长江中上游广大市场时，才会出现。而一般刺绣上配色杂乱无章不美观，恰恰也正是这个时候。即以特别精细见称的广绣，也由于莲紫和棕色线的运用代替三蓝作石头，颜色极不调和。

5. 帐顶用二如意交叉，此种通俗吉祥图案应用寓意为“双双如意”，也是晚清流行。帐顶使用它，配色却又十分庸俗。能应用这种帐子的，似不外川中土财主纳宠、陪嫁，此外即属成都重庆较大商业都市高等妓女房中物。说是南京天王府中用物，无一条件适合，且不免近于亵渎。

唯一可能，即是在这个革命风暴席卷长江南北十多年间，满清封建王朝二百年一切政治上、经济上的规章制度，都已被革命势力摧毁打破，工艺方面也显明受了较大影响。太平天国当时既设有女营，内中妇女多随同革命势力发展，来自长江中部诸省和两广民间妇女。绣帐若成于女营平民妇女之手，即或在天京生产，突破苏绣构图配色一切传统规格制度，独自创造成这个别具一格的东西，也说得通。但和材料用色时代还是有一定矛盾，不易符合。以故宫数以万千计的清代织绣品而言，从统计上分析，洋莲紫代替粉紫、胭脂红和真紫，均多在光绪以后。广绣应用可能略早一些，也不及同治以前。四川织的团花寿字穿绒缎子，为清末宫廷流行旗袍料子，花上用的荷花紫，也即属于洋莲紫淡色而成。更何况民间刺绣多属业余艺术爱好，而非商品制作，当时对于配色构图精细认真处经常即高过都市商品，小件绣且有高过宫廷服用的。所以即假定成于女营一般绣制，也应当比这种帐子制作还好一些（有关颜料入口品种问题，同治、光绪年间海关进出口报告册子和当地部分经营颜料业的老商人及绸缎店老商人、刺绣业老工人，如能进行些探查咨询工作，应当还可得到些极其有用可供参考的证明）。

本文曾收入商务印书馆香港分馆《龙凤艺术》一书，于 1986 年 5 月出版。现据此文本编入。

关于赖文光马褂问题的一点意见

《太平天国图录》中另一件黄马褂，传闻得自江西，属赖文光所有。说明认为太平天国有团龙马褂制度，即以为真。说明过于简略，难于证实，缺少说服力。察二行龙二正龙衣服曾见于清宗室"汲修主人"著《啸亭续录》卷一记载，可证明乾嘉时亲王补服即有其制，郡王则为四行龙。原文称"旧制、亲王服四正龙补服，郡王服二正二行龙补服。乾隆中，传文忠公以为与御服无别，乃改奏二行龙二正龙补服，郡王服四行龙补服，以为定制。诸王有特赐四正龙者，许服用焉。异姓初无赐四团龙者。"又说惟年羹尧、傅文忠、北惠、阿桂、福康安等因功得到这种特殊待遇。至于清代黄马褂则不具花纹，从《南巡图》可以见到穿着时样子。

图录中这件马褂一切破格，长短式样和花纹，都毫无法度。袖口

太平天国黄马褂

衣脚五色云裥水纹著上大小不称花朵；从各方面分析，审美观都近似民国以来“四郎探母”、“平贵回窑”等上装戏衣，却不大符合咸丰、同治年间实用要求。不知是否尚有其他根据可明确为当时政治制度下产品。原件因未眼见，马褂配色如何不得而知，这些意见，也可能和天王府帐子的时代分析情形相同，由于个人见闻过窄，容易主观片面，说的完全不对。最好还是让北京搞戏衣业的老师傅也有机会看看实物或问问周信芳、马连良诸先生，从花纹式样上判断，即可知是实用物还是戏衣，当可望提出些比较不同意见，有助于我们对这种少有的珍贵革命文物，有更客观全面的理解。综合各方面的看法作出的判断会更加可靠得多。

如个人这些推论属实，这个图录是否宜于以讹传讹的继续发行，并送出国外当成重要礼品，实值得斟酌。在革命博物馆陈列时，是否宜于放置到一个特别显著位置上，都是问题。

比较圆通的办法，即如过去民族文化宫一部分所谓文成公主于唐初带去保存于西藏的那份乐器和绣罗汉等，当时曾邀我看过数次，和其他音乐乐器专家意见相近，估计时间偏晚，最早也只能到元代，更多可能只是清代作的。至于石青深蓝缎子上绣罗汉佛像，也是清初康熙以来作法。我曾向他们建议，如必需陈列，最好在说明卡片上这么说：“历来传说为文成公主当时带去的”。或在下面再加小注：“真实制作时代可能较晚”；或只把小注放到登记簿本件说明下边。既可于陈列时兼顾民族间历史传说意义，又可在藏品目录中不犯科学上鉴定错误。若一仍于旧闻不论其真伪，这种看法对待宗教性的“佛牙”、“唐玄奘头骨”一类东西，虽可适当使用，但对近代太平天国革命性文物，个人认为却不相宜。

1965 年 4 月 21 日写

本文曾收入商务印书馆香港分馆《龙凤艺术》一书，于 1986 年 5 月出版。现据此文本编入。

古代镜子的艺术

中国金工用青铜铸造镜子，约在春秋战国时期。多数镜子的背面，都有精美的装饰图案，从造型特征和艺术表现看，可以分成两类，代表两种不同风格：一种镜身比较厚实，边沿平齐，用蟠虺纹作图案主题，用浅浮雕、高浮雕和透空雕等技法处理的，图案花纹和河南新郑、辉县、山西李峪村及最近安徽寿县各地出土青铜器部分装饰花纹相近。有一种透空虺纹镜子，数量虽然不多，做法自成一个系统，产生时代可能早一些。另一种镜身材料极薄，边缘上卷，图案花纹分两层处理，一般是在精细地纹上再加各种主题浅浮雕，地纹或作涡漩云纹、几何纹及丝绸中的罗锦纹。主题装饰有代表性的，计有山字形矩纹、连续矩纹、菱形纹、连续菱纹、方胜格子嵌水仙花纹，黼绣云藻龙凤纹、长尾兽纹，及反映当时细金工佩饰物各式花纹。这部分图案比前一部分有个基本不同处，是它和古代纺织物丝绸锦绣花纹发生密切联系，制作精美也达到了当时金铜工艺高峰，产生时代可能稍晚一些，先在淮河流域发现，通称“淮式镜”。建国后长沙战国楚墓中出土同类镜子格外多，才知道叫它做“楚式镜”比较正确。从现有材料分析，青铜镜子的发明，虽未必创自楚国，但是楚国铸镜工人，对于生产技术的进步提高和改进图案艺术的丰富多样化，无疑有过极大贡献。镜子埋藏在地下已经过二千三百余年，出土后还多保存得十分完整，镜面黑光如漆，可以照人。照西汉《淮南子》一书所说，是用“玄锡”作反光涂料，再用细毛呢摩擦的结果。后来磨镜药是用水银和锡粉做成的。经近人研究，玄锡就指这种水银混合剂。由此知道我国优秀冶金工人，战国时期就已经掌握了烧炼水银的新技术。这时期起始流行的鎏金技术，同样要利用水银才能完成。这些重要发现或发明，是中国冶金史和科学技术发明史一件重大事情，由于新的科学技术的应用，使得中国金工装饰艺术，因之更加显得华美和壮丽。当时特种加工镜子，还有涂朱绘彩的、用金银错镂镶嵌的，加玉背并镶嵌彩色琉璃的，都反映了这个伟大历史时期金铜工艺所达到的高度水平。

到汉代，青铜镜子应用范围日益广泛，图案花纹也不断丰富以新的内容，特别有代表性的如连续云藻纹镜，云藻多用双钩法处理，材料薄而卷边，还具楚式镜规格，大径在5寸以内，通常都认为是秦汉之际的制作。有的又在镜中做圆框或方框，加铸四字或十二字铭文，“大富贵，宜酒食，乐无事，日有熹”是常见格式。或用“安乐未央”四字铭文，必横列一旁。

其次是种小型平边镜子，镜身稍微厚实，铜质泛黑，惟用“见日之光长毋相忘”八字做铭文，每字之间再用二三种不同简单云样花式做成图案，字体方整犹如秦刻石。图案结构虽比较简单，铭文却提出一个问题，西汉初年社会，已起始用镜子做男女间爱情表记，生前相互赠送，作为纪念，死后埋入坟中，还有生死不忘意思。“破镜重圆”的传说，就在这个时期产生，比后来传述乐昌公主故事早七八百年。又有大型日光镜，外缘加七言韵语，文如《长门赋》体裁，借形容镜子使用不时，作为爱情隔阂忧虑比喻。另有一种星云镜，用天文星象位置组成图案，或在中心镜钮部分作九曜七星，又把四围众星用云纹联系起来，形成一种云鸟图案。这都是西汉前期镜子。第三种是中型或大型四神规矩镜，用青龙、白虎、朱雀、玄武分布四方作主要装饰，上下各有规矩形，外缘另加各种带式装饰，如重复齿状纹、水波云纹、连续云藻纹、连续云中乌鹊夔凤纹，主题组织和边缘装饰结合，共同形成一种活泼而壮丽的画面。正如汉代一般工艺图案相似，在发展中起始见出神仙方士思想的侵入。这种镜子或创始于武帝刘彻

齐家文化，七角星纹镜，直径 8.9 厘米，厚 0.3 厘米，重 109 克，青海贵南尕马台齐家文化 25 号墓出土，这是中国迄今发现最早的一面铜镜

战国，花叶镜，直径约 10 厘米

时尚方官工，到王莽时代还普遍流行，是西汉中期到末叶官工镜子标准式样。有的在内外缘间还加铸年号、作者姓名和七言韵语，表示对于个人或家长平安幸福的愿望。最常用的是“尚方作竟真大巧，上有仙人不知老，渴饮玉泉饥食枣……”和“新有善铜出丹阳，和以银锡清且明，巧工作之成文章，左龙右虎辟不祥”等语句。有些还说起购买的做生意凡事顺心能发大财。又有铭文说“铜以徐州为好，工以洛阳著名”。它的产生年代和图案铭刻反映的社会意识，因之也更加明确。第四种是大型“长宜子孙”、“长宜高官”铭文镜，字体作长脚花式篆，分布四周，美丽如图画。图案简朴，过去人认为是西汉早期制作，近年来多定作西汉末东汉初期成品。此外还有由四神规矩发展而成的神人龙虎镜、分段神相镜、“位至三公”八凤镜、“天王日月”神像镜，凸起鼍龙镜、西王母车马人物镜，可代表汉末过渡到魏晋时代的产品。八凤镜用平剔法，简化对称图案如剪纸，边缘或作阴刻小朵如意云，富于民间艺术风味。神仙龙虎镜，有的平面浮雕龙虎和西汉白虎、朱雀瓦当浮雕风格相同，形象特别矫健壮美。一般多用浅浮雕，是西汉以来技法。较晚又用圆浮雕法把龙虎简化，除头部其他全身都不显明，产生年代多在桓帝祠老子以后，有署建安年号的。神仙

龙虎镜加“胡虏殄灭四夷服，多贺国家得安宁”等七言诗的，创始于西汉，汉魏之际还有摹仿。又有一种高圆浮雕鼍龙镜，龙身高低不一，在构图和表现技法上是新发展。特别引人注意的是西王母东王公车马神像镜，铜质精美，西王母蓬发戴胜，仪态端庄，旁有玉女侍立，间有仙人六博及毛民羽人竖蜻蜓表演杂技。主题图案组织变化丰富，浮雕技法也各具巧思。有的运用斜雕法，刻四马并行，拉车奔驰，珠帘绣幢，飘忽上举，形成纵深体积效果，做得十分生动，在中国雕刻艺术史上是新成就，后来昭陵六骏石刻及宋明剔红漆雕法，都受它的影响。这种镜子浙江绍兴一带出现最多，为研究汉代西王母传说流行时代和越巫关系问题，提供了重要线索。

又根据近年出土记录，西汉以来还有鎏金、包金和漆背加彩画人物各种不同加工大型镜子产生。当时除尚方工官特别制作外，铸镜工艺在国内几个大商业城市，也已经成为一种专门手工业，长安、洛阳、西蜀、广陵都有专门名家，铸造各式镜子，罗列市上出售。许多镜子上的铭文，就把这些事情反映得清清楚楚。这些镜子当时不仅被当成高级美术商品流行全国，还远及西域各属及国外。近年在西北出土镜子，可根据它判断墓葬相对年代。在日本出土汉镜及汉式镜，又得以进一步证明中日两国间文化的交流，至晚在西汉就已开始，比《魏略》说的东汉晚期早过 200 年。东汉末年到三国时期，还有一种铁制镶嵌金银花纹镜子，早见于曹操《上杂物疏》记载中。近年来这种镜子在国内也常有出土。镜纽扁平，图案花纹比较简质，和八凤镜风格相近，开启后来应用铁器错银技法。惟铁质入土容易氧化，完整的镜子保存不多。

晋、南北朝三百余年中，除神相龙虎镜、西王母镜，东晋时犹继续生产，此外还有“天王日月”铭文镜，边缘多用云凤纹处理，内缘铭文改成四言，如道士口诀律令。再晚一些又有分卦十二生肖四神镜、高浮雕四神镜、重轮双龙镜、簇六宝相花镜等等。后 4 种出现于六朝末陈、隋之际，唐代还流行。南北朝晚期镜子图案，逐渐使用写生花鸟做主题后，在技法表现上也有了改进和提高，花鸟浮雕有层次

东汉，四神博局镜，直径17.8厘米，江苏扬州新莽或东汉初年墓出土

唐，双鹊鸳鸯绕花枝镜，径15.3厘米，缘高0.5厘米，重595克，陕西扶风博物馆藏有此类镜子一面

起伏，棱角分明，充满了一种温柔细致情感。主要生产地已明确属于扬州，可说明这阶段南方生产的发展和美术工艺的成就。

唐代物质文化反映于造型艺术各部门，都显得色调鲜明，组织完美，整体健康而活泼，充满着青春气息。镜子艺术的成就，同样给人这种深刻印象。镜身大部分比较厚实(特别是葡萄鸟兽花草镜)，合金比例，银锡成分增多，因此，颜色净白如银。造型也有了新变化。突破传统圆形的束缚，创造出各种花式镜。大型镜子直径大过一尺二寸，小型镜子仅如一般银币大小。并且起始创造有柄手镜。至于图案组织，无论用的是普通常见花鸟蜂蝶，还是想像传说中的珍禽瑞兽或神话故事、社会生活，表现方法都十分富于风趣人情，具有高度真实感。唐代海外交通范围极广，当时对外来文化也采取一种兼容并收的态度来丰富新的艺术创造内容，在音乐、歌舞、绘画、纺织图案、服装各方面影响都相当显著。镜子图案的主题和表现技法，同样反映出这种趋势。例如满地葡萄鸟兽花草镜、麒麟狮子镜、醉拂菻击拍鼓弄狮子镜、骑士玩波罗球镜、黑昆仑舞镜、太子玩莲镜，都可以显著见出融合外来文化的痕迹。前一种图案组织复杂而精密，用高浮雕技术处理，综合壮丽与秀美成一体，在表现技法中格外突出。后几种多用浅浮雕法，细腻利落，以善于布置见长，结构疏密恰到好处。极小镜面也留出一定空间，使得花鸟蜂蝶都若各有生态，彼此呼应，整体完善而和谐。

唐代统治者宣扬道教，神仙思想因之流行，在唐镜的图案上也得到各种不同的反映。例如嫦娥奔月镜、真子飞霜镜、王子晋吹笙引凤镜、仙真乘龙镜、水火八卦镜、海上三神山镜，图案组织都打破了传统的对称法，做成各种不同的新式样。唐代佛教盛行，艺术各方面都受影响，镜子图案除飞天频伽外，还有根据莲花太子经制作的太子玩莲图案，用一些胖娃娃作主题，旋绕于花枝间。子孙繁衍瓜瓞绵绵是一般人所希望。因此，这个主题画在丝绸锦绣中加以发展，就成为富贵宜男百子锦。织成幛子被单，千年来还为人民熟习爱好。汉代铸镜作带钩多在五月五日，唐人习惯照旧，传说还得在扬子江中心着手，显然和方士炼丹有瓜葛牵连。又八月五日是唐玄宗生日，定名叫“千秋节”（又称千秋金鉴节），照社会习惯，到这一天全国都铸造镜子，当做礼物送人，庆祝长寿。唐镜中比较精美的鸾衔长绶镜、飞龙镜和特别加工精美的金银平脱花鸟镜、罗钿花鸟镜，多完成于开元天宝二十余年间，部分且为适应节令而产生。唐代社会重视门阀，名家世族，儿女婚姻必求门当户对，但是青年男女却乐于突破封建社会的束缚来满足恋爱热情。当时人常把它当做佳话奇闻，转成小说、诗歌的主题。镜子图案对于这一个问题虽少直接表现，但吹笙引凤、仙人乘龙、仙女跨鸾，以及各式花鸟镜子中鸂鶒、鸳鸯、鹡鸰口衔同心结子相趁相逐形象及鱼水和谐、并蒂莲形象，却和诗歌形容恋爱幸福及爱情永不分离喻意相同。镜子铭文中，又常用北周庾子山五言诗及唐初人拟苏若兰织锦回文诗，借歌咏化妆镜中人影，对于女性美加以反复赞颂。

唐代特种加工镜子，计有金银平脱花鸟镜、螺钿花鸟镜、捶金银花鸟镜、彩漆绘嵌琉璃镜，这类具有高度艺术水平的镜子图案，有部分和一般镜子主题相同；有部分又因材料特性引起种种不同新变化，如像满地花螺钿镜子的成就，便是一个好例。这些镜子华美的装饰图案，在中国制镜工艺发展史上达到了一个新的高峰。

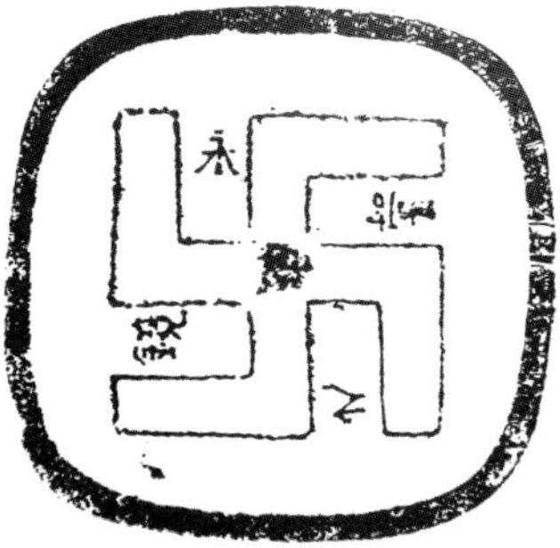

唐，永寿万字镜，河南陕县唐文开成三年(公元838年)墓出土

宋，安明双剑纹镜

唐镜花样多，有代表性的可以归纳成四类：第一类宝相花图案，包括有写生大串枝、簇六规矩宝相、小簇草花、放射式宝相及交枝花五种。第二类珍禽奇兽花草图案，包括有小串枝花鸟、散装花鸟和对称花鸟等等；鸟兽虫鱼中有狮子、狻猊、天鹿、天马、鱼、龙、鹦鹉、鸳鸯、练鹊、孔雀、鸾凤、鹡鸰、蝴蝶、蜻蜓等等。第三类串枝葡萄鸟兽蜂蝶镜，包括方圆大小不同式样。第四类故事传说镜，包括各种人物故事，社会生活，如真子飞霜、嫦娥奔月、孔子问荣启期、俞伯牙钟子期、骑士打球射猎等等。特别重要部分是各种花鸟图案，可说总集当时工艺图案的大成。唐人已习惯采用生活中常见的花鸟蜂蝶作装饰图案，应用到镜子上时更加见得活泼生动(这是唐镜图案最值得我们学习的一点)。花鸟图案中如鸾衔绶带、雁衔威仪、鹊衔瑞草、俊鹘衔花各式样，又和唐代丝绸花纹关联密切。唐代官服彩绫，照制度应当是各按品级织成各种本色花鸟，妇女衣着则用染缬、刺绣、织锦及泥金绘画，表现彩色花鸟，使用图案和镜子花纹一脉相通，丝绸遗物不多，镜子图案却十分丰富，因此，镜子图案为研究唐代丝绸提供了种种可靠材料。

唐镜在造型上的新成就，是创造了小型镜和各种花式镜，打破了旧格式，如银元大小贴金银花鸟镜，八棱、八弧、四方委角等花式镜等。

宋代镜子可分作两类：在我国青铜工艺史上应当占有一个特别位置的，是部分缠枝花草官工镜。造型特征是镜身转薄，除方圆二式外，还有亚字形、钟形、鼎形及其他许多新式样出现。装饰花纹也打破了传统习惯，做成各种不同格式。新起的写生缠枝花，用浅细浮雕法处理，属于雕刻中“识文隐起”的做法。图案组织多弱枝细叶相互盘绕，形成迎风浥露效果。特别优秀作品，产生时代多属北宋晚期。宋人叙丝绸刺绣时喜说“生色花”，有时指彩色写生折枝串枝，有时又用做“活色生香”的形容词，一般素描浮雕花朵都可使用。这种“生色花”反映于镜中图案时，作风特别细致，只像是在浅浮雕上见到轻微凸起和一些点线的综合，可是依然生气充沛，具有高度现实感和韵律节奏感。这一类官工镜子，精极不免流于纤细，致后来难以为继。另有一类具有深厚民间艺术作风的，用粗线条表现，双鱼和凤穿牡丹两式有代表性，元明以来犹在民间流行。

北宋在北方有契丹辽政权对峙，西北方面和西夏又连年用兵，因此，铜禁极严，民间铸镜多刻上各州县检验铸造年月和地名，借此得知当时各县都有铸镜官匠。第二类镜子的创作，就完成于这种地方官工匠手中，文献和实物可以相互证明。

青铜镜子的生产，虽早在二千三四百年前，一直使用下来，到近200年才逐渐由新起的玻璃镜子代替。如以镜子工艺美术而言，发展到宋代特种官工镜，已可说近于曲终雅奏。劳动人民的丰富智慧和技巧以及无穷无尽的创造力，随同社会发展变化，重点开始转移到新的烧瓷、雕漆、织金锦、刻线等等其他工艺生产方面去了。青铜工艺虽然在若干部门还有不同程度的进展，例如宋代官制规定，还盛行金银加工的马鞍装具。最低品级官吏，都使用铁錾银鞍镫。铁兵器杂件也常错镂金银。宋宣和仿古铜器，在当时极受重视，制作精美的商周赝品，直到现代还能蒙蔽专家眼目。创造的也别有风格，不落俗套。南宋绍兴时姜娘子铸细锦地纹方炉，在青铜工艺品中还别具一格。不过制镜工艺事实上到南宋时已显明在衰落中，特别是在南方，已再不是工艺生产的重点。这时扬州等大都市的手工业多被战争破坏，原有旧镜多熔化改铸铜钱或供其他需要。一般家常镜子，重实用而不尚花纹。在湖州、饶州、临安闻名全国的“张家”、“马家”、“石家念二叔”等等店铺所做青铜照子，通常多素背无花，只在镜背部分留下个出售店铺图记。一般情况且就铜原料生产地区，由政府设“铸鉴局”监督，和铸钱局情形相似，用斤两计算成本，三百十文一斤。镜工艺术水平低落是必然的。私人铸造虽然还不断创造新样子，却受当时道学思想影响，形态别扭，纹样失调，越来越枯燥无味。如有些用钟或鼎炉式样，铸上八卦和“明心见性”语句的，在造型艺术处理上不免越来越庸俗。女真族在北方建立的金政权和南宋政权对峙，生产破坏极大，官私铸镜，虽还采用北宋串枝花草镜规模，此外也创造了些新式样，但就总的趋势说来，工艺上还是在日益下落中，少发展，少进步。

1956 年写

此文原为《唐宋铜镜》一书题记，中国古典艺术出版社，1958 年出版。

玻璃工艺的历史探讨

中国玻璃或玻璃生产，最早出现的年代，目下我们还缺少完全正确具体的知识。但知道从周代以来，在诗文传志中就经常用到如下一些名词："璆琳"、"球琳"、"璿珠"、"珂珹"、"火齐"、"琉璃"、"琅玕"、"明月珠"和晋六朝记载中的"玻璃"、"瑟瑟"，后人注解虽然多认为是不同种类的玉石，如联系近10年古代墓葬中出土的丰富实物分析，这些东西事实上大部分是和人造珠玉发生关系的。这种单色或复色、透明或半透明的早期人造珠玉，后来通称为"料器"。古代多混合珠玉杂宝石作妇女颈部或头上贵重装饰品，有时还和其他细金工镶嵌综合使用。如同战国时的云乳纹璧，汉代玉具剑上的浮雕子

战国，琉璃珠，玩古的人形象地地称其为"蜻蜓眼"

母辟邪、璏和珥、云乳纹镡首等。也有仿玉作殓身含口用白琉璃做成蝉形的。汉代且更进一步比较大量烧成大小一般蓝绿诸色珠子，用作帐子类边沿瓔珞装饰。武帝的甲乙帐，部分或即由这种人造珠玉做成。到唐代才大量普遍应用到泥塑佛菩萨身体上，以及多数人民日用首饰上，和部分日用品方面。至于名称依旧没有严格区分。大致珠子或器物类半透明的，通称“琉璃”，透明的才叫“玻璃”。事实上还常常是用同类材料做成的。又宋代以后，还有“药玉”、“罐子玉”或“硝子”、“料器”等名称，也同指各色仿玉玻璃而言。外来物，仅大食贡物即有“玻璃器”、“玻璃瓶”、“玻璃瓮”、“碧一白琉璃酒器”等名目。而彩釉陶砖瓦，这时也已经正式叫做琉璃砖瓦。《营造法式》一书中，且有专章记载它的烧造配料种种方法。

唐，玻璃果

在中国西部发掘的四千年前到六千年间新石器时代晚期墓葬中，已发现过各种琢磨光滑的小粒钻孔玉石，常混合花纹细致的穿孔蚌贝，白色的兽牙，编成组列作颈串装饰物。在中国河南发掘的约三千二百年前青铜器时代墓葬中，除发现大量精美无匹的青铜器和雕琢细致的玉器，镶嵌松绿石和玉蚌的青铜斧、钺、戈、矛、兵器，同时并发现许多釉泽明莹的硬质陶器。到西周敷虾青釉的硬质陶，南北均有发现。这时期由于冶金技术的进展，已能有计划地提炼青铜、黄金和铅，并学会用松绿石镶嵌，用朱砂做彩绘。由于装饰品应用的要求，对玉石的爱好，和矽化物烧造技术的正确掌握，从技术发展来看，这时期中国工人就有可能烧造近于玻璃的珠子。至晚到约二千八九百年前的西周中期，有可能在妇女颈串装饰品中发现这种人造杂色玉石。惟西周重农耕，尚俭朴，这种生产品不切于实用，因而在农奴制社会中要求不广，生产品即使有也不会多。到二千四五百年前的春秋战国之际，由于铁的发现，和铁工具的广泛使用，生产有了多方面的进步，物质文化各部门也随同发展。襄邑出多色彩锦，齐鲁出薄质罗纨，绮缟细绣纹已全国著名。银的提炼成功和鎏金鎏银技术的掌握，使得细金工镶嵌和雕玉艺术都达到了高度水平。金银彩绘漆器的大量应用，更丰富了这一历史阶段工艺的特色。在这时期的墓葬中，才发现各种品质纯洁、花纹精美的珠子式和管状式单色和彩色玻璃生产。重要出土地计有西安、洛阳、辉县、寿县、长沙等处。就目前知识说来，内容大致可以分成三大类：1. 单色的：计有豆绿、明蓝、乳白、水青各式。2. 复色的：计有蓝白、绿白、绿黄、黑白两色并合及多色并合各式，近于取法缠丝玛瑙和犀毗漆而做。特别重要的是一种在绿蓝白本色球体上另加其他复色花纹镶嵌各式。这一品种中又可分平嵌和凸起不同的技术处理。3. 棕色陶制球上加涂彩釉，再绘粉蓝、银白浅彩的。这一类也有许多种不同式样。这些色彩华美鲜明的工艺品，有圆球形或多面球形，又有管子式和枣核式，圆球形直径大过5厘米以上的，多属第三类彩釉陶球，上面常用粉彩作成种种斜方格子花纹图案，本质实不属于玻璃。一般成品多在直径二三厘米左右。其中第二类加工极复杂，品质也特别精美，常和金银细工结合，于金银错酒器或其他器物上如青铜镜子，做主要部分镶嵌使用。或和雕玉共同镶嵌于金银带钩上，或单独镶嵌于鎏金带钩上(如故宫所藏品)。也有用在参带式漆器鎏金铜足上的(如历史博物馆藏的奁足)。但以和金玉结合作综合处理的金村式大罍和镜子艺术成就特别高。从比较材料研究，它在当时生产量还不怎么多。另有一种模仿“羊脂玉”做成的璧璜，和当时流行的珍贵青铜玉具剑剑柄及漆鞘中部的装饰品，时代可能还要晚一些;早可到战国，晚则到西汉前期。品质特别精美纯粹，则应数在河南和长沙古墓出土的蓝料喇叭花式管状装饰品。过去以为这是鼻塞或耳珰,现已证明还是串珠的一部分。时间多属西汉。又长沙曾出土一纯蓝玻璃矛头，还是战国矛头式样。广东汉墓又发现两个蓝料碗和整份成串纯净蓝色珠子，其中还有些黄金质镂空小球。

近年来这部门知识日益丰富，二千年前汉人墓葬遗物中玻璃装饰品的出土范围越加普遍。除中原各地，即西南的成都、南方的广州、东南的浙江以及中国东北和西北边远的内蒙古、新疆、甘肃各个地区，都有品质大同小异的实物出土。小如米粒的料珠，也以这个阶段中坟墓中出土的比较多。惟第二类复色的彩料珠，这时期已很少见。至于彩釉陶球则更少。原来这时节中国釉陶用器已全国使用，如陕、洛、河北，山东之翠绿釉，广东、湖南之青黄釉，长江中部各地之虾背青釉，以及长江下游江浙之早期缥青釉都达到成熟时期。并且有了复色彩釉陶，如陕西斗鸡台出黄釉上加绿彩。出土料珠一般常是绿蓝水青单色的。其中具有代表性的应数长沙和洛阳出土，长度约三厘米小喇叭式的蓝色料器和1954年在广州出土的大串蓝料珠子。

湖南出土的品质透明纯净玻璃矛头，和广东出土的二玻璃碗，格外重要。因为可证明这时期工人已能突破过去限制，在料珠以外能烧成较大件兵器和饮食器。

由于海外文化交流的发展，汉代或更早一些时期，西北陆路已经常有大量中国生产的蚕丝和精美锦绣，外输罗马、波斯和中近东其他文明古国，并吸收外来物质文化和生产技术。这种玻璃生产品，除中国自造外，技术进展自然也有可能是由于外来文化交流的结果。并且还有可能一部分是从南海方面其他文明古国直接运来的。因《汉书·地理志》载黄支调斯诸国事时，就提起过“武帝时曾使人入海市明珠璧琉璃”，又《西域传》也有“厨宾国出琉璃”语，《魏略》则称“大秦国出赤、白、黄、青、绿、缥、红、紫十种琉璃”。但从出土器物形式，如作云乳纹的璧、白料蝉、浮雕子母辟邪的剑饰、战国式的矛头等看来，可以说这部分实物，是只有在国内才能生产的。晋南北朝以来翻译印度佛经，更欢喜用“琉璃”、“玻璃”等字句。因此，过去中国历史学者受“中国文化西来说”的影响，多以为中国琉璃和陶器上釉的技术，都是外来物，而且时间还晚到汉魏时代。近年来，新的殷周有釉陶器的发现，和晚周及汉代大量精美玻璃实物的出土，和数以万计墓葬材料的陆续出土，已证明旧说见解实不正确。

现在我们可以比较肯定的说，中国工人制造玻璃的技术，由颗粒装饰品发展而成小件雕刻品，至晚在二千二百年前的战国末期已经完成。再进一步发展成日用饮食器物，二千年前的西汉也已经成功。战国古墓中，已发现有玉色琉璃璧和玉具剑柄，以及剑鞘上特有的玻璃装饰物品。汉代墓中并有了死者口中含着的白琉璃蝉，广东汉墓并且已经发现琉璃碗。魏晋时人作的《西京杂记》、《汉武故事》、《飞燕外传》和《三国志·胡综别传》，如记载还有一部分可靠性，则早到西汉，晚到三国时期，还使用过大片板状琉璃做成的屏风。虽然这时期小屏风做蔽灯用的还不过二尺见方(见《列女仁智图》)，用于个人独坐的，也不过现在的三尺大小，(见彩箧冢所得彩漆箧上绘孝子传故事)。然而还是可以说明板玻璃已能有计划烧出。换言之，即中国板玻璃的应用，时间有可能也早过二千年前。三国以后诗人著作中，已经常提起琉璃器物，如著名叙事诗《孔雀东南飞》就说及琉璃榻，傅咸文中曾歌咏琉璃酒卮，其他还有琉璃枕、琉璃砚匣、笔床各物。又著名笔记小说《世说新语》内容多是辑录魏晋人杂传记而成，其中记“满奋畏风，在晋帝坐，北窗作琉璃扉，实密似疏，奋有寒色”。又记王济事，称济为人豪侈，饮馔多贮琉璃碗器中。石崇、王恺斗富为人所共知，如为三尺高珊瑚和数十重锦步障，其实也谈起琉璃碗事。可知西晋以来已经有相当多的产量。惟记载未说明出处，是来自南海或得自西域，抑或即本国工人烧造，未可得知。

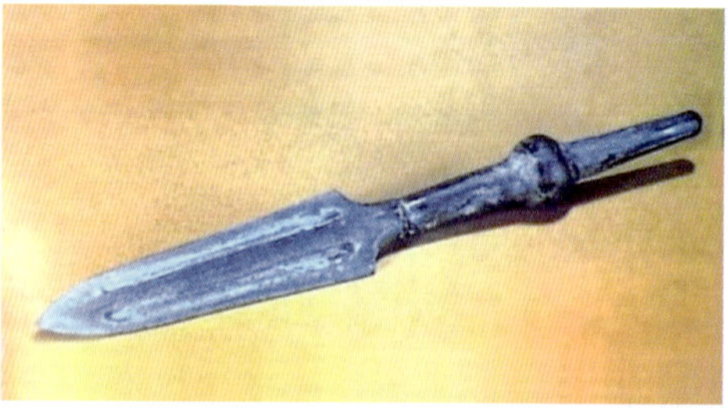

西汉，琉璃矛

隋，琉璃带盖小罐

西晋末年，因西北羌胡诸游牧氏族侵入中国汉族文化中心的长安、洛阳，战事并继续发展，中国国土因此暂时以长江为界，分裂成两个部分，即历史中的南北朝时期。在长江以北，游牧民族军事统治者长时期的剧烈斗争，使重要的生产文化成就，多遭受严重破坏。琉璃制造技术，也因此失传。直到北魏跖跋氏统一北方后，才又恢复生产，《北史》称："琉璃制造久失传，太武时天竺国人商贩至京（指洛阳）自云能铸五色琉璃。于是采砺山石于京师铸之。既成，光泽美于西方来者。乃诏为'观风行殿'，容百余人。光色映澈。观者见之莫不惊骇，以为神明所作。自此中国琉璃遂贱，人不复珍之。"由此可知，彩色琉璃的烧造技术在北方确曾一度失传。到此又能大量烧造平板器物，直接使用到可容百人行动的大建筑物中。这类活动建筑物虽然已无遗迹可寻，但在同时期墓葬中，却有重要实物发现。建国后河北景县封姓5座古墓发掘中，除得到大量具有时代特征的青釉陶瓷外，还得到两个玻璃碗，一个蓝色，一个浅绿色，现陈列于北京中国历史博物馆。这种碗当时似为服长生药所用，晋代人有称它做"云母碗"的。

这时期南中国生产已有进一步发展，绿釉瓷的烧造也达到了完全成熟期。薄质丝绸和新兴造纸，更开始著闻全国。文献记载中虽叙述过用琉璃做种种器物（如庾翼在广州赠人白研，似即白色料器），由于制作技术究竟比较复杂，并且烧造技术仅掌握在少数工人手里，成品虽美观，还是远不如当时在江浙能大量生产的缥青色釉薄质瓷器切合实用。又因政治上经过剧烈变化，正和其他文化成就一样，玻璃无法进一步发展，关于实物品质形式的知识我们也知道不多。惟这个时期正是中国佛教迷信极盛时期，统治者企图借宗教来麻醉人民的反抗意识，大修庙宇，照史书记载，北朝统治者曾派白整督工70万人修造洛阳伊阙佛寺。南朝的首都金陵相传也有500座大庙，北朝的庙宇则有1300多个。此外还有云冈、敦煌、麦积山、天龙山、洛阳、青州、巩县等石窟建筑群。这时期的佛像以土木雕塑而成，而且都经常使用各色珠玉宝石、琉璃作璎珞装饰物。试从现存洞窟壁画雕塑装饰，如敦煌壁画近于斗帐的华盖、藻井部分边沿的流苏来看，还可想像得出当时彩琉璃珠的基本式样及其应用情形。隋代政府收藏的书画卷轴，照史志记载，也有用各色琉璃作轴头的。隋仁寿时李静训墓中几件水绿色玻璃器，是目前为止出土文物中最能说明当时生产水平的几件实物。《隋遗录》是记载中提及的宫中明月珠，有可能即为如宋人笔记小说所说的一种白色新型大琉璃灯。所不同处，只是隋代还当成宫中奇宝，宋代则已为商店中招徕主顾之物。《隋书·何稠传》称曾发明绿瓷，历来学者多据这点文献材料，说绿瓷成于何稠。如以近年出土文物判断，则绿釉瓷北方早可到东汉永元，惟白瓷倒只在隋代初次出现，透明绿琉璃也在这一历史阶段达成熟期。

唐代由于社会生产力的发展，琉璃制作也有了新的发展。庙宇殿堂雕塑装饰更扩大了彩色琉璃的需要，根据《唐会要》和《唐六典》记载，除由政府专设"冶局"主持全国庙宇装饰佛像的琉璃生产外，日用器物中琉璃的使用，也日益增多。唐诗人如李白等，每用豪迈愉快感情歌颂现实生活时，提及西凉葡萄酒必兼及夜光杯或琉璃钟，此外琉璃窗、琉璃扉也常出现于诗文中。惟多近于从《艺文类聚》中掇拾《西京杂记》等文作辞章形容，不是事实。因直到晚唐苏鹗《杜阳杂编》记元载家红琉璃盘，还认为是重要实物，可知珠玑易烧，大件瓶盘还不多见。又《唐六典》卷四说："平民嫁女头上金银钗许用琉璃涂饰"。《唐六典》完成于天宝时代，可知当时一般小件琉璃应用的普遍程度。不过作器物的特种彩色琉璃，依旧似乎不怎么多。直到宋代，真腊贮猛火油和其他外来蔷薇露，还特别记载是用玻璃瓶贮藏，记大食传入中国贡品时，也曾提及许多种玻璃器。可知中国工人还不熟悉掌握这种烧造技术。这问题如孤立的从技术发展上来认识，是不易理解的，甚至于因此会使人对于战国、汉代以来琉璃生产的成就产生怀疑。但是如联系其他部门生产情形看，就可知道这种情况倒十分自然的事。唐代瓷器的烧造，品质已十分精美。河北邢州的白质瓷器，和江南越州的绿釉瓷器生产品不仅具全国性，并且有大量成品向海外各国输出。又中国丝绸锦缎，原来就有一个更久远的优秀传统。发展到唐代，薄质纱罗由汉代的方孔纱到唐代的轻容、鲛绡，更有高度的进步。生产的发展和社会多数应用的要求有密切关系，玻璃和陶器比较，技术处理远比陶器困难，应用价值却又不如陶器高，这是当时透明琉璃不容易向应用器物发展的原因。玻璃和薄质纱罗和纺织物比较，也是如此。薄纱中“轻容”，诗文中形容或称“雾縠”，显示质地细薄，已非一般人工可比。由于这类轻纱薄绢的生产，既结实又细致，甚至于影响到中国造纸工业的进展。例如五代以来虽有澄心堂纸的生产，在绘画应用上，却始终不能全代替细绢的地位。一般做灯笼，糊窗隔子，用纱罗早成社会习惯，而且在使用时具有种种便利条件，价值更远比玻璃低贱，这是使平板玻璃在唐代不容易得到发展的又一原因。因此直到晚唐《邺侯家乘》称代东时岭南进 9 寸琉璃盘，又权臣元载家有径尺红琉璃盘，都认为是难得宝物。唐代重灯节，每到正月元宵全国举行灯节。当时政府所在地的长安灯节，更是辉煌壮观。据《朝野佥载》叙述，睿宗和武则天时灯有高及十丈延续百丈的。这种成组列的灯彩，个体多作圆形或多面球形的骨架，用薄纱糊就，画上种种花纹，灯旁四角还点缀种种彩色流苏珠翠。琉璃的使用，是作为灯旁装饰，灯的主要部分还是用纱。借此可知某一部门的生产，常常和其他部门生产相互制约，有些还出于经济原因。唐代镜子工艺可说是青铜工艺的尾声，然而也是压轴戏，许多作品真可说近于神工鬼斧，达到金属工艺浮雕技术最高水平。并且已经大量使用金银薄片镶嵌在镜子背面，制作了许多华丽秀美的高级艺术品外，还曾用彩色琉璃镶到镜子背上，得到非凡成功。可是却没有工人会想到把这种琉璃磨光，设法涂上磨镜药，即可创造出玻璃镜子。这种玻璃镜子直到一千年后才能产生出来，结束了青铜镜子延长约二千三百年的历史使命。仔细分析，还是受条件制约限制，即当时铸镜工艺优秀传统，已成习惯，而且十分经济，才不会考虑到还有其他更便宜的材料可以代替。

原载《美术研究》，1960 年 1 月。

中国古代陶瓷

陶瓷发展史是民族文化发展史的一部分。

中国有代表性的史前陶器，是三条胖腿的鬲。鬲的产生过程，目下我们还不大明白，有的专家认为是由3个尖锥形的瓶子合并而成的。当时没有锅灶，用鬲在火上烹煮东西，实在非常相宜。比较原始的鬲，近于用泥捏成，做法还十分简单。后来才加印上些绳子纹；并且起始注重造型，使它既合用，又美观。进入历史时期，鬲依然被广泛使用，却已经有另外两种主要陶器产生，考古学者叫它做彩陶和黑陶。

崧泽文化（距今7000年－6000年），人首陶瓶，高21厘米

仰韶文化，彩陶双连壶，高20厘米，河南郑州大河村出土，河南省博物院藏

仰韶文化，彩陶人面鱼纹盆，中国国家博物馆藏

彩陶出土范围极广，时间前后相差也很大。为便于研究，因此把它分作数期，但年代终难确定。河南、陕西、甘肃、山西黄河流域一带发现的，时期比较接近，但更新的发现还不断在修正过去估计。这是一种用红黄色细质泥土做胎，颈肩部分绘有种种黑色花纹，样子又大方又美观的陶器。工艺制造照例反映民族情感和气魄。看看这些彩陶便可明白，我们祖先的性格历来就是健康、明朗、质朴和爱美的。

比彩陶时代稍晚些，又有一种黑陶在山东产生，是1921年在日照县城子崖发现的。用细泥土做胎，经过较高火度才烧成。黑陶的特征是素朴少装饰，胎质极薄，十分讲究造型。同时还发现过一个旧窟址，因此把烧造的方法也弄明白了。有一片残破黑陶器，上面刻划了几个字，很像“网获六鱼一小龟”，可以说是中国陶器上出现的最早期文字。少数历史学者，想把这些东西配合古代历史传说，认为是尧舜时代的遗物。这一点意见，目前还没有得到科学考古专家的承认。

代表文字成熟时期的最重要发现，是在河南安阳县洹水边古墓群里出土的四种不同陶器(因为和大量龟甲文字同时出土，已经确定是3200年前殷商时代的东西)：一、普通使用的灰陶，二、山东城子崖系的黑陶，三、完全新型的白陶，四、带灰黄釉的薄质硬陶。灰陶在当时应用极普遍，大小墓中都有，而且特别具有发展性。到了周代，记载上就提起过用它做大瓦棺。春秋战国时，燕国都城造房子，用瓦已大到两尺多长，还印有极精美的三角形云龙花纹。又有刻花的墙砖，合抱大陶鼎，径尺大瓦头，图案都十分壮丽。在长安洛阳一带汉代古墓里，还发现过许多印花空心大砖，每块约 70 斤重，5 尺多长，上面全是种种好看花纹，有作动植物的游猎车马图案的，有作矫健活泼龙形的。这些大砖图案极为精美，设计又合乎科学，表现出了古代中华民族的伟大气魄和切实精神，也表现了古代工人的智慧和优秀技术。由此发展，二千年来，中国驰名于世界的古代建筑艺术，特别是 1700 年前晋代以来塔的建造和唐宋明清典型的宫殿建筑，更加显出民族艺术的壮美和崇高。

在商代坟墓中的黑陶，有几件是雕塑品，装饰在墓壁间，可以推想在当时已经是比较珍贵的生产。后来浙江良渚镇也发现过一些黑陶，时代还不易估定。近年来，河南辉县又发现过一些战国时期的黑陶鼎，北京郊外也发现过一些汉代黑陶朱画杯盘，都可以说是古代黑陶的近亲。

至于白陶的出现，实在是文化史上的一件大事情，因此这种花纹精美，形式庄严的白质陶器，在世界陶瓷美术史中，占据了首席位置。它的花纹和造型，虽不如同时期青铜器复杂多样，有几种却和当时织出的丝绸花纹相通。重要的是品质已具有白瓷的规模，后来唐代河北烧造的邢瓷，宋代的定瓷，虽和它相去已二千年，还是由它发展而来。

龙山文化，蛋壳黑陶高足杯，高 26.5 厘米

另外重要的发现是涂有一层薄薄黄釉的陶器，明白指示我们，三千年以前，聪敏优秀的中国陶瓷工人，就已经知道敷釉是一种特别有发展性的技术加工。这种陶器的特征，胎质比其他 3 种都薄些，釉色黄中泛青，釉下有简单水纹线

商，原始瓷青釉弦纹罐

春秋，秦式彩绘陶簋，高 16 厘米

条，本质已具备了瓷器所要求的各种条件，恰是后来一切青绿釉瓷器的老大哥。

随后又有 4 种不同的日用釉陶，在不同地区出现。

第一类是翠绿釉陶器，用作墓中殉葬品，风气较先，或从洛阳长安创始。主要器物多是酒器中的壶、樽和羽觞，近于死人玩具的杂器，在楼房、猪羊圈、仓库、井灶有种种不同的陶俑。此外还有焚香用的博山炉，是依照当时神话传说中的海上蓬莱三山风景做成的。主要纹样是浮雕狩猎纹。这种翠绿色亮釉的配合技术，有可能是当时方士从别处传来的。在先或只帝王宫廷中使用，到东汉才普遍使用。

第二类是栗黄色加彩亮釉陶器。在陕西宝鸡县斗鸡台地方得到，产生时代约在西汉末王莽称帝前后，器物有各式各样，特征是釉泽深黄而光亮，还着上粉绿釉彩带子式装饰，色调比例配合得非常新颖，在造型风格上也大有进步。一切从实用出发，可是十分美观。两种釉色的原理，恰指示了后来唐代三彩陶器，和明清琉璃陶一个极正确的发展方向。

第三类是茶黄色釉陶器，起始发现于淮河流域，形式多和战国时代青铜器中的罍、罍差不多。其釉色、胎质，上可以承商代釉陶，好像是它极近亲属，下可以接长江南北三国以来青釉陶器，做成青瓷的先驱。

第四种极重要的发现，是一件浅绿釉色陶器，也可以说是早期青瓷器。是河南信阳县擂鼓台东汉永元十年坟墓中挖出来的。这件陶器花纹、形式、釉色都和汉代薄铜器一样。胎质硬度已完全如瓷器，目下我们说汉代青瓷器，就常用它作代表。这些青绿釉陶启示了我们对中国陶瓷发展的新认识。二千年前陶釉的颜色，特别发展了青绿釉，实由于有计划取法铜器而来。可能有三种不同原因，才促进技术上的成功：一、从西汉以来节葬的主张到东汉社会曾起了相当作用；二、社会经济发展，铸钱用铜需要量渐多，一般殉葬器物受限制，因而发明用釉陶代替铜器；三、釉陶当时是一种时髦东西，随社会经济高度发展而来。

从上面发现的 4 种釉陶器看来，我们可以肯定，陶器上釉至迟到西汉末年，就已经成为一种正常的生产。先是釉料中的赭黄和翠绿在技术上能正确控制，随后才是仿铜绿釉得到成功。但就出土遗物比较，早期绿釉陶器的生产价值，可能比同时期的铜器还高些。因为制作上的精美，是一般出土汉代铜器不如的。陶器形态也起始有了很多新变化，一切从实用出发。例如现代西南乡村中还使用的褐釉陶器，在信阳出土一千八百年前陶器中，就已经发现过。现代泡酸菜用的覆水坛子，宝鸡县出土二千年前带彩陶器中，并且有了好多种不同式样。

汉，绿釉鸮尊，高 26 厘米

隋，白釉双龙柄联腹传瓶，天津博物馆藏

唐，三彩凤首瓶，高 31 厘米

这些划时代的新型陶器，除实用外还十分结实美观，这也正是中国陶瓷传统的优点。这时节还有一种和陶釉有密切联系的工艺生产，即玻璃器的制作，同样有较多方面的展开。小件彩琉璃珠装饰品，在西北新疆沙漠废墟、朝鲜汉人坟墓和长沙东汉墓等都陆续有发现，其中做得格外精美的，是一种小喇叭花形明蓝色的耳珰，和粉紫色长方柱形器物。仿玉色做成的料璧，即《汉书》中说的“璧琉璃”，也常和其他文物在汉墓中出现。又如当时最时髦的玉具剑，剑柄剑鞘用四五种玉，也有用玉色琉璃做的。至于各色玻璃碗，史传中虽提起过，实物发现的时代，却似乎稍晚些。

但是由汉代绿釉陶器到宋代的官、钧、定、汝窑四种著名世界的青白瓷器，中间却有约八百年一段长时间，陶瓷发展的情形，我们不明白。它的进展过程，在文献上虽有些记载，实物知识可极贫乏。因此，赏鉴家叙述中国瓷器发展史时，由于知识限制，多把宋瓷当成一个分界点，以前种种只是简简单单糊糊涂涂交待过去。一千七百年前的晋代人，文件中虽提起过中国南方出产的东瓯、白坩和缥青瓷，可无人能知道白坩和缥青瓷的正确釉色、品质和式样。中国人喝茶的习惯，南方人起始于晋代，东瓯、白坩即用于喝茶。南北普遍喝茶成为风气是中唐以后，当时有个喝茶内行的陆羽，著了一部《茶经》提起过唐代各地茶具名瓷，虽说起越州青瓷如玉，邢州白瓷如雪，同受天下人重视；四川大邑白瓷，又因杜甫诗介绍而著名；到唐末五代，江浙还出产过一种秘色瓷，和北方传说的柴世宗皇帝造的雨过天青柴窑瓷，遥遥相对，都是著名作品，可是，这些瓷器的真实具体情况，知道的人是不多的。经过历史上几回大变故，如宋与辽金的战事和元代 100 年的暴力统治，因此明代以来的记载，就更

唐，邢窑小琴炉

唐，越窑青釉八棱净瓶，高 21.7 厘米，口径 2.3 厘米

唐，长沙窑褐彩贴花人物纹壶，高 16.5 厘米，腹径 13 厘米

加不具体。著名世界的收藏所如故宫博物院对于旧瓷定名，也因之无一定标准。问题的逐渐得到解决，是由一系列的新发现，帮助启发了我们，才慢慢搞清楚的。

原载《新观察》，1953 年第 19 期。

谈瓷器艺术

近10年以来每一次出国陶瓷工艺品预展，我都有机会参观，真是幸运，深深感到万千老师傅和工人同志共同努力下，景德镇瓷业，正若驾着千里马，以极大速度向前行进，成绩一年比一年好。看过这次在故宫展出的新产品，才知道陶瓷工艺又得到更大的丰收。特别显著如失传200年的有色釉胭脂水，继孔雀绿、祭红、娇黄、冬青等得到成功。这些新品种都釉色明莹匀称，达到了康雍时的最高水平，今后发展还无可限量。最新生产粉彩和釉下彩茶具，折枝花处理和清秀造型结合，做到既美观，又符合实用，发展方向可说完全正确，必然会在国际上得到极高评价。这种成功实值得全国陶瓷业生产取法，搪

宋，汝窑盘，天津博物馆藏

宋，哥窑盘，天津博物馆藏

瓷生产花纹设计也值得向此学习。此外还有许多大小瓶子，也造型健康秀拔，稳定大方，装饰图案又能结合要求，艺术效果极高。总的看来，可以说这个展出给我印象是各极其妙，美不胜收。

惟个人认为景德镇瓷还不宜以这些成就自限。整个中国各部门生产既然正以史无前例的速度发展，新的需要将日益增多，瓷的应用范围也必然日益扩大。即以北京首都一地而言，千百种有纪念性新建筑，如博物馆、大戏院、大礼堂、地下铁道等等，都需要新的艺术装饰，景德镇瓷质料既好，又易清洁，也不怕阳光雨露，一个艺术家如善于结合需要，作出新的陶瓷设计，必可进一步发挥瓷的特长到新兴万千种事物上去，得到非凡成功。如作中型个别劳动人物雕塑，或纪念碑群相设计，用牙白瓷或加有色釉。如做大面积屏、壁、照墙、廊道装饰，用各种釉色华美彩瓷镶嵌。如烧浅色瓷砖，作门梁或室内装饰，代替彩画。此外则面对生活日益提高的人民日常生活要求，即有50个景德镇生产日用瓷，也怕还是供不应求，必需在各省市有条件地区发展现代烧瓷业。不过景德镇生产如能注意到将来这个现实问题，即早投入部分人力，试在一部分生产中，领头当先，把当前得到普遍成功的高级绘画瓷，转用吹花贴花法代替，节省加工劳力，成为比较多数人可购买的廉价日用品，也应当看成是一个值得努力的新方向。而且这种成功，才可说是新的国家瓷业真正的成功。人民生活在

宋，钧窑玫瑰紫釉葵式三足洗，天津博物馆藏

宋，官窑龙纹洗，天津博物馆藏

不断提高，也有理由要求在不久将来即可看到这种新产品上市！这是一个方向问题。这么做并不会妨害高级瓷的生产。如长此疏忽，任日用瓷保留到现在情况下，倒是不大合理的。

就目下展品而言，有些小弱点也可提提。如有些瓶子胎料（特别是口沿部分）似乎略厚一些，比例不大合适，不免影响美观。造型有部分破格，看来别扭，且和装饰花纹不能很好结合，似乎值得从“古为今用”目的出发，多参考些传统优秀成品，能有所折中即可改善。造型还受拘束，有保守处，或者更广泛一些从商周铜和唐陶、宋瓷、及康雍以来得到最高成就的彩瓷、单色釉瓷，全面加以注意，即可取得更多有益的启发。又青花料目前色度尚不够稳定，有的烧出效果好，有的却发呆，有的又变成如洋蓝，不甚美观，值得做更深研究，或和科学院化学研究部门合作，取得有用成果。或从青料以外再做些试验，如发现其他鲜明釉下颜色。釉里红特别是青花加紫，和釉下素三彩也待做新的努力，目下成就还不甚好。

这些问题固然靠生产经验来修正，更重要还是得进一步和化学物理研究部门结合，如同烧祭红方式，能得科学研究部门合作，解决即容易得多。至于新产品中彩墨山水人物绘画装饰，在展出品中成就不见特别出色，原因大致是由于画稿画法比较保守，并不是由于技术限制。因为一般画师多习惯从清代中叶绘画取法，布色构图多比较细碎烦琐，不免精致有余，气魄不大，且乏韵味。和明代青花瓷中的简笔山水花鸟比较，及康雍青花山水人物花鸟比较，即可见出目下生产加工费力虽加倍，效果却不能如预期。山水画用墨彩较多，见油光，在瓷上使用凝固不灵活。为补救这一薄弱环节，得从资料储备工作入手。多为老师傅准备些好画稿供观摩，从个人经验以外更充实些养料。如能博采兼收，必可得到更新的成功。个人意见不妨参用唐宋元明诸名家画稿笔法设意构图，做些插屏挂屏试验。例如花鸟用崔白、王渊、吕纪、林良、边景昭、徐青藤、陈道复、恽南田，山水参董源、夏圭、王诜、马远、赵干、松雪、云林、曹知白、盛懋、张灵、沈周、石涛、八大，人物参张萱、周文矩、李公麟、唐寅，……以至参用近人齐白石花鸟，李可染山水画法，必然会有更大发展。因为老师傅能精细却不大习惯简易，一习惯，情况即大不相同。这问题和湖南湘绣、北京雕漆有相似情形。要丰富多彩，得花样百出，扩大题材，改进技法。此外甚至还可用彩漆、描金漆、罗甸、刻丝、刺绣千百种不同装饰法，结合瓷绘特性，利用素三彩、硬五彩及斗彩等不同加工方法，反映到新的日用瓷或美术瓷上，达到不同效果。总之，得不为目下成功所限制，来取精用宏，做新的突破努力，才可充分发挥潜力，利用遗产，别创新作，收百花齐放效果。保守下去即近于凝固，不能和社会发展要求相合。

至于立体塑像，如何从赏玩性主题，提高到有意思表现现实生活，特别是作三五尺面积的塑像群，也是值得加强注意处。因为这类作品实不宜仅仅停滞到泥人张面人郎成就上，还有更大前途。但是却惟有和社会现实结合，新的塑像瓷才会有更广大的前途。这工作广东阳江窑艺人和浙江木雕艺人，已先走了一步，做了不少有意义的尝试，值得急起直追。

此外如雕塑人物灯座，目前取法受 19 世纪国外烧瓷法影响，不大符合现代要求。浙江青田石灯走了弯路，多做细花薄叶，使用户时

北宋，定窑白釉刻花净瓶，高 22.5 厘米，口径 2 厘米

元，景德镇窑青花松竹梅纹三足炉，高 31.7 厘米，口径 20.2 厘米

北宋，龙泉窑影青莲瓣注碗，通高 25.8 厘米

南宋，龙泉窑鬲式炉

清雍正二年(公元1724年)，试乙号样款粉彩荷莲纹盘，天津博物馆藏

时提心吊胆，景德瓷更不宜学步。因为在实用品做许多精雕细琢，或者转不适宜于实用，反不如用象牙色瓷特制一种棒槌瓶或双陆樽式，或素瓷加翠绿或胭脂红剔刻暗花做灯座，给人安定愉快感为有前途而足称真正新品种也。灯座为实用物，现代日用品不论用塑料、玻璃、合金、木材等做成，必然发展趋势是简洁、单纯、干净、利落，这也正是瓷器极容易做到的。作新的灯座创造，宜以移动便利，不怕绊倒不易碰损为方向，过度装饰不合要求。

至于装饰加工部分，剔花堆花法，日下产品如几件天蓝挂粉盘子，是用现代西洋雕塑法，虽得到一定成功，但是还值得做更多方面试验。可供景德镇老师傅和青年艺人参考的，或者还是宋耀窑，当阳峪、磁州、定州诸窑各种不同加工雕花做法，以及明代永乐时雕漆法，嘉定刻竹法，和雍正、乾隆浆胎瓷绣雕法、浮雕法，以及康熙素三彩部分浅刻堆釉法，还有百十种不同处理，都值得保存下来，充分加以利用，不利用未免可惜。新产品中对于图案串枝、锦地开光，这次展出新花样不算多，也少新发展。这个优秀传统，也有不少值得继承下来的东西值得参考。例如近年出现极多的锦绣花纹，古代漆器、近代少数民族染织花纹，如能部分转用到新电光瓷花纹上，用作带式

明洪武，釉里红松竹梅纹罇，天津博物馆藏

明永乐，甜白釉梅瓶，天津博物馆藏

明宣德，青花云龙纹天球瓶，天津博物馆藏

装饰，都必然会收到好效果。

本于一切研究学习，都重在有助于新的生产的提高的想法，外行一得之见，或有不少错误处，写出来作为一点建议，供专家参考。并盼另日还有机会当面向各老师傅商讨请教。

1959 年 10 月写

原载《光明日报》，1959 年 11 月 8 日。

从一个马镫图案谈谈中国马具的发展及对于金铜漆镶嵌工艺的影响关系

这是一个唐代金银错的马镫复原图。图案组织在唐代应属于"鹊含瑞草"一格，常反映于唐代一般工艺品的装饰中。原物于一九三八年在南西伯利亚哈喀斯自治共和国境内发现，苏联专家叶甫鸠霍娃（吉谢列夫夫人）曾作文介绍于苏联《物质文化史研究所简报》第二十三期一册内。从马镫形式和图案处理看来，是唐代的标准式样，和我国西北各地发现的唐代文物，及中国科学院考古所近年来在西北武威发现的平脱马鞍、平脱饭碗，共同给我们一个重要的启示，就是唐代物质文化影响的广泛性，以及和西域各地区民族的相互密切关系。当时这种出自人民的精美工艺品，不仅丰富了中国物质文化的内容，也提高了中国边沿地区各个兄弟民族物质文化的享受，和许多重要发明一样，更影响到世界各国文化的发展。唐代文化一部分，实吸收了西域文化，并印度波斯文化，例如音乐就是一个好例。即妇女骑马，也显然是由于西北人民生活习惯影响中原。但是中原物质文化成就和生活习惯，却有更多方面影响到西域。这从近五十年来高昌、楼兰、交河城、武威、敦煌各地洞窟遗址和坟墓大量古文物的发现，及南疆石窟有纯粹中原式样的唐代建筑彩绘可知。世界许多国家，如印度、埃及、土耳其都发现过大量唐代越州系青瓷，有的直接生产于浙江，有的又产于福建广东，更可知祖国劳动人民所创造的物质文化，对于世界所作的伟大贡献和自古以来，东方诸文明古国的友谊长存。

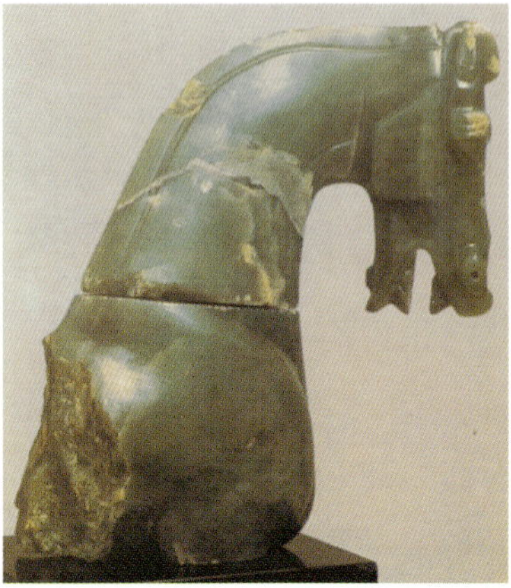

汉，玉马首，高14厘米，美国维多利亚·亚伯特博物藏

西汉，玉奔马，高7厘米，长8.9厘米

金银平脱工艺，在唐代本属于国家官工业生产。照《唐六典》记载，国家官工业本源于汉少府监，到唐代更分门别类，组织庞大。少府监工人有一万九千八百五十人，将作监工人有一万五千人，还仅指经常宫廷消费和赏赐官僚宗亲物品生产而言。至于特别兴造，如龙门石窟，即另外设官使监督，征调人工常以十万计！工人学习掌握业务技术，各有不同年限。好些种一二年可学成，镶嵌刻镂必四年才满师。唐官工部分采用应差轮番制，从全国各处挑来的，多“技能工巧”，不得滥竽充数，到一定时期又可返籍就业，金银平脱技术，也因此在长安以外得普遍流传。在制作上，它的全盛时期，必在开元天宝之际。姚汝能著《安禄山事迹》卷上，即载有金银平脱器物许多种，例如——

银平脱破方八角花鸟药屏帐　金银平脱帐
金平脱五斗饭罂　银平脱五斗陶饭魁
装金平脱函　金平脱匣
银平脱胡平床子　金平脱酒海

金平脱杓　金平脱大盏

金平脱大脑盘　金平脱装具

金平脱合子　金平脱铁面碗

照唐人笔记叙述，这些东西都是当时特别为安禄山而作的，和当时长安新造的房子一道，经玄宗嘱咐过，“彼胡人眼孔大，不必惜费”而完成的。这些器物虽然已经不存在，我们从近年出土现藏历史博物馆几面有代表性大镜子，及肃宗时流传日本，现在还保存得上好的几面金银平脱大花鸟镜子，七弦琴和天鸡壶及其他漆嵌螺甸乐器、家具等等实物，并近年长安一带唐墓中出土平脱贴银镜子、西北发现马鞍等物看来，还可知道它在工艺上所达到的高度艺术水平。“安史之乱”，中原重要生产和文化成就都遭受严重破坏。事平以后，肃宗即一再下令禁止，如《唐书·肃宗纪》，至德二年十二月戊午诏：“禁珠玉宝钿平脱，金泥刺绣。”但从禁令中却反映出，政府虽一时不会大量制造，各个地区还是能够制造。到各地生产稍稍恢复，藩镇军阀势力抬头时，这部门工艺，也自然和音乐歌舞相似，在各个地区，特别是南方各州郡，都逐渐得到发展的机会。《唐书·文宗纪》，即位就停贡“雕镂金筐，宝饰床榻”，可知还有这类器物继续在生产，在进贡。《唐书·齐映传》，贞元七年任职江西观察使，希复相位，因刺史作六尺银瓶，映乃作八尺银瓶呈贡。王播太和元年五月，自淮南入觐，进大小银碗三千四百枚。到唐末五代时，西蜀、南唐、吴越、荆楚、岭南一些割据军阀，除大量制造金银器物、金银棱瓷器和精美丝绸锦绣，作为彼此间结好的礼物外，西蜀统治者甚至于用七宝镶嵌溺器。这种精美尿壶虽不可得见，王建墓中平脱宝函的制作制度，却还留给我们一个印象。岭南刘鋹则用真珠络结马鞍。天宝时，杨氏姐妹好骑马，并竞选俊秀黄门作导从，马和马具都特别精美。世传《虢国夫人出行图》中骑乘，和《唐人游骑图》，及五代赵岩绘一《游骑图》、《杨妃上马图稿》等，犹可见骑乘鞍具规模。至于一般乘骑用的金银装鞍镫马具的制作，本于上行下效的风气，自然越来越普遍。这事情从稍后一

战国，夔龙纹镶金银车饰，直径9.3厘米，重86克

时统一中国的北宋，把骑乘鞍具当成一种官品制度来加以限制处理，就可以明白。法令的限制，恰恰反映出滥用金银装鞍具，必在稍前一时唐末五代军阀各自称王作霸的时期。

又《唐六典·卷三》称，襄州贡物有“漆隐起库路真”，又有“乌漆碎石文漆器”。《文献通考》则改称“十盛花库路真二具”，“五盛碎古文库路真二具”，学人多不明白意思何在。史传又有“襄州漆器天下仿效”名“襄样漆器”，值得仿效必有原因。但是“库路真”是什么意义？却难于索解。《南史·卷七十·侯景传》，其部从勇力兼人的名“库真部督”，库真似和武勇相关。东邻学人曾就“库路真”一名辞作比较探讨，推测有“狩猎人”含义，以为它或和金银平脱螺甸作狩猎纹装饰，及犀毗漆制鞍具有关。解释似相当正确。因为鞍具在前桥上作狩猎纹装饰，有武威出土唐代马鞍可证！其实这种装饰图案，还源远流长，有可能从西汉以来就已经使用，反映到工艺各部门，一直延续发展下来的。“隐起”属于技术范围，必和同时代的金银带銙“识文隐起”技术处理同式。照宋李诫《营造法式》雕琢篇说明，则为浅浮雕法，从明黄大成《髹饰录》解释，又近于浅“剔红”作法。瓷器花纹中和临汝青瓷的雕法相近。若这类材料值得引证，那“隐起”就正是通考说的“花库路真”！可证剔红法实出于唐代。至于“乌漆碎石文漆器”，显明和“斑犀”相近。一般说“剔红”和“犀毗”起于宋代的，由此却为我们提出了一点新线索，证明《因话录》一书中提起犀皮系唐代以来马鞍鞯涂漆磨成花纹，并非完全无因。这种作法并且可以由唐代再上溯到更早一些时期。不过通考明说“五盛”“十盛”，一盛是否指一具还是一层？若从唐代实用器物注意，惟两种东西相近：一即魏晋以来墓中常见的分格陶器（这种陶器本系仿漆器而作，近江苏已发现一实物，晋人称九子方樏十二子方樏或即指此物。即元明之细点盒。清康熙改圆式，内多改成小瓷碟）。一即由筒状奁具衍进的蔗段式套盒，因此“五盛十盛库路真”，如不是马鞍，或许指的正是平脱漆作狩猎纹装饰和犀毗漆作碎石纹的槅子食盒或分层套奁！唐代襄州漆器，至今虽然还少实物出土，惟从敦煌壁画供养人，和《张议潮出行图》侍从行列手中捧的器物看来，还可明白一点规模。或如首饰巾箱，亦即魏武《上杂物疏》中所说的严具，或如捧盒、拜贴匣子，或如花式五撞七撞套奁（如上博元漆奁），胎榛则包括有丝绸、竹、木、革、纸。如系泥金银彩绘，也必然和同时一般器物装饰图案相差不远。如系斑犀漆，则和唐釉陶中的“绞釉”、“晕釉”、“三彩斑纹釉”，及丝绸中的各种染缬花纹发生联系。这也就是说，从同时期工艺生产花纹上注意，我们还有希望明白理解一些过去不易理解的问题。漆器值得全国仿效，又必然还有发展，宋代器物中也还留下许多和犀毗漆接近的几种瓷器花纹，例如临汝青瓷，永和镇紫褐地黄花，或钦锈黄地黑花瓷，建阳窑“鳖甲”、“玳瑁”、“银星”诸斑茶盏，可供参考。这些深色釉有花陶瓷，和当时的漆器及纺织物印染图案，必然都有密切联系。正如同漆器中的“刷丝”一格，本源于宋代歙州“刷丝砚”而起，宋代刷丝漆已不易得，我们从歙砚谱几十种刷丝砚材说明中，依然还可以明白《髹饰录》中提起的“罗纹刷丝”、“绮纹刷丝”种种不同刷丝漆的色泽和基本纹样。故宫清初漆器还有此一格，有人亦以为犀皮，其实应为“刷丝”，多色的则应当叫作“绮纹刷丝”。

唐代的马具装饰纹样和使用材料，既不会是孤立忽然产生，实上有所承，下还有发展，我们值得从中国车马应用的历史，看一看装具上的历史发展，对于新的文史研究，应当还有一点用处。

服牛乘马，照史传叙述，中国人在史前就已发明。不过从出土实物考查，马具的装备，最先是为驾车而作的。安阳出土甲骨文字，关于马具的名目，虽不怎么多，但出土青铜马具实物，却相当完备。马

西汉，错金流云纹神兽博山炉，高26厘米

络头已用许多青铜圆泡密密固定在皮条上，马颈项已悬有小小青铜串铃。虽还未使用衔口铜嚼环，嘴边排沫用青铜镳饰，也有了各种不同式样。控制轮轴的青铜軎、辖、輨、軝，控制马匹行止的辔䩞、游环，及人字形车軶，除调节马车行走步骤节奏的銮铃素朴无华，大都印铸有殷商时代流行的精美花纹。马具且有镶嵌孔雀绿石的。算算时间，至少已在三千一百年前！

又因科学考古的工作日益谨慎周密，比较材料也日益丰富，我们还得以逐渐明白了这些器物的位置和作用，可把它和《考工记》叙车制，古诗文中形容驾御车马的“两骖如舞”、“六辔沃若”文字相互印证。自汉代以来，历史学者从文字注疏中钻研始终难于索解的，出土实物已为我们提出丰富材料，帮助说明。

战国时人批评统治者的奢侈时，常说用“珠玉饰狗马”。其实这种风气早从商代就已开始。根据安阳发掘报告，当时殉葬小狗，就有用精美青铜和美玉什件装饰头脸的。并且古代狗的品种，也有了比较具体知识。例如春秋时赵盾故事中所提起的“君之獒不如臣之獒”的短嘴大狗，和秦代李斯和他儿子出猎所牵的“细腰黄犬”，都已经从出土汉代明器中得到证实。从统计字数上考查，还可知道全国汉墓葬狗形象，大部分属于竖耳卷尾狗。可知这是汉代一种普通狗种。至于供狩猎用的细腰黄犬，惟辉县汉墓发现过一群，此外即山东嘉祥刻石、洛阳空心砖上反映较多。

西周以来，随同封建社会政治组织，车马服章无不有一定制度。车饰什件用铜，木制轮、舆、辕、衡必涂漆绘朱，车盖用帛，并各随爵位等级大小高卑不同。虽然至今还少见完整成份实物发现，但考古所在河南濬县发掘得到的材料，和其他比较材料，已经可帮助我们证明这个时代车乘装饰的特征。西周青铜器中的大卷云纹和鱼鳞纹，就在车器上得到同样反映。车上绘饰，也可从青铜器和漆陶杂器物纹饰，体会出一些基本规律。这阶段社会分散成好几百诸侯封地小单位，各自占有一套工奴，一片封地，近于在自给自足情形中，延续了一个相当长的时期，生产发展比较迟缓。从青铜器花纹的少变化和金属货币的数量稀少，也同样可以看出问题。

春秋战国时期，在若干诸侯领域中，由于铁的发现，生产工具有了基本改变，生产上有了进一步发展。生产品增多后，交换需要也增多了。周王朝政权日益衰弱，在诸侯竞争霸权掠夺资源大小兼并过程时，技术工人一再集中，社会享乐要求也增多了，对于交通和战事所不可少的车马具和兵器的改进，都显明起着极大影响。诸侯会盟，就常在车马衣服器仗上比赛。齐国新兴商业都市临淄，市民阶级平时还以两车相撞“击毂”为乐。诸侯好马，则“食上大夫之禄”。相马有专书，制车有专工，“千金买马骨”更成历史有名故事。车马具的种类和式样，显然都因之丰富和提高。在这时期古墓出土物中，除各式青铜镳及车轴外，还新发现了青铜马嚼环和羊角形镂刻彩绘的骨镳，及种种形式不同花纹美丽的青铜当颅，和其他车饰。如河南信阳墓中发现套在辔引上的薄银管。更出现了青铜金银加工的马具。主要还是驾车马身和车身的各种附件。诗文中提起的“约軝凿衡”，“金鍐镂锡”，无一不有制作精美的实物出土，可以和文献相互印证。战车的装备，也从出土实物和其他青铜器上刻镂车子、陶俑车子，发现了好些不同式样。至于这种加金细工技术上的发展，如联系其他器物装饰图案比较，以个人私见，有可能是由于长江流域的生产发展，由吴越金工促进的。因为银子单独的提炼，和南中国的丰富原料发现必有关系。兵器的制作，吴越工曾著名一时。近世出土特别精美的青铜镶嵌金银戈剑，就常有吴工造作文字。又从图案花纹分析，凡属金银加工车马具，也显明和南方的荆楚漆工艺活泼流利的装饰纹样比较接近，却和同时在淮河以北黄渭流域及燕晋各地流行，用密集式半浮雕，或透雕

西汉，云纹漆鼎，高 28 厘米

蟠虬蟠螭为主纹的青铜器装饰有相当距离。金银加工技术出于南方，这种说法虽还缺少具体证实，我们至少可以那么提出，就是这种新兴的镶嵌艺术，正和同时新起的青铜镜子一样，技术上的提高，和花纹图案的多样化，南方吴越荆楚金工有特别贡献。它的图案组织比较接近于当时的绘画和刺绣，却和传统的青铜雕刻作风不大相同。（虽然一般青铜车马具的花纹，基本上还是商周以来铜器纹样！）

这种金银加工青铜车马器，近三十年来出土实物具代表性的，除过去洛阳金村发现一部分，及其他出土地不明白，现藏故宫博物院和历史博物馆的器物以外，应数中国科学院考古所数年前在河南辉县的发掘品特别重要。其中如辕首部分的龙头，和其他管状、片状大小附件，用金银线、片、点镶嵌而成的涡云龙凤纹图案，组织上融合秀美与壮丽而为一的艺术作风，充分表现出这部门工艺的高度成就。花纹奔放而自由，更反映在这个历史阶段上，造形艺术各部门，从传统形式束缚求解放的精神。艺术中最先得到解放的是彩绘。彩绘漆和金银错工艺本属于同一系列，因此反映得也格外明白清楚。

中国人骑马始于晚周，最先从赵武灵王试用于对抵抗游牧民族内侵的军事上。但在中原和长城边沿地带，至今还未闻有战国时骑乘用青铜马鞍镫发现。照《盐铁论》和《急就章》叙述，早期骑乘马具，多用青铜和皮革作成，金银装高桥鞍和绣锦障泥掩汗，似到汉代中期才使用。金属马镫的发明，也不可能早于加金鞍具。现存一个战国晚期错金铜镜子，上面有个刺虎骑士形象，就像是有鞍韂而无马镫。汉初古墓出土物中，也未闻有金属马镫出土。镜子上骑士虽有鞍鞯，汉石刻中更有许多骑从，鞍鞯形制分明，殉葬明器中又有种种铜、陶、玉、木、马匹出土，去年长安并且出了一个三四寸大青铜骑士，不过除四川汉墓出土那一个残陶马鞍，我们对于汉代马鞍实际知识还是不多。至于马镫有无，却可从四方面推测得出，至晚在西汉中叶已经应用。一从洛阳出土一般大型空心花砖上骑士形象，其次是一般汉代釉陶奁壶狩猎图案，其三是辽阳汉墓彩画骑从，其四是四川汉墓方砖上浮雕骑从。这些骑士的驰骤形象，多两脚向上挟举，必足部有所踏蹬，才能够作成这种姿式。若从那面错金镜子注意，骑士虽系跪于马背，表示十分紧张，障泥前那个环状带穗东西，比例上虽小了些，却有可能就是最早踏镫式样。骑马习惯虽从西域传来，御马附件却为中原人民的发明。较早马镫或者只是一个皮圈套，属于鞍鞯一部分，

正和鞍鞯一样，实用必重于装饰。照汉代社会习惯，爵位品级稍高必坐车，只有随从才骑马，即用鞍镫，也不会如何特别讲究。

《盐铁论》说："古者庶人贱骑，绳控革鞮皮鞯而已。今富者鞼耳银镊，黄金琅勒，罽绣掩汗。"马鞍镫具使用金银加工，表现美术的要求，必然是汉代文景以后，社会生产发展到一定程度时，才会出现。从政治上分析，到武帝刘彻时代，或者才会更进一步加以制度化。特别是花纹图案的定型化。原因之一是由于封禅郊天，配合政治需要，特别重视仪仗排场，散骑侍从的鞍具，才可能有一定纹样的金银装裹。原因之二是王公贵族游猎，把骑马在薮泽中驰骤，追逐飞禽走兽，当成社会上层重要娱乐风气时，实用以外还要好看，鞍镫才会受特别重视。原因之三是在西北和其他区域军事进行中，"楼烦将"和"越骑都

西汉，彩绘云气纹双层漆奁，高 16.9 厘米，口径 24.1 厘米

尉”一类人的乘骑，也容许把鞍具作得更漂亮一些。工艺上各部门生产品质的提高，主要都是和社会生产发展相适应，同时又必然和社会背景有一定联系，鞍具的进步也不能例外。

《西京杂记》有关于精美鞍具的种种描写，认为是武帝时创始，长安仿效。这部书的时代虽可怀疑，提出的问题却和大宛天马南来，及社会生产发展情形一致。金银装鞍具，必木漆制作的“高桥鞍”才相宜，制作材料的改变，也必然由于这个时代的应用而起始。乐府诗起于西汉，盛行于东汉，就常有金银鞍具的形容。而且越来越讲究。《三辅决录》记梁冀曾用一“镂衢鞍”讹诈平陵富人公孙奋钱五千万。如不是实物十分精美，是无从用它借口的。

汉代青铜工艺加工技术约计三种：即金银错、鎏金和细纹刻镂。二三两种又常似同而不尽同。鎏金有素的，有加嵌杂宝石的，有加细云纹刻镂的。本来多系仿金器而作。一般青铜细纹刻镂的可不一定鎏金。诗歌中提起的金银鞍，加工部分虽仅乐浪汉墓一些镂空银片实物可证，我们却可以推测，如不是用“金银釦参带”法，把带式金银片包裹在木漆制的高桥鞍上，就应当是用“金银平脱”法，把镂空金银片镶嵌在高桥鞍上。前一种还可能加有朱绿彩绘。后一种即用金银片镂花。汉代西蜀广汉武都工官作的漆器，全国著名，特种鞍具生产，除长安少府工官，这些地区也可能有一定生产，因为同是产马地区。如用金铜马镫，总不外前述三种青铜技术加工处理。至于鞍镫的花纹，如和社会信仰联系，必作羽人云车种种形象，如阳高古城堡汉墓出土的金银错器表现。如和社会生活联系，必作骑士山中射猎，虎豹熊罴、鸿雁雀兔骇跃腾骧形象，如朝鲜大同江边汉墓中发现的金银错器表现。又或者如一般釉陶博山炉花纹，把人间现实游乐，和神仙不死愿望，结合而成一体，加以艺术处理的。一个时代有一个时代的装饰风格，反映于各种器物上，在陶、漆、大型空心砖制作上，都可见到游猎的图案，我们说同时期的鞍具使用这种花纹，和实际情形相差应当不会太远。这种狩猎纹装饰图案的本来，还可说有可能实起源于鞍具。因为在鞍具上反映畋猎之乐，是比在其他器物上更合主题要求的。这种金银加工鞍具，东汉末曹操父子遗文中均提起过。曹植有《进银鞍表》，又有《玛瑙勒》。又战国以来，已经发现过在铁制器物上作金银加工艺术，到东汉还继续，曹操《上杂物疏》曾提起过好几十面金银花纹铁镜，可以和近年出土错金铁镜实物相互印证。东汉晚期镜纽多加大，即近于由铁镜影响。有铁镜即可能有铁皮马鞍。如陇上歌咏陈安事，“铁锻鞍”必非自晋创始。金银装鞍具至今少出土实物，试推测原因，当由于东汉以来，一般殉葬日用器物虽还用实物，其他却多用陶瓦明器，车乘则通用小模型。附属骑从马俑也极少见。

魏晋以来，统治阶级除战争和狩猎用马，一般代步多用牛车或步辇(即榻式肩舆)。牛车则如《颜氏家训》所形容的式样，名长檐车，出土物有不少反映，石刻也有。步辇也有三式，《女史箴图》上一个具代表性。鞍具在应用上得到更进一步发展，逐渐成为社会上比较多数人使用，实在西晋末羌胡民族内侵期间。由于战争需要，鞍具改良，铜铁质马镫大量出现，也必然是在这个期间中。羌胡骑马民族的内侵，历史进入五胡十六国阶段，黄河流域生产和物质文化，大部分都遭受严重破坏。但由于实际需要，漆工艺还是得继续保存下来。在历史文献上常提起两部分器物，和金银加工及漆工艺就关系密切，一

汉，错金银鸠杖首

是兵器甲仗，二是乐器，都有作得特别讲究的。如“金银装鞍镫辔勒”、“金银锁子甲”、“金银铠”和“明光漆铠”、“金银画饰矛矟弩弓”。《世说》称谢玄“在寿春败，临奔走，犹求玉贴镫”。可知最讲究还有用玉作的。《北史·张大渊传》称“得赐绿沉漆铠，兽文具装”。刘义恭启事称“金梁鞍制作精巧”。《南齐书》记庐陵王子卿“作银鞍还用纯银作镫”。何承天有“银装筝”，褚渊有“金镂银柱琵琶”。大件器物则数鱼宏家“银镂金花眠床”。色漆中新起的有“绿沉漆”，汉末已出现。曹操用绿漆奁具花纹华美。流行于南方，刘桢元嘉中劾广州刺史韦朗，就提起他在任内作“绿沉银泥屏风”。梁简文帝又有镂银、雕花、卷足、绿漆书案。《邺中记》记石虎时情形，除本人经常一身金光熠耀，还有上千侍从女骑兵，也同样满身金彩。又工人作“彩漆游盘，金银参带，茱萸纹细如破发，上置百二十酒盏”，还可以自由转动。又作“五明莫难扇”，捶黄金极薄嵌入，上画仙人鸟兽。又有种种彩漆，或木兰色，或郁金色，或绿沉色。得知东晋北方彩漆工艺还有极高水平。不过就社会情形说来，主要生产还是军事上用的种种器甲鞍具。至于一般人民生活上应用漆器，金银彩画是被严格禁止的。晋令：“欲作漆器卖者，各先移主吏者名，乃得作。皆当淳漆布骨，器成，以朱题年月姓名。”《晋阳秋》记萧谭因为人私制“银画漆粉碗”而被杀。《南齐书·高祖纪》，也有“禁用金银文画饰漆器”记载。但照《东宫旧事》、《南齐书·舆服志》记载说来，却可明白当时对百姓即严禁，宫廷中实有种种金银装彩绘漆器，如《东宫旧事》即载有漆四升杯子四十，尺盘三十，漆注八盒，匕五十，碗子一百，画银带唾壶，书台，三十五子方樏二，沓盖二，马凿书簏，金彩装花簏，又漆注绮织箙二十枚。漆要扇……车具舆辇更作得异常精美。这种禁令还一直影响到唐宋民间漆器的制作制度。《唐六典》称“民间作器物，必著明作者　姓名年月方许出售”。历史博物馆发掘河北钜鹿遗址时，得到一件北宋素漆盘，还用朱漆记载当时价钱。杭州新出土一份南宋临安府窦家造的素漆器，上面也有造作店铺和年月，刻在漆器边沿上。可见直到宋代，民间漆器都还遵守这种古老制度。

彩绘漆和金银装鞍具，历史文献和诗歌中既常道及。又《干宝晋纪》并称："泰始以来，中国相尚胡床貊盘，及为羌煮貊炙。贵人富家，必有其器，吉享嘉会，皆以为先。"胡床是"交椅"，相传因汉灵帝喜好而流行。晋代才相习成风气，使用日多。直到宋代，上至帝王，下及官吏，出行时还特别用一仆从肩扛自用交椅。军营帐幕中的虎皮金交椅，则直沿袭用到明清。由胡床的应用，中国人方改变了古代的坐法，逐渐养成两脚下垂的习惯，到晚唐，由方榻和直几、曲几相结合，才产生男子用的"直背靠椅"和"圜曲圈椅"。又由另外一种妇女薰香使用的竹制金银画漆衣薰笼，才发展成唐宋妇女坐的"半圜矮圈椅"和"鼓式绣墩"，及"月牙杌子"，对于中国人生活起居方式，引起完全的变化。"貊盘"则和中国人饮食习惯发生联系。"羌煮貊炙"在当时社会虽流行，吃的究竟是些什么东西？我们知识可并不多。"羌煮"可能和"束皙饼赋"吴均"饼说"提及的"馄饨"、"饆罗"、"水引饼"、"汤饼"、"牢丸"面食有关。是中原人民生活采用面食为主食的发轫。"貊炙"也是一种不同传统的菜食。照刘熙《释名》解释，以为是"全体炙之，各自以刀割"，已近于后世烧烤。"胡床"虽已知道是交椅，那一种交椅更近于早期交椅式样？"貊盘"和普通盘子，形式上又有什么不同？试从这个阶段出土文物，及反映到壁上和纸绢上画迹考查，似乎还有一点线索可寻。绘画中极重要的，是传世《北齐校书图》。这个画卷照《画录》记载，有作顾恺之《文会图》，或《勘书图》，有作唐阎立本《北齐校书图》，又有截取中间部分，加上树木背景，题作五代邱文播《文会图》的。现存传世卷子可能晚到宋代，本

东汉，铜奔马，高 34.5 厘米，长 45 厘米，甘肃武威出土，甘肃省博物馆藏

来画稿必传自北朝，因为主要衣著器具都是北朝制度，不能早也不会晚，惟马形已近唐代或更晚式样，和北齐马式不大合。画中一胡床，却可代表早期的胡床，形象极具体。卷中主要部分大榻群像中，除琴砚外，还有个豆式高脚承盘，或可当貊盘称呼。实物则应数河北景县北朝封氏墓出土一个豆黄浅绿二色混合釉同式高脚盘可以比证。这种式样的器物，汉墓中犹未发现，它的高度又恰好适合游牧民族帐幕中使用。同式承盘到隋唐还得到不断发展，有印花，有刻花，不作三彩花纹，就作刻画串枝宝相，前者和漆中的“斑犀”漆极相近，后者近于金银器及印染丝绸花纹。如“貊盘”兼指花纹的斑点而言，就应当是“犀毗漆”的前身，是由此发展而成襄州“碎石纹漆器”的。又《东宫旧事》载“漆貊炙大函一具”，可知貊炙中还有方形器。函必有盖。我们试从同时方形器加以注意，同属晋南北朝时期，南方绍兴出土缥青瓷中，曾出现过一种长方形有盖分槅器物，槅数多不相等，北方也出过这种瓦器，基本上都近于从竹篾编织出或卷木作胎而成的漆器。如果“貊炙”不尽如刘熙《释名》所说，却兼对南方近海民族通称，原物本来或者还是绿沉漆作成的！这种食器多分成九槅或十二槅，近于晋人常及的“九子十二子方樏”。貊炙必加盐蒜，晋人记载中常道及。也可能还包括许多不同品种的蜜饯煎炙杂食，作法则来自岭南或山越方面。

“胡床”、“貊炙”我们只是在这里附带提出，具体说明还有待专家专文商讨。这里主要是说涉及金银加工镶嵌及有色漆工艺，在晋南北朝以来，它的发展和这些事事物物都分不开。这种镶嵌刻镂工艺，从政治风气说，隋代初期不会得到如何特别发展的机会，从社会生产说，却又必然在一定期间后，续有发展。例如装饰纹样，仅从敦煌洞窟壁画藻井、天盖、佛背光布置而言，也反映出这种纹样上的华丽和细致特征。新近河北曲阳、四川绵阳及山西刻石群像的出土，更可证明在这个历史阶段中，时间虽不过二三十年，艺术上的成就和装饰上的特征，十分鲜明，唐代初期工艺上的成就，大都是从这个固有基础上继续发展的！

唐代重干漆造像，因迎神赛会，便于各地转移。干漆造像法，就是汉代"夹纻"法，和元代的"抟换脱活"法的结合。谈漆工艺史的，多以为传自南方，因东晋雕刻家戴逵就擅长这一道，曾作过夹纻佛菩萨。齐梁均有作夹纻佛菩萨记载。其实如就技术说，战国楚墓中就已发现"布骨"羽觞、饭盘、奁具等等器物。汉代更通行金银釦参带式漆器，就是为增加夹纻漆器坚固而发展的。朝鲜出土汉漆器有好些就是夹纻器。怀安洛阳长沙都有出土，不过转用到佛像造作上，从晋代起始。北朝和南方一样，夹纻法必广泛用于当时佛像塑造上。杨衒之作《洛阳伽蓝记》称宗圣寺像高三丈八尺，节日出游，倾城仕女往看，照情形而言，像高三丈八，是只有用夹纻法作成的涂金布彩漆像，才便于抬出行香的。又遇佛生日，有集中洛阳城中一千多庙宇佛像到三千躯，其中一部分，也应当是夹纻漆作的。这些雕塑虽已无一存在，从新发现麦积山部分塑像和河北曲阳，四川绵阳各地出土的同时期雕塑看来，精美程度必然是和《伽蓝记》叙述情形相差不远的。

唐，羽人飞凤花鸟纹金银平脱漆背铜镜，直径 36.2 厘米

唐代贞观初期，政治上相尚俭朴，不重华侈淫巧。但工艺依然继续相对保存。张彦远《法书要录》，记萧翼帮太宗设计，从辩才和尚赚得兰亭真迹后，即得赐金银镂花瓶各一。到武则天以女主专政时期，社会生产一回复，风气更日趋变化。官宦贵戚子弟，上承陈隋华靡享乐习惯，无不在车马园池歌姬舞女衣服装饰上用心，竞富斗美。宫廷重要兴建和宗教迷信铺张处，更加惊人。史传称太平、安乐公主，及诸宠臣亲贵园池第宅华美处，多和天宫景象相近。薛怀义命工造一夹纻佛像，一手指即能容数十人。龙门奉先寺石窟雕凿，动用人

工数万，并设一专使督工，现存二天王像还高达数丈。这一面反映社会生产的发展，一面也反映人民在工艺上的伟大成就。

唐代国家牧养官马，由四十万匹到七十万六千匹。并于全国重要交通大路上，每三十里设驿站一处，共设一千六百三十九处水陆驿站，陆站经常都备有一定数量的公用马匹。私人行旅，男女多用马代步。唐人喜郊外游山玩水，男女都能骑马，因之鞍具自然也日益华美，当成一种眩耀手段。装饰品和实用器物各部门，金银加工的艺术和漆工艺结合，因之才在开元天宝之际，出现有时代特征的金银平脱，成为国家官工业之一种。这种工艺技术上的基础，我们说它是由

唐，昭陵六骏之一，高70厘米，长200厘米

十六国北燕，木芯包铜片鎏金马镫，辽宁北票冯素弗墓出土，这是中国迄今考古所见最早的双马镫实物

辽，邮差用鎏金铜片马镫

于南北朝金银闹装鞍具的制作，和乐器中的琴筝琵琶，用器中的奁盒、薰笼、书案等等生产，而得到巩固和提高，才产生唐代精美无匹的金银平脱漆，比较符合历史本来。这种工艺到宋代还将继续影响马具制作。

中国写生花鸟画和水墨山水画的发展，在绢素纸张上得到一个确定的特殊重要地位，影响中国绘画史约一千年。这种成就过去人多孤立的认为是五代宋初三五名家高手的成就。这是把绘画和其他方面生产分别开来的一种解释，不够正确的。其实从原料和社会要求两方面看来，花鸟山水画的发展，主要还是当时生产发展所促成。黄筌父子、徐熙祖孙和荆关董巨等人的成就，是由于隋唐以来，工艺方面先有个花鸟装饰图案的底子，有百千种不同优秀成就，反映于当时的各种日用工艺品上，为人民所熟习，所喜见乐闻。对于山水园林的爱好，又从晋六朝以来，即反映于诗文中，早成一个单独部门。到唐代男女郊游看山玩水已习成风气。各州郡生产的颜料，品质又日益提高。特别重要还是唐末五代以来，江南造纸制墨的手工业，不仅品质有了极大改进，产量也普遍提高。西蜀和江南，更因社会比较安定，生产发展，宗教迷信日益薄弱，寺庙中自然也就无从吸收更多艺术家从事于以宗教为主题的人物画。社会现实的要求，对艺术家课以一种新的任务，"接近自然，反映现实"！因此这些花鸟山水画家，才能够在那个历史阶段中，艺术创造得到进一步的成功！

写生花鸟在工艺上的普遍反映，实成熟于唐代。这个时期，丝绸、瓷器、彩绘、木刻、金铜镶嵌，无不有制作得栩栩如生的作品。特别是青铜加工镜子和平脱镶嵌，花鸟格外精美。丝绸绵缎和乐器、家具装饰图案，都有在小簇花鸟和山水画背景中，作狩猎纹形象。唐人诗文中经常形容过的"金银鞍"，"宝马雕鞍"的鞍具制作，既无科学院在武威唐墓发现的平脱马鞍出土，我们也可推测得出，这时装饰花纹，必和同时一般镶嵌工艺花纹十分相近！

至于马镫的式样和品质，我们目下得到的实物，虽无花纹，但去年长安底张湾出土的大型陶马，曾配有一对鎏金马镫，故宫博物院陶

南宋，桂花纹剔红盒，口径8.7厘米，高3厘米

瓷馆陈列一个唐三彩大型陶马，也配有相同鎏金马镫。由此可知，这时代马镫比较精美的，或用金银作成，鎏金却是常见格式。至于马镫的形式，从实物和雕塑、绘画作比较研究，我们对于它的特征，因此也逐渐明确，知道至少有三种基本式样：一、如昭陵六骏，踏脚部分多作长条形，整体却比较扁圆。二如传世实物，和《虢国夫人出行图》、《唐人游骑图》，虽同样是条子式，上部把柄较长，整体也较高些。三如《张议潮出行图》侍从骑士所见，踏脚部分多作圆盘式，已近于宋明以来铁作马镫样子。五代以来，铁作器物已日益普遍，大如佛塔，小如钱币，都有用铁作的。马具中的踏镫，更宜于用铁制。这种马镫或在晚唐即已流行。《张议潮出行图》的骑从，用的大致就是铁镫！

到宋代，政治上因赵匡胤弟兄统一了五代以来军阀割据的局面，社会生产还在继续发展中。由于政治上的新中央集权，兼并了各个偏霸时，虽得到土地和物资，同时也接收了许多官僚，因此官僚组织特别庞大。五代以来，地方各自为政，衣服无制度，金银闹装鞍具的滥用，必需加以整理，才重新加以等第，和官位品级发生联系。必然因为是竞奢斗巧，不合制度，才禁止逾越制度。但是，求合新的制度，另一面也就更发展了这部门生产中的官私手工业。宋王栐著《燕翼诒谋录》称：

> 鞍具之别，亦始于太宗，太平兴国七年正月，诏“常参官银装丝绦，六品以下，不得闹装。仍不得用刺绣金皮饰鞯。未仕者乌漆素鞍”。则是一命以上，皆可以银装鞍也。

明宣德，林擒双鹂图彩捧盒，直径44厘米，高20厘米

《宋会要稿》曾把天禧二年各种鞍辔官价列出，共计约三十种不同式样。最贵者为“金镀银闹装”，值二百二十三两。最贱的为“微宓”和“白成银铰具”，各值十二两。一般高级官僚用“金镀银铰具”分三等，计一百两、八十两及七十两。“漏尘宝相花”八十一两。此外还有“麻叶”、“宝相花”、“洛州花”（或指牡丹）、“陷墨花风子金解络促结”、“频伽三镙”、“孩儿三镙”、“鹿儿三镙”、“鹦鹉三镙”、“白成银陷墨银花瑞草”、“龟鹤”、“麒麟”、“蛮云子”等等名目，价值都不相同。这必然是把五代以来各个地区流行的图样所作的一种新的安排。从《宋史》卷一百五十记载，我们还得知道这些鞍具除货币价值以外，和官制品级的密切关系。例如赐宰相、亲王、枢密使，必金涂银闹装牡丹花铰具，值八十两，配有紫罗绣宝相花雉子方鞯、油画鞍、白银衔镫。赐使相枢密副使、参知政事、宣徽使、节度使等等，金涂银闹装太平花铰具，值七十两，配有紫罗绣瑞草方鞯、油画鞍、陷银衔镫。……皇亲分六等，宗相女婿分二等。赐契丹使值七十两，副使值五十两。因社会情形不同，政令也时有更改。景祐三年则五品以下不许用闹装银鞍。政和三年，诸王又特赐金花鞍鞯。宋代宗室功臣都是世袭恩荫制，每遇国家有大事，如与契丹订约，郊天，帝王大婚，还另外赠赐一大批官爵，在朝在野大小官僚达四万余名员。六品以上都可用闹装银鞍，起码小官也可用银花鞍，可知鞍具制造，官私生产量必然都不小。会要虽提起过许多种不同花纹，这方面实物知识，我们是不多的。只能从部分绘画，和《营造法式》雕琢与彩绘部门，及反映于其他陶瓷铜铁杂器等花纹联系，得到一种近似的印象，

知道部分必从唐代传来，部分新起，事实上认识还不够具体。又宋代虽一再禁令人民仿效契丹服装和骑乘制度，但是在聘问往还中，却照例要赠送契丹及西夏来使闹装鞍具，因此在辽墓或西夏古墓中，如发现有纯中原风格的精美鞍具，是不希奇的。（热河辽驸马墓出土闹装银鞍具，即近于宋制。）特别是在西北方面，元昊部属骑士用银装鞍，还极普遍。他们和中原马具的区别，我们还少知识。

惟北宋以来，一般器物中用铁已成风气，马具中的踏镫，凡说“银衔镫”的，有时另一记载又说是“陷银马镫”，可知是铁嵌银，正和其他器用制度相合。花纹多用“毬路”、“连钱”、“万字流水”作锦地纹，或另留出开光部分，再在上面嵌刻动植物花纹。由于铜韧而铁脆，材料性能不同，马镫式样因之条子式渐少，圆盘式日多，是必然的发展。宋代马的应用范围虽还广泛，至于和其他生产比较，关于马鞍具的制作，却显明可以看出算不得是生产重点，随同社会生产发展中，人民的创造力，已转移到造纸、造墨、刻书、烧瓷器、制茶、炼矾，从胆矾水中取铜，织锦、染缬、作剔红漆器等等，和其他许多方面去了。宋代妇女已少骑马习惯，这是和唐代大不相同的。

惟宋代金银细工漆工，和唐代比较，技术依然还在发展中。宋代特种金属矿的开采，是历史上极兴盛时期。海外贸易送出去的多是丝绸、瓷漆器。进口物除香药外，也吸收了许多金银。金银器和金银胎漆器的使用，数量范围远比唐代更多更广。当时不仅宫中有大量金银器和金银胎精美雕红漆器，并且部分瓷器也用金银包口。民间还保留大分量金银作种种使用。北宋虽也想继续用神道设教愚弄人民，并减轻外来压力，在开封就很修建了几处大庙宇，以为可吸收人民的信仰，增加统治上的威信。如用六年时间修建玉清昭应宫，集天下名画师用分朋比赛法日夜赶工，共完成一千三百多间的房子装饰画。文人官僚也欢喜阿谀附会，作了许多谈鬼志异的笔记小说。可是人民却日趋实际，已不如六朝隋唐对于鬼神的热烈迷信。北宋虽一再禁令人民不许滥用金银，并提起十八九种在服饰上用金的名称，但《东京梦华录》记开封有七十二店，日夜贩卖酒食，其中二十座大酒楼，都能容纳上千主顾，一般多用金银酒食器。一座樊楼即有过万件酒食器。一二人看座吃喝点什么，上桌的金银酒食器皿，也重过二百两。小酒摊子还用银碗银杓上酒。汴梁失陷，金人把公私金银数千万两都搜括而去。到南宋建立临安行都时，《梦粱录》叙市容极详细，藉此得知烧去不多几年的临安，就已恢复了往日繁荣，各种商业都分门别类，金珠彩帛交易，还是动辄千万。漆器类则分行出售，“金漆行”外还有“犀皮行”，可知生产量之大，和生产上的明确分工。

宋代除剔红漆器代表特种生产，比一般描金漆、彩绘漆及各式不同犀毗，在技术上的进步，是生产越加普遍。例如犀皮漆就有许多种。“斑犀”、“剔犀”、“滑地福儿犀”，都成熟于这个时代。就中惟螺甸平脱不及唐。又当时军事上用漆也极多，作器仗常过百万件，铁片甲和矟矛类一般都得上漆。作箭达千万枝，箭杆也有部分得涂漆！契丹辽和西夏都是骑马民族，特别喜好畋猎，契丹骑兵五十万，鞍具当时即著名精美。惟不过在工艺上的特征，我们却少具体知识。契丹多用唐制，马具也近于唐代制度。惟必然有些不同处，宋政府才用法令禁止。如近年热河辽驸马墓出土鞍具，则似属于宋之闹装鞍具，金铃累累，起于北朝诞马，于北朝俑中犹有反映。传世李公麟绘《免胄图》，即唐郭子仪单骑见回鹘故事。骑兵装备有研究价值。因马甲为羌胡民族所惯用，北朝以来骑俑即常着甲，骑士则穿实裲裆衫，当颅部分作华饰，向上翘举如金冠。这种马饰在古匈奴族墓葬中就早有发现，应即古所谓“金鍐”。蔡邕《独断》记载：“金鍐，高广各四寸，在马鬣前。”这种用镂金铜加其他装饰马首之物，宋惟卤簿引驾马有之，《宋史》卷百五十有“铜面插羽”形容，这画上的马头还相近。这类装饰既不会是画家凭空而作，但在万千种历代墓俑和石刻壁画车马形象上均少见到，它的来源，还需要进一步探讨。西北洞窟壁画，又从未发现过这种马头装饰，或者来自中国偏东北部游牧民族，也未可知。

宋代马具虽有种种不同制作，以名目种类而言，并且比历史上任何时代都多些，惟宋代肩舆已经流行，通称“担子”，先还只是宗室老臣上朝可用，稍后即越加普遍。特别是中层以上妇女出行，唐代骑马风气已完全结束，即出城游观扫墓，能坐轿的也必用轿。到南宋，因东征西伐，道路险阻，带兵大官既多文臣出身，百官于是都用轿了。当时理学家虽有“以人代畜”议论，请求政府用法令限制，还是无从限制。理学家本人出行，大致也还是要坐轿子。另外一个原因，即由于江南马匹不多，军用马就不足数。国家为吸收来自西北的马匹，茶马司还在川蜀特设官锦坊，专织特种锦缎，并掌握茶叶生产，便于每年按期用“和买”制交换西北西南各属军用马匹。

明人因笔记常提及元代“戗金”器和技术处理，后人多误以为元代始有在器物上加金习惯，正如把古代金银错认为是夏代发明又通称“商嵌”一样。其实戗金如指用金银片、丝、星点嵌于铜漆器物上，是由春秋战国起始，用于青铜兵器、容器、车马器上，到汉代更在铁、漆及丝织物上也使用到，并进一步普遍发展了鎏金法和泥金银法。一直使用下来，从未断绝。唐代禁止用金十四种，可知当时至少服饰用金技术即已达十四种。宋代禁止用金十九种，还仅就衣饰上用金而言。元代“戗金”虽使用于铁兵器什件上比较多，从部分遗物看来，也可明白是这部门工艺的继续，而且是技术衰退时期。正和社会各部门重要生产一样，在这个将及一世纪的时间中，游牧民族落后政治统治中，国家适合军事需要的官工业，在组织上虽若更加严密，更加专业化，提高了生产上的品质和数量，例如毛纺织物，和加金丝织物，在技术上也得到一定成就。此外来自人民的戏剧小说，因当时吸收了许多有文学才能人士，生活又面对群众，得到许多新的成就。棉花则由黄道婆从岭南传来种植和加工技术，于长江下游松江一带大量种植后，人民得利极大。至于其他一般生产文化，实际上居多是停顿或后退的。即“戗金”技术，和先前比也少进展性。游牧民族军事统治者，对于乘骑的爱好和重视，虽由来已久，在欧亚二洲广大地区进行的大规模军事行动，更必需靠几十万铁骑来维持。马镫在西方的传播，就有人认为是从这个时期起始，因之改变了世界古代旅行、射猎及战争技术。然而元代马具，却未闻有何特别改进处。日人从传世画马名家任月山的一幅画迹引证，认为元代马镫本于宋制。其实这幅画从马形说来，正和一般传说赵松雪画马情形相同，多从唐代粉本模写而成，并非元代马式。到目下为止，关于元代鞍具的实际知识，我们也是不够多的。比较可靠还是从明初骑乘注意，能够明白得到一点印象。

元代漆工艺成就在南方民间。著名的如张成、杨茂，在设计上和制作艺术技法上，都是优秀的。明初由张成儿子张德刚主持的果园厂剔红漆器的成就，基本上还都是从元代两大名家技术得到的。陶宗仪著《辍耕录》，曾提到元代漆器种种生产作法，并叙述及“戗金”漆器。又从元明之际通俗识字读物《碎金》一书中，还可知道在这个时期，漆器中已有如下各种名目：“犀皮”、“罽浆”、“锦犀”、“剔红”、“朱红”、“退红”、“四明”、“退光”、“金漆”、“桐叶色”……一面可知宋元以来有色漆的种类，另一面也可推想这种多色漆，在宋元以来必然大部分都有机会用到木制高桥鞍具上。至于马镫的制作，我们知道“双虹饮梁”或“二龙戏珠”必流行于元代，而影响到明清。至于从画迹上来考查这时期的鞍镫，似乎还需要在画迹年代上，先作出正确判断，才可用作根据，不至于错误。因为一般传世《番骑图》，从明代以来绘画鉴赏家，为简便计，在著录上提人名，多一例把它当成“胡虔”、“胡瓌”、“东丹王”、“陈居中”等人遗笔，提上题，总不外“番骑”、“射猎”、“游骑”等事。其实这些画幅是包括有回鹘、契丹、女真、西夏、蒙古……一系列不同对象的旧画，更包括三四个世纪许多有名无名作者的成就。对于这些绘画的引证，是应当谨慎一些，详明时代，比较妥当的。

明代在马具鞍镫工艺问题上，正和明代青铜镜子工艺一样，时代虽然比较近，历史文献也比较详悉，但一到必需联系实物来商讨举例时，特别是从“发展”上有所说明时，我们知识反而越加不具体！从日用铜镜子说，是因为大型镜子制作比较汉唐简陋，在工艺上多不足保留，却在玻璃镜子兴起以后，把它当成废铜熔化了的。鞍具不易从土中发现，则有两个原因：一是殉葬时纸作明器车马，多当场焚化；二是坟墓中已无用真实马鞍殉葬的制度。但明代鞍具的制作用银风气，从记载上说“鋄银事件”还是可以知道。明代青铜金银加工技术，可分作三个方面来认识：

一、基本上发源于金银错，技术上有了进一步突破，因之衍进成为一个新的生产部门的，是景泰年中“掐丝珐琅”的出现，“景泰蓝”因此成为中国工艺美术具世界性一个部门。早期景泰蓝属于国家官工业，主要生产品和果园厂漆器相近，是为装点宫廷需要产生的瓶炉圆器。到清代才作多方面发展，也有用作鞍镫的。由于不切实用，并且容易损坏，虽有鞍具制作，还是缺少发展性。

第二部分是直接由青铜加金技术衍进而出，在仿古鼎炉彝器制作上加嵌金银丝花纹，有署名“石叟”的作品，在明清两代士大夫玩宣德炉成风气时期，十分流行。不过器物多仿作，因之真伪难分。又有虽同样直接由金银错技术发展，却用“剔红法”、“堆花法”作成芝麻地或锦纹地加凸雕龙凤折枝花等等鼎炉瓶壶器物，厚鎏金，还影响到清代造办处制作，在明清铜工艺成就中自成一格的，有署名“胡文明”制器。数量种类虽不如石叟作品之多，艺术成就却比较高。但所作器物多属于当时所谓“清玩”一格，马具鞍镫还少见。又云南昆明元明以来就有“乌铜走银”技术，在继续生产小件日用品，直延续到现代。技术上有用近于唐宋人说的“识文隐起”法的，也有完全平嵌，如金银嵌和唐银平脱两种技术混合的。不过花纹既多用一般折枝花鸟文字，又多从墨盒等小件应用器物上发展，因之和石叟作品已同源异流，更不大容易看得出他和古代金银错彼此关系了。二十年前，中国偏西南各省区，山地行旅交通，用马力代步需要还相当多，因此马鞍具在这些地区，也还有一定生产量，昆明地方的马鞍，还常有用彩漆绘成精美图案的，因色漆重髹，磨光处红黑斑斓，十分美观，还可证《因话录》说的古犀皮色泽来源。马镫更有种种不同的式样，既可发现长柄把条子唐式铜马镫，也容易见到错金银作“毬路”、“连钱”、“狮子滚球”、“双龙抢宝”等花纹的宋元明式马镫。其中也有可能就是元明旧作。重要是它的形制。值得加以收集，因为再过十来年，这些马具恐怕就快要消失了。云南乌铜走银技术的流传，唐式马镫的继续，正和云南槌金箔技术一样，据个人私见，它可能和唐代南诏时军队攻西川，掳掠四百特别技工回滇有密切关系。因此就技术说，它还反映唐代川蜀金工的成就，算得是古代"蜀郡西工"一个分支。

第三部分是技术保存于长江下游和广东江西，大至床榻、屏风、衣柜、条案，小如酒盏茶盘，无不生产的金银嵌螺甸漆工艺，通称软螺甸金银嵌。这是最源远流长一个部门，因为金银嵌较早作品，虽只在春秋战国时墓葬发现，至于螺甸作装饰镶嵌，安阳侯家村彩绘浮雕龙纹残土上，就已有圆泡状蚌片发现。濬县辛村卫墓的螺甸镶嵌长方片，更近于在漆器上的残件。明代以来，因南方生产发展，海外通商贸易范围日益增加，市民阶级中的中产分子生活多比较富裕，特别是寄住在江浙如苏、杭、嘉、松、湖一带城市，直接或间接以靠掠夺劳动人民劳动果实为生的地主官僚商人富户，这些人的爱好，比宫廷中的爱好还更广泛的刺激了这部分生产品质的日新月异。正和其他许多种特殊工艺一样，嘉定、杭州、松江刻竹器，宜兴作陶壶，苏州嘉兴作缂丝，苏州雕玉、刻象牙，都得到发展机会。《髹饰录》在这一类漆器上，提起的名目就有几十种，可见技术上的多样性。这些不同加工技术当时都必然会反映到马鞍上。明人笔记称江西庐陵富户家中作螺甸漆器，床榻衣柜，当时都是聘请工人到家中定作，不计工本，不问年月。严嵩抄家时，留下一个财产底册，也提起很多这种大件床榻工艺美术品。（历史博物馆收藏漆器家具中，还有一对明代制作高及八尺的大柜，全部用软螺甸金银嵌法，表现元明人杂剧本事，人物不及二寸大，楼阁树木全用宋代界画法作成的。）当时还有用同一主题，一生专作小件器物的，例如苏州人江千里，就以作《西厢记》小件酒器茶盘而著名。

明代金银加工工艺，无论在种类和艺术成就上，虽然都有显明彰著的发展，时代又还近，但马鞍具可没有留下特别精美的东西。除前提两种原因，另外还有两个不同原因：一是轿子的流行，因为到明代晚期，不仅官僚富户可以坐轿，照《金瓶梅》叙述，山东一个小县份的妓女，出门也坐轿子。二是特别精美的金银装鞍具，多因剥取金银而毁去，想保存也不容易保存！

作者在1954年冬给大哥沈云麓的信中曾谈到本文：

> 近来写了个马鞍具问题小文章，谈它的前后三千年的发展，写完了看看，只觉得真是一种浪费，这种文章谁来看？有什么用？但既在博物馆工作，不写这类问题，又写什么？一堆书，一堆问题，真是把我快要收拾了。
>
> 真是奇怪，我为什么用这些问题消耗自己？长处没有人知道。

本文未发表，现据原稿编入。文中列出的数十种图像未见附有图稿。

“狐瓟斝”和“点犀盉”

关于《红楼梦》注释一点商榷

盉百二十回本《红楼梦》第四十一回，“贾宝玉品茶栊翠庵，刘姥姥醉卧怡红院”，是本书一回写得鲜明深刻的有名文章，下笔既生动活泼、又蕴藉含蓄。描写叙述虽若完全写实，却又实中有虚。正如一个山水画卷，有太青绿设色的壮丽华美，也有白描淡着色的清秀明朗。更重要是两部分的巧妙结合形成一种节奏感，给人印象不易忘记。但内中有许多属于十八世纪中上层社会流行好尚起居服用东西，现代人读它时不易明白，必然还要查查注解。因此新的注解在本书中也具有一定重要性。懂得透，注得对，能帮助读者深一层领会原作的好处；注得草率，或和原意相反，便给读者带来一种错误印象，把原文也糟蹋了。

有关注解问题，在第三六八期《文学遗产》上拙文曾提起过。至于为《红楼梦》作注，且多一层麻烦，因为时间近，很多事物还无书可查，问题多，想学也无从学起！所以谈到这部书的注释时，我想首先应当作为一个普通读者，向一九五七年人民文学出版社《红楼梦》重印本的几位注释工作者表示敬意，因为他们能热心耐烦从事这个注释工作，提高到新的学术要求水平。但是这个书的注本，就无疑还有许多具体问题，尚未得到很好解决，有待进一步继续努力。有些事物并且绝对不可能用目下方法弄清楚的，试提出点个人粗浅看法，作为初步建议。

这里拟先就《红楼梦》第四十一回中的情节介绍一下：

本回写贾母和刘姥姥等到了妙玉住处栊翠庵，妙玉为讨好贾母，亲自捧了一个海棠花式雕漆填金云龙献寿的小茶盘（照法律是不许可的）。里面放了一个成窑五彩小盖盅（按事实不会有这种真成窑的，如出现，也是康熙时仿作的），捧与贾母，贾母喝后，让刘姥姥也尝尝，后来道婆收茶盏回来时，妙玉就心嫌肮脏，叫把杯子搁在外面，不再使用。另外又拿出两只杯来，一个旁边有一耳，杯上镌着“𤓰瓟斝”三个隶字，后有一行小真字，是“王恺珍玩”。又有“宋元丰五年四月眉山苏轼见于秘府”一行小字。妙玉斟了一斝递与宝钗。那一只形似钵而小，也有三个垂珠篆字，镌着“点犀䀉”，妙玉斟了一䀉递与黛玉。却又把日常自己吃茶的那只绿玉斗来斟与宝玉。宝玉一切看在眼里，明明懂得这种分别对待的意思，却装呆说笑，以为给钗、黛用的是“珍奇古玩”，给他的却是“俗器”。接着，即妙玉和宝玉一番对答，表面像是泛泛的，却包含着一些唯有彼此可以会心的情意。

龙山文化，陶斝，高 39 厘米

商，㸚宁方斝，高 41 厘米

这一回是《红楼梦》著名文章，这一节更是作者下笔有分寸、有含蓄的妙文。处处有隐喻、字字有机锋，我个人以为必须从实和虚两方面去欣赏，才理会得透彻，注释得妥贴。因为不仅话中多双关意思，作者笔下称赞有褒贬，即器物取名，也并不随便。若对于这点弦外之音少应有体会，仅就字面作注，自然难得本意。本来是活文章，难免被注扣死了。现在特提出三点来商榷，以就正于海内通人专家。

一、原注(9)，𤫫瓟斝——斝是一种古代大酒杯。𤫫、瓟都是瓜类名。从前有些特制器物，都镌刻名款。这个斝类杯近似瓜类形状，所以给他起这个名。

二、原注(10)，王恺珍玩——王恺是晋代官僚中最富的人物，这里是说杯是王恺所制，又经过苏轼的鉴赏，是一件极其珍贵的古玩。

三、原注(11)，点犀䀉——䀉是古代碗类的器皿。犀角横断面中心有白点。这里用唐李商隐诗"心有灵犀一点通"的典故作这䀉类碗的名字。

从欣赏出发看，这节文字重点主要在写妙玉为人，通过一些事件，见出聪敏、好洁、喜风雅，然而其实是有些做作、势利和虚假，清洁风雅多是表面上的。作者笔意双关，言约而意深。甚至于两件器物取名，也不离开这个主题，前者是谐声，后者却是会意。也可说并非真有其物，可又并不是胡乱凑和。作注求恰如其分，得虚实兼顾，势必得先务实，再务虚，才明白问题，博闻约取，言简而要，作出比较正确中肯的注解！

如何务实？先得明白两件东西和时代关系。明代以来，南方新抬头中层士绅阶层，官不一定作得怎么大，房产田地不一定怎么多，有的人或者还近于清贫，靠卖文卖画为生。但时会所趋，却俨然成一时风雅主人。不仅经常招朋聚友，吟诗作画，写斗方，充名士。遇春秋佳日，还必然呼朋唤侣，游山涉水，吃喝玩乐。出行求便于携带，因此照《梦溪笔谈》提到流行用葫芦或编竹丝加漆作茶酒器，讲究的且必仿照古代铜玉器物，范成各种形态花纹。这种器物和南方其

明，犀角雕蟠螭葡萄纹杯

他许多工艺品一样，到清初，进而成为北京宫廷贵族好尚，除制成各种用器外，还作成整套的乐器，通称“葫芦器”或“匏器”（实物故宫收藏相当多，前些年尚在西路辟有专室陈列）。原注（9）所说的，无疑就是这种用爮类范成斝式的茶具。斝和爵同是商代酒器，其实并不是杯，正如觚不是杯，各有不同形象，不同定名。一般说，斝多指三足、两柱、一板手（即所谓耳），容量较大的一种殷商青铜酒器，陶器中形状相近的也叫作斝，主要总是指已成定形的殷商青铜器。如明白这一点，本文中可以说是“茶杯”，注中就得说“是酒器借用”。当时也会真有这么一个斝，可不是如原注说的“近似瓜类形状”，正好相反，是“用爮瓜仿作斝形”的用具。

如何务虚？这个爮器别的不叫，为什么偏偏叫这么个刁钻古怪名称？似古怪实不古怪。俗语有：假不假？班包假。真不真？肉挨心。意思是“假的就一定假，真的也一定真”。作者是否有意取来适合俗语“班包假”的谐音，既指物，也指人？我想值得研究研究。

由于注者务实务虚通不够，凡事从想当然出发，便弄错了。

其次是注（10）问题，照字面注，只有王恺身份还对，其余不切题的。因为若务实透彻，明白葫芦器的流行在明清时代，则文中说的王恺珍玩，东坡鉴赏，都自然落了空。明明是讽刺打趣，正等于说“宋版《康熙字典》”，决不会真有其物。现在注里却很认真地补说：“这是一件极其珍贵的古玩”，于是点金成铁。

其三是注（11），关于点犀，原注引了李商隐诗，其实还是领会不到诗中用事本意，和这里取名的用意。这也是要从务实和务虚才能明白的。

如何务实？宋明以来因南海贸易扩大，沉香、犀角等等贵重难得材料入口日多，高级官僚贵族因此多欢喜用来雕成种种美术品，示阔斗奢。沉香木多雕成山子，或灵芝如意，是由“海上三山”到“寿山福海”一脉相传，和长寿多福愿望分不开的。犀角则作酒器，也和长寿分不开，因为照传说，犀角能解百毒。用犀角作杯主要计两种形制：横卧式多刻成张骞泛海的“博望槎”样子，和元代朱碧山作的银槎样子差不多，是仿照一段枯木形象，中心挖空贮酒，槎尾上竖，照例还留下些叉桠，本来可能还是用沉香作成，犀、银均后仿。通属于“酒船”类。是从战国腰圆形漆玉羽觞，到唐代六曲、八曲金银酒船。宋明发展而成这种浪漫主义形式的工艺品。竖刻直立向下，上作喇叭口状，是由古代觚觯和犀觥取法，犀觥实物虽不存，新出西汉壁画中却还有个画得十分具体。衍进而成汉、宋雕玉，宋、明犀角杯实仿玉。杯沿和柄部或作高浮雕子母辟邪，或刻教子升天大小龙，又或刻成灵芝仙草，再进而刻成锦荔枝、玉兰等像生花果，和其他山水楼阁场面。总之，数量多，式样变化也大。一般只四五寸高，也有高及八九寸的。如取名“盉”，照理说，还必指实物中高足器而言。旧说（或引为《抱朴子》称）犀中心有白线直透到底，名通天犀，李商隐诗即引此喻心在暗里相通意。宋人用它作带版，名“通犀带”，尚有“正透”、“倒透”等等名目，在法定二十八种带制中还极贵重，仅比紫云缕金带稍次。明代《天水冰山录》记载严嵩抄家的重要财产中，还有好些条犀带，好在何处和具体形象已不得而知。至于明清人做酒器，则中心必须挖空，由于应用要求不同，再不会过问有无白透了。（过我手的实物不下二百种，就没有一件符

清，葫芦天鹅形摆件

清，葫芦刻山水小碗

清康熙，"康熙赏玩"楷书款弦纹匏器

合通犀情况的。可知酒器事实上不在那线白心！）

如何务虚？既明白了犀有"正透"、"倒透"、"透到底为贵"意思，又知道记载中有"竹犀形大纹粗可以乱真"的说法，且明白元明杂剧市语说"乔"多指装模作样假心假意，那么当时取名"点犀盉"用意，是不是影射有"到底假"、"透底假"意思？就自然明白了。

也会有人不同意这么解释，以为似乎过分穿凿。从部分看，的确近于穿凿。但是如从这一节文章及全书对妙玉的性格讥刺批评看，说这两个器物取名用意一是谐声，一是会意，却大致不会错。这也还值得从另一方面再务务实看。清代以来，由康熙到乾隆，《格古要论》、《清秘藏》、《遵生八笺》、《泥古录》、《长物志》、《博物要览》等等明人谈杂艺书正流行。《格致镜原》新刻出版，分门别类网罗更多，《渊鉴类函》除大字殿本外，且有古香斋巾箱本刊印。谈犀角象牙文玩事物，在曹雪芹时代，实为一般贵族士大夫所熟习。因此这类影射名物的文字，正和书中叙述打灯谜差不多，当时丫头如平儿、鸳鸯辈也能破的，若不说破谜底，要现在让我们文化部长来猜，已难说十拿九稳！觉得解释二茶具取名隐晦，是现代人和那个时代一切已脱节。（事实上说妙玉用"绿玉斗"给宝玉，系谐"搂玉肚"也大为可能！）

总的说来，注者由于务实不够，务虚不深，对本文缺少应有认识，因此便不能把所提到的事物，放在当时历史社会背景中去求理会。

这节文章正面说的是妙玉为人如何爱清洁，讲风雅，反面却有个凡事是假的微言深意，显明对照是奉承贾母无所不至，却极瞧不起刘姥姥。所谓文笔曲而隐的褒贬，和当时事事物物相结合，二百年前读者用不着注也能有会于心。但是，到现代，由于近半世纪社会变化格外大，即或是注书教书的专家学者，若不下一番功夫，书中谈到事事物物，事实上实在已经不大好懂了。尽管书中叙述的东西，目前可能在故宫博物院正搁在我们当眼处（记得珍宝馆就陈列过一个高脚犀角杯），如没有人点破，这就恰好是《红楼梦》某回某页提起过的东西，也还是不能转用到注上来的。注者既不能从感性上取得应有知识，又无从向字典取经，仅从主观猜想出发，当然难于融会贯通。所以作注不能恰到好处是可以理解的。为求注解落实，最理想是有人能用个积极负责的工作态度，从实践出发，下一番狠心，扎扎实实去学懂它，再来作注。其次即采取个比较老实谨慎的工作态度，凡是自己目下还不懂的，不妨暂时不注。

由于一九五七年《红楼梦》再版时，人民文学出版社编辑部在首页曾提起过，曾参考过拙作未发表部分关于注释《红楼梦》名物资料稿本。事实上凡是纠正这些错处地方，注者采用并不多，原注错处依旧继续保留，因此当时才试提出二三事来商讨。

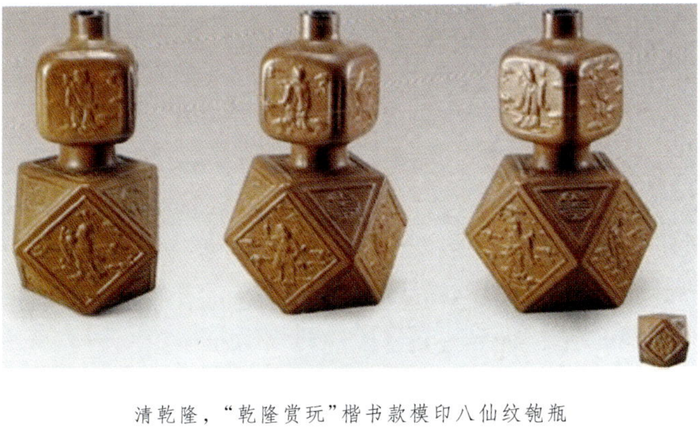

清乾隆，"乾隆赏玩"楷书款模印八仙纹匏瓶

前人常说著书立说不容易，其实注书工作，认真说来又何尝简单！他不仅要懂语言，也要懂文学，不仅要懂社会，还要懂文物。更重要还是不能把这几点看成孤立事物，必需融成一份知识。特别是像《红楼梦》这样一部内容包含宏富，反映十八世纪社会上层各方面的伟大现实主义作品，涉及一系列风俗人情、名物制度以及许多种外来新事物，求把注释工作作到对得起原作，实在还值得有心人采取个更谨严态度用点心！和许多学术研究一样，似乎也可采用两条腿走路办法进行。其一是出版部门重新组织点社会力量，如像故宫明清工艺史组工作同志，文史馆、北京图书馆、科学院文学研究所、历史语言所有关同志，和校正本书不同版本字句一样，来分门别类好好校正一下原来注文，并补充应注部分，再行重印，不失为一种走群众路线的比较慎重办法。如果要进一步攻尖，则不妨鼓励某些个人试采取一个更新的工作方法，老老实实去故宫各库房学三五年文物，把一切起居应用器物摸熟，凡事总得学，才能懂，懂得后，才能作好注！

听说北大中国文学系已有学生将近千人，他们学《诗经》、《楚辞》、乐府诗、唐诗，以至于《金瓶梅》、《红楼梦》等小说，遇到起、居、服、用等等万千种名词时，碰到的问题大致都还相同。远如对朱干、玉戚，因为没有知道商周漆盾不同形象，和许多种不同式样玉戚，及部分青铜制造中心镶有小玉璧的戚，仅从古人以及近人著作注疏中兜圈子，是不可能得到具体正确印象来纠正《三礼图》错误的！近如《红楼梦》中说的东东西西，必然还是一样麻烦费事不好懂，所以今后真正解决问题，也许不在教师倒在同学。如果每届毕业同学，已恢复过去毕业论文制度，系中能有计划统筹安排一下，某人作《诗经》、《楚辞》名物新证，某人作《急就章》、《释名》新证，某人作唐诗名物新注，某人作《红楼梦》文物研究……这么分别进行，资料积累，保存到系中，有个十来年后，教学情形，将必然一改旧观！这个工作说来容易，认真作去自然将比普通论文难得多。因为要求每条每项毫不含糊，一一落实，甚至于还得学会摹绘，用具体形象反映出对象，人再聪敏勤快，集中精力作一二年虽未必即有满意成果。但是路走得对，还不妨在毕业后用研究生或助教名份再搞几年。想要这个工作做得十分踏实，必须承认工作方法也得改变，即应当用一个新的实事求是态度，例如作《红楼梦》起居服用注，到故宫博物院明清工艺史陈列组及各库房工作组去取经求教，好好结合文献和文物，先进行百十条试点调查研究，再逐渐扩大范围，才可望懂得透彻，注得真切，对读者才会有真正帮助。也惟有从这样踏实工作去得到的知识，才能用它来纠正旧有的错误并充实以新内容。

这种下库房学习注书，工作方法上的根本改变，对于一个学有成就的专家通人言来，我们不敢抱过大奢望，因为文献梳理工作有待于他们指导的还多。对于一个年青力壮的同学，理会得到必需通过这种调查研究、实践，才可望使工作得到应有的进展的，必乐意接受这个新任务。我相信经过一定时间，必然能够克服工作中不可免的困难，会取得十分满意的丰收！

本文发表于1961年8月6日《光明日报·文学遗产》第375期。1986年5月编入商务印书馆香港分馆《龙凤艺术》一书出版。现据《龙凤艺术》文本编入。

“杏犀盉”质疑

汝昌同志：

得拜读尊文，甚佩卓见。瓟器举例实不胜举，因为随手可拾的“一箪食一瓢饮”和“箪食壶浆以迎王师”、“举瓟尊以相属”例子即甚多（而且事实上有些古代陶器和铜器，且有可能就先是从瓜类容器得到启发作成的）。这类玩意儿实物也过手过，但和《红楼梦》所说却不相干。因为不外两种形制：一即原始性如李铁拐所背的，二即单柄葫芦一打两开，旁镶银铜边缘，加薄银胎，柄部还加一环，适宜佩带随身取水饮酒的。椰子瓢也有此式。至于范成尊、卣、斝、爵形象，早也可能到宋《博古图》、《三礼图》刻印以后，但到今为止，并无实物可见。至于明清器，则故宫有现成物甚多，此外我也经手收买过，说的大致不会太错。你说的“杏犀盉”，在版本上我无知识，如果本来实作“杏”字，释为性蹊跷倒近理。而把两物暗指钗黛，我也有同感，并且曹雪芹写作这类文字，与其说是深刻讥讽，还不如说是一种幽默——讥讽中有幽默。近一点，可以说从《金瓶梅》西门庆款待番僧安排的菜蔬名目得到启示，远一点汉人的“子虚公”、“乌有先生”、“安期生”，即早开其端！但“杏犀”名目殊可疑。因为就我所知，谈犀角事诸书，实均无此名色。如有这个抄本，恐不会早于曹雪芹时代太远。至于“盉”，若从谐声虚说，即不必追究它是高是矮。如从实说，大致还应是高足器。一、事实上只有这种高足犀角饮器，可还从未见有似钵而小的犀角饮器。二、从字义说，高足铜鼎为“鐈鼎”；

清，犀牛角人物纹杯

清，犀牛角高足百子图杯

高脚木马名“高蹻”；桥字本身也和隆耸不可分。以类例言，还是高足器皿为合。

至于其他如成窑杯，雕填漆盘，多是常见实物。但也有一点重要，即成窑杯在晚明即十分值钱，一对值百两银子。清康雍多仿作，玩瓷的多知识。妙玉因刘姥姥一用即听宝玉送人，这里可说附会为“假的珍贵古董”，也不妨说只是形容宝玉为媚妙玉而不在意挥霍为合，不知尊意以为如何？

沈从文

本文发表于1961年11月12日《光明日报·文学遗产》第388期。1986年5月编入商务印书馆香港分馆《龙凤艺术》一书出版。现据《龙凤艺术》文本编入。

试释“长檐车、高齿屐、斑丝隐囊、棋子方褥”

北齐颜之推在他著的《颜氏家训·勉学篇》中，批评梁朝贵族子弟不学无术、浮华空疏、讲究享受时说到当时四种时髦事物：“梁朝全盛之时，贵游子弟，多无学术，至于谚云：‘上车不落则著作，体中何如则秘书。’无不薰衣剃面，傅粉施朱。驾长檐车、跟高齿屐、坐棋子方褥、凭斑丝隐囊，列器玩于左右，从容出入，望若神仙。……”习文史的照例必读过这篇文章。“薰衣剃面、傅粉施朱”，凡是读过《世说新语》和干宝《晋纪·总论》的，必然明白它的出处和原因。至于文中提起的四种当时社会流行时髦用具，究竟是些什么样子，又为什么原因受重视？就不大明白。字面容易认识，真实意思却不容易懂。从古书注里想办法，还是不好懂。因为如孤立引书证书，只会以讹传讹。例如注称“长檐”即“长辕”，行动安稳云云。事实上这只是附会，长檐并非长辕！但是，如能用个较新办法，让文献和文物适当结合起来，试作些探索，千多年来疑问，虽不能说迎刃而解，至少图文互证，这几个字的含义，就有可能懂得切实具体多了。

一切事物从不孤立存在，生活日用什物，更必然上有所承而下有所启。由文物所证，已可看到自商代起始，车的造型变化过程。“长檐车”就是有长长罩檐的一种车子，从南北朝时代保留于石刻、砖刻、壁画、陶塑车辆中去寻觅，毫不费力，即可以发现一系列这种车子。拉车有马有牛，汉末《古诗十九首》中“轩车来何迟”的轩车，曹操借故把杨修杀掉后，送杨彪夫妇的“通明绣幰四望七香车”，是它的前身，而唐人“油碧香车金犊肥”的油碧车或金犊车，和“画毂雕鞍狭路逢，一声肠断绣帷中”的油碧香车，画毂绣帷，却是它的后继者。

较早形制特征，是两旁有窗，车盖高张，车后还曳个长长绣幰。由一牛到四马都可使用。汉代以来，比较穷的王公士大夫只乘牛车，到武帝后，慢慢照制度办事，马可以按等级使用。汉末好马多供军用，牛车在某些地区复流行。到晋代且转成时髦，增加华美，蹄角莹洁如玉，价值千金。它和社会上层对于老庄爱好也有一定关系。因为传说老子是乘青牛出函谷关的。魏晋以来，贵族士大夫多纨袴子弟，腹中空疏无实物，却喜作务虚清谈，爱漂亮。有的为官作宦，也凭这个得到帝王权臣宠爱。社会相习成风，不以为耻。因此“何郎傅粉、荀令薰香”反被煊染成为佳话，影响社会风气。所谓“名士”有种种不同，至于尚清谈，乘牛车，二而一，实时髦事物的两种表现，影响到齐梁，即成《勉学篇》中描绘的情形。《世说新语》记王导故事，《搜神记》叙刘幽求故事，提起的车子，人神所乘大致都属于此式。

秦，铜马车1号，陕西秦始皇陪葬墓出土，秦始皇兵马俑博物馆藏

最早式样的形成，或在汉武帝时，反映于一个小小青铜戈戟附件上，用金银错法表现仙人驾芝盖白鹿车于云中奔驰，正与汉乐府诗：“仙人驾白鹿”相合。这个美术品，目下虽陈列于故宫博物院战国艺术馆柜子中，事实上它是在河北怀安西汉五鹿充墓中出土物，很可能还是武帝东封泰山求长生不死，或文成五利在长安斋宫寿宫作法事，武帝随从执戟郎官手中物。其次式样多反映于浙江绍兴出土汉末魏晋之际青铜镜子上，是本于《穆天子传》周穆王驾八骏马出游会西王母故事而成。车中也有作西王母的。渐进到南北朝才发展成长檐车。

近年出土文物中，有一系列发现，特别有代表性的，计有：

河南邓县齐梁时画像砖墓浮雕长檐车，

山西北齐张肃俗墓彩绘黄陶长檐车，

北魏正光二年刻石长檐车，

北魏永安二年造像刻石长檐车，

敦煌北朝壁画九色鹿经故事彩绘马拉长檐车，

故宫、历史博物馆及贵州师院藏隋焦黄釉陶长檐车，

唐张议潮夫人行香图彩绘长檐车，

历史博物馆陈列唐白瓷小玩具长檐车，

此外保留在画卷上还有宋人临摹唐末五代旧稿《西岳降灵图》中长檐金犊车。车制多大同而小异。惟驾车用二牛背加锦鞯为仅见。

秦，铜马车2号，陕西秦始皇陪葬墓出土，秦始皇兵马俑博物馆藏

文图互证，我们才明白，西汉三国以来，仙人所乘“芝盖云车”和“通明绣幰四望七香车”以及南北朝时《颜氏家训》所指的“长檐车”的彼此渊源。到了唐代便是“油碧香车”、“金犊车”。一般用牛拉，西北马多的地区也还用马拉。车制特征是罩棚多作覆瓦状，长檐上翻，做得格外波俏。（真正是古典阿飞式！）车后拖曳一条长长绣幰，高轮华毂，小黄犊特别肥壮，有的背上还覆盖一片团窠锦绣，油碧罩棚间施彩绘。车旁另外有个木支架，便于在雨雪酷暑时上面另加个油布罩棚，可以使骄阳雨雪不致于直接照洒车棚，又能保护牲口。

如照晋令记载，则晋代关于车子的使用还分等级，装饰各有不同。现实材料不够具体，我们便不能再说什么了。惟知道油碧饰车和当时流行绿沉漆还必然有一定联系，却又显然还有附会谶讳说“青盖自南来”受车用青盖的影响。根据这些会通知识，我们说，从此认识了北朝长檐车的形象和所以形成的原因，就有了一点谱，不会太错。如果想要恢复几种古代车形也不会怎样困难了。

“高齿屐”应即是史传中记载谢安闻知淝水战役胜利，怀着欣喜兴奋心情，忙匆匆跑过门限时折齿的那种木屐。齐梁流行原因，也是仰慕王谢名士风流，有所效法，因之相习成为风气。一般对于屐的印象，多以为当如后世罗汉和尚脚下所穿，和近代日本木屐类似，屐齿即底板上两道横栏。历来注解也这样说。但从传世大量晋南北朝石刻画卷人物冠服形象分析，南朝贵族名士所有脚下穿的多是平底的，因此所谓“屐齿”的位置，就有了问题。可能不是在底下，指的或是前面作“”式向上翻起的部分。它可能起源于汉代的歧头履（长沙马王堆汉墓有出土实物可证）。到晋代才成为硬质，过门限时才容易

西汉，青铜马车出土情形，四川资阳出土，马高 81 厘米，车长 205 厘米，车宽 125 厘米，轮直径 72 厘米，总重 150 千克

碰折！传顾恺之《洛神赋图》一侍从所著，及传世《斲琴图》一高士所著，反映得格外清楚具体。《斲琴图》历来认为是宋人笔墨，时代晚，不宜称引。但是这个画卷中生产工具是晋，用具是晋，人物形象衣冠是晋，画中主题也和晋人嵇康故事等相切合。说是顾稿虽不可靠，说是东晋南朝以来旧稿的传摹本，大致不会太错！屐齿事明代人似已提出过。这当成个问题再提出，还是有意义的。

“斑丝隐囊”，隐囊即靠枕、引枕、拐枕，但是形象如何？却少有人提起过。画卷石刻中有三个形象可以参考：一在《北齐校书图》里，有个梳螺发的女侍手中抱持的，得知原来是个长鸭蛋式样子。使用时则搁在背后腰间，龙门石刻病维摩，就倚靠着它从容论说佛法！斑丝当非锦绣，必指另外一种丝绸加工，而又是当时流行的材料，惟有斑缬近似，即在碧色罗帛上扎染玳瑁斑。敦煌曾出现过一些晋代实物，花斑和南方晋代缥青瓷器上的褐斑还十分相近。斑丝是否染缬，因为当时西北毛织物还有“斑罽”，而西南夷传上又曾提及过西南出“阑干斑布”，一时还难作定论，可能性却较大。至于到后来《高逸图》一高士所倚隐囊，则显然明白，作的是唐代大团科式花锦纹样《高逸图》，虽有明代弘治间人题作晚唐孙位所绘，事实上主题人物也是从晋南北朝旧稿取来，加以拼凑而成的。即以人物形象言，主题部分即比孙位早，某些部分又必然晚。孙位既在西蜀，那会把成都出的图案锦画得不伦不类！

汉，木雕马车俑

北齐，陶牛车，车高 31.2 厘米，牛高 23.2 厘米，山西太原圹坡张肃俗墓出土，中国国家博物馆藏

“棋子方褥”汉代以来，“独坐”称“枰”，可见和棋枰必相近。即盛行用毛织物“毾㲪”、“花罽”、“细旃”类坐茵。这种毛织物历来是西北名产，价钱相当贵重，买时论张不论匹。汉代锦绣价格照《范子计然》称齐国上等细绣纹锦一匹钱二万，这种毛织物若照班固文中所说，却比锦绣还贵得多！当时也有由天竺、大秦诸国进来作五色十色的，鱼豢著《魏略》曾提起过。除榻上车上使用，又便于郊游，敦煌北魏壁画中常有反映。从《洛神赋图》陈思王身边，一个侍从手中挟持的和邓县画像砖浮雕侍从挟持的看来，得知平时是和棋局一样折合起来，便于随身携带的（《斵琴图》中则作成小卷，应是虎豹皮作成的）。照形制说宜称“棋局方褥”。另有花纹或称“棋子格方褥”才合。因为晋代贵重丝绸称“七彩杯纹绮”，实物虽不得而知，杯纹多指连续方胜而言，花纹得名是因为和羽觞形象近似，一般常作“”式，连续起来即成为棋子格图案。若原文称棋子不误，则当指团花而言。西汉以来普遍应用柿蒂纹作装饰图案，空心砖部分装饰花纹和丝绸不可分，即有作棋子格中加柿蒂的。若重叠柿蒂即成团花，山东沂南汉墓藻井，即印有平棋格子中加这种团花的材料出现。比洛阳北朝龙门石刻洞窟顶部格子团花还早三百年，唐代团窠锦由之发展而出，成为主要锦纹。或作小团花，也有可能。唐代敦煌壁画尚多团花坐毯或舞茵。又流行方尺铺地团花砖，显明还是由仿照地毯舞茵作成！

为什么我们把颜之推这几句话看得那么认真，不怕麻烦，来寻根究底，有无必要？读书明大义即得了，必求字字落实，将不免引人走入歧途，迷不知返。这种看法对于一般人说来是对的。但是就一个博物馆工作者说来，如论文物制度，却有必要对于它知道得比较扎实全面一些。文图互证也会有错误时，文物见闻有限，更容易弄错。但私意结合文献和文物来找问题，终不失为一种新的研究文物方法。一面可望把文献记载到的事物，弄的比较明确清楚，一面也可望把许多文物，固有名称和这些器物本身历史衍进弄清楚些。并由此得知，一切生活器用绝不孤立存在，既不能凭空产生，也不会忽然绝踪。用联系和发展上下前后四方求索方法，去研究文物中丝绸、陶瓷、家具、字画和铜、玉、漆、竹、牙、角器等，必然可以使我们得到极多便利，过去许多不易着手的问题，在这种新的认识基础上，都能够理出一些头绪和相互关系。作文物鉴定就比较全面。作陈列说明和陈列所需要的历史画塑，编排历史戏剧、历史电影、历史故事连环图，使用有关材料时，也就比较能作得有根有据，不至于胡说凑和！

上面谈的不过是几件古代日常用具，从文物常识出发的一点体会。如一个思想水平高，史部学知识又扎实的专家通人，或学习历史

五代，车马图，敦煌146窟壁画

东晋，顾恺之《洛神赋图卷》宋摹本局部，原大纵27.1厘米，横572.8厘米，北京故宫博物院藏

南北朝，贵妇出游画像砖上挟棋子方褥的侍女，河南邓县出土

充满雄心壮志的年青朋友，肯打破传统读书习惯，能扩大兴趣来充分利用一下近十多年全国出土文物和博物馆原有的收藏，且善于把文物与文献结合起来，进行广泛而深入的研究。这自然比单纯引书证书麻烦，而且不易一时见功。

北魏，河南洛阳龙门宾阳洞石刻倚斑丝隐囊的病维摩

但不下点狠心，搞个十年八年或更长时间，是不会有什么显明效果的。我相信，世上应当有不怕麻烦的年青人，敢于学习、认真实践，必会从中明白一系列前人不易明白的问题，使得仿佛静止的过去历史，有可能重新恢复它原有的活泼面貌。这对于新的文史研究定会有意想不到的发现，把我国的历史科学大大推进一步。

1965 年 3 月写，1980 年 5 月改于北京

本文曾收入商务印书馆香港分馆《龙凤艺术》一书，于 1986 年 5 月出版。现据此文本编入。

读展子虔《游春图》

相传隋代展子虔作的《游春图》，是一幅名画，它的经济价值，传说值黄金四百两。我意思可不在货币价值。这画卷的重要，实在是对于中国山水画史的桥梁意义，恰像是近年发现的硬质青釉器在青瓷史上的位置，没有它，历史即少了一个重要环节，今古接连不上。有了它，由辽阳汉墓壁画山石、通沟高句丽魏晋时壁画山石、《女史箴图》山石，及传同一作者手笔的《洛神赋图》山水、北朝几件石棺山石、南朝孝子棺上刻的山水树石，及敦煌北魏前期或更早些壁画山石和麦积山壁画山子石，才能和世传唐代大小李将军、王维及后来荆浩、关仝山水画遗迹相衔接。

这个画入故宫年月，或在明代严嵩家籍没时，或时间稍晚，约当十八世纪。流落民间却并不多久。一九二四年溥仪出宫时，带走了大约几百种旧藏贵重字画，就中即有名画一堆。照故宫溥仪起居服用日常生活看来，不像是个能欣赏字画的末世帝王，所以把这些劳什子带出宫，用意当不出二事：一换钱，托罗叔言转手换日人的钱。二送礼，送日籍顾问及身边一小群遗老应时进见行礼叫一声万岁的赏赐。可是这些画后来大部分都给了溥杰，有些九一八后即流传平津，有些又在抗战胜利后，才从各方面转到当时东北接收大员手中，或陆续入关。关于这个《游春图》的旅行经验，一定还包含了一段长长故事，只可惜无一个人详悉。我从昆明随同北大返回北平时，是一九四六年夏天，这幅画在琉璃厂玉笥山房一位马掌柜手中待价而沽，想看看得有门径。时北大拟筹办个博物馆，有一笔钱可以动用，我因此前后有机会看过六次。我觉得年代似有问题，讨价又过高，未能成交。我的印象是这画虽不失为一件佳作，可是男子的衣著，女人的坐式，都可说有问题，未必出于展子虔手笔。约过一年后，画已转入张伯驹先生手里，才应燕大清华友好请求公开展览了两次。当日展览会四十件字画中，陆机《平复帖》数第一（内中有几个章草字失体，疑心是唐人抚本）。《游春图》作画幅压卷。笔者半年中有机会前后看过这画八次，可说十分幸运。凡看过这个尺寸较高小横卷的人，在记忆中必留下一点印象：不能如传说动人，却会引起许多联想。尤其是对于中国山水画史还感兴趣的人，可能会有些意见，即这幅画在设计上虽相当古，山石处理上也相当怪，似熟习，实陌生。保留印象一面和其他一些佳迹名墨相融会，一面也觉得稍有扞格。这个“融会”与“扞格”原居于相反地位，就为的是画本身离奇。我说的是辽阳汉墓日人摹下的壁画、通沟高句丽坟内壁画、相传顾恺之《女史箴图》、《洛神赋图》、孝子棺刻画、北魏敦煌着色壁画《太子舍身饲虎图》、高昌着色壁画《八国王子分舍利图》、世传王维《辋川图》、传世《明皇幸蜀图》（实即《蜀道图》）……以及故宫和日本欧美所收藏若干种相传唐人山水画迹，都和这画有些矛盾处。若容许人嘀咕时，他会发生下面疑问：

隋，展子虔《游春图》，纵 43 厘米，横 80.5 厘米，北京故宫博物院藏

这画是展子虔画的？

若说是真的，证据在什么地方？从著录检查，由隋郑法士《游春山图》起始，唐宋以来作春山图的名手甚多，通未提及展作此画，谁能确定这幅画恰恰是展子虔手迹？就是有个宣和题签，也并不能证明画的真实可信。从《贞观公私画史》到《宣和画谱》，这画似均未入录，装裱也非《云烟过眼录》所谓中兴馆阁旧式。被认为展子虔作《游春图》，实起于元明间。然而元代专为大长公主看画作题的冯子振辈，虽各有几行字附于卷后，同是侍奉大长公主的袁桷，于至治三年三月，在大庆寺看画三十六，却不记《游春图》。明茅维、詹东图、杨慎，都似乎看到过这幅《游春图》或相类而不同另一幅，当时可并无其他相关比证，证明的确是展画。若说它是假的，也很难说。因为画的绢素实在相当旧，格式也甚古。从格式看，可能是唐人画。即或是唐人手笔，也可能属于《宣和画谱》记载那四十多幅“游春山图”中之一幅，还可见出隋人山水画或展子虔画本来样子。尤其是彦悰、张彦远意见，有些可以作为展画注解。

也许我们得放弃普通鉴赏家所谓真假问题，来从前人画录中，试作点分析检验工作，看看叙录中展子虔作过些什么画，长处是什么，《游春图》和他有无关系。可能因为这种分析综合，可以得到一点新的认识；也可能结果什么都得不到。我的意思是这种分析虽无从证实这幅画的真伪，却必然可以引起专家学人较多方面观摩推论兴趣。我不拟涉及收藏家对于这个画所耗费的经济价值是否值得，也不打量褒贬到鉴古家啧啧称羡的美术价值是否中肯。却希望给同好一种抛砖引玉新的鉴定工作的启发，我相信一部完善的中国美术史，是需要有许多人那么从各种角度注意提供不同意见，才会取得比较全面可信证据并相对年代的。

试从历史作简单追究，绘画在建筑美术和文化史上实一重要装饰，生人住处和死者坟墓都少不了它。另有名画珍图，却用绢素或纸张增加扩大了文化史的意义。它不仅连结了生死，也融洽了人生。它是文化史中最不可少的一个部门，一种成分，比文字且更有效保存了过去时代生命形式。

宫阙祠庙有画饰，史志上著录明确。孔子如周观明堂画，徘徊不忍去，欣赏赞叹不已，很显明这些画必不只是史迹庄重，一定还表现得十分活泼生动。王逸释《天问》，以为屈原所问，是根据于楚民俗习惯，先王公卿祠堂无不有前人彩画；包罗广大而无所不具。秦每破诸侯，必仿写其宫室于咸阳北坂（此说历来有分歧，若连缀后边记载，有饮食歌舞不移而具，及近年从咸阳北坂所发现的各种瓦当看来，所谓“仿写”，实仿造诸国建筑而言，和画无关）。汉未央、甘泉、建章、寿宫、麟阁……无不有彩画。《南蛮传》且称郡守府舍也有画。这些画的存在意义，都不仅仅作为装饰。至于西蜀文翁祠堂之画，到晋代犹好好保存，使王右军向往不已。从古乐浪川蜀漆器彩画之精美推测，文翁祠壁画，可知精美活泼必不在漆器下。

宫观祠庙由隋入唐，因兵燹事故名画珍图毁去虽不少，保存下的也还多，尤其是当时的西京长安，南方之江都，唐人笔记常多提及。隋之工艺文物有一特点，以雕刻为例，似乎因南朝传统与女性情感中和，线色明秀而纤细，诗、文、字，多见出相似作平行发展。画是建筑装饰之一部，重漂亮也可以想见。这种时代风气，是会产生《游春图》那么一种画风的。彼时如《天问》所涉及古神话历史屋壁式刻画已不可见，汉代宫室殿堂画名臣，屏风图列女，亦渺不可见。然汉代石阙圹茔刻石规模，犹可以从武氏祠及其他大量石刻遗物及《水经注》纪录得知一二。唐裴孝源论画谓：“吴、魏、晋、宋世多奇人，皆心目相授……其于忠臣孝子，贤愚美恶，莫不图之屋壁，以训将来。”《隋书·经籍志》且称大业中尚书省即有天下风俗物产地图，隋宫室制度，既因何稠等具巧艺慧思而大变，具装饰性并教育意味壁画，已不再谨守汉晋法度，局限于作忠臣列女，或其他云兽杂饰，具区域性之奇花美果，风俗故事，已一例同上粉壁。五代西蜀江南花果禽兽之写生高手，宣和画院中之同类名家，可说原来即启承于隋。至于寺庙壁画，由名手执笔，产生时且带比赛意味，各尽所长，引人注意，则自晋顾恺之瓦棺寺画维摩募缘时，似即已成风气。陆探微、张僧繇著名遗迹，当时即大多数在庙里，隋唐时犹把这个各竞所长制度好好保存，且加以扩大，所以段成式《酉阳杂俎》记庙中观画，张、陆、杨、展名笔，与阎立本、吴道子、王维、尉迟乙僧等名墨妙迹相辉映，罗列廊壁，专家批评得失，有个共通印象可以参校。入庙观画，也成为唐代士大夫娱乐之一种。段成式或张彦远等所记，不仅可以见出壁画格式位置，且可明白内容。当时已多杂画，佛神天王之外，花木竹石，飞走游潜，无所不具。说法变相，且将画题扩大，庄严中浸透浪漫气息，作成一部具色彩的平面史实或传奇。唐代又特别抬举老子，据《封氏闻见记》所述，听吉善行一片谎言，唐王朝就把老子认作祖宗，天下诸道郡邑都设立玄元皇帝庙，除帝王写真像外，铸金、刻石，及夹纻干漆像，同有制作，当时都供奉入庙，听人进香。此外按乐天女，仙官道士，当时摩登行列，也都上了墙壁（敦煌且有合家参庙壁画，如《乐廷瓌夫人行香图》）。至北宋真宗祥符间，供奉天书的玉清昭应宫的兴建，由宰相丁谓监督工事，集天下名画手过三千，选拔结果，还不下百人，分为二部（见《圣朝名画》评《武宗元传》），还收罗天下名画师，各竞表现，昼夜赶工，二烛作画一堵。西蜀江南之黄筌父子侄，徐熙祖孙，以至于李方叔所称笔多诙趣之石恪，无不参加，各在素壁上留下不少手迹。若非后来一把无名火将庙宇焚去，则这个大庙墙壁上留下的数千种名笔妙墨，拿来和较后的《宣和睿览集》千余册纸素名画比较，将毫无逊色。调色敷彩构图设计新异多方处，且必然会大大影响到后来。别的不提，倘若当时有一个好事者，能把各画特点用文字记录下来，在中国中古绘画史研究上，也就必然一改旧观，不至于如当前一片朦胧景象了。

由晋至宋所谓名笔还多，从壁上作品记载看来，展子虔画迹也多在寺庙中保存。

在宫观庙宇壁画上，唐人记述展子虔遗迹的，似应数唐裴孝源《贞观公私画史》，和张彦远《历代名画记》二书，比较说得具体。

江都东安寺，长安灵宝寺、光明寺，洛阳天女寺、云花寺，皆有展子虔画（《贞观公私画史》）。

上都定水寺内东西壁及前面门上，并似展子虔画。海觉寺双林塔西面展画，东都龙兴寺西禅院殿东头，展画《八国王子分舍利》。浙西甘露寺，展子虔画菩萨两壁，在大殿外(《历代名画记》)。

所记自然未尽展留下笔迹全部。惟就部分看全体，也可知展于南北两地名刹大庙中，均有遗作。这些画可能有普通故事人物，大多却必然与佛教相关。又《贞观公私画史》另载展画计六卷：

法华变相一卷　南郊图一卷　长安车马人物图一卷
杂宫苑图一卷　弋猎图一卷　王世充像一卷

《历代名画记》则称：

> 展子虔历北齐、北周、隋，在隋为朝散大夫、帐内都督，有《法华变》，白麻纸《长安车马人物图》……《朱买臣覆水图》并传于代。

又可见用纸素的作品，世俗故事即多于宗教作品。

这些画很明显是纸或绢本，所谓“并传于代”，照唐人习惯，即不仅有真本，且还流传有摹本，其《长安车马人物图》，且注明是麻纸，同时有杨契丹作，与六朝以来名手所作《洛中风物图》及相似题材，到后来，北宋张择端的《清明上河图》设计，可说即从之而出。《杂宫苑图》，又必为唐之二李，宋之二赵，及宣和画院中专工屋木楼阁的高手所取法，但不及山水，只除非《南郊图》也有山水。

又宋郭若虚《图画见闻志》载：隋展子虔《大禹治水图》。从山石嶙峋如斫削而言，后世传周文矩《大禹治水图》，行笔均细劲，也可能从之而出。这个图上的山石画法，和《游春图》不相近，然更近展画(后面当可说及)。

宋代著录展画较详的，当数《宣和画谱》。在《道释部》有十三种，共二十件，计有：

北极巡海图二　石勒问道图一　维摩像一　法华变相图一　授塔天王图一　摘瓜图一　按鹰图一　故实人物图二　人马图一　人骑图一　挟弹游骑图一　十马图一　北齐后主幸晋阳图六

从名称推测传授，则唐宋画人受展子虔影响的实在很多，如《维摩像》、《摘瓜图》、《石勒问道图》、《授塔天王图》、《挟弹游骑图》、《十马图》……唐宋若干名世之迹，或有不少即出于展画粉本。周密《云烟过眼录》称："宋秘书省有展子虔伏生"，或者也就是世传王维《伏生传经图》所本。《中兴馆阁续录》记宋中兴馆阁的储藏，计古贤六十一轴，中有展子虔画梁武帝一，佛道像百二十七轴，中有展子虔伫立观音一，太子游四门二。若阎家兄弟及吴道子笔法师授，实从展出。我们说传世《帝王图》中梁武帝，及吴画武帝写真，还依稀有展子虔笔墨影子，说的虽不甚确实，却并不十分荒谬。

就叙录论展画长处，特点实在人物。画像与普通风俗故实，都必然以人物作中心，米疯子《画史》中早说到：

李公麟家有展子虔小人物，甚佳。系南唐文房物。

然并未限于人物，唐沙门彦悰《后画录》论得很好：

"触物为情，备该绝妙，尤善楼阁人马，亦长远近山川，咫尺千里。"

文章作于贞观九年三月十一日，可算是叙及展画兼善各体的最早证据。后二语且似乎已为《游春图》预先下了注脚，倘若说《游春图》本是一无名人画，由于宋元人附会而来，这附会根据，即因彦悰叙录而起。

唐张彦远《论画六法》，也批评到展子虔，语句虽稍抽象，和《游春图》有点相关：

"中古之画，细密精致……展、郑之流是也。"

展即子虔，郑即同时之郑法士。《宣和画谱》人物部门无展之《游春图》，却有郑法士《游春山图》二。这个题目实值得特别注意。因为假若我们肯定现在《游春图》是隋画，可不一定是子虔手笔，可能移到郑法士名下去，反而相称一些。若说是唐宋人本，非创作，实摹抚，说它即从郑画摹来，也还可以说得去。

又张彦远论山水树石，以为“二阎擅美匠学，杨、展精意宫观，渐变所附，尚犹状石则务于雕透，如冰澌斧刃，绘树则刷脉镂叶，多栖梧苑柳，功倍愈拙，不胜其色”。彦远时代相近，眼见遗迹又多，称前人批评意见，当然大有道理。所以论名价品第，则以为：

“近代之价，可齐下古，董、展、杨、郑是也。……若言有书籍，岂可无九经三史。顾、陆、张、吴为正经，杨、郑、董、展为三史，其诸杂迹为百家。”

唐李嗣真《后画品录》，中品中计四人：“杨循、宗炳、陶景真、展子虔。”朱景玄《名画录》展子虔不在品内。

同出于唐人，价值各有抑扬，所谓选家习气是也，方法多从评诗，评文，评字而来，对于画特别不合式，容易持一以概全体，甚不公平。所以到明代杨慎时，就常作翻案，对于唐人“顾、陆、张、吴”，以为宜作“顾、陆、张、展”，用子虔代道子，对于时代上作秩序排列，意见也还有理。

彦远叙画人师笔传授，即裴孝源心目相授递相仿摹意，以为田僧亮师于董、展，二阎师于郑、张、杨、展。又谓：

……田僧亮、杨子华、杨契丹、郑法士、董伯仁、展子虔、孙尚子、阎立德、阎立本并祖述顾、陆、僧繇。

……展则车马为胜。

……俗所共推，展善屋木，且不知董、展同时齐名，展之屋木，不及于董。李嗣真云：“三休轮奂，董氏造其微，六辔沃若，展生居其骏。而董有展之车马，展无董之台阁。”此论为当。又评董、展云：“地处平原，阙江南之胜，迹参戎马，乏簪裾之仪。”如此之论，便为知言。

张引李所言董展优劣，措词甚有见地，惟时间一隔，无迹可作参证，自然便成悬宕。谈展画马较明确具体，还应数欢喜用《庄子》笔法题画的宋董逌《广川画跋》：“展子虔作立马而具走势，其为卧马，则复有腾骧起跃势，若不可覆掩也。”米疯子素号精鉴，亦称许展画

《朔方行》小人物佳甚。画为李公麟所藏。

至于涉及展的山水人物，比彦悰进一步，以眼见展之遗迹。说得十分具体，也极重要的，却应数元汤垕《画鉴》："展子虔画山水法，唐李将军父子多宗之，画人物描法甚细，随以色晕开……人物面部，神采如生，意度具足，可为唐画之祖。"二李山水得展法，世多知之。世称张萱画美妇人明艳照人，用朱晕耳根为别。原来这个画法也得自子虔，并非纯粹创造，这一点说到的人似不多。

明杨慎喜作画论八股，翻旧案，谈丹铅。《丹铅总录》称："画家以顾、陆、张、吴为四祖(用张彦远语)，余以为失评矣。当以顾、陆、张、展为四祖。画家之顾、陆、张、展，如诗家之曹、刘、沈、谢，阎立本则诗家之李白，吴道玄则杜甫也。必精于绘事品藻者，可以语此。"虽近空论，比拟还恰当；惟说的似泛指人物画，即从未见过展画，也可如此说的。

《艺苑卮言》谈及人物画时，则谓："人物自顾、陆、展、郑以至僧繇、道玄，为一大变。"指的方面虽多，用笔粗细似乎是主要一点，其实细线条非出自顾、陆、展、郑，实出汉魏绢素艺术(顾之《洛神赋图》与《列女图》线条并不细)。至唐受到吴道子莼菜条革命，至宋又有马和之兰叶描革命，然细线条终为人物画主流正宗。王维、郭忠恕、李公麟、王振鹏、尤求等，一路下来，俱有变本加厉，终至细如捻游丝者，过犹不及，因之游丝笔亦难有发展。道子一路，则始在宗教壁画上发生影响，沿袭直到元明，从敦煌及山西宋元以来大量壁画看，虽若难以为继，尚可仿佛二三。且因近代坟墓发掘、汉晋壁画发现，和陶瓷砖甓比证，才知道子的雄劲粗犷，亦非自创，很可以说从彩陶时代工师即有这个作风，直接影响还本于魏晋以来圬壁方式，不过到彼手中，下笔既勇猛凌厉，天分才赋又特别高，实集大成。圬壁出于工艺，绢素本不相宜，因此笔墨竟作成前有古人而后无来者趋势。至宋元代，即有意为云水壮观如孙位，画鬼神如颜辉，作钟馗如龚开，笔均细而不悍。石恪、牧溪又近于王洽泼墨，有涂抹而无点线，嗣胤寻觅，却惟有从磁州窑墨画刻镂水云龙人兽，吉州窑的水墨花鸟虫鱼，尚得一脉薪传。直延长到明代彩绘及青瓷，勾勒敷彩，面目尚具依稀；至于纸素艺术，虽会通于王洽泼墨与二米云山，衍化成大痴、仲圭、方壶、石田、青藤，有意认亲，还是无从攀援，两不相关也。吴生画法，在纸素上已可说接手无人，如不嫌附会，可说直到千年后，才又有任伯年、吴昌硕、齐白石，居然敢纵笔作人物，写草字，画花鸟虫鱼。但几人能把握的，已不是具生命机动之线条，来表现人物个性或一组故事。伯年画人物虽比吴伟、黄瘿瓢见性格，着色又新鲜大胆具现代性，比吴彬、陈老莲活泼有生机，其实用线造型亦不佳，带俗气，去古人实在已相距千万里。吴老缶笔墨淋漓，在六尺大幅素纸上作绛梅，乱点胭脂如落红雨，十分精神。其特别见长处，还是用石鼓体作行草字。白石翁得天独厚，善于用墨，能用点代线，会虫禽骇跃之理，花果生发态度。然与其说是由道玄笔迹而有所悟，不如说两人同是圬壁手，动力来源相同，结果自然也有些相似成就。唯一则身当开元天宝物力雄厚宗教全盛时代，作者生于这个豪华狂热社会背景中，自然全生命能奔放燃烧，裴旻舞剑略助其势，天王一壁顷刻即成。一则生当十九、二十世纪间外患内忧时代，社会一再变革，人民死亡千万，满地为血与火涂染，虽闭门鬻画，不预世事，米盐琐琐，不能不分心。因之虾蟹必计数论价，如此卖画四十年，即或天赋高如道玄，亦难望有真足传世伟构。老去作菊虾，虽极生动然亦易模仿。因之多伪托，真赝难辨。

展子虔之《游春图》见于著录，不在中古，却在近古。

明茅维《南阳名画表》，记韩存良太史家收藏山水界画目中，首即著录一行：

“南北朝展子虔《游春图》，宋徽宗前后小玺。”元人跋名《春游图》，非《游春图》，是则画在明代即已著名，茅维所记犹旧名。只云“宣和小玺”，未云“题签”，私意当时列缀于前，正如阁帖诸迹与《平复帖》及其他名笔，还像秘阁官库本藏字画习惯。

张丑《清河书画舫》称：

> 展子虔者，大李将军之师也。韩存良太史藏展子虔《春游图》卷，绢本，青绿细山水，笔法与李思训相似，前有宋徽宗瘦金书御题，双龙小玺，政和宣和等印，及贾似道悦生葫芦图书曲脚封字方印……第其布景与《云烟过眼录》中所记不同，未审何故。

又传严氏藏展子虔《游春图》。

詹景风《东图玄览》复称：

> 展子虔青绿山水二小幅，致拙而趣高，后来二李将军实师之。

又言：

> 李思训绢画山水小幅，布置溪山、村落、人家，大与今画布置殊，殆是唐无疑。

明《严氏书画记》则载《春山图》，“大李将军二卷、小李将军二卷”。

张丑所见作《春游图》，且明说是青绿细山水，笔与李思训近，有徽宗题，惟与《云烟过眼录》所记不合，《云烟过眼录》：画为胡咏存斋所藏，徽宗题，一片上凡十余人。

詹景风则见二小幅，内容“致拙趣高”，以为“二李实师之”。又言“李绢画布置有古意，是唐无疑”。不及题跋。又言“唐人青绿山水二片，行笔极轻细”。很显然，同时实有好几件不同小幅画，或署展名，或署二李，或无名，格式却相差不甚多。詹景风识力极高，所言必相当可信。

王世贞《艺苑卮言》谓：“画家称大小将军……画格本重大李，举世只知有李将军，不尽其说。……大抵五代以前画山水者少，二李辈虽极精工，微伤板细……”

所言精工而伤板细，易作目前所见《游春图》评，或有首肯者。若有人觉得这画实细而不板，则应明白明代人所谓“板”，画院一例在内，和现代人观点本不甚合。

《云烟过眼录》称宋秘书省藏有展子虔伏生，涉及装裱：“阅秋收冬藏(四个字号)内画，皆以鸾鹊绫象轴为饰，有御题则加以金花绫，每卷表里皆有尚书省印。”且说关防虽严，往往以伪易真，殊不可晓。今所见展画装裱似不同，有人说是宋装，有可疑处。

我们若假定不是展子虔画，有许多面可以伪托。

宋《宣和画谱》中，黄筌《春山图》七，黄居宝《春山图》二，黄居寀《春山图》六，燕肃《春山图》四，李昭道《春山图》一，李思训《春山图》一。在人物部门，则有隋郑法士《游春山图》二。《南阳名画表》还有李确《春山游骑图》。

其他画家高手作春山图尚多，因为作风格致不近，不宜附会到传为展作之《游春图》，所以不提。

张丑又言：“庚子榖日偶从金昌常卖铺中获小袖卷，上作著色春山，虽气骨寻常，而笔迹秀润，清远可喜。谛视之，见石间有‘艳艳’二字，莫晓所谓。然辨其绢素，实宋世物也。越数日，检阅画谱，始知艳艳为任才仲妾，有殊色，工真行书，善青绿山水。因念才仲北宋名士，艳艳又闺秀也，为之命工重装，以备艺林一种雅制云。”此明言袖卷，和本题无关。

《游春图》既题名展子虔作，树石间即或有艳艳字样，也早已抹去。然从装裱上，却似元明裱，非宋裱。有同是东北来一军官，藏元人裱同式裱法可证。世传另有其他明季装裱横卷，可以参考。

从著录掇拾材料，我们可以知道几件事：一、隋郑法士有《游春山图》，唐宋名家有许多《春游图》；二、《春游图》本来可能为茅维所见《游春图》。或“游春”，或“春游”，明人记录已不大一致，且当时有画迹相似而署名不同或无作者名若干画幅。三、本画可能是詹东图所见称为展画之一幅，或王世贞所见大小李画之一幅(也可能即张丑所见艳艳临摹唐人旧迹)。

又或者还只是宋画院考试国手时一幅应制画，画题是唐人诗句“踏花归去马蹄香”，《萤雪丛说》说，徽宗政和中设画学取士，即有这个画题。又詹东图传闻文徵仲家曾藏有右丞“花远重重树，云深处处山”纸本小帧，布景极美，落笔精微。笔记传闻有不可靠处，惟把两句诗作目下《游春图》题记，却也相当切题。又好像为刘禹锡“紫陌红尘”诗作插图，不十分切题，却还相关照。

一面把握题旨，一面遵守宋人画诀：“春山艳冶而如笑……品四时之景物，务要明乎物理，度乎人事，春可画以人物欣欣而舒和，踏青郊游，翠陌竞秋千，渔唱渡水……”《山水纯全集》作者意见或在先或在后，都无关系，就画面空气言，却可帮助我们欣赏《游春图》，认为是唐诗格局。

这点印象宜为对绘画史有知识的人所同具。

又张彦远论山水树石，多根据当时存下名笔而言，批评杨、展画迹时，他曾说：

> 状石则务于雕透，如冰澌斧刃。

冰澌斧刃如可靠，则展画石方法，宜上承魏晋六朝，如通沟坟墓壁画山石，敦煌北魏壁画《太子舍身饲虎图》山石，六朝孝子故事石棺图山石，以及《洛神赋图》山石，山头起皴，必多作方解矾头式，下启大小李衍变为荆、关、马、夏直到蓝瑛，用作花鸟配衬物则影响黄居宷。居宷迹不易见，林良吕纪画石还可依稀仿佛，作山或金碧堆绘，或墨笔割切，方法上终属于北派。《容台集》说：“李昭道一派为赵伯驹，伯驹精工之极，又有士气，后人仿之者得其工而不得其雅，若元之丁野夫、钱舜举是已，五百年而有仇实父。”一脉传来，均不与王维细笔山水相通。

现存传称周文矩《大禹治水图》，山头方折如大小李，从史志看同一题目名迹，吴道玄、展子虔、顾恺之均有作品，《历代名画记》

谓："古时好拓画，十得七八，不失神彩笔踪。亦有御府拓本，谓之官拓。国朝内库翰林集贤秘阁拓写不辍。承平之时，此道甚行。"此《大禹治水图》作山方法，似稍近冰澌斧刃，不仅有子虔板处，还有顾虎痴精微处。《游春图》却大不相同，因之就《游春图》作山石笔意言来，这幅画作展子虔，反而不称，估作与子虔作风不同之唐五代或宋人画迹，均无不可。《宣和画谱》称西蜀黄筌、黄居寀、居宝三人曾共有《春山图》计十五幅，如说这画是十五幅之一，可寻出下面几点例证，补充解释。

一、画中女人衣着格式，似非六朝格式，亦不类隋与唐初体制。淡红衫子薄罗裳，又似为晚唐或孟蜀时妇女爱好（风致恰如《花间集》中所咏）。世传五代画纨扇小人物，与董源《龙宿郊民图》，及松雪用摩诘法所作《鹊华秋色》卷子上人物、衣着均相近。直到实父仿赵伯驹画五丈长《子虚上林赋》画意，妇女装扮还相同。而山头着树法，枝柔而欹，却是唐代法。宋元人论画，即常说及蜀人得王维法，笔细而着色明媚。

二、黄氏父子侄本长于花鸟，用作花鸟法写山水景物，容易笔细而色美，格局上复易见拙相。唐人称展特长人马故实，宋米芾且为目证。凡此诸长，必特别善于用线，下笔宜秀挺准确，不过于柔媚。此画人马均不甚佳，衣着中的幞头和圆领服，时代都晚些，建筑时代也晚。山石树木亦与冰澌斧刃、刷脉镂叶也不相称。张彦远叙六朝杨、展山石作法时，还说及如"钿饰犀栉，冰澌斧刃"这种形容，若从传世遗迹中找寻，惟敦煌隋代洞窟壁画中维摩五百事小景足当此称呼（画录中则称陈蒨蓓绘有此图）。

三、从绢素看，传世宣和花鸟所用器材多相近，世传黄氏花鸟曾用细绢作成，不知世传李昭道诸画及某要人藏周昉仕女用绢如何，若说展画是隋绢，至少还得从敦煌余物中找出点东西比较。若从敦煌画迹比较，如此绵密细笔山水，至早恐得下移至晚唐五代较合适。

我们说这个画不是展子虔笔，证据虽薄弱近于猜谜，却有许多可能。如说它是展子虔真迹，就还得有人从著录以外来下点功夫。若老一套以为乾隆题过诗那还会错，据个人经验，这个皇帝还曾把明代人一件洒线绣天鹿补子，题上许多诗以为是北宋末残锦！

1947 年 7 月写，1982 年重校

近人傅熹年先生评此画年代有极好意见。从文附记。

本文 1949 年 4 月发表于上海《子曰》丛刊第 6 期之《艺舟》副刊第 1 期，篇名为《读春游图有感》，署名上官碧。1982 年经作者重校，1986 年 5 月收入商务印书馆香港分馆《龙凤艺术》一书，篇名改为《读展子虔〈游春图〉》。

现据《龙凤艺术》文本编入。

谈谈《文姬归汉图》

这几幅人物故事画，统属于同一主题《文姬归汉图》或《胡笳十八拍图》一部分。明代人也有把它简称作《胡笳图》的，如《天水冰山录》文氏记载严嵩抄家书画目所载。原稿多出于宋人，后来不断临仿，并有所补充。是根据后汉蔡琰故事和她的自叙诗画成的。蔡琰是东汉末年著名文学家蔡邕的女儿，蔡邕因参预董卓政权，董卓被杀，蔡邕在席上表示惋惜，被王允下狱，请修后汉史不得，终于死去。蔡琰在兴平中也被侵入长安和洛阳的羌胡骑兵掳去，经过了十多年后，在胡中已嫁了人，生育子女数人。到曹操当权时，因和蔡邕旧好，知道这件事情，才特别派人携带金帛前往胡中把蔡琰赎回。蔡琰归来后，嫁给小官董祀，生活似乎也不怎么好，著有七言悲愤诗，又有作五言的，这两首诗中必有一首出于后人附会及同时人所拟作。后人论断不一。近人分析评论比较全面的，有余冠英先生作的论文可以参考。七言诗和传世梁鸿五噫诗相近，五言诗和王粲七哀诗、曹操五言诗同一情调，个人认为原作五言或比较近实。部分即有所增饰，也还和当时情形相合。诗中说“斩截无孑遗，尸骸相拒撑，马边悬男头，马后载妇女……失意几微间，辄言毙降虏，要当以亭刃，我曹不活汝”，把中原人民当时遭受胡骑残杀死亡流离的凄惨景象，刻画得深刻而动人。这个叙事诗篇幅虽不大，文字却素朴真切，形成的气氛极沉重，因此，在中国中古文学史中，成为一篇反映当时社会现实、对统治者具有强烈控诉性的著名作品。后人因此把蔡琰故事和诗歌结合，编成

《胡笳十八拍》乐曲，正如把王昭君故事编成“明君”乐舞一样，在中国戏剧音乐发展史中，发生极大影响。民间流传，常成为后世绘画和戏剧主题，为广大人民所熟习和同情。晋代豪富石崇的舞妓绿珠，能舞“明君”，昭君故事转成乐舞似较早些。蔡琰故事和乐舞结合，我同意刘大杰先生的分析，或在唐宋之际。如用十八拍文字叙述，追求史实，不免有许多矛盾难解处，因为十八拍不同于五言悲愤诗，乐曲可能是胡曲旧声缀合，文字实在较晚。

至于宋代人喜作这种故事画，实在另有一种现实意义。北宋末年，政治情况部分很像汉末，统治者对于人民，使用强大武力和苛细法令，压迫剥削，无所不至。到徽宗赵佶时期，又奢侈，又迷信，为兴修“寿山艮岳”，派了一群贪官污吏，在国内到处骚扰横行，找寻奇花异草，枯木怪石，一有发现，就凿壁毁垣，强掠而去，再向人民征发车船夫役，转运到开封，名“花石纲”，使得人民痛苦万状。然而北宋统治者对于当时占据东北和华北的契丹政权，则始终采取纳币求和妥协软弱的办法。隋后女真族兴起，击溃契丹进兵汴梁时，虽然人民义军为保家卫国，支援开封的日益增多，都已到达附近各地，部分有远见的爱国官吏如李纲，太学生如陈东等，也都极力主张抗敌御侮。北宋统治者却依违不定，还只想屈辱投降，取得一时苟安。李纲任职不久，又复贬退，陈东牺牲死去，北宋首都汴梁，终于沦陷，政权因之解体。赵佶父子和一家眷属三千余人，被俘往东北五国城。看看《大金吊伐录》、《宣和遗事》等历史文献记载，就可知当时北宋统治者的狼狈情形，和千百万人民苦难情形。汴梁虽沦陷，但是大江以北人民，为保家卫国，还是奋起抗敌，此伏彼起。从此以后，女真族军事统治者，对于北中国生产破坏，人民蹂躏，有加无已。偏安江南的南宋小朝廷，妥协投降派继续得势当权，爱国英雄岳飞父子，因此都不免被害死去。南北对峙百余年间，和议往还，年有聘使，画家由于沦陷北方或生长于北方破家南渡的，在民族矛盾残酷战争中，饱经忧患，于是经常采取这个为中国人民所熟习的历史故事题材，创作许多主题相同风格不一的连环故事画。有的或只是从历来作蕃骑图方法，略加组织，反映局部事件，有的又首尾起迄，组织特别严密。这里介绍六个画面，都属于同一主题——文姬归汉。

这类画不问真伪，照习惯多署名陈居中作。关于这个画家的时代，画录中有以为是北宋陷金的，有以为宁宗时画院待诏的。其实主题虽同，艺术风格并不一样，可见画手并非一人，时间也有先后。但有一点十分重要，那就是原作者必然是生长于南北宋之际的人物，因为只有既熟习汴梁社会市廛生活，同时也熟习游牧民族帐幕生活的人，笔下才能够如此深刻忠实地反映出种种现实景象。例如这里介绍第一幅，被盗走现藏美国波斯顿美术馆的长卷，全卷虽有残缺，但由帐幕送别到返家入宅，家人迎娶，举凡漠中风光，都市繁华，一一现出绢素上，无不刻画入微，可说是中国中古时代一幅故事画的典范。场面复杂，人物众多，处理得却极从容周到而有条理。人物车乘，起居服用，善于在大处着眼，小处落墨，组成一个壮丽而生动的社会风俗历史画面。画录中署陈居中作《文姬归汉图》或《胡笳图》许多种，就个人前后所见到的各卷说来，这个本子应当算是比较好的，下笔用墨较重而具肯定感，可知非粉本临摹。和故宫收藏张择端《清明上河图》卷，同属于宋代社会故事画中第一流作品，可称宋代同类绘画的双绝。

第二幅是个立轴，原藏故宫，现在台湾。只是胡笳十八拍中一个场面，即使节来迎，蔡文姬和胡中亲人分别情形。画作立轴，正和五

宋，陈居中《文姬归汉图》局部，纵 147.4 厘米，横 107.7 厘米，北京故宫博物院藏

宋，佚名《文姬归汉图》，纵 24.4 厘米，横 22.2 厘米，美国波士顿美术博物馆藏

金，张瑀《文姬归汉图》，纵 29 厘米，横 129 厘米，吉林省博物馆藏

代丘文播把《北齐校书图卷》节取主要部分作成《文会图》立轴一样，并非本来式样。由于立轴画面限制，内容比较简单，但是用笔却精工秀美，人物衣着且具细致花纹。这个送别场面，常为画家采用，一方面因为是故事主题重点，另一面即它还和时代有关。南宋初年，曾一再有江南使者北来迎接赵佶后妃回南事，明人以为画家作成这个图，实有托古喻今意思。总之，离开画的艺术而言制度，这个立轴也还是十分重要的。因为两宋二百余年北行使节仪从，文献记载虽多，具体形象，却惟有从这类画幅得到证明（此外还有宋人绘《奉节图》、《聘金图》，也同出于文姬归汉）。

第三幅作夫妇二人并辔同驰，男子作胡装——实即女真装，面目亦如女真族型，颧高而颊削，眼目微竖，腰胯间悬挂弓矢，马稍前一头。妇人近中年，仪容和穆端肃，头戴高装巾子，如传世《韩熙载夜宴图》所戴巾子，也即是一般说的“东坡巾”，又名“高士巾”，过去相传由苏东坡创始，宋人画《会昌九老图》、《洛阳耆英会图》、《西园雅集图》，画中人物大都戴这种巾子。这种巾子盛行的时代系北宋中叶以后，所以《夜宴图》真正绘制时代，可能晚一些。因为妇女衣饰桌上家伙都晚，不是五代南唐时。妇人画惟蔡文姬头上有此巾，似因高士巾而来。抱一梳双丫角小女孩，天真烂漫，长幼神情都极和美。马虽若千里逸足，具绝尘奔驰意，人却从容不迫。构图设计相当单纯，而表现技巧却十分高明，用笔精稳准确，非大手笔不能作到。这幅画也被盗出国外。

第四幅原藏东北博物馆，现陈列于故宫博物院绘画馆，旧题五代胡瓌《卓歇图》，著录中也有题《东丹王射猎图》的；实同画而异名。长卷起始是游骑弋猎归来景象，人马杂会，鞍鞯间多横置白色天鹅。“卓歇”事见辽志，契丹人风俗习惯，照节令统治者必率诸王亲官属，于海子湖泺地猎天鹅射牛头鱼，按官品等级纵鹰，高位最先放“海东青”，不得逾制越规。猎罢归来，立帐宿营，卫士执骨朵哥舒棒环立守护帐外，即为“卓歇”。本画帐幕在最后，二贵人帐前席地而坐，举杯奉酒，身后女子数人侍立，席侧尚有数人带着豹皮弓韬恭立一旁，二人在席前斟酒，二人作舞容，二人站略远奏竖箜篌，女贵人头上亦戴高装巾子。男子裹软巾，佩弓韬侍立的也裹软巾，一般侍从则秃顶，头部两旁留小辫二，腰系革带，衣脚仅及膝。就画意说来，它还是《胡笳十八拍》主题画之一。人物服饰器具，如男子位份较高的裹巾子，后作双叉带结，位份较低的秃顶旁留发梳双辫，侍女衣则左衽长袍，腰窄而下宽，长覆脚趾，系丝带前垂，腰以下衣褶边缘有义襕，头戴锥式浑脱帽，沿用锦带结作燕尾形。这一切都如《金史·舆服志》所说女真服制，和契丹服制相似而不尽同，可知原画产生的时代，比胡瓌或略晚一些，和传世陈居中画《胡笳图》倒相近。虽人马杂沓，落笔不乱。衣服敷彩作平涂法，席次侍女执酒壶纯作宋式。私意它的真正价值，不在作者是否胡瓌或陈

五代，胡瓌《卓歇图》局部，原大纵33厘米，横256厘米，北京故宫博物院藏

明，摹宋绘，《胡笳十八拍》局部，原大纵 31.3 厘米，横 1232.9 厘米，有推论为仇英所绘

居中，应在它是传世《胡笳十八拍》一个场面表现。产生时代必在辽金之际，表现上技法和构图设计，都可说是一件成功的有历史价值的作品。

第五幅只平列几个人，也是送别场面。个人所见到的是彩色复制品，原题元赵孟頫绘，和故宫收藏那个陈居中立轴一部分极其近似。即真出赵笔，仍是根据宋金时人旧稿粉本临摹节取而成。也可能原是宋代不题名旧画，或商人有意把原题割裂，改题赵作的。因为人物面貌衣装和其他种种，全是陈作式样，宋金制度，后来人是不能凭空想象的。这个画特别重要处，在衣服敷彩工细如传世《捣练图》，丝绸花纹画得极具体。男子衣黄色“团科瑞锦”，妇女衣“青碧小花染缬”，妇女头上尖锥帽扎燕尾式金锦带结，衣角两侧加有着色丝绸义襕，材料既近于南北宋之际，装束更是女真装束，既非蒙古，也非南宋末南人装，这一点特别重要，值得注意。历来谈绘画考证和艺术鉴赏的，多乐于在一幅画中谈笔墨韵味，不大注意到这些具体问题。谈山水犹可说除笔墨韵味外无物可证，而鉴赏人物故事画，对于故事本来如还模糊不清楚，不免难言。衣冠器用更不能不有个基本理解。即或是小处，也可以帮助我们比较深入明白一些问题，至少是可推测出一幅画的相对年代。个人也并不认为冠服制度就是鉴别古画唯一的方法，不过，我们若把一幅画从全面去考查，对于它的时代判断会正确得多。

例如传世《洛神赋图》，世多以为出于东晋顾恺之手，只因为见于前人著录，引述的即不再加思索分析，其实说是顾，某几处可以证明？说宋人临摹，如原画即非顾，如何可以知道临的是顾？其实这都只是人云亦云，不加思索的结果。因为试从衣冠服饰略加注意，就不能不令人怀疑这个画的完成时代，可能要晚一二世纪。男子头上戴的名叫“漆纱笼冠”，创始于北朝北魏北齐，有大量石刻壁画和出土俑可证。妇人头部上绕双鬟，也到南朝齐梁才流行，曾反映于刻绘，到隋唐则惟舞妓和壁画上龙女间或还使用。两者盛行的服饰时代都晚于顾，顾实画不出！又如传宋本《列女传》，插图亦有称出顾手笔的，衣冠更晚。总之，或以讹传讹，或不求甚解，长此下去，不加澄清，我们所盼望的人物画史，是不大会写得正确的！这画不知现在何处。

第六为传明人摹十八拍图，绢本著色，原藏南京博物院，近正由文物出版社印行，附于郭沫若著《蔡文姬》一书中。这个册子的底本，其实还是出于陈居中旧本，论笔墨，似不如其他几种扎实，论色彩，却也有些不同处。值得注意是帏帐幕庐诸物，比较具体，是明人据旧稿临仿有所充实的作品。部分男女服装已混乱，不今不古，由于作画者已难有意作伪。如竟有人根据这个画去探讨三国时南匈奴服制，不免难言而相当可笑！

就这几幅人物故事画而言，个人认为从主题相同研究它初稿产生的时代和背景，不失为一种有意义的试探。由此明白《胡笳十八拍图》的形成不会早于九世纪，间接也启发我们《胡笳十八拍》本文可能

明，摹宋绘，《胡笳十八拍》归家部分，原大纵 31.3 厘米，横 1232.9 厘米，有推论为仇英所绘

不会早于七世纪。主题相同表现不同的方法，也值得我们留心，例如第一幅写繁盛市容，方法上就有独到处。其他各幅写人物性格，也各有独到处；人物有繁简不同，设计构图亦因之而变。《卓歇图》不用背景，却比明摹十八拍有背景效果还好些。又如立轴背景有部分小土坡，皴法用笔较简弱，缺少肯定感，不及辽陵壁画秋水秋山扎实，然而坡陀背后半露驼骑，却给人以辽阔感，比《卓歇图》迎面摄取有不同效果。又如画马，我们所见百马千马诸图，马数虽多，却少性格，只像是把十来马样前后错置而成，立轴马只五六匹一群，《卓歇图》马亦不到廿匹，因位置得法，却形成一种真实马群印象。真如旧话说的以少胜多，远过李公麟《马群图》。我们常说向优秀传统学习，这些不同表现方法，正是值得推荐的学习对象。

这几幅故事画除了在美术上的成就外，如能弄明白它产生的相对年代，实在公元十一二世纪间，衣服器物反映的也是这个历史阶段形象，对于中国新的古典歌舞戏剧的演出，如欲有所借鉴，就提供了重要参考资料。用作“文姬归汉”戏剧人物装扮，虽还不算符合历史真实第一手材料，用它作宋辽金时代有关戏剧服装道具参考，却十分有用。但是利用遗产必明白遗产，才有可能加以利用。

1955年写，1959年4月改

本文发表于1959年《文物》杂志第6期，1960年收入作家出版社《龙凤艺术》一书。1986年5月收入商务印书馆香港分馆版《龙凤艺术》时，文字经作者校改，并配入几幅插图。现据商务版文本编入。

维摩诘故事画问题

敦煌画中有个武周垂拱二年画的《维摩变文殊问疾图》，如把现存晋北魏浮雕石刻维摩说法相比较看来，这个画是有些问题的。佛教艺术主题画各有目的。降生和涅槃，近于历史传记，重在增人敬信。九色鹿鹿王本生经，箴贪爱并有所讽喻。舍身饲虎太子须大拏经描写牺牲。维摩诘变，则近于为表扬并争取当时宏法护道的知识分子同路人而发。这个经变的重要性，是凡有佛教艺术石刻遗迹地方，都有一个相似而不同场面。晋六朝中原名画家，大都曾作过这个主题画。就中特别著名的，是顾恺之和袁倩。

佛教思想文化到中国，正确时代和过程虽难言，联系实际比较，《史记·封禅书》、《汉书·郊祀志》叙述秦始皇汉武帝所好的神仙方士，安期生卢跗等，必然有些是外来物，通过了神仙巫术打入中国人信仰中，是可以想见的。初来并且不是什么高深教义，和房中医术关系反而密切，实用多于抽象的。西汉末成哀之际谶纬盛行，虽说出于中国本有的儒与阴阳的合流，反映的却是本位的巫术仪式和外来信仰一种政治斗争。惟佛教比较明确具体的仪式场面，在中国发生广大作用，大致还是汉末魏晋之际。《陶谦传》记笮融道场事，可以依稀看出一点热闹情形。但这种种似对于当时普通群众有作用，对于士大夫层群众则不能起大作用。陈蕃、李膺、孔融、弥衡，都不会对之有多大兴趣。曹操时把方士招集在一处，曹植兄弟同论方士长处，可见出当时这种人物，技术实重于信仰，作风从文成五利一脉相承下来。而

唐，维摩诘经变图，敦煌220窟壁画临摹和原壁画

这种方士，也就必然有外来的成分。

司马氏的政治结束了三国分割后，中国地主士大夫阶层对于封建主作的政治斗争，受汉末党锢的失败教训，再不能取李膺陈蕃方式，对政治有所主张号召群众，又不能用较后袁绍孔融辈方式，拥家丁部曲割据一方。但是这个阶层和现实政治是有距离和矛盾的。即或置身政府，观念意识也不免受制于实力派，无可作为。有些人又根本是个虚无主义者。玄风大扇而老庄抬头，恰恰是一种否定现实的反映。当时老庄虽并称，其中还有分歧。由桓帝祠奉老子起始，信徒转从章醮仪式发展，天师教为其必然趋势。庄子则发展而为清淡，如竹林放诞支配了更多对于现实有所逃避的士大夫。这个阶层中人被征服的意识，和自我中心的领袖欲，本来的矛盾，从清淡放纵中方得到一种调和或解放。这些士大夫多数是地主阶级的世家子，个人意识是纯封建的，言行表现却常是反现实的。既无何等明确坚定的思想或信仰待发挥，也缺少什么伟大政治抱负待实现。实际情形，多不免如干宝《晋纪》总论，葛洪《抱朴子》，颜之推《家训》等著作中常说起的汉晋齐梁人物性情作风：空疏、夸大、骄矜、任性，而又不善于经营世务。所

以持论畅谈，适如传记中的邓析，两面俱能设论，通常也只是以能屈倒对方为主。有些人虽善于分疏抽象名理，说来头头是道，居多倒以言简意赅为胜，从片言只语见风度，定人品，使个人因之突出于群。方法还从儒家学庸论孟而来，下启后来禅和子一语见机尖锐。这个阶层当时在政治上虽无大作为，在思想作风上，却支配了相当广大知识分子群。

唐，敦煌55窟内景

佛教思想信仰，在这种社会空气下来进行宣传，和这个阶层接触，当然就取的是一个相互渗透的方式。同为唯心论，却从矛盾统一中结合而成一个维摩诘。经称维摩诘虽是个居士，对当时佛教经义却比大德高僧还在行，因之演说教义，也就格外透辟深入。还时常装病，来对探病者进行宣传。后来文殊问疾，还和其大谈佛法，天雨诸花。经故事对知识份子的引诱性，真所谓直中其心，这么一来，把当时这个阶层中的许多人，自然都打中了。用病维摩作成的绘画、雕刻，普遍流行。由顾恺之、张僧繇、陆探微、袁倩，到展子虔，都有这个经典故事的主题画。《建康实录》称恺之在瓦棺寺作维摩像一躯，公开观赏时，向群众募缘，俄顷即得百万。齐梁袁倩作维摩变，计有百余事。或画一像看看就能得巨款，或作连环画过一百事，在在都反映一种社会现实，即那个时代实有许多士大夫在作佛教中的候补维摩。《名画记》说顾作有“清羸示病之容，隐几忘言之状，为陆探微张僧繇所不及”。称袁作也以为“运思高妙，六法备足，置位无差，若神灵感会”。这种巨款的捐输和欣赏，可知决不是平常百姓能作到，还是以中层统制阶级的士大夫作对象，特别是一些现实社会中欢喜服药、装病、和人谈名理的活维摩，都成为笼罩于佛教辩证术中而不自觉的宣传员。顾袁名迹不复存在，内容上难推想。云冈、龙门、天龙山、南北飨堂、北

唐，维摩诘经变文殊问疾图，敦煌276窟壁画

唐，各国王子举哀图，敦煌158窟壁画

中国几个著名造像石窟，却还有许多主题相同作风各异的维摩说法石刻留存。就中云冈第五洞，天龙山第三洞，维摩都和史传中记述晋人清淡风度相合，龙门宾阳洞的维摩，则病容清癯，神情萧散，更充分见出一个由士大夫化装而成的逸士高人风度排场。设计构图，和《名画记》所说顾恺之创作相近。顾作粉本上石，记称实出于唐杜牧之。至于龙门这个石刻是否和顾画有些关连？是否北魏时即由顾画扩大上石？却是一个待探讨问题。

这种中古时代具普遍性对佛教史大有关系的主题画，又还有个发展性，区域性。初唐敦煌的维摩变，作风就完全变了个样了。多病的维摩居士，忽然一变而成为文献中通常描叙到的石勒、桓温纠纠武夫模样。侍列群众则分成两行列，一代表中原帝王，一象征外邦君主。帝王行列和世传阎立本《帝王图》相近，外邦群众则为《职贡图》中人物。可知这个已浸透了民族形式的经变画，实在是从晋六朝清淡风气下得到支持、发展，先盛行于中原南北各地，隋唐之际方传入敦煌

唐，反弹琵琶图，敦煌112窟壁画

唐，都督夫人礼佛图，敦煌130窟壁画临摹

的。画像既成于武周垂拱二年，佛前帝王行列，可证明传本《帝王图》确成于唐代。且可推知壁画所根据的粉本，大约也成于中原高手名家。但维摩像须髯如戟，胡帽胡装，不免令人可疑。扮相和传统病维摩太不相合，模特儿何所取法？更是个问题。旧记称隋展子虔有《石勒问道图》，石勒据胡床，状貌英伟雄杰。内容如何不易详悉。明詹东图《玄览编》则称曾见《石勒问道图》，树石不古，近于赵千里画。《玄览编》作者评画有见地，说的话不会大错。据个人私见，原本《石勒问道图》，不问是否展作，和这个画的主题内容，必相差不太多。证据是这个画佛像作风装扮通是隋代式样，文殊背后的树法更是隋代画法。是否同一画的粉本写作不同的题目？值得讨论。又旧画有《番王礼佛图》，也可能和这个画有些关连。现存宋人《礼佛图》卷子，传自李公麟，佛像缺少古意，实非本来。又佛道历来是有斗争的。晋王浮作《老子化胡经》，称老子出关而转生成佛，感化胡王成为信徒。虽是小说家言，因据此作的《老子化胡经图》则已极久。唐初反映于敦煌壁上，是十分自然的。又或这种画的粉本，如由晚唐或宋人题署，是极容易称为《老子化胡经图》的。这三个问题，都极有意义。

北齐，杨子华《校书图》，纵 29.3 厘米，横 122.7 厘米，美国波士顿美术博物馆藏

又敦煌画中诸番王像及帝王行列，一般说多以为是供养人。如果画为供养人，普通人不能画成这个样子，真的又应当是武则天妇人像。私意这个主题画下面只能说是中外群众。它的来源可能是从旧称梁元帝《职贡图》，和旧《列帝图》摘取而成，有万邦来朝意思。中唐以后人也有为应合番王礼佛题旨而画，未必即是当时修功德施主的真正像貌。这些异邦君主，只二三见于西域其他壁画中，敦煌画却特别多。也有这种可能，即传世《职贡图》粉本，原由敦煌画集锦而成。说敦煌维摩变可能和《问道图》、《礼佛图》、《化胡经图》都有关连，实与历史变动关系密切。晚唐会昌灭佛，据《历代名画记》称长安除重要名迹保留一二，其余即大都完事。五代兵火相继，中原名刹古庙，更多毁去，名匠工师，也不免流转死亡，难继业务。花鸟山水画家随社会发展现实而兴起，四川有黄筌、黄居寀，江南有徐熙、徐崇嗣、董源等。人物画家也以善写绮罗妇女的受重视。加之道教得封建军阀支持，这个发展显然对于《花间集》一格的词曲，是有大影响的。宋初道教越有势力，反映宗教情感的仙真天官，自然都成为壁画中的新贵，佛教故事画，在一般人眼目中，就不免日益生疏。旧画题名舛误，亦随之而来。因此一幅《张议潮宋国夫人出行图》，和宋明人记录中常提起的《金桥图》、《丽人行图》，都可能有关连。二画粉本如未注明出处，唐五代或宋人会题作金桥和丽人行图的。

六朝以来人物画，粉本流传，更易附会名目。例如被美帝骗走之《北齐校书图》，就和世传顾恺之《勘书图》、《文会图》，大约是同一个粉本。名《文会图》和内容表现方合。这个粉本且可能还成于唐宋之际，非原画本来。著录中阎立本、张南本、周文矩、丘文播、李公麟，都有这个画题。试找寻一点物证，作为画实晚出说明，从女侍中的波浪状额发或螺髻，即可得出些线索。这种额发实仿自菩萨装，并非以意为之。六朝壁画同式发少见，德人印西域画《高昌》第九图，主要菩萨作此式。敦煌盛唐以来画中菩萨群像，多相同式样。这种菩萨妆，如真的流行，必在隋唐之际，方有可能，转用于现实人头上，不会较早于此。但也有相反可能。如《女史箴图》，女人鬓边长发下垂一绺，敦煌壁画魏时代供养人行列亦有之。照主要供养人罩曲柄盖制度说来，这种人物装束，必为当时敦煌最高统治者，有封王爵位眷属宫廷盛妆，时代应当在四世纪，如魏元荣辈家属方有这个装扮可能。高昌唐代壁画中的菩萨侍从，却也有着发下垂鬓角制。很明显，这却是较先一代民族形式影响了后来佛画内容。前代宫廷贵族装束，发展而成后一代天神侍从根据，唐人画记中即常提到这一点。但是《北齐校书图》，如从主要人物作螺髻，及各种人物衣著，马像、侍从像说来，全不是隋以前人应有错误。大似李公麟据旧画有所增减而成。很可能是丘文播作的。这种种自然都只是一种估计，近于猜谜，难免和前说有附会错误。但从这么种种方面来看敦煌画，或批判检查中国几幅有历史性旧画，无可疑会理出一点线索，启发出一些新问题的。

又敦煌维摩变成于唐初，维摩像和史传所称太宗虬须相貌倒相合。照现存晋六朝石刻维摩像看来，实有结合了当时政治和宗教象征而成的意味。且恰恰把当时帝王是否拜佛的争论，作成一种矛盾调和的反映。唐代如用太宗像作模特儿，也是不足奇异的。

本文估计作于20世纪50年代，未发表过。据原稿编入。

《历代古人像赞》试探

书共三册，收入新印中国古代版画丛刊，末附郑振铎一跋，认为刻于明弘治十一年(公元 1498 年)，是今日所知最早一部历代古人像赞，且认为是若干不同刻本最好的一个本子。比万历时胡文焕刻的《历代圣贤像赞》和王圻在《三才图会》里所收的历代名人图像，都还好一些。跋中并把这种图像分成三类：一为历代帝后，二为历代圣君贤臣，三为历代道统中的先儒图像，认为多由元代传来，推测大致还可靠。因为元代军事统治者为巩固其残暴统治，除利用佛教和道教

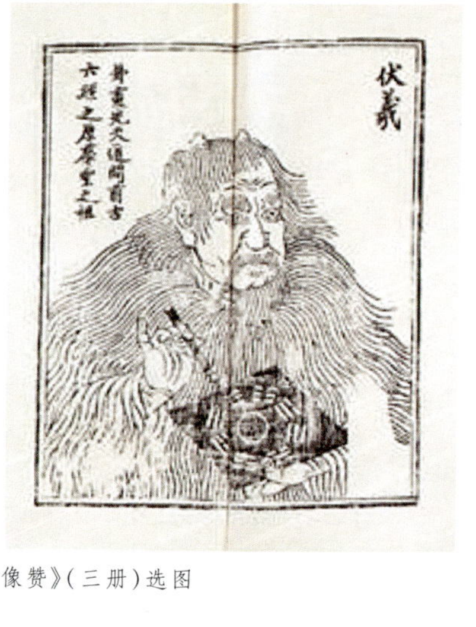

郑振铎编《历代人物像赞》(三册)选图

外，又复利用读书人兴儒学，讲孔孟之道，各地修孔庙，铸礼器，所以传世元代铸造铜礼器中的笾、豆、鼎、簠尚不少，近年各地多有发现，且常留有年代款识。名臣图像产生于这个时代，事情极其自然。至于说部分图像从家谱取来，认为是第一手可靠材料，似可商量。因为事实上修家谱多喜附会，已成习惯，上一二代或尚有写真可以依据，明代人若作唐宋时祖先像，即不免但凭想象为之。或用一不相干前人旧像改之充数。至于这类通俗图像，更多出于无历史形象知识世俗画工所作，因此留传下来的明代同类性质彩色画册，内中图像多大同小异，但名称却多由画工以意为之，各不相同。历博一九五八年建馆，由故宫、文物局调拨这类名臣图像册子多种，稍加核对，即发现同一图像，名称却时有彼此。它的来处，加以分析，似取自五个不同部分：

一、道士用水陆道场画中所谓圣君贤像(同时也是星辰)，如世传梁武帝像即是。宋人绘尧舜来源也相同。

二、儒学用(祀孔时陈列)所谓古代圣君贤像，如《故宫周刊》所载伏羲尧舜。

三、人物画家所作，如燕文贵《三仙授简》，李唐《采蕨图》之伯夷叔齐，李公麟等绘《西园雅集图》、《十八学士图》、《香山九老图》。

四、家谱、年谱、祠堂、文集中所载诸像，如世传白居易、陆贽、苏东坡、辛弃疾等诸像。

五、后来画家以意为之，专绘诸像，如上官周《晚笑堂画传》，李公麟《孔门七十二贤图》，苏州沧浪亭石刻五百名贤像，陈老莲《水浒》叶子。

这些画像，可靠性都是相对的。有的所画对象虽不可靠，但流传下来已成习惯，使人一望而知，较早如武梁石刻大禹像，中古如相传吴道子之孔子像，近古如陈老莲之《水浒》诸农民英雄形象，欲否定，由于社会习惯势力似难于否定。也有的虽出于私人祠堂陵庙供奉，或个人文集附图，性质依旧可疑的，例如陆贽、文天祥、苏东坡、杜甫诸像。又即或出于宫庭中当作一回事而作大幅轴子，内中一部分真实性依旧十分可疑的，如故宫南薰殿画像中郭子仪、李光弼、诸葛亮等像。所以应用这些材料似乎值得辩证的来对待。并值得好事有心人先作些比证梳理工作，到应用时必可得到较大便利，不至于如当前一般著述临时胡乱抓插图情形。心中有数，方能知所取舍。如心中无数，自不免临渴掘井，以能对付凑数为□□，求符合历史本来，势不可能。

一、伏羲　全身披长毛执笔画卦

汉石刻有伏羲女娲作人面蛇身。唐代新疆坟墓中盖被犹仿之。

沂南汉石刻有结绳纪事钻燧取火画卦等反映，较有古意。宋燕文贵《三仙授简》似本之而成。此刻似出于宋而不及宋。又《故宫周刊》另载有一像作手足指爪极长，面前有一活龟行动。面容如道士。

《荀子》、《史记》和曹植均有文叙及诸传说古帝名臣形象，加以辑录，可供作此等人形象参考。

陈列上如用作补充材料，似可将各种不同形象同列。

二、神农

武氏祠石刻作秉耜翻土状，甚好，有古意，较此合理。此像或出于宋人，与《三仙授简》穿著相似。《三仙授简》披木叶，此像各披菜叶。

三、黄帝

武氏祠有二，一与颛顼相近，一为驱虎豹熊罴，驾云车，与蚩尤战争形象，似本于《史记》而作。如陈列作传说中帝王人君，武氏石刻可供陈列，此图中人著冕服，近引言所说或出于水陆画，系据宋人《三礼图》而成，胸前有宋人所谓方心曲领可证(唐人尚懂曲领为拥颈衬衣也)。

唐人绘经变故事中十殿阎王也多冕服，比此图为早。

冕服材料可参考处：一汉石刻诸古帝王，二朱鲔墓石刻，三北朝十七孝子棺，四阎立本《列帝图》，五敦煌画十殿阎王图（可据《敦煌之研究·图像编》），六《三礼图》，明代则为歧阳王世家文物诸图像。

四、少昊、颛顼

均以武氏石刻有古意，笔简朴而有古意，与传说中叙述相称。此则近于从道教画中诸天形象取来。

这类画多从宗教画中诸天而来，早只能到唐代，和吴道子有一定联系。宋则武宗元辈于玉清昭应宫作壁画犹本之。宋刻经《佛说法图》背后或两侧诸天，犹多相近形象可得。

此亦宋式，小冠子上著一曲角形，则本獬豸冠"一角触邪"而来。汉代有说而无形象遗留。吴道子辈以意为之。

五、帝喾

以武氏石刻较古。此图中形象在明代传绘帝王名臣图册中，或标名刘邦，或标名王通，相去各千年，同一无稽。

六、帝尧

武氏石刻有尧舜像，旁附蓂荚纪历传说图，比较近古意。

《孝子传》漆画中尧舜时代还略早（或西汉末），且有纣王妲己像，虽简率，且出民间漆工之手，究竟是二千年前手笔。此像与前图同，可以为刘邦，为王通，为其他某人。与故宫藏帝王图中尧舜，均近于从道教壁画、水陆画而来。

帝舜作冕服。

七、夏禹

以武氏石刻近文献叙述瘦黑，具古意有典型性。

八、文王

以武氏石刻较好。虽然头上冠子不古，是汉梁冠，如作像，还是宜作参考。此图像头上之卷梁平天冠亦只见于唐代道教壁画诸天头上。

九、武王

武王弟兄均以武氏石刻较具古意。

汉石刻以周公辅成王为主题反映于画面较多，和汉代政治现实关系密切。早或出于霍光辅政王莽辅政时期，有“借古喻今”意思。晚或和窦宪等外戚专权有关。

一般石刻多作平雕。惟近年山东曾出土一约尺高立雕，作一胖胖贵族抱一小孩。因汉有“司命”传说，孙作云教授作文以为宜即山东人当时供奉之“司命”神。事实上还是周公辅成王也。

十、此图像册中汉诸帝王均少应有古意，无是处。如陈列上应用，以参考《列帝图》及洛阳壁画、望都汉画、沂南石刻(《列士传》部分)、朱鲔墓石刻折中于其间，转易得本来精神面目。

内中光武帝一像，似据《列帝图》中光武而作成。

刘备像不如《列帝图》中像。

十一、曹操

因史志称有“幅巾为雅”记载，此画即拟之，实不相称。因汉末之幅巾，白帢、帽、纶巾、折角巾、菱角巾，均应从当时画像形状求之。可供参考的为新出《竹林七贤图》、《斲琴图》、《校书图》等。《七十二贤图》虽说出于宋，实来自两晋，当略得本意。至于此图中巾裹，则宋代野老之服也。

十二、孙权

不如《列帝图》中雄俊，宜以《列帝图》为准。

十三、司马懿

宜参《列帝图》，此像不合用。

十四、东晋元帝

此从诸天像取来，毫无古意，亦少性格。

十五、南朝宋武帝

冕如平板，少旒，不足据。如拟绘，宜参十七孝帝石刻、朱鲔石刻、北朝碑志石刻，《列帝图》等。

十六、宋废帝

此像在另一明人绘名臣图中，不著须，标名华佗。大同而小异。

妄人以意为之。

十七、齐高帝

如绘制，宜据《校书图》、《列帝图》、北朝造像中之供养人及敦煌画中之佛传故事贵族骑马像，当可得其仿佛。此图像中之巾裹了无是处，近元明戏装。

至于面目，在其他绘册中颜真卿、张巡均相近。

十八、梁武帝像

以《列帝图》中较好。《故宫周刊》一像近似由宋元水陆星官像剪下，妄人标一名字。此像在另外一明人绘册中则标名为孟轲，同一无稽。

本文估计作于20世纪60年代初，未发表过。现据原稿编入。

赚兰亭图问题

宋人绘《萧翼赚兰亭图》

（比传世阎立本所作早些。因阎图烹茶部分有荷叶盖罐，不可能早于元以前。）

此草图过于粗简，可据之重摹一张。构图还好。原图各人衣著均近宋。如怪木禅榻及僧鞋处理，萧翼衣非唐，鞋非唐，幞头式样且错，近明人无知画手。坐具为“墩子”，作鼓子式，是明以来才如此。宋代即不是这样。及身后一童子所携小提盒，与烹茶二童子，均宋式。比传世所见诸图均较晚于唐五几百年不等。

因赚兰亭故事，出于《太平广记》杂传记部分，必《广记》流传以

唐，阎立本《萧翼赚兰亭图》

后，才有可能成为一个主题故事画而流行也。此画原本或亦附于某种兰亭拓本之前后。因此故事流传，不少拓本均附有一《赚兰亭图》。还记得近世名家萧龙友，捐故宫一“兰亭”也附有一图，近南宋人作。笔细秀不俗，仍非唐。

此画与另一更有名之《赚兰亭图》，必然是据《太平广记》中的赚兰亭故事而来，《广记》实宋初成，明人才有刻本！

此画从衣著用具等等具体分析，近似明人据宋稿而成，不可能出于初唐！

另一更有名之《赚兰亭图》，萧翼坐于石条凳上，也不伦不类，而茶叶罐上盖作荷叶式，仅据此茶具即可知为宋末元代流行银瓷器，那会在唐初出现。画人眉眼带鱼尾状，与故宫《名臣图》近，只能是元明间人作，宋人亦不至于如此无知！

枯古怪椅禅榻由五代贯休起始反映于画迹中，阎立本不会如此。

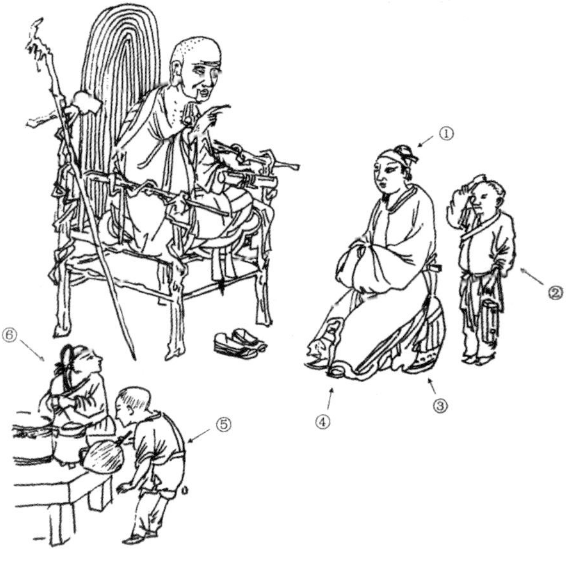

（指示图）

①幞头误，上三折如不应将后垂之翅放前额上。圆领衣也错。照传记则称衣黄绢襕衫，也不是这个样子。襕衫近“缝掖”，和宋代下野官僚等的直裰相近。

②侍童也是宋式，非唐。

③坐具错。墩子初曼不始用。由战国薰笼而来，所以属于妇女坐具。六朝受维摩思维画塑影乎，中段缩小成莲台式，唐称腰鼓式，名“筌台”或“筌蹄”，即“薰笼”，仍为妇女专用。直到晚唐，大臣上殿年老赐绣墩，却应当是藤编透空如宋人所用。

④得穿乌皮缝靴子。

⑤此近明式小孩。

⑥小娃子不戴幞头，戴幞头即穿圆领衣。

本文直接写在作者请人摹绘的草图上，产生于20世纪70年代中期。未发表过。据原稿整理编入。

谈写字(一)

社会组织复杂时，所有事业就得“分工”。任何一种工作，必需要锲而不舍地从事多年，才能够有点成就。当行与玩票，造诣分别显然。兼有几种长处，所谓业余嗜好成就胜过本行专业的，自然有人。但这种人到底是少数。特殊天才虽可以超越那个限度，用极少精力，极少时间，作成发明创造的奇迹。然而这种奇迹期之于一般人，无可希望。一般人对于某种专门事业，无具体了解，难说创造；无较深认识，决不能产生奇迹。不特谨严的科学是这样，便是看来自由方便的艺术，其实也是这样。

多数人若肯承认在艺术上分工的事实，那就好多了。不幸得很，中国多数人大都忽略了这种事实。都以为一事精便百事精。尤其是艺术，社会上许多人到某一时都欢喜附庸风雅，从事艺术。惟其倾心艺术，影响所及恰好作成艺术进步的障碍，这个人若在社会又有地位，有势力，且会招致艺术的堕落。最显著的一例就是写字。

写字算不算得是艺术，本来是一个问题。原因是它在人类少共通性，在时间上又少固定性。但我们不妨从历史来考察一下，看看写字是不是可称为有艺术价值。就现存最古的甲骨文字看来，可知道当时文字制作者，在点线明朗悦目便于记忆外，已经注重到它个别与群体的装饰美或图案美。到铜器文字，这种努力尤其显然(商器文字如画，周器文字上极重组织)。此后大小篆的雄秀，秦权量文字的整肃，汉碑碣的繁复变化，从而节省为章草，整齐成今隶，它那变革原因，虽重在讲求便利，切合实用，然而也就始终有一种造形美的意识存在。因为这种超实用的意识，浸润流注，方促进其发展。我们若有了这点认识，就权且承认写字是一种艺术，似乎算不得如何冒失了。

写字的艺术价值成为问题，倒恰好是文字被人承认为艺术一部门之时。史称熹平时蔡邕写石经成功，立于太学门外，观看的和摹写的车乘日千余辆，填塞街陌。到晋有王羲之作行草书，更奠定了字体在中国的艺术价值，不过同时也就凝固了文字艺术创造的精神。从此写字重摹仿，且渐重作者本人的事功，容易受人为风气所支配，在社会上它的地位与图画、音乐、雕刻比较起来，虽见得更贴近生活，切于应用，令人注意，但与纯艺术也就越远了。

到近来因此有人否认字在艺术上的价值，以为它虽有社会地位，却无艺术价值。郑振铎先生是否认它最力的一个人，与朋友间或作小小的舌战，以为写字不能称为艺术。（郑先生大约只是觉得它与“革命”无关，与“利用学生”无关，所以否认它有艺术价值。至于某种字

商，司母戊鼎铭文，河南安阳殷墟出土

商，戍嗣子鼎铭文，河南安阳后冈圆形殉葬坑出土，中国社会科学院考古研究所藏

体笔画分布妥贴所给人的愉快，郑先生还是能够欣赏，所以当影印某种图籍时，却乐于找寻朋友，用极飘逸悦目的字体，写他所作那篇序文。）艺术，是不是还许可它在给人愉快意义上证明它的价值？我们是不是可以为艺术下个简单界说：“艺术，它的作用就是能够给人一种正当无邪的愉快？”艺术的价值自然很多，但据我个人看来，称引一种美丽的字体为艺术，大致是不会十分错误的。

字的艺术价值动摇，浮泛而无固定性，是否艺术成为问题，另外有个原因，不在它的本身，却在大多数人对于字的估价方法先有问题。一部分人把它和图画、音乐、雕刻比较，便见得一切艺术都有所谓创造性，唯独写字拘束性大，无创造性可言。并且单独无道德或情感教化启示力量，故轻视它。这种轻视无补于字的地位，自然也无害于字的艺术真价值。轻视它，不注意它，那就罢了。到记日用账目或给什么密友情人写信时，这轻视它的人总依然不肯十分疏忽它，明白一个文件看来顺眼有助于目的的获得。家中的卧房或客厅里，还是愿意挂一副写得极好的对联，或某种字体美丽的拓片，作为墙头上的装饰。轻视字的艺术价值的人，其实不过是对于字的艺术效果要求太多而已。糟的倒是另外一种过分重视它而又莫明其妙的欣赏者。这种人对于字的本身美恶照例毫无理解（凑巧这种人又特别多），正因其无理解，便把字附上另外人事的媒介，间接给他一种价值。把字当成一种人格的象征，一种权力的符咒；换言之，欣赏它只为的是崇拜它。前年中国运故宫古物往伦敦展览时，英国委员选画的标准是见有乾隆皇帝题字的都一例带走。中国委员当时以为这种“毛子精神”十分可笑。其实中国艺术鉴赏者，何尝不是同样可笑。近年来南北美术展览会里，常常可以发现吴佩孚先生画的竹子，冯玉祥先生写的白话诗，注意的人可真不少。假石涛假八大的字画，定价相当的高，还是容易找到买主。几个比较风雅稍明绘事能涂抹两下的朝野要人，把鬻画作画当成副业收入居然十分可观。凡此种种，就证明“毛子精神”原来在中国更普遍的存在。几年来“艺术”两个字在社会上走了点运，被人常常提起，便正好仰赖到一群艺术欣赏者的糊涂势利精神，那点对

西周，大克鼎铭文，陕西扶风出土

于艺术隔膜，批判不苛刻，对于名公巨卿又特别容易油然发生景仰情绪作成的嗜好。山东督办张宗昌，虽不识字，某艺术杂志上还刊载过他一笔写成的虎字！多数人这么爱好艺术，无形中自然就奖励到庸俗与平凡。标准越低，充行家也越多。书画并列，尤其是写字，仿佛更容易玩票，无怪乎游山玩水时，每到一处名胜地方，当眼处总碰到一些名人题壁刻石。若无世俗对于这些名人的盲目崇拜，这些人一定羞于题壁刻石，把上好的一堵墙壁一块石头脏毁，来虐待游人的眼目了。

所以说，“分工”应当是挽救这种艺术堕落可能办法之一种。本来人人都有对于业余兴趣选择的自由，艺术玩票实在还值得加以提倡。因为与其要做官的兼营公债买卖，教书的玩麻雀牌，办党的唱京戏，倒还是让他们写写字画点画好些。然而必需认识分工的事实，真的专家行家方有抬头机会，这一门艺术也方有进步希望。这点认识不特当前的名人需要，当前几个名画家同样需要。画家欢喜写美术字，这种字给人视觉上的痛苦，是大家都知道的。又譬如林风眠先生，可说是近代中国画家态度诚实用力勤苦的一个模范，他那有创造性的中国画，虽近于一种试验，成就尚有待于他的努力，至少他的试验我们得承认它是一条可能的新路。不幸他还想把那点创造性转用在题画的文字上，因此一来，一幅好画也弄成不三不四了。记得他那绘画展览时，还有个批评家，特别称赞他题在画上的字，以为一部分用水冲淡，能给人一种新的印象。很显然，这种称赞是荒谬可笑的。林先生所写的字，所用的冲淡方法，都因为他对于写字并不当行。林先生若还有一个诤友，就应当劝他把那些美丽画上的文字，尽可能的去掉。

话说回来，在中国，一切专业者似乎都有机会抬头，唯独写字，它的希望真渺茫得很！每个认字的人，照例都被动或自动临过几种字帖，刘石庵、邓石如、九成宫、多宝塔、张黑女、董美人，……是一串人熟习的名词。有人欢喜玩它，谁能说这不是你的当行，不必玩？正因为是一种谁也知道一两手的玩意儿，因此在任何艺术展览会里，我们的眼福就只是看俗书劣书，别无希望了。专家何尝不多，但所谓专家，也不过是会写写字，多学几种帖，能摹仿某种名迹的形似那么一种人吧。欣赏者不懂字，专家也不怎么懂字。必明白字的艺术，应有的限度，折衷古人，综合其长处，方能给人一点新的惊讶，新的启示。欲独辟蹊径，必理解它在点线疏密分布间，如何一来方可以得到一种官感上的愉快，一种从视觉上给人雕塑、图画兼音乐的效果。这种专家当然不多。另一种专家，就是有继往开来的野心，却无继往开来的能力，终日胡乱涂抹，自得其乐，批评鉴赏者不外僚属朋辈以及强充风雅的市侩，各以糊涂而兼阿谀口吻行为，赞叹爱好，因此这人便成一家。这种专家在目前情形下，当然越来越多。这种专家一多，结果促成一种风气，便是以庸俗恶劣代替美丽的风气。专家不抬头，倒是“塞翁失马”，消极的不至于使字的艺术十分堕落，专家抬头，也许更要不得了。

西周，武王利簋铭文，陕西临潼出土，中国国家博物馆藏

我们若在这方面还存下一点希望，似乎还有两种办法可以努力，一是把写字重新加以提倡，使它成为一种特殊的艺术，玩票的无由插手；二是索性把它看成一种卑贱的行

业，让各种字体同工匠书记发生密切关系，以至于玩票的不屑于从事此道。如此一来，从装饰言，将来必可以看到许多点线悦目的字；从应用言，也可望多数人都写出一种便利流动的字。这种提倡值得大家关心，因为它若有了点效果，名流的俗字，艺术家的美术字，不至于到处散播，我们的眼目，就不必再忍受这两种虐待了。

本文是作者以《谈写字》为题所写的第一篇作品。1937 年 4 月 4 日发表于天津《大公报・文艺》第 319 期；同年 5 月《月报》第 1 卷第 5 期转载了全文，均署名上官碧。1984 年 7 月和 1986 年 5 月，本文以《谈写字(一)》为篇名，先后收入花城出版社《沈从文文集》第 12 卷和商务印书馆香港分馆《龙凤艺术》书中出版，内容均有所删节。

现据《大公报》文本，以《谈写字(一)》为篇名全文编入。

谈写字(二)

一、宋四家

书画到宋代后，有了极大变化，说坏处是去传统标准日远，说特色是敢自我作古。经生体的稳重熟练把握不住，虞欧褚颜的创造天赋也都缺乏。试用代表这个时代的苏黄米蔡作例，就可知道这几个人的成就，若律以晋唐法度规模，便见得结体用笔无不带点权谲霸气，少端丽庄雅，能奔放而不能蕴藉。就中蔡襄楷书虽努力学古，也并不成功。功夫即下得多，作字结体用笔，都呆俗无精神。米芾书称从兰亭出，去兰亭从容和婉可多远！若遇游山玩水，探胜访奇，兴会来时，攘袖挥毫，摩崖题壁，草草数行，自然尚有些动人处。函简往还，叙述家常琐事，跋赞法书名画，间或记点小小掌故，也留下些妙墨佳书，至若一本正经的碑志文字，四家实少合作。苏书罗池庙碑，蔡书荔子谱，万安桥记，都笔不称名。黄书做作，力求奔放潇洒，不脱新安茶客情调。恰如副官与人对杯，终不能令人想象曲水流觞情景也。米书可大可小，最不宜中，一到正正经经来点什么时，即大有不知如何做手脚急窘，此外理学大儒，馆阁词臣，元勋武将，词人骚客，也留下许多作品，如朱熹、王安石、司马光、文彦博、韩绛、吴琚、范成大、陆游，大多数可说是字以人传，无多特别精彩处。倒还是范成大和陆游较好。即以四大家而论，米称俊爽豪放，苏称妩媚温润，黄号秀挺老成，蔡号独得大王草法；其实则多以巧取势，实学不足，去本日远。即以对于艺术兴趣特别浓厚赏鉴力又极高之徽宗皇帝而言，题跋前人名迹时，来三两行瘦金体书，笔墨秀挺中见苍劲，自成一格，还可给人一种洒落印象。写字一到二十行，就不免因结体少变化而见出俗气，呆气，头巾气，难称佳制。《墨庄漫录》称：

> 海岳以书学博士召对，上问本朝以书名数人。海岳各以其人对，曰："蔡京不得笔，蔡卞得笔而少逸韵。蔡襄勒字，沈辽排字，黄庭坚描字，苏轼画字。"上复问："卿书如何？"对曰："臣书刷字。"

倪思评及宋贤书时，也有相似意见。大米虽有痴名，人实不痴，既善作伪，又复好洁成癖，对于自己一笔字，平时倒看得极重。其实论到宋代几个有名书家笔墨长短时，这种应对可谓相当准确，并非完全戏谑。说宋人已不能如虞欧褚颜认真写字，并不为过。

东汉，鲜于璜碑

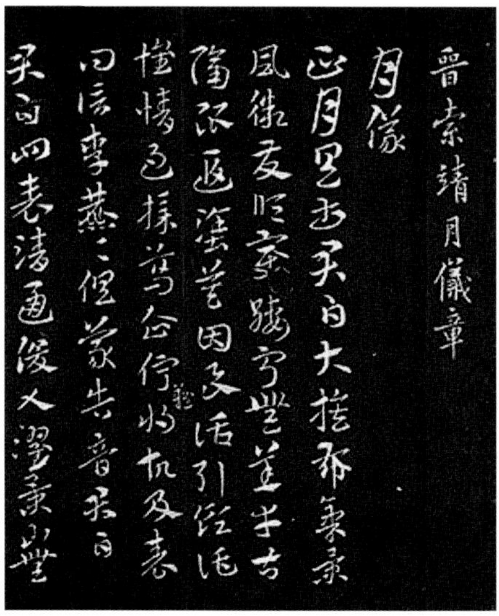

西晋，索靖月仪帖

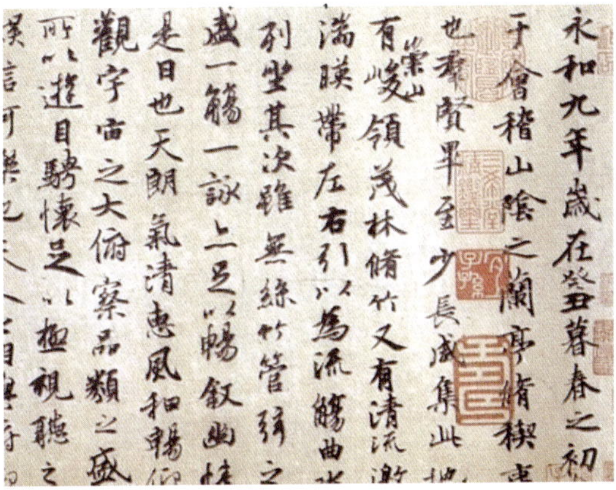

东晋，王羲之兰亭序(冯承素摹本)

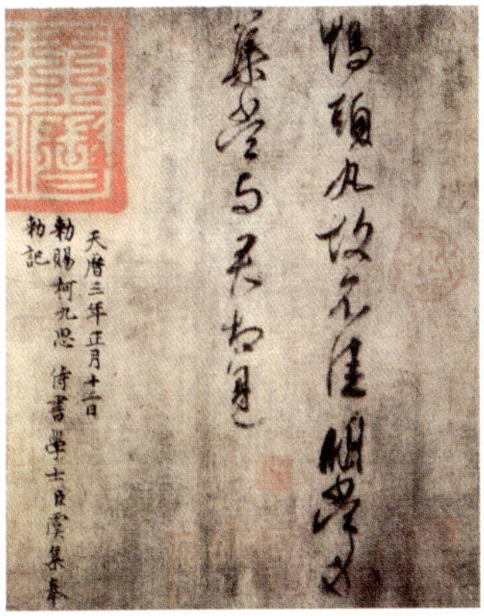

东晋，王献之鸭头丸帖

唐，虞世南孔子庙堂碑

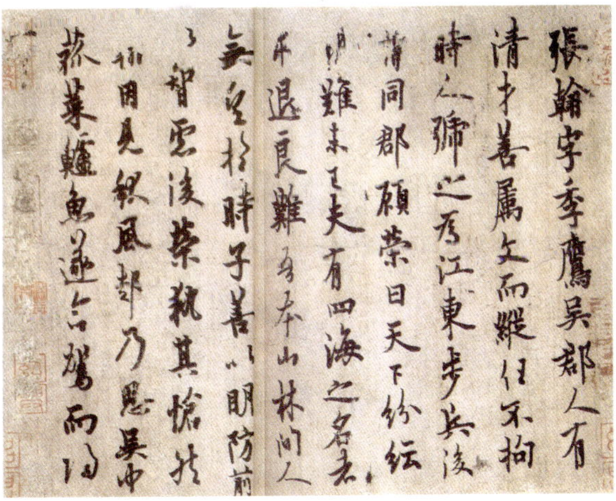

唐，欧阳询张翰帖

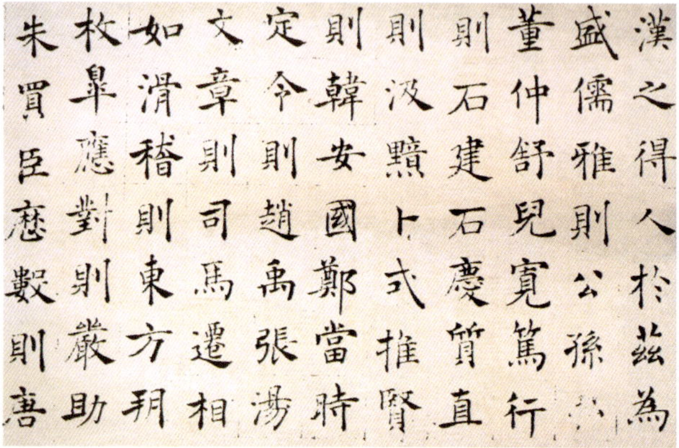

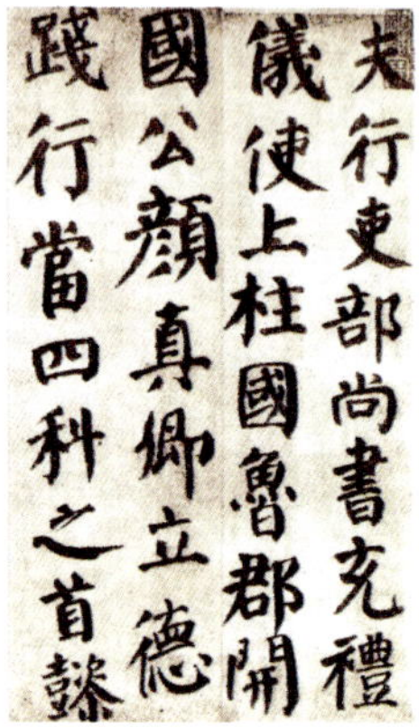

唐，褚遂良倪宽赞

唐，颜真卿自书告身

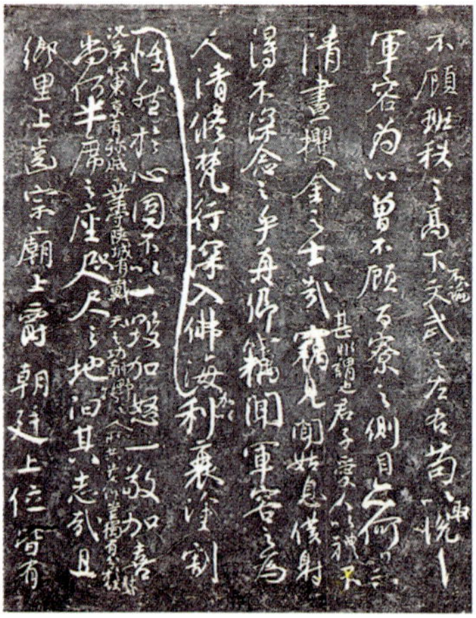

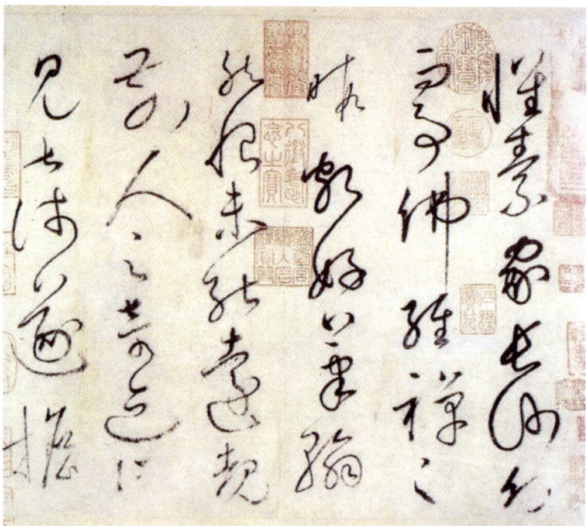

唐，颜真卿争座位帖（宋拓西安本）

唐，怀素自序帖

宋人虽不长于认真写字，可是后世人作园林别墅匾对，用宋人字体写来，却还不俗气。这种匾对照例可保留一种潇洒散逸情趣，容易与自然景物相衬。即作商店铺户横竖招牌，有时也比较傻仿颜柳字体少市侩气，呆仿六朝碑少做作气。就中尤以米苏字体，在卷轴上作一寸以内题识时，如吴琚与吴宽，笔墨尽管极力求脱俗，结果或者反而难免八分俗气。成行成篇还看得去，一个一个裁下看，简直不成东西！可是若把字体放大到一尺以后，不多不少来个三五字，又却常常雅韵欲流，面目一新。然放大米书容易，放大苏书似不容易。因此能作大字米黄体的有人，作苏书的世多不见。

二、近代笔墨

康南海先生喜谈书法，谈及近百年笔墨优劣时，有所抑扬，常举例不示例，不足以证是非。至于南海先生个人用笔结体，虽努力在点画间求苍莽雄奇效果，无如笔不从心，手不逮意，终不免给人一芜杂印象。一生到处题名，写字无数，且最欢喜写“开张天岸马奇逸人中龙”一联，却始终不及在云南昆明黑龙潭相传为陈抟那十个字来得秀雅奇逸！一个书家终生努力，还不及他人十个字给人印象之深，似乎也就大可不必写字了。昔人说，鲜于伯几康里子山笔下有河朔气，评语褒中寓贬。南海先生实代表“广东作风”，启近代“伟人派”一格。反不如梁任公胡展堂二先生同样是广东人，却能谨守一家法度，不失古人步骤，转而耐看。所以说南海先生代表广东作风，正可与画家中的高奇峰、高剑父、林风眠，同为一条战线上人物。笔下心中都有创造欲，可惜意境不高，成就因之亦有限。政治革命为社会民族作预言，事情不容易而容易；至于文学艺术革命，事情却容易而不容易。为的是这是另外一种战争！

因此让我想起一个附带建议，即盼望现代画家再莫题跋。尤其是几位欢喜题跋的画家，题跋常破坏了画的完美！

其实欲明白清代书法优劣，为南海先生议论取证，不如向故都琉

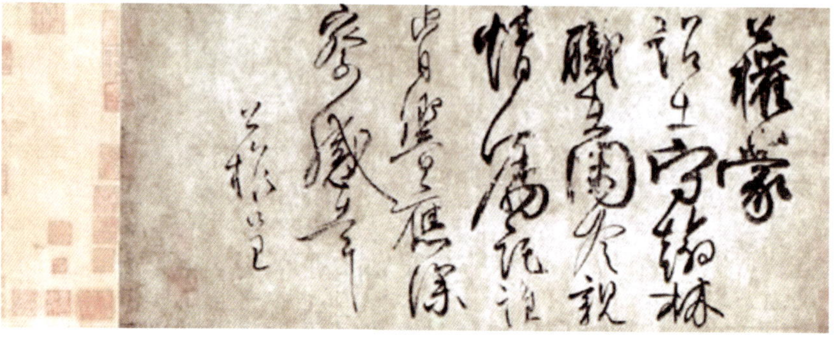

唐，柳公权蒙诏帖

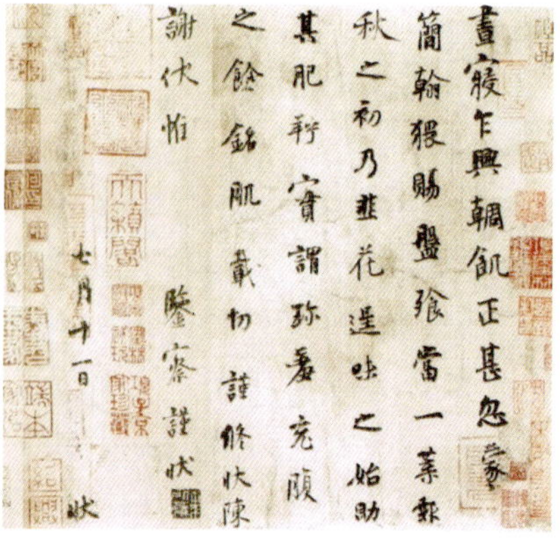

五代，杨凝式韭花帖

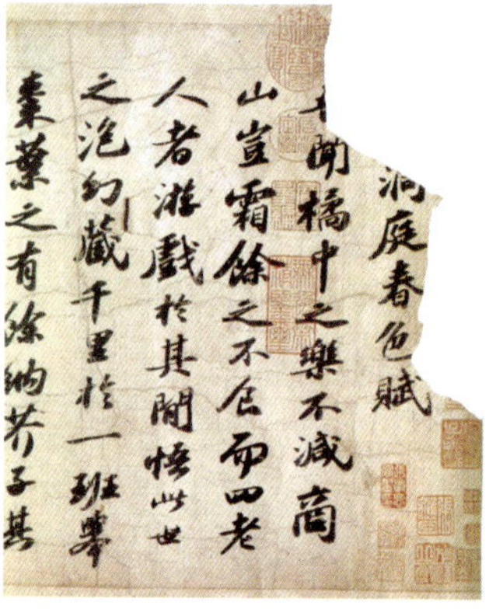

北宋，苏轼洞庭春色赋

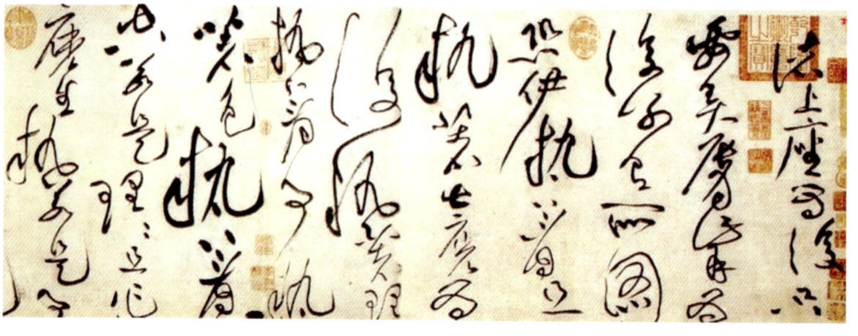

北宋，黄庭坚诸上座帖

璃厂走走，即可从南纸店和古董铺匾额得到满意答复。因为照习惯，这百十家商店的市招，多近两百年国内名流达宦手笔。虽匾额字数不多，难尽各人所长，然在同一限度中，却多少可见出一点各自不同的风格或性格。北平商店最有名市招，自然应数宣武门外骡马市大街“西鹤年堂”一面金字招牌，传为严分宜手书，还有神武门大街大高殿牌楼几个横额，字体从小欧道因碑出，加峻紧险迫，筋骨开张；二百年来还仿佛可从笔画转折间见出执笔者执拗性情。至于琉璃厂匾额，实美不胜收。二十六年最摩登的应数梅兰芳为“伦池斋”写的三个字。乾嘉时代多宰臣执政名公巨卿手笔，刘墉、翁方纲可作代表。咸同之季多儒将手笔，曾左可作代表。晚清多诗人名士手笔。法式善，宝竹坡可作代表。……入民国以后，情形又随政体而变，总统如黎元洪、袁世凯，军阀如吴佩孚、段祺瑞，此外如水竹村人(徐世昌)的大草书，逊清太傅陈宝琛的欧体书，内阁总理熊希龄的山谷体行书，诗人词客议员记者学者名伶如樊增祥、姚茫父、罗瘿公、罗振玉、沈寐叟、庄蕴宽、林长民、邵飘萍等等各有千秋的笔墨，都各据一家屋檐下，俯视过路人，也仅过路人瞻仰。到民八以后，则新社会露头角的名流，与旧社会身份日高的戏剧演员，及在新旧社会之间两不可少的印人画家，如蔡元培、胡适之、梅兰芳、程砚秋、齐白石、寿鉨、诸人写的大小招牌，又各自填补了若干屋檐下空缺。所以从这个地方，我们不仅可以见出近两百年来有象征性的大人物名姓墨迹，还可从执笔者的身份地位见出时代风气的变迁。先是名公宰臣的题署，与宏奖风雅大有关系，极为商人所尊重。其次是官爵与艺术分道扬镳，名士未必即是名臣，商人倒乐意用名士作号召。再其次是遗老与军阀，艺员与画家，在商人心中眼中已给予平等重视，这些人本身也必然亦承认了这个现实平等观。“民主”二字倒真像快要来到了。再其次是玩古董字画卖文房四宝，已得用新的一群作象征，也可知事实上这个新的一群，在时代新陈代谢中，已成为风雅的支持者了。再其次，是琉璃厂古董铺已有悄悄改营金钞生意的，旧书铺或兼卖新体小说或率性改作纸烟杂货店，横匾自然就已到可有可无时代了。

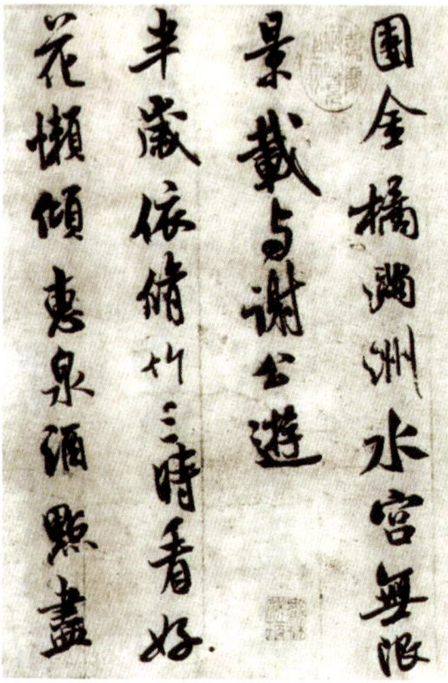

北宋，米芾苕溪诗

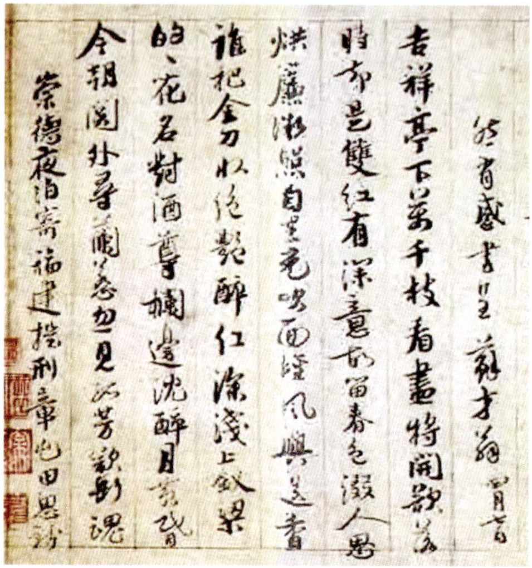

北宋，蔡襄自书诗帖

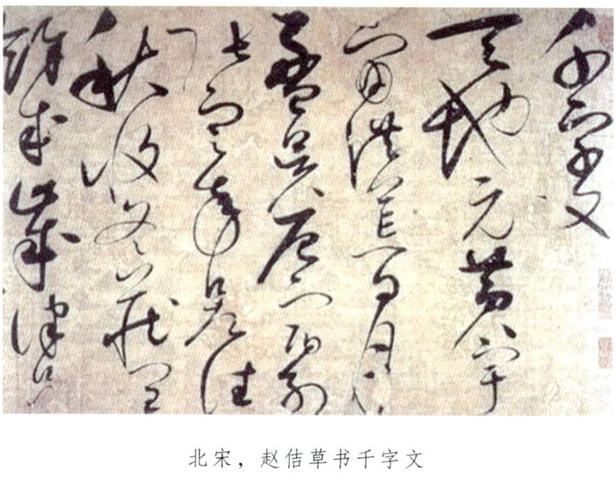

北宋，赵佶草书千字文

三、市招与社会

若说从故都一条小街上的市招字体，可看出中国近百年书法的变，和中国历史文化的新陈代谢，及社会风气的转移，那从此外各地都会市招上，也一定可以明白一点东西。凡较热闹的省会，我们一定会感觉到一件事，即新的马路和新的店铺，多用新的市招。虽间或可从药店，和糕饼店、南纸店，发现一二旧式匾额，比较上已不多。可知这三样旧社会的商业，或因牌号旧，或因社会需要，在新的都会中尚勉强能存在。但试想想，旧药店已不能不卖阿司批灵，糕饼店也安上玻璃柜兼售牛奶面包，南纸店更照例得准备洋墨水和练习簿，就可知大都会这些旧牌号，虽存在实勉强存在，过不久恐都得取消了。最后剩下的将是中医与财神庙的匾额，这是中国人五十年内少不了的。虽然新式理发馆或大银行门面，依然常常有个伟人题字点缀，一看也就知道所需要的正如办丧事人家题铭旌，只是题字人的功名，字体好坏实已不再为任何方面注意。武昌黄鹤楼废基上的露天摊子，“小孔明”的招子，已到什么总队的大队长为用美术字招徕主顾了。

不过从执笔方面，也多少可以看出一点代表地方的象征。譬如说，南京有的是官大名分多的革命要人，市招上题名也大多数是这种要人。民十八以后，南京的旅馆、饭馆，以及什么公司，都可发现谭于诸老的墨迹，多少也可象征一个不再重职业阶级的民主国伟人气度。山东究竟是文化礼义之邦，济南市面虽日益变新，旧招牌尚多好好保存。较新的牌号，大多数还是一个胶东状头王壿所包办，醴泉铭作底子的馆阁体欧书，虽平板些不失典型。长沙是个也爱名人也重伟人的地方，(未焚烧前)各业匾额便多谭延闿先生争座位颜体大字，和书家杨仲子(杨度之弟)六朝体榜书，两人秋色平分。杭州是个也有名流也要书家的地方，所以商店中到处可见周承德先生宽博大方的郑文公碑体写在朱红漆金字大匾上。至若西湖沿湖私人别墅园亭，却多国内近卅年名流达官的题署。上海是个商业都会，并且是个五方杂处英雄豪杰活动地方，所以凡用得着署名市招的，就常有上海闻人虞洽卿、王一亭、杜月笙的题字。近代社会要人与闻人关系既相当密切，因之凡闻人的大小企业，从百货公司到成衣店，却又多党国要人题字。

四、新问题

大凡欢喜写写字，且乐意到一个新地方从当地招牌上认识那地方文化程度或象征人物的，都可能有个相差不多的印象或感想，即招牌字体有越来越不高明的趋势。或者因为新式商店门面宽窄无定，或者因为油漆匠技术与所用材料恶劣，居多招牌字体比例就永远不会与匾额相称，匾额又照例难与门面装饰性相调和。至于请求名人动笔的商人呢，似乎已到不明好坏不问好坏情形，只是执笔的官位越大或为人越富于商标性就越好。至于写字的名人伟人呢，若还想把它当成一件事作，好坏之间还有点荣誉感，肯老老实实找个人代笔，还不失为得计。不幸常常是来者不拒，有求必应。有些人(尤其是我们常见的“文化人”)许多许多竟特别欢喜不择纸笔，当众挥毫，表示伟大洒脱。不是用写径寸字体的结构方法放大成对径二尺三尺的大字，就是用不知什么东西作成的笔，三涂五抹而成，真应了千年前火正后人米颠说的，不是“勒”字就是“排”字，不是“描”字就是“刷”字。可是论成就，却与古人成就相去多远！虽说这种连扫带刷的字体，有时倒也和照相馆西药房这些商号本身性质相称，可是这一来，在街上散步时，我们从市招上享受字体愉快的权利，可完全被剥夺了。(但知识青年的纪念册，却正是这种伟人字的战场，恰恰如许多名胜地方墙壁上，是副官军需题诗的战场一样；论恶劣，真不容易公平批判!)

权利去掉后自然多了一种义务，那就是在任何地方都可碰头的伟人字和美术字。这两者合流，正象征一种新的形成，原来是奠基于“莫名其妙”和“七拼八凑”。从写字看文化，使我们感觉到像上月朱自清先生，对于政府十年前迫学生用毛笔的复古担忧，为不必要。也为梁思成先生主持北平文整会的修理工作的意见，同意以外觉得茫然。因为党国要人中虽还有个吴稚老，欢喜写写篆字，至于另外一位富有民主风度的于胡子，写的字就已经像是有意现代化，用大型特制原子笔作成莼菜条笔锋。北平琉璃厂的戴月轩李福寿，好笔作价已到三千万，政府那还有兴趣能够强迫人用毛笔写好字！至于费三十五十亿来收拾的故都，也真只是将将就就来收拾一下罢了。因为国内最有历史价值的建筑雕刻，当数山西河洛，许多地方都是梁先生伉俪在二十三到二十六年亲身调查过的。八年沦陷，云冈和天龙山已面目全非，五台赵城的土木建筑，毁去的更无可补救。和平胜利后，随之而来是一个更猛烈残酷的内战，炮火焚灼所及，这些东东西西留下的废墟，也会因种种情形而完全毁去本来样子，作成个踪迹不存。十年前保存在中国营造学社，人间仅有的一些建筑照片，听说一部分即已在八年前寄存于天津一银行库中时为水毁去。能爱惜、研究、保存的专家，全中国只那么一二人，个人即雄心依旧，必和国内其他工矿专家一样，也快老了，体力精神消耗得都差不多了，即有机会再来工作，也恐怕来不及了。全个国家却正在具体和抽象的两种大火中无限制的焚烧。读读《大公报》上连载的梁先生那篇文章，让我们看到一个对历史和文化有责任有良心的专家，活在二十世纪上半期的中国，灵魂上的灾难实如何深刻。梁先生也许会和我有同感，即一个故宫博物院最大的用处，如只是五月二十这一天，把宫灯挂出来点缀纪念，不能作更有意义的改革，并供给多数人研究学习的便利，这个博物院的存在与否，实在都无意义可言！且不妨比朱佩弦先生主张听它毁坍还激烈，进而主张一把火烧去。但目前更重要的，或者还是凡力之所及能保存的，即毁去也无助于社会革命发展的，读书人的急进诅咒，莫一例来煽火扬焰。社会分解加剧，“文化保卫”四个字若还有点意义，有许多事就值得分开来说来看，而这个分别的责任，即落在对国家民族对世界文化有认识有良心的读书人肩上。这时节作豪言壮语易，说这种良心话却难。我们实在还需要更多像梁思成先生的意见，提出给全国各方面参考。因为任何一个新的社会来临，就还需要工业和其他！

从写字也可让我们明白，社会在变，字体在变，可是字的存在为人民继续当作一种传达意见情感的工具来运用，至少在中国够总还有个百十年寿命可言。字本来是让人认识的，如像北伐以后，近二十年来政工人员写的美术字标语，实在不容易认识，也并不怎么美，使我觉得即此一事，提出向“传统学习”的口号，也就还有其必要！但是向一个现代从事政工人员说“标语字要明白简单醒目而有效果，宜于从传统学习”，当然像是完全胡说！因为凡是这一行工作，都正在打倒“传统”，而学的却是有现代性的“美术字”。辩论结果，只会相互头痛。

本文是作者以《谈写字》为题所写的第二篇作品，1948 年 7 月 1 日发表于《论语》半月刊第 156 期，署名上官碧。同年 10 月，又以沈从文署名，在《文学杂志》第 3 卷第 4 期刊载了经作者增补的本文。1984 年 7 月和 1986 年 5 月，本文以《谈写字(二)》为篇名，先后收入花城出版社《沈从文文集》第 12 卷和商务印书馆香港分馆《龙凤艺术》书中出版，两者均有较多删节。

现据《文学杂志》的增补文本，以《谈写字(二)》为篇名全文编入。

叙章草进展

章草大部分结体简化，出于“古文”，比秦篆似还源远流长，至今犹易一一覆案也。近三十年新资料出土日益增多，铜、骨、土、石、漆、玉等不同文物，多有可比证文字发现，可供印证，得出新解。三五书生，犹复自夸精通书学，自封为不可一世之“专家权威”，以管窥豹，即以为豹形如一细胞，斑驳陆离，变化莫测，所见只“一斑”，却自以为足概其全，亦大可悲悯之事！其实就事言事，点划呈波缬，飘撇起伏，或系战国春秋之际，由金银镶嵌文字而来，秦以“玉筋”法加以统一，或钉头鼠尾，平板质实，已无个性可言。汉代犹因袭，约定俗成，省事而已。但社会一发展，即矛盾显明，不适于一般社会生活需要，因之便于一般应用，从宽博得体之隶书，于是再加以简化，楷书基础，因之确立。官文书则所用隶体即从之而出。世传“章出于隶”，事实上分隶成熟于东汉末，比章草晚得多。

章草部分单法出于篆体，近年出土新材料日多，木石砖漆均证据可得。且早于分隶，亦有材料可证。又西汉不定形之隶书，体多宽博，少飘撇作态处。出土零星材料亦甚多。因此得一新的启发，即东汉定型之分隶，重飘撇勾挑处反近于受章草用笔影响而来。书法中专家权威，对此新事新问题多不易承受。事实上还有更新事，即并世无敌之专家权威均以为东晋以来南方墓碑志标准字体尚为分隶，楷行不可能出现，于“众人诺诺”情形下，无人敢作(声)，事实上在南中国已有一西晋殉葬衣物木简，用逼近正楷书体，写得明确而具体。据估

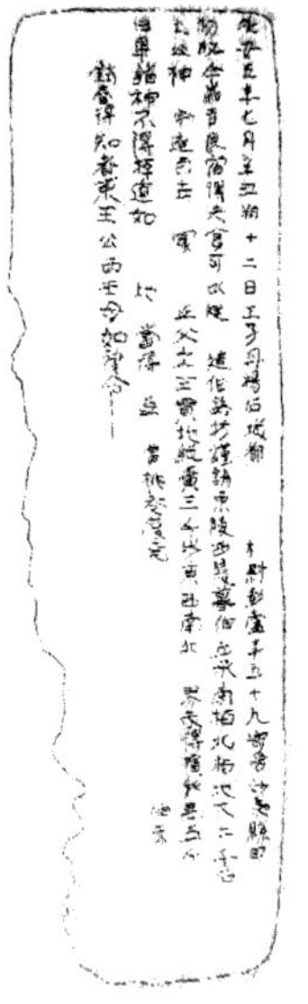

东吴彭卢铅地券字迹

计，比大同近年出司马金龙墓中彩绘屏风上楷体书，还可早到半世纪以上，或许比为古代书法家采用也早过一世纪以上。而最重要处，即此木牍上文字，一面已近真正今楷，另一面又还好好保留西北出汉简上的隶书有共同点。由此得知东晋人墓砖上用分隶，只是别有原因，重在说明儒家正统在东南，所以作家中的作品目录，总不离解经一类，即并非经学□师，任何官僚死去时，必有大量关于习经□故的占首一位(看看刘汝霖先生所编两晋学术编年即可知)。但楷书却由于应用，在西晋东南即已成熟于人民以至工匠手中！与史上所谓大官宏儒实毫无关系。这些大官宏儒以孔子门徒自居，事实上总是□取人民□□归己有，书法的进展便是一例。

附　新出土有关书法衍进资料

东吴彭卢铅地券

东吴时即隶中具楷意。由于要求在实用，楷化实即简化，去掉分书之波折作态处。不必要定型化之规范，因之必然即日趋于楷。

西北长城边出之永元十二年月报性七十二竹简，是另一例，即由隶入章草可以示例重要资料。

北齐韩裔墓志

草隶沿左棻志而来，有意以草作隶。传世北齐孝感颂，世以为即书法进展史中的“朗公草”体，实可商讨。因为体宽博而文静，明明白白来自石门颂、封龙山颂等与泰山经同源而异流，下启隋唐之间云居寺写刻石经三十年之静琬前一期书体（静琬后期写经，则近唐代，照唐代经生体）。此等问题仅仅凭前人论述，远不如用近年出土新资料为可靠。新的书法资料重要性也在此，孤立来欣赏或批评，无多意义，能作联系比证，即可发现不少新问题也。

本文作于20世纪70年代前期，未发表过。现据草稿整理编入，并附作者就出土书法衍进资料所写的札记二则。

本书插图及说明参照书目

《沈从文全集》28卷—32卷(北岳文艺出版社2002年12月第一版)

《花花朵朵坛坛罐罐——沈从文谈艺术与文物》(江苏美术出版社2002年8月第一版)

《中国大百科全书·考古学》(中国大百科全书出版社1986年8月第一版)

《中国历史年代简表》(文物出版社1994年8月第二版)

孔祥星 刘一曼《中国铜镜图典》(文物出版社1992年1月第一版)

《中国文物精华(1990)》(文物出版社1990年9月第一版)

高春明《中国服饰名物考》(上海文化出版社2001年9月第一版)

国家文物局《中国文物精华大辞典·青铜卷》(上海辞书出版社 香港商务印书馆1995年8月第一版)

国家文物局《中国文物精华大辞典·金银玉石卷》(上海辞书出版社 香港商务印书馆1995年8月第一版)

国家文物局《中国文物精华大辞典·陶瓷卷》(上海辞书出版社 香港商务印书馆1995年8月第一版)

王世襄《锦灰堆》(北京三联书店1999年8月第一版)

韩博文《甘肃彩陶》(科学出版社2008年6月第一版)

《唐代服饰资料选》(北京市工艺美术研究所1979年7月)

中国社会科学院考古研究所《张家坡西周玉器》(文物出版社2007年7月第一版)

艾丹《玉器时代》(中国青年出版社2006年6月第一版)

刘云辉《陕西出土东周玉器》(文物出版社 众志美术出版社2006年7月第一版)

高明《古文字类编》(中华书局1980年11月第一版)

王仲殊《汉代考古学概说》(中华书局1984年6月第一版)

冯贺军《中国古代雕塑述要》(紫禁城出版社2007年8月第一版)

《大英博物馆纪念册》(2007·简体中文版)

中国硅酸盐学会《中国陶瓷史》(文物出版社 1982 年 9 月第一版)

冯先铭《中国古陶瓷图典》(文物出版社 1998 年 1 月第一版)

韩昇《正仓院》(上海人民出版社 2007 年 1 月第一版)

上海市戏曲学校中国服装史研究组《中国历代服饰》(学林出版社 1984 年 4 月第一版)

《湘西民间工艺美术精粹》(学苑出版社 2007 年 9 月第一版)

鲁迅博物馆《鲁迅珍藏汉代画像精品集》(百花文艺出版社 2005 年 6 月第一版)

香川默识《西域考古图谱》(大谷光瑞序 大日本国华社 1915 年版)

杨震方《碑帖叙录》(上海古籍出版社 1982 年 2 月第一版)

(龙　冬)

附：中国朝代年表

<table>
<tr><th colspan="3">朝代</th><th>起讫年代</th></tr>
<tr><td colspan="3">夏朝</td><td>约前 2070 – 前 1600</td></tr>
<tr><td colspan="3">商朝</td><td>前 1600 – 前 1046</td></tr>
<tr><td rowspan="3">周</td><td colspan="2">西周</td><td>前 1046 – 前 771</td></tr>
<tr><td rowspan="2">东周</td><td>春秋</td><td>前 770 – 前 476</td></tr>
<tr><td>战国</td><td>前 475 – 前 221</td></tr>
<tr><td colspan="3">秦朝</td><td>前 221 – 前 207</td></tr>
<tr><td rowspan="3">汉</td><td colspan="2">西汉</td><td>前 206 – 8</td></tr>
<tr><td colspan="2">新朝</td><td>9 – 23</td></tr>
<tr><td colspan="2">东汉</td><td>25 – 220</td></tr>
<tr><td rowspan="3">三国</td><td colspan="2">曹魏</td><td>220 – 265</td></tr>
<tr><td colspan="2">蜀汉</td><td>221 – 263</td></tr>
<tr><td colspan="2">孙吴</td><td>222 – 280</td></tr>
<tr><td rowspan="2">晋</td><td colspan="2">西晋</td><td>265 – 317</td></tr>
<tr><td colspan="2">东晋</td><td>317 – 420</td></tr>
<tr><td rowspan="7">十六国
304 – 439</td><td colspan="2" rowspan="2">前赵（汉赵）</td><td>304 – 318</td></tr>
<tr><td>319 – 329</td></tr>
<tr><td colspan="2">成汉</td><td>306 – 347</td></tr>
<tr><td colspan="2">前凉</td><td>314 – 363</td></tr>
<tr><td colspan="2">后赵</td><td>319 – 351</td></tr>
<tr><td colspan="2">前燕</td><td>337 – 370</td></tr>
<tr><td colspan="2">前秦</td><td>351 – 394</td></tr>
</table>

<table>
<tr><th colspan="3">朝代</th><th>起讫年代</th></tr>
<tr><td rowspan="13">十六国
304 - 439</td><td colspan="2">后秦</td><td>384 - 417</td></tr>
<tr><td colspan="2">后燕</td><td>384 - 407</td></tr>
<tr><td colspan="2">西秦</td><td>385 - 431</td></tr>
<tr><td colspan="2">后凉</td><td>386 - 403</td></tr>
<tr><td colspan="2">南凉</td><td>397 - 414</td></tr>
<tr><td colspan="2">南燕</td><td>398 - 410</td></tr>
<tr><td colspan="2">西凉</td><td>407 - 421</td></tr>
<tr><td colspan="2">胡夏</td><td>407 - 431</td></tr>
<tr><td colspan="2">北燕</td><td>407 - 436</td></tr>
<tr><td colspan="2">北凉</td><td>397 - 439</td></tr>
<tr><td colspan="2">* 冉魏</td><td>350 - 352</td></tr>
<tr><td colspan="2">* 西燕</td><td>384 - 394</td></tr>
<tr><td colspan="2">* 西蜀(后蜀)</td><td>405 - 413</td></tr>
<tr><td rowspan="9">南北朝
420 - 589</td><td rowspan="4">南朝</td><td>宋</td><td>420 - 479</td></tr>
<tr><td>齐</td><td>479 - 502</td></tr>
<tr><td>梁</td><td>502 - 557</td></tr>
<tr><td>陈</td><td>557 - 589</td></tr>
<tr><td rowspan="5">北朝</td><td>北魏</td><td>386 - 534</td></tr>
<tr><td>东魏</td><td>534 - 550</td></tr>
<tr><td>西魏</td><td>535 - 556</td></tr>
<tr><td>北齐</td><td>550 - 577</td></tr>
<tr><td>北周</td><td>557 - 581</td></tr>
<tr><td colspan="3">隋朝</td><td>581 - 618</td></tr>
<tr><td colspan="3">唐朝</td><td>618 - 907</td></tr>
</table>

朝代		起讫年代
五代十国	后梁	907－923
	后唐	923－936
	后晋	936－947
	后汉	947－950
	后周	951－960
	前蜀	891－925
	后蜀	925－965
	杨吴	892－937
	南唐	937－975
	吴越	893－978
	闽国	893－945
	马楚	896－951
	南汉	905－971
	南平	907－963
	北汉	951－979
宋	北宋	960－1127
	南宋	1127－1279
辽国		907－1125
大理		937－1254
夏		1032－1227
金		1115－1234
元朝		1206－1368
明朝		1368－1644
清朝		1616－1911
中华民国		1912－1949

编后记

凌　宇

本卷收入沈从文有关文物研究的论文44题。

以"龙凤艺术"作书名单独结集出版，此前有过两次。一次是作家出版社1960年版，包括《题记》在内，收文15篇。另一次是1986年，由王序、王亚蓉选编，商务印书馆香港分馆印行，收文38篇。本卷是在商务印书馆版的基础上加以增删而成。

在经历了1949年的精神危机后，沈从文的人事关系从北京大学转到了北平历史博物馆。自此，沈从文基本上终止了文学创作，改行从事中国物质文化史的研究，直至1988年因病去世。沈从文在这片前半生几乎未曾涉足的领域，经过长期努力，又取得了令世人瞩目的成就。

> 当解放初期我在《新建设》杂志上看到他那篇简直等于"天书"的《明织金锦问题》时，几乎吓了一跳，继而又见到他的《龙凤艺术》、《唐宋铜镜》、《战国漆器》等专著时，我似懂非懂地理解了点他是在进行了又一种创造性的劳动。①

1981年，沈从文的《中国古代服饰研究》问世，胡乔木写信向沈从文祝贺：

---

① 见萧离《不倒的独轮车》，《新苑》1980年第4期。

以一人之力，历时十余载，几经艰阻，数易其稿，幸获此鸿篇巨制，实为对我学术界一重大贡献，极为可贺。

尽管文物研究与文学创作，属于两个性质与特征完全不同的文化领域，但在骨子里，沈从文的文物研究，却延续着其文学创作中始终如一的对生命存在的关注与思考。在《中国古代服饰研究·引言》中，他说："这份工作和个人前半生搞的文学创作方法、态度或仍有相似处。"

早在1947年，沈从文就曾这样谈及他的文物观：

试从历史作简单追究，绘画在建筑美术和文学史上实一重要装饰，生人住处和死人坟墓都少不了它。另有名画珍图，却用绢素或纸张增加扩大文化史的意义，它不仅连结了"生死"，也融洽了"人生"。它是文化史中最不可少的一个部门，一种成份，比文字且更有效保存了过去时代生命形式。①

在沈从文看来，一切历史遗留下来的物质文化产品——竹、木、金、玉、铜、陶、瓷、丝、绸、牙、角器物，不只是一堆无生命的"物"，而是过去一时生命存在的一种方式。例如，在谈及唐代妇女服饰时，沈从文指出，在唐初至开元年间，由于善于吸收融合西北各民族文化及外来文化，妇女服饰为"戴金锦浑脱帽，著翻领小袖或男子圆领衫子，系细缕绦带，穿条纹间道锦卷边小口裤，透空软锦靴，部分发鬟上耸如俊鹘展翅。无例外作黄星点额，颊边作二新月牙样子或在嘴角酒窝间加二小点胭脂"。② 到元和年间，却演变为"蛮鬟椎

① 见沈从文《读展子虔〈游春图〉》，《沈从文全集》第31卷第107页，北岳文艺出版社，2002年12月版。

② 见沈从文《中国古代服饰研究·七三　唐胡服妇女》，《沈从文全集》第32卷第258页，北岳文艺出版社，2002年12月版。

髻，乌膏注唇。赭黄涂脸，眉作细细的八字式低颦”的“时世妆”。前者“健康活泼”，后者则“完全近于病态”。① 沈从文根据大量出土文物和唐代相关诗文结合比证，指出了时代的流变如何导致妇女服饰——人的存在方式的嬗变。这些显示过去生命存在的物质文化产品表现出来的美术、工艺，又是与当时的政治制度、经济形态、社会阶级分野、生活习俗、宗教文学等，彼此促进、相互制约的。由此认识出发，形成了沈从文“凡事不孤立，凡事有联系”的有机整体的生命—文化观。在《文史研究必需结合文物》一文中，在谈及古代铜镜时，沈从文指出，一面小小铜镜，从历时角度看，始于原始社会末期，讫于清代中叶，连同镜盆、镜套、镜台、镜架，就不断发生变化，而人使用镜子的意义也在变。从共时角度看，铜镜上的文字和花纹又与同时的诗歌、宗教信仰等有密切联系。如一种“西王母”镜，出土仅限于长江下游和山东南部，时间多在东汉末年，因此，不仅可以看出它与“越巫”或“天师教”有关，还可以据此校订几部相传是汉人所作小说的年代。而一些西汉铜镜上的七言铭文，则是沟通楚辞、汉赋与曹丕七言诗之间的唯一桥梁。

从这种生命—文化既相统一，又发展变化的认识出发，沈从文开创了一条独特的文物研究路子：“与文献相互比证，相互补充，相互纠偏，从联系比较中鉴别是非，得到新认识。”②并进而提出，在此基础上，开创出一种崭新独立学科——“文物学”。他以大量例证，力陈这一唯物实事求是新路的优越性。收入本卷的《文史研究必需结合实物》《从〈不怕鬼的故事〉注谈到文献与文物相结合问题》《从文物来谈谈古人的胡子问题》《〈中国古代服饰研究〉引言》《“瓟瓟斝”与“点犀盉”》《“杏犀盉”质疑》《关于天王府绣花帐子的时代及其产生的原因

---

① 见沈从文《中国古代服饰研究·七三　唐胡服妇女》，《沈从文全集》第32卷，北岳文艺出版社，2002年12月版。

② 见沈从文《中国古代服饰研究·引言》，《沈从文全集》第32卷，北岳文艺出版社，2002年12月版。

的一点意见》《关于赖文光马褂问题的一点意见》诸文，无论是对仅从文献出发，断定古代男子一定要留胡子，“美髯须”即美男子等错误认识的指正，对诸如“平上帻”、“庭燎”、“胡床”等注释中出现的望文生义式的对事实偏离的纠偏，还是对“长檐车”“高齿屐”“班丝隐囊”、“棋子方褥”过去认识上的校正以及对天王府帐子、赖文光马褂、“瓟瓟斝”、“点犀盉”、“杏犀盉”的质疑，均建立在以实存文物为佐证的基础上，还原了上述器物的历史真相，令人信服地证明了历来承袭的以文献为主的传统文史研究方法可能出现的偏颇乃至谬误及“文史研究必需结合实物”的观点。

这种方法也被用于书画鉴定。

“帝王题跋，名家收藏，流传有绪”，一直被奉为书画鉴定的三原则。然而，在沈从文的研究中，却对一些传世名画早已成定论的作者和创作年代提出质疑和极有分量的新看法。收入本卷的《赚兰亭图问题》等文，就是典型的例子。

> 传世阎立本作《萧翼赚兰亭图》，人无间言，殊不知图中烧茶部分，有一荷叶形小小茶叶罐盖，只宋元银器上常见，哪会出现于唐初？古人说“言谈微中，或可排难解纷”。但从画迹本身和其它材料佐证，或许他器物作旁证的研究方法，能得专家通人点头认可，或当有待于他日。①

阎立本是唐代著名画家，《萧翼赚兰亭图》历来被认为是他所作。沈从文以画中出现的至宋元时期方见于世的荷叶形茶罐盖这一器物为证，对该画作者及创作年代提出质疑。《赚兰亭图问题》是对创作年代早于传世阎立本作《萧翼赚兰亭图》创作年代所作的考证。文章从画中人物的幞头、坐具、靴子、衣饰、提盒样式诸方面，与相关时代

---

① 见沈从文《中国古代服饰研究·引言》，《沈从文全集》第32卷，北岳文艺出版社，2002年12月版。

实存器物相比证，指出此画不可能出现于唐代，只能是元明间人作。

《五代夜宴图宴席部分》论及名画《韩熙载夜宴图》，画上有元泰定时赵昇题跋，指此画为南唐人顾闳中所作。对此，历来无人提出异议。沈从文却从画中两处细节入手提出质疑。其一是男子服色。除韩熙载二人外，其余男子皆着绿衣；其二是见于画面的礼仪——“扠手示敬”。沈从文据南唐降宋后颁布的法令，降官“例行服绿，不问官品高下”；“扠手示敬”礼仪，则是两宋制度。此外，席面用酒具注子和注碗成套使用，为典型宋式，影青瓷及家具器皿也均为宋代北方常见物，与宋人作《便桥会盟图》《十八拍图》《赵佶文会图》诸画中“所使用桌椅同式”。在上述比证基础上，沈从文得出了此画“可能完成于宋初北方画家之手”的结论。

这种综合各部门的研究进行比证的方法，沈从文早在1947年便已提出并实际运用了。《读展子虔〈游春图〉》一文，就是依据这种方法，对相传作于隋代、出自展子虔之手的《游春图》的作者提出质疑。文章从画中女子衣着格式不类隋代与唐初体制，而近晚唐或孟蜀时妇女爱好、画面空气见出唐诗韵致、其山头着树法——枝柔而欹，亦唐代法，与展子虔“伽饰犀栉，冰澌斧刃”画风不合以及画中人物衣着中幞头、圆领服和建筑样式，时代也晚于隋代。

这种研究方法，将研究对象置于一个时代整体文化氛围中，给人一种生气淋漓之感。例如在谈到唐代妇女喜于发髻上使用小梳子作装饰时说：

> 唐代妇女喜于发髻上插几把梳子，当成装饰，讲究的用金、银、犀、玉或牙等材料，露出半月形梳背，有多到十来把的(经常有实物出土)，所以唐人诗有“斜插犀梳云半吐”语。又元稹《恨妆成》诗，有“满头行小梳，当面施圆靥”，王建《宫词》有“归来别赐一头梳”语。再温庭筠词中有“小山重叠金明灭”，即

对当时妇女发间金背小梳而咏。①

温庭筠诗词名句："小山重叠金明灭"中之"小山"，历代注家有指为"眉山"的，有解作"屏山"的，均近于猜谜。沈从文根据相关文献、诗词、绘画及出土文物，相互比证，不仅使人有豁然开朗之感，且依稀见出当时生命存在的历史场景。

沈从文的文物研究，见出作家出身的文物学家的鲜明特色。这种将实物与诗、文及文献互证，其文学描述形容增加了文物的色彩与生命，而实物的具象性，又弥补了文字描述可能带来的模糊性与抽象性。然而，这一研究方法的掌握与运用，其难度是不言而喻的。它要求研究者必须具备极为广博的文、史、哲、艺及文物学的知识学问基础，以及融汇这些知识学问的文化通感和悟性。历史仿佛有意成全沈从文。他前半生作为文学家的经历与修养，他自青年时代起就开始积累的书法、绘画和文物史知识与鉴赏能力，他的"读书多而杂"——各种野史、杂说笔记、工艺百家之言的广泛涉猎，以及49年后20多年间过手百万计文物所得实感经验，为沈从文开创新的文物学研究方法提供了坚实的基础。正如他的姨妹张充和所说：

这种触类旁通，以诗书史籍与文物互证，富于想象，又敢于想象，是得力于他写小说的结果。……有人说不写小说，太可惜！我认为他如不写文物考古方面，那才可惜！②

为了尊重并保持沈从文作品文字的原貌和风格，只要不是明显的错漏，这套文集一律不作改动，特此说明。

---

① 见沈从文《中国古代服饰研究·七八　唐张萱捣练图部分》，《沈从文全集》第32卷第273页，北岳文艺出版社，2002年12月版。

② 见张充和《三姐夫沈二哥》，载美国《海内外》1980年11—12期。